生 活 即 教 育

社 会 即 学 校

教 学 做 合 一

e a MEXIC
peón de
plica el
México
DO

陶行知全集

第4卷 论著

育才学校手册
集外文汇
附录

四川教育出版社
·成都·

图书在版编目（CIP）数据

陶行知全集. 第4卷 / 方明主编. —2版. —成都：
四川教育出版社，2009.4
ISBN 978-7-5408-5050-0

Ⅰ.陶… Ⅱ.方… Ⅲ.陶行知（1891~1946）-全集
Ⅳ.G4-52

中国版本图书馆CIP数据核字（2009）第033525号

装帧设计 宁成春
责任编辑 钱学文 金成林 陈蜀蓉
技术编辑 顾求实
责任校对 严道丽
责任印制 田东洋
出版发行 四川教育出版社
地 址 四川省成都市锦江区三色路238号新华之星A座
邮政编码 610023
网 址 www.chuanjiaoshe.com
印 刷 成都市金雅迪彩色印刷有限公司
版 次 2020年1月第3版
印 次 2024年2月第2次印刷
成品规格 152 mm×228 mm
印 张 45.5 插页 4
字 数 589千
全套定价 2200.00元

如发现印装质量问题，影响阅读，请与本社联系。总编室电话：(028) 86365120
编辑部电话：(028) 86365129

再版前言

1991年，张劲夫同志祝川版《陶行知全集》出版，在《人民日报》撰文，称这部巨著是一笔宝贵的精神财富。他在文章的结尾深情地写道：“新版《陶行知全集》的出版，必将永育后人，光照千秋！”

陶行知是一位伟大的社会改革家，是中国20世纪推动现代化的先驱。他坚持以与时俱进的生活教育来推动川流不息的现代化。他热爱人民，躬亲实践，手脑并用，勇于创新，对祖国和人类所作出的贡献及取得的成果是多方面的。从《全集》中可以看出，他涉猎的领域很广，诸如对政治制度、经济发展、社会道德、国际交往、科学普及、民族团结、宗教信仰、新文字推广、环境保护、计划生育等等均有精辟的论述。陶行知又是伟大的人民诗人，其诗的大众化“独开风气之先”，《全集》中收入他的诗800余首，仍未搜齐。当然最突出的仍是他创立的生活教育理论。大家熟悉的“生活即教育”、“社会即学校”、“教学做合一”和他倡导的全民教育、终身教育、创造教育、民主教育以及他身体力行的崇高师德，是多么贴近我国的现实与未来的走向啊！

随着我国改革开放的不断深化，现代化进程的长足发展，人们对陶行知留下的这笔精神财富的借鉴意义也愈益有了更清晰的认识。近两年不少读者要求购书，有的省市成立了陶行知研究会，要求供应几十套上百套。而当年印制的新版《全集》8000套，早已罄尽。面对这日增的需求，中国陶行知研究会也希望能尽快再版。在此情势下，四川出版集团、四川教育出版社决定高质量地再版《陶行知全集》（十二卷本），并组成再版的编辑出版班子，对初版进行认真修订。《全集》约 800 万字，修订任务繁重，原来各卷的责任编辑年事已高，有的已经辞世（本套书第一版出版后辞世的编纂、出版人员未在《全集》编辑委员会和出版工作者委员会成员名单中注明）；最初使用的原稿，已交有关的博物馆和纪念馆保存，这更增添了校订的难度。出版社抽出十几位年富力强的编辑分担各卷的编务及协调工作，并请有关专家指导，两位老主编和张行可、吴琴南也全力投入，中国陶行知研究会又寄来陶行知自选集的影印本供校勘用。在共同努力下，终于按计划完成了再版的修订任务。

这次修订的主要情况如下：

一、原体例不变

开初有同志提出不论著作体例，统按时间顺序排列；有的主张前十卷不变，将最后两本补遗卷打散，分类按时序插入前面各卷。多数认为这样做不仅工作量过大，原有特色会消失，且不易查阅，故决定再版仍保持原状。

二、改错字及改正注释中的一些讹误

《全集》出版后，原来的编辑发现一些错处，特别是不少读者陆续来信指出发现的问题，这次都做了认真考证校订并逐一改正。此类改正达几百处，但仍有个别人名无从查考。这里特向来信的热心读者表示敬意和谢意。

三、几项调整

将各卷的人名索引合为一处，避免了重复，删去了该人名出现在书中的页码。人名索引刊在第九卷卷末，将原第九卷中1940年1至7月的书信移入第八卷。

抽去了两首重复的诗歌。另抽去第九卷附录中的《陶行知年表》，部分内容并入第十二卷《陶行知及其生活教育活动纪略》。抽去第十二卷附录中致陶行知的信57封，对《陶行知西旅长编》作了删节。另有少量附录因篇幅关系按时间顺序做了移动。

卷首的图片有小调整，第五卷和第九卷各换了一张照片，第四卷增加了一幅手迹。

最可喜的是增加了15篇最近得到的陶行知的佚作。一是1939年写给沈钧儒的信；二是1946年在中国人民救国会第五次大会上的报告记录；还有13篇是香港中文大学哲学博士何荣汉先生提供的英文稿：《一个金陵大学学生的自述》（1912年）、《陶文濬的伊利诺斯州立大学政治学博士入学申请表》（1914年）、《中国的道德和宗教教育》（1916年）、陶文濬致德芬道夫的4封信（1915~1917年）、《祈先生的新贡献》、《中国在转变中》、《中国的乡村教育运动》（1927年）、《生活即教育》（1932年）、《创造的教育》（1933年）、《小先生和识字运动》（1934年），这些均已翻译为中文编入第十二卷。这里，特向何荣汉先生致谢。

这次不仅认真校订内文，对书籍的开本、版式、封面等都提出了高要求，为此还请了北京的装帧设计家宁成春先生做装帧设计，力争出精品。

本书编辑中的不妥处，恳希读者指出，因为陶行知留下的这笔珍贵精神财富是属于我国人民和全世界人民的。

编 者

2004 年 12 月 1 日

《陶行知全集》
编辑委员会

主　　编　戴自俺

副 主 编　孙传华　苏辛涛　郭　笙　陶晓光

分卷主编　理论卷（第 1~4 卷）　孙传华　苏辛涛　洪　桥　祝德顺　周正章

教材卷（第 5 卷）　戴自俺　陶　城　陈贻鑫

英文著译卷（第 6 卷）　温致义

诗歌卷（第 7 卷）　聂大朋

书信卷（第 8、9 卷）　张邦民

衙备忘卷（第 10 卷）　庞曾漱

编　　辑　（按姓氏笔画为序）

王超英　刘有声　江长风　李　冬　陈　思　杨立义

张　颖　张德生　姚启安　鲁　风　裴未如　韩忠祥

程翊德　储朝晖

审　　定　陆静山（主任）吴树琴　楼化篷　徐明清

丁　丁　龚思雪　李能寿

特邀主编　胡晓风

新版《陶行知全集》

出版工作委员会

顾　　问	聂荣贵
主任委员	冯元蔚
副主任委员	许　川　韩邦彦　康振黄　李培根
	胡晓风　卢铁城　张　锋
委　　员	（按姓氏笔画为序）
	王可植　王敬夫　文　甫　尹　平　卢自德　冯国元
	古润清　伍　尧　向国灵　李　致　李光炜　吴汉家
	吴代伦　汪兴高　杨启泉　张子云　张仲炎　陈焕仁
	单基夫　金成林　罗由沛　洪宝书　徐文锜　徐春轩
	袁学林　黄德昆　蒲家驹　熊清泉　廖世洁
秘书长	张仲炎
副秘书长	冯国元
总编辑	金成林
办公室主任	蒲家驹
办公室副主任	张子云　周良玉
编审组	胡晓风　金成林　马　骏　顾　亚　蒲家驹　廖世洁
	钱学文　游仲伦　吴正贤　伍　尧　李能寿　龚思雪
	吴纪真　王屏汉　周良玉
编辑组	罗智超　文　龙　邹　青

编辑说明

一、陶行知（1891—1946）是我国伟大的人民教育家、伟大的共产主义战士。他为中国教育改造、普及人民教育、争取民族解放和建立人民民主的新中国奋斗了一生，留下了大量的著作。他的著作，散见于1913年到1946年的国内外报刊。生前曾以各种形式出版各种专集，流传甚广，影响深远。延安也曾出版《行知教育论文选集》。1946年，延安各界追悼陶行知筹备委员会倡议出版《陶行知全集》，但因限于当时条件，未能实现。1957年7月，张宗麟曾在《人民教育》发表文章，公开建议人民教育出版社编辑出版《陶行知全集》。1959年原中央教育部所拟定的《教育科学规划》曾有出版《陶行知全集》的项目，但因当时各种阻力尚未排除，终未实现。中国共产党第十一届三中全会以后，研究陶行知的活动又活跃起来。1981年，由邓颖超同志主持的陶行知诞辰90周年纪念大会在北京市全国政协礼堂召开。安徽、上海、江苏、四川、北京等地相继成立了陶行知研究会。1982年，华中师范学院（现华中师范大学）教育科学研究所和湖南教育出版社，在征得安徽、上海、江苏、四川、北京等省、市陶行知研究会赞同和陶行知先生亲属的大力支持下，组成《陶行知全集》编辑委员会，由华中师范学院教育科学研究所主编，湖南教育出版社于1985年出版了六卷本《陶行知全集》，在抢救我国民族文化遗产、促进我国教育改革、建设具有中国特色的社会主义教育体系等方面作出了有益的贡献。

二、1985年9月，中国陶行知研究会、中国陶行知基金会成立，对陶行知的研究开始了新的篇章。随之，中国陶行知研究会陆续收到了陶研工作者，陶行知生前友好、学生以及部分读者的许多宝贵建议，要求中国陶行知研究会争取时间，趁陶先生的一些老朋友和学生以及部分陶行知研究的老专家尚健在的时候，组织力量，在原有的基础上，重新编辑出版一部较完备的新版《陶行知全集》（以下简称《全集》），在1991年陶行知诞辰100周年时出版，以应时代及广大读者的需要。

三、本版《全集》的编辑工作，本着求“全”、求“真”的原则，增补了迄今为止收集到的佚文、佚诗、佚信等，并作了认真的校勘；在考订的基础上加了注释；对作者用外文所写著作均作了新的校译；各卷插图有了新的补充和调整。特别要指出的是，本版增补了作者自1936年4月至1946年7月所用的小笔记本55册，以作者所题《衔备忘》为名全部整理编入第十卷，约40万字，系首次发表，是研究陶行知最后十年战斗生涯的极为珍贵的史料。

四、本版《全集》按文章体裁分类，共成十卷。各卷保留了作者原有自编专集的原貌；专集外的文章，再按时间顺序排列。第一至四卷为论著卷（包括论文、演讲记录、谈话、提案等）；第五卷为教材卷（包括各类教材及编辑手稿、儿童科学读物、寓言、歌曲等）；第六卷为英文著译卷（包括英文著述、英文书信；著述中译、书信中译；中译英、英译中等）；第七卷为诗歌卷；第八、九卷为书信卷；第十卷为《衔备忘》。

五、本版《全集》的编辑原则为：（一）尽可能做到“全”；（二）保持陶行知著作的原貌；（三）所收文稿，均经慎重的考证、核查。

六、本版《全集》的注释要求是：（一）以具有中师毕业以上文化程度的广大教师及其他读者为对象；（二）注释条目的选择，以有助于理解原文为准；（三）文字力求简明扼要；（四）对人物、事件，介绍历史背景，力求客观真实，不带政治帽子；（五）人名索引根据其与原著及作者的关系而确定其详略。

七、本版《全集》的编辑和校勘，除充分利用中国陶行知研究会所珍藏的资料以外，并专门组织了力量，到江苏、上海、安徽陶行知纪念馆，中国第二历史档案馆以及华中师范大学近代历史研究所，浙江湘湖师范学校等单位查核大量原件，还尽量查阅手稿及各种版本的专集，多方比较、考证，以求臻于完善。凡有增删或改动者，均采用注释加以说明或以其他方式处理，以便对照。

八、本版《全集》的编辑工作是由中国陶行知研究会领导下组成的编辑委员会主持进行的；出版工作是由四川省党政领导及有关人士组成的出版工作委员会主持进行的，特别是中共四川省委宣传部在多方面给予了大力支持。

九、在编辑过程中，得到南京中国第二历史档案馆，北京中央档案馆，广东省档案馆，北京图书馆，华南师范大学图书馆，南京大学图书馆，南京图书馆，北京师范大学图书馆，上海图书馆，上海辞书出版社图书馆，中央教育科学研究所图书馆，安徽省图书馆，四川省图书馆，四川大学图书馆，广东省图书馆，广州中山大学图书馆，华中师范大学近代史研究所，江苏晓庄陶行知纪念馆，上海陶行知纪念馆，安徽陶行知纪念馆，四川教育学院，各省、市、自治区陶行知研究会以及陶行知先生生前友好、学生和亲属的赞助及支持，在此谨一一深表感谢！

十、由于水平及各种条件所限，本版《全集》疏漏、错误在所难免，敬请读者教正。

《陶行知全集》编辑委员会

1990年12月

凡 例

一、本全集编入迄今收集到的陶行知的全部文稿，有文章、诗歌、教材、书信、演讲、小说、谈话、章程、提案、文电、广告、备忘录等2530篇（其中教材13本、小说1部、备忘录55册）。凡有作者手稿，有作者个人署名，或虽未署名但有根据可确认为作者所著者，均收为正文；合署而非作者起草，或虽有个人署名但不能确认为作者所著的文稿，均与其他参考材料一起作为附录。附录共314篇（包括附在第九卷末的年表），一种为文末附，一种为卷末附录。

二、作者的自编集共17本（其中小说1部），大体上按出版的年代排在有关卷的前面，作为第一部分。自编集以外的集外文汇、集外诗汇、集外书信等均按写作或发表的时间逐年编入有关各卷，作为第二部分。有的诗文收入几种自编集内，此次只在一本集子中排印，其余均存目。第六卷英文著译卷，分类按年编排。第十卷《衙备忘》用手稿影印，一册为一篇，在篇末加少量的译文与注释。

三、除少数姓名和文言文中的个别字外，统用简化字，以国家语言文字工作委员会1986年重新发表的《简化字总表》为准。

四、陶行知原著中的纪年、数字、译名及章节标题的分层序码等均保持原貌。纪年多系民国纪年，如三年、廿一年、卅二年（即公元1914年、1932年、1943年）等。数字则汉字与阿拉伯字并存。翻译的人名、地名与通译不同的，在注释中注明通译的名称。编者所写的注释文字统用公元纪年，数字用法按国家语委等七部门公布的试行规定。

五、论著、诗歌、教材及儿童读物的标题用原题，个别有变动的在题注中说明。书信的标题，除作者自编集外，多系编者从信中摘取原话为题。

六、原著无标点的，由编者加添标点；原著用旧式标点或标点不规范的，重新标点。

七、改正了原稿中的错字，删除了衍文，漏字在〔　〕内添补，无法辨认的字用□号代替。通假字、古今字、异体字等，除文言文中的少数字外，均按有关规定处理。

八、编者的题注为脚注。书信及一些档案资料现存放何处，均不作注。

九、作者本人的署名，1934年7月16日前为“陶知行”，现一仍其旧。编者所写注释中则一律称“陶行知”。

十、第十卷和课本、小说不作人名索引，其余各卷正文中出现的人名，均按姓氏笔画作索引，附在卷末。附录不作人名索引和注释。

本卷收入作者自编的《育才学校手册》1本（文、诗14篇）和1936年5月至1946年7月的集外文稿167篇，共计181篇；另收入有关资料、文章53篇作为附录。

1　1938 年 8 月，陶行知回国途经香港，受到香港渔人协会平民学校师生的热烈欢迎，陶行知在欢迎会上作《国际形势与中国抗战》的演说

2　1939 年七七少年剧团抵渝合影，后该团团员多入育才学校

3　1939 年 7 月 20 日，重庆育才学校在四川合川县草街子凤凰山古圣寺诞生。图为古圣寺大门

1

2

3

4

4 1943 年重庆成立荣军互助社，陶行知在成立典礼上致贺词："荣誉英雄，精神可佩。"图为陶行知及吴树琴（前排右二）与荣军代表在北碚胜利饭店门前合影

5 1943 年育才学校社会组布置的苏德战争爆发后的形势展览

6 1945 年 10 月，中国民主同盟在重庆召开临时全国代表大会时合影。3 排右 4 为陶行知，1 排左 2 为邓初民、左 3 罗隆基、左 4 李公朴、左 6 章伯钧，2 排左 3 刘清扬、左 4 沈钧儒、左 5 张澜、左 6 鲜英、左 7 李文宜、左 8 史良、左 9 朱蕴山，3 排左 3 范朴斋、左 7 李相符、左 8 潘大逵

5

6

7

8

9

7　1945 年 10 月 11 日，陶行知代表民盟中央到机场，为中共中央主席毛泽东完成重庆谈判后飞返延安送行（左一张治中、右二陈诚）

8　育才学生在普式庚林中学习

9　1946 年 1 月，陶行知在重庆管家巷 28 号社会大学门前

10

教育下鄉去
村人進城來
這是一位北方学者諷刺鄉村教育的一副对联，我認牠為鄉村運動之对流現象，希望大家看過想一想
陶行知

11

10　育才师生在劳动

11　陶行知手迹

目 录

1939年

1941年

1942年

1943年

附　录　563

育才学校手册

编者按

《育才学校手册》收入文和诗14篇，1944年1月15日时代印刷出版社初版，同年5月20日再版。

创造宣言*

创造主未完成之工作，让我们接过来，继续创造。

宗教家创造出神来供自己崇拜。最高的造出上帝，其次造出英雄之神，再其次造出财神、土地公、土地婆来供自己崇拜。省事者把别人创造的现成之神来崇拜。

恋爱无上主义者造出爱人来崇拜。笨人借恋爱之名把爱人造成丑恶无耻的荡妇来糟踏，糟踏爱人者不是奉行恋爱无上主义，而是奉行万恶无底主义的魔鬼，因为他把爱人造成魔鬼婆。

美术家如罗丹，是一面造石像，一面崇拜自己的创造。

教育者不是造神，不是造石像，不是造爱人。他们所要创造的是真善美的活人。真善美的活人是我们的神，是我们的石像，是我们的爱人。教师的成功是创造出值得自己崇拜的人。先生之最大的快乐，是创造出值得自己崇拜的学生。说得正确些，先生创造学生，学生也创造先生，学生先生合作而创造出值得彼此崇拜之活人。倘若创造出丑恶的活人，不但是所塑之像失败，亦是合作塑像者之失败。倘若活人之塑像是由于集体的创造，而不是个人的创造，那么这成功失败也是属于集体而不是仅仅属于个人。在一个集体当中，每一个活人之塑像，是这个人来一刀，那

* 本篇原载1943年11月25日重庆《新华日报》。发表前曾于同年10月15日下午向育才学校指导会宣读，16日早晨在朝会上向全体学生宣读。当晚深夜12时，方与严主持的《创造壁报》出版。

个人来一刀，有时是万刀齐发。倘使刀法不合于交响曲之节奏，那便处处是伤痕，而难以成为真善美之活塑像。在刀法之交响中，投入一丝一毫的杂声，都是中伤整个的和谐。

教育者也要创造值得自己崇拜之创造理论和创造技术。活人的塑像和大理石的塑像有一点不同，刀法如果用得不对，可以万像同毁；刀法如果用得对，则一笔下去，万龙点睛。

有人说：环境太平凡了，不能创造。平凡无过于一张白纸，八大山人[①]挥毫画他几笔，便成为一幅名贵的杰作。平凡也无过于一块石头，到了飞帝亚斯、米开朗基的手里可以成为不朽的塑像。

有人说：生活太单调了，不能创造。单调无过于坐监牢，但是就在监牢中，产生了《易经》之卦辞[②]，产生了《正气歌》[③]，产生了苏联的国歌[④]，产生了《尼赫鲁自传》。单调又无过于沙漠了，而雷塞布（Lesseps）竟能在沙漠中造成苏彝士运河[⑤]，把地中海与红海贯通起来。单调又无过于开肉包铺子，而竟在这里面，产生了平凡而伟大的平老静。

可见平凡单调，只是懒惰者之遁辞。既已不平凡不单调了，又何须乎创造。我们是要在平凡上造出不平凡；在单调上造出不单调。

有人说：年纪太小，不能创造，见着幼年研究生之名而哈哈大笑。但是当你把莫扎尔特、爱迪生及冲破父亲数学层层封锁之帕斯加尔（Pascal）的幼年研究生活翻给他看，他又只好哑口无言了。

有人说：我是太无能了，不能创造。但是鲁钝的曾参，传了孔子的道统，不识字的惠能，传了黄梅的教义。惠能说："下下人有上上智。"我们岂可以自暴自弃呀！可见无能也是借口。蚕吃桑叶，尚能吐丝，难道我们天天吃白米饭，除造粪之外，便一无贡献吗？

有人说：山穷水尽，走投无路，陷入绝境，等死而已，不能创造。但是遭遇八十一难之玄奘，毕竟取得佛经；粮水断绝，众叛亲离之哥仑布，毕竟发现了美洲；冻饿病三重压迫下之莫扎尔特，毕竟写出了《安魂曲》。绝望是懦夫的幻想。歌德说：没有勇气一切都完。是的，生路是要勇气探出来，走出来，造出来的。这只是一半真理；当英雄无用武之地，他除了大无畏之斧，还得有智慧之剑，金刚之信念与意志，才能开出一条生路。古语说，穷则变，变则通，要有智慧才知道怎样变得通，要有大无畏之精神及金刚之信念与意志才变得过来。

所以，处处是创造之地，天天是创造之时，人人是创造之人，让我们至少走两步退一步，向着创造之路迈进吧。

像屋檐水一样，一点一滴，滴穿阶沿石。点滴的创造固不如整体的创造，但不要轻视点滴的创造而不为，呆望着大创造从天而降。

东山的樵夫把东山的茅草割光了，上泰山割茅草，泰山给他的第一个印象是：茅草没有东山多，泰山上的“经石峪”、“无字碑”、“六贤祠”、“玉皇顶”……大自然雕刻的奇峰、怪石、瀑布，豢养的飞禽、走兽、小虫和几千年来农人为后代种植的大树，于他无用，都等于没有看见。至于那种登泰山而小天下之境界，也因急于割茅草而看不出来。他每次上山拉一堆屎，下山撒一抛尿，挑一担茅草回家。尿与屎是他对泰山的贡献，茅草是他从泰山上得到的收获。茅草是平凡之草，而泰山所可给他的又只有这平凡之草，而且没有东山多，所以他断定泰山是一座平凡之山，而且从割草的观点看，比东山还平凡，便说了一声：“泰山没有东山好。”茅草中有一棵好像是先知先觉的树苗，听他说“泰山没有东山好”，想到自己老是站在寸土之中，终年被茅草包围着，陡然觉得平凡、单调、烦闷、动摇，幻想换换环境。一根树苗如此想，二根树苗如此想，三根树苗如此想，久而久之成趋向；便接二连三的，一天一天的，听到有树苗对樵夫说：“老人家，你愿意带我到东山去玩一玩么？”樵夫总是随手一拔，把它们一根一根的和茅草捆在一起，挑到东山给他的老太婆烧锅去了。我们只能在樵夫的茅草房的烟囱，偶尔看见冒出几缕黑烟，谁能分得出哪一缕是树苗的，哪一缕是茅草的化身？

割草的也可以一变而成为种树的老农，如果他肯迎接创造之神住在他的心里。我承认就是东山樵夫也有些微的创造作用——为泰山剃头理发，只是我们希望不要把我们的鼻子或眉毛剃掉。

创造之神！你回来呀！你所栽培的树苗是有了幻想，樵夫拿着雪亮的镰刀天天来，甚至常常来到树苗的美梦里。你不能放弃你的责任。只要你肯回来，我们愿意把一切——我们的汗，我们的血，我们的心，我们的生命——都献给你。当你看见满山的树苗在你监护之下，得到我们的汗、血、心、生命的灌溉，一根一根的都长成参天的大树，你不高兴吗？创造之神！你回来呀！只有你回来，才能保证参天大树之长成。

罗丹说："恶是枯干。"汗干了，血干了，热情干了，僵了，死了，死人才无意于创造。只要有一滴汗，一滴血，一滴热情，便是创造之神所爱住的行宫，就能开创造之花，结创造之果，繁殖创造之森林。

三十二年十月十三日
写于凤凰山

注释

① 八大山人　清初画家朱耷（约1626~1705）的别号。擅长画水墨花卉禽鸟，亦画山水，笔墨简括，形象夸张。

②《易经》之卦辞　《易经》即《周易》。这句话是说，周文王被关押时才把相传由神农作的八卦发展成为六十四卦的卦辞。春秋以后的儒家，把它作为重要经典之一。

③《正气歌》　南宋大臣文天祥抗元失败被俘，在狱中作《正气歌》，表现了宁死不屈的崇高气节。

④ 苏联的国歌　即鲍狄埃创作的《国际歌》。苏联1917到1944年以《国际歌》代国歌。

⑤ 苏彝士运河　通译苏伊士运河。1859年开工，1869年完成，系雷塞布所创办的“国际苏伊士运河公司”开凿的。

创造年献诗

荀教[1]："择一而壹焉"[2]，
莫跟鼫鼠学五技[3]。
凿井愈深口愈大，
博学首要在好一。
笼统哥哥要不得，
歧路之上快别离。
大题不可以小做，
小题大做做到底。
书若尽信不如无，
引书皆须注来历。
行以求知知更行；
不知直认为不知；
遍览已知求未知；
以知与人己愈知。
道听途说悬断语，
屡试屡验验还试。
"武断""以为"靠不住，
存在由来定意识。
解剖本体寻条理，
追踪外缘找联系。

矛盾相克复相生，
数量满盈能变质。
源头之上搜证据，
观察发展觅定律。
文化钥匙要活用，
开发天人大神秘。
愿将真理化大利，
润泽苍生乃仁义。
日日月月积成年，
努力创造新天地。

注释

① 荀教　荀子的学说。

② “择一而壹焉” 语见《荀子·解蔽》。意思是抓住一件事要做到底，才能做出成效。

③ 鼫鼠学五技　出自《荀子·劝学》：“鼫鼠五技而穷。”五技鼠能飞不能过屋，能缘不能穷木，能游不能渡谷，能穴不能掩身，能走不能先人。言才力小而不适于实用。

育才三方针

（一）迷　根据孩子们不断的迷在某种特殊活动的天性，透过特殊的环境、设备和方法，我们培养并引导他们成长，踏进未知之门。

（二）悟　根据孩子们一般的智力，透过启发性的普通教育，我们培养和指导他们对特殊活动取得更深的了解，对人生各方面的关系和宇宙人类历史的发展取得更广的认识。

（三）爱　根据孩子们愿意帮助别人的倾向，透过集体生活，我们培养和引导他们对民族人类发生更高的自觉的爱。

（以上三条）向着创造生活前进

育才十字诀

一次在报上看见一首木偶十字诀，把一个木头菩萨描写得惟妙惟肖，可算是民众或通俗文艺的杰作。记得第一个字写的是“一窍不通”，的确是精彩得很。当时我就想给育才学校之创学旨趣，披上一件“民族形式”之外套，几经修改，完成了这育才十字诀：①

一个大脑。	二只壮手。	三圈连环。
四把锁匙。	五路探讨。	六组学习。
七（集）体创造。	八位顾问。	九九难关。
十（誓）必克服。		

因为这个十字诀稍微有点新的内容，又因为措辞不够通俗，还需要简单的解释才可以显出里面的精义。

一个大脑

人类的头脑在动物中并不算最大。但他的脑髓与脊髓之比例是超过一切动物。这是思想之物质基础。三民主义一开始就说：“大凡人类对于一件事，研究当中的道理最先发生思想，思想贯通以后便起信仰；有了信仰就生出力量。”思想贯通是信仰与力量之泉源，研究又是思想贯通之泉源，都是要顺应这大脑之天然条理进行，才能奏效。

二只壮手

人类自脊梁骨硬了起来，前脚便被解放而成为一双可以自由活动的手。手执行头脑的命令，打猎、捉鱼、务农、做工、战斗而健壮起来，同时是改造着发展着那对它发号施令的头脑，我们要重生原始健壮的双手来向前创造。

三圈连环

这是我们的校徽，圈有三种德性：一是虚心，代表学习；二是不断，代表工作；三是精诚团结，代表最后胜利。第一个圈表示全校一体；第二个圈表示全国一体；第三个圈表示宇宙一体。而且学校、国家、宇宙是互相联系，息息相关，决不可能把它们彼此孤立起来意识。

四把锁匙

文化锁匙要使学生得到最重要的四把：一是国文；二是一个外国语；三是数学；四是科学方法——治学治事之科学方法。与其把学生当作天津鸭儿填入一些零碎知识，不如给他们几把锁匙，使他们可以自动的去开发文化的金库和宇宙之宝藏。

五路探讨

探讨真理，我们提出五条路：（一）体验，（二）看书，（三）求师，（四）访友，（五）思考。这与《中庸》上所讲的博学、审问、慎思、明辨、笃行可以比起来看。体验相当于笃行；看书、求师、访友相当于博学；思考相当于审问、慎思、明辨。我们的治学次序是依据“行是知之始”及自动的原则排列，可以说是把传统的道理颠倒过来。

六组学习

育才除普通功课依照择定课程标准进行外，用四分之一的时间让学生各依性之所近学习一门特修课。特修课分为下列六组：(一)文学组，(二)音乐组，(三)戏剧组，(四)绘画组，(五)自然组，(六)社会组。

七（集）体创造

我们希望以集体的力量来纠正个人主义，以创造的工作来纠正空谈与幻想。在共同努力创造学校上来学习共同努力创造新中国新世界。

八位顾问

吉辅灵有一首小诗题为六个裁缝：即(一)什么事，(二)什么人，(三)什么缘故，(四)什么方法，(五)什么时间，(六)什么地方。我们为着要改造一般书生的笼统的静止的头脑，加了两位：(七)什么数目，(八)什么动向。这八贤是我们治学治事不用报酬的常年顾问。

九九难关

人生是患难与欢乐所织成。追求真理的人以与患难搏斗为乐，唐僧向西天取经，遭遇八十一难，不知者以为他是自寻苦吃，其实他是抱着一个宏愿要完成，看破生死，乐而忘苦。总之，人生与患难有不解之缘。患难给有志者以战斗之情绪与战胜之智慧。

十（誓）必克服

有了战斗之情绪与战胜之智慧，还必须有战到底之意志，才能克服大难，以至于成。一个人到了富贵不能淫，贫贱不能移，威武不能屈的境界，是永远不会被患难压倒。那时，他成亦成，败亦成，而不是世俗所谓之成败了。

三十一年十二月四日

注释

①1941年6月28日作者曾书赠育才学校镜泉同学。1942年7月7日给赵冕信也曾告知，并注有英文，其中八、九，原为“八十一难”，“九（久）已闻名”。

育才十二要

一、要诚实无欺。

二、要谦和有礼。

三、要自觉纪律。

四、要手脑并用。

五、要整洁卫生。

六、要正确敏捷。

七、要力求进步。

八、要负责做事。

九、要自助助人。

十、要勇于为公。

十一、要坚韧沉着。

十二、要有始有终。

育才卫生教育二十九事

一、凉开水漱口。

二、吃饭最多以三碗为限。

三、隔绝蝇蚊，尽可能消灭之。

四、吃水果用过锰酸钾消毒。

五、针刺刀割，两分钟内用碘酒敷伤口。

六、预防疲劳之休息。

七、防备急剧之冷热变化。

八、离开咳嗽者五尺远。

九、各人用各人的手巾、脸盆、碗筷。

十、用公筷分菜。

十一、不要拉手。

十二、不用功或运动过度。

十三、睡眠时腹部要盖着。

十四、游泳不得超过半小时，并不得令水入耳。

十五、黄昏时不得看书、写作。

十六、饭后半小时内不得看书、运动、游泳。

十七、私人脸盆、饭碗不得在水缸或公用水中取水。

十八、夏日每天要饮六杯开水为度，其他季候酌减。

十九、每日注意通大便一次。

二十、睡眠时候充足，十六岁以下以九小时为度。

二一、吃水、洗脸水必须过滤。
二二、保持水源之清洁。
二三、菜必须弄熟吃。
二四、不随地吐痰。
二五、一切环境要保持清洁。
二六、肃清米中之谷稗。
二七、睡觉前必须刷牙。
二八、营养之科学分配。
二九、适当的运动。

育才学校之礼节与公约

礼节之部

一、敬国旗：

依照政府规定升旗降旗。

二、纪念周：

依照政府规定仪式举行。

三、室内见师长：

（一）立正；（二）鞠躬；（三）请益，报告；（四）坐下，退出。

四、室外相见：

（一）立正；（二）脱帽；（三）鞠躬；（四）随行；（五）避道。

公约之部

一、会场中：

（一）依据民权初步，学习运用民权基本原则；

（二）争辩是非正义，不动意气；

（三）一切集会，都要做到迅速、整齐、安静；
（四）集合预备钟响，即把坐凳送到会场摆好；
（五）分队长检查人数后，后来者即算迟到；
（六）集合时，精神集中，注意口令，口令后即不得说话；
（七）让客坐高（前）位；
（八）遇友来，注目点头，无声招呼；
（九）开会前，休息时，邻座可以低声说话；
（十）检点仪容；
（十一）轻步进出；
（十二）会未毕，不退；离开会场，必得值日分队长之允许；
（十三）不大声咳嗽、随地吐痰、瞌睡；
（十四）端正而坐；
（十五）脱帽；
（十六）不看书报；
（十七）有意见发表，先举手，得主席允许而后发言，
（十八）一切要服从主席命令；
（十九）值日中队长干事负责布置会场，维持会场秩序。

二、师生间：

（一）规过劝善；
（二）上下课，行室内相见礼；
（三）遇于途，行室外相见礼；
（四）上课不迟到早退；
（五）问答时，须立正；
（六）依教师指定日子交卷；
（七）上课时不看课外之书报，不做别事；
（八）随时随地愿受教师之指导与督促。

三、同学间：

（一）互助，互谅，互让，互学；

（二）闻过则喜；

（三）同学有过，则劝他速改；

（四）见同学侵犯风纪，则爱校甚于爱友，劝他自首，如有人不愿自首，则向有关方面报告；

（五）戒相骂、打骂、轻佻。

四、师生工友间：

（一）以平等之地位相待；

（二）尽可能分工友之劳；

（三）“即知即传”，提高工友文化水准；

（四）朝斯夕斯，学习工友之“双手万能”。

五、穿衣：

（一）衣不违时；

（二）整洁；

（三）纽扣扣起；

（四）破烂即补；

（五）衣服洗晾晒干后，即折叠收存。

六、饮食：

（一）肃清谷稗，饭中有谷，取米去壳；

（二）预备钟响，即准备碗筷；

（三）盛饭盛汤时，依先后排队，并慎盖饭桶；

（四）公筷取菜，另碗分菜；

（五）打吃饭钟后，由值日分队长叫口令，一齐开动，不得离开坐位随便到处吃，并不得无故不到；

（六）吃饭要细嚼，喝汤吃稀饭，不使出声；

（七）需要说话，必须音轻；

（八）每桌每人轮流抹桌；

（九）值日分队长负责维持整个食堂秩序；

（十）不得膳委会允许，不得进厨房；

（十一）水果必须消毒去皮而后吃；

（十二）不抛剩饭粒；

（十三）不得剩菜、剩饭；

（十四）饭后不立即喝开水；

（十五）用规定碗筷吃饭；

（十六）菜碗先用开水洗过，然后盛菜；

（十七）饭后半小时内，不作激烈运动。

七、居住：

（一）四度整洁；

（二）不在校内乱跑、乱叫；

（三）按时起床、安眠；

（四）吐痰入盂；

（五）纸屑入篓；

（六）卧室中以安静为主；

（七）肃清臭虫、跳蚤、虱子，尽可能消灭苍蝇、耗子、蚊子；

（八）睡觉时不准吃零食。

八、图书史地馆：

（一）肃静；

（二）整洁；

（三）阅书报及摘录笔记自修以外，不做别事；

（四）参考书报，阅后还原；

（五）遇校宾到时，应起立；

（六）阅览公众书报，不折角、不画线、不加批、不唾粘，依照规定手续借还；

（七）退出时，必将坐凳整理还原，放置桌下；

（八）不得损坏、丢失书报。

育才学校创造年计划大纲

（一）方针：

甲、以严肃认真态度律己；

乙、以互助合作精神相待；

丙、以科学方法治事治学。

（二）安定教师生活，辅助教师进修，以期收“学而不厌；诲人不倦”之效。

（三）敦请学者轮流来校讲学，以提高学术之气候。

（四）培养幼年研究生，在追求真理上学习追求真理。

（五）培养幼年干事，在科学管理上学习科学管理。

（六）扩充图书馆，以丰富精神粮食。

（七）改善烹饪技术，以增进卫生营养。

（八）实行“寸土运动”，使地尽其利。

（九）开源节流，以奠定经济基础。

（十）运用教育医药，以为地方服务。

（十一）注重出版编辑供给材料方法，以为教育界服务。

（十二）继续创造月工作，发展创造精神，提供创造方案，以为抗建服务。

育才手脑相长歌*

人生两个宝，
双手与大脑。
用脑不用手，
快要被打倒!
用手不用脑，
饭也吃不饱。
手脑都会用，
才算是开天辟地的大好佬。

* 本篇原载1932年11月28日《教育周刊》第137期。作者曾书写全文作为1934年5月16日《生活教育》第1卷第7期封面题诗。赵元任曾为之谱曲。20世纪40年代由贺绿汀谱曲作为育才学校校歌。

育才学校校歌

凤凰山上

我们是凤凰山的儿女。
我们是凤凰山的小主人。
凤凰山是我们的家，
　　我们的学校，
　　我们的乐园，
　　我们的世界。
我们是凤凰山的开垦者，
　　要创造出新的凤凰山，
　　新的家，
　　新的学校，
　　新的乐园，
　　新的世界。
我们要虚心，虚心，虚心：
　　承认我们一无所知，一无所能。
我们要学习，学习，学习：
　　达到人所不知，人所不能。
我们要贡献，贡献，贡献：
　　实现文化为公，天下为公。
修炼智慧之眼。
磨出金刚之啄。

展飞大无畏之翼。
涵养一心向真之赤心。
观!
静观大千世界。
啄!
啄开未知之门。
飞!
飞入神秘之宇宙。
找!
找出真理之夜明珠,
衔回人间,
饰在每一个人的额前,
照着人类在狂风暴雨的黑夜里,
　　走到天明,
　　迎接东升的太阳!
　　　　得到光,
　　　　得到热,
　　　　得到力:
　　创造幸福的新中国,新世界。
真即善;
真即美;
真善美合一。
让我们歌颂真善美的祖国,
真善美的世界,
真善美的人生,
真善美的创造。

卅二、十一、廿八

育才学校创造奖金办法

（一）育才学校为发挥创造精神，鼓励创造生活，特设创造奖金。

（二）创造奖金，每年由育才之友合筹，至少一万二千元充之。

（三）创造奖金分下列三等：

甲等奖金五名，每名一千元；

乙等奖金五名，每名五百元；

丙等奖金二十名，每名二百元。

（四）创造奖金发与下列有创造意义贡献之集体或个人：

（甲）对自然科学有贡献者；

（乙）对社会科学有贡献者；

（丙）对音乐有贡献者；

（丁）对戏剧有贡献者；

（戊）对绘画有贡献者；

（己）对文学有贡献者；

（庚）对治事有贡献者；

（辛）对生活教育有贡献者；

（壬）对人格修养有贡献者；

（癸）对于集体生活有贡献者。

（五）奖金之发给，纯以创造意义之大小为标准，贡献不足时宁缺毋滥；贡献超过名额，不使向隅。不努力，则全年可以不发奖一次。人人努力，则人人有得奖之机会。

（六）受奖者暂以育才学校师生、工友、育才之友、生活教育同志为限。

（七）得奖之发明权、创作权、著作权，仍归本人所有。其著作是否归本校出版，由双方商定。倘归本校、晓庄研究所或战时教育社，则版税、稿费，照章另给。

（八）育才创造奖，由育才学校指导委员会兼任创造奖金保管委员会，司保管、评判、分配之责，必要时得由该委员会酌请校外专家评判。

（九）创造奖金于每学期之终，依据贡献发给一次。

（十）创造奖金得由个人或集体申请，亦得由委员会主动发给。

（十一）创造奖金保管委员会之组织、大纲、施行细则，由该委员会自拟，提请校务会议通过。

（十二）本办法经指导委员会通过实行，并申请校务会议备案。

致育才之友书

育才学校敬爱的朋友赐鉴：

育才学校承诸位朋友指导，加以厚助，用能在艰难中逐渐长大，高谊如云，最为铭感。现为发展起见，特将经过情形、最近计划扼要报告，尚希指正。育才学校之创办，由五种动机结晶而成。

第一，是爱迪生幼年生活。他在十二岁的时候，就开始干科学试验，他常把化学药品带到学校去，而且是欢喜动手。对于先生上的功课，觉得枯燥无味，不大注重，所注重的只是他自己愿意玩的化学把戏。那时美国的教师，也像今日中国教师一样的古板，过不了三个月，便以“坏蛋”之罪名，把爱迪生开除了。爱迪生幸亏有一位好的母亲。她说我的蛋并不坏，指定家中之地下室给爱迪生做实验，只吩咐他不要把毒药放在厨房、饭厅里去。她自己教他英文、历史、地理，化学实验则让爱迪生自习。爱迪生因为得到一位了解自己的贤母，所以仅仅受了三个月的学校教育，也能成为一位现代的大发明家。爱迪生幼年的故事，给了我两个深刻的印象：一是科学要从小孩学起，二是科学的幼苗要像爱迪生的母亲一样的爱护才能保全。

第二，是法拉第之幼年生活。法拉第是发电机原理的发明者，他幼年是在一个书铺里做徒弟。他订书订得慢，别的徒弟到利波老板那里去告状。利波对众徒弟说：“你们有所不知，法拉第是一面订书，一面吃书。书订好了，头脑也吃饱了。你们当中如果有人像他这样用功，我也就马马虎虎。”当法拉第装订一部《百科全书》，翻到电气一章，只有两面，他看完觉得不够味，说我将来要写一本《电气》。法拉第的科学生活虽得力于进了皇家学院以后，但当他做徒弟的时候，倘使遇不着利波老板的识拔、宽容，这根科学的幼苗是早已会被人摧残了。没有法拉第，便没有爱迪生，没有普照世界的电光。我们感谢法拉第、爱迪生的时候，不能不想念利波啊。

第三，是法国邮船上之所见。民国二十七年，我从埃及坐了一只法国邮船回国，出了红海，看见一位四岁光景的外国小孩在甲板上跳舞，细看才知道他是配合着所开放的留声机片跳舞。他是很快乐的在甲板上活跃，因为留声机是开放着一支快乐的曲。我异想天开，竟要求换一张悲哀的片子，看这孩子表情有何变动。当这悲哀的片子一响，孩子立刻变容，如泣如诉，好像是失掉亲爱的人一般的舞去。我再问有革命的片子否？开留声机的朋友说：“《马赛曲》[①]如何？”我说甚佳。《马赛曲》一开，小孩立即拿着拳头冲锋，作种种战斗表演，甚至做出向客人攻击之姿势。我看了之后，下一判断，小孩之音乐天才，四岁便可测验，测验属实，便应及时培养。

第四，是湖北临时保育院之所见。汉口沦陷前二十天光景，我们看见一位害癞痢的小朋友[②]在那儿指挥许多小朋友唱歌。我请了一位音乐家教给他音符和拍子，他三天竟能将一支不曾听过的歌用音符记录下来。一个没有音乐才干的人是三年也不见得能学会。

第五，是在重庆临时保育院所受之感触。二十七年十一月参观临时保育院。院长告诉我，常有达官贵人、大学教授来院选择干儿子，当着难童说：这个秃子不要，这个麻子不要，这个嘴唇缺的不要，那个长得好我要。这些失掉父母的难童于今还要受这难受的刺激，听了令人愤慨。当时我表示：我若来选，只问他有无才干。倘使有才干，虽是秃子、麻子、缺嘴唇都要。我不要他们做干儿子，只是为民族培养人才之幼苗。

这五个印象，当我第二次回到香港的时候，联合起来了。在二十八年一月的一天晚上正一时，我就草拟育才学校创学的计划与预算，次日即持以与赈济委员会许静仁先生协商，承许先生批准，由该会担任全部经费，我则用全部时间办学。三月入川，即物色教师，派遣测验团，用智力及特科测验分赴各地选择难童，为时四月，费钱五千元，用现在物价计算，几乎是用了一百万元来选拔学生，这开始的工作是认真的做了。

全校学生一百五十余人，系从十五省流亡之难童中选拔而来。教育方针除依部章指导其一般功课外，从小便注意发现其特殊才能与兴趣，而加以适当之培养。在这四年半中，普修课已从小学办到初中程度；特修科已建立自然、社会、文学、音乐、绘画、戏剧六组。但自二十九年春季以来，物价逐渐高涨，赈济委员会所任经费虽有增加，但在总数之比例，则从全数降至半数，三之一，现在则降至十四分之一了。到三十年四月初，已到山穷水尽，难以维持。朋友们劝我停办，并且说小学太小，缓不济急，加以经济困难，不如改行。但在四月六日早晨五时，我把这三个问题统统想通了。我第一答案是：小中有大。倘使我们能够保存一个爱迪生，则我们的心血就不算白费了。我第二个答案是：虽缓而急。从秧苗看到黄金谷之收获，虽是迂缓的过程，但秧苗已长，必得分栽，十天不雨，尽成枯槁，岂不是当今之急务么？我第三个答案是：中华民族有的是钱。无论怎样穷，只要认清人才的幼苗，应该从小培养，总是有钱来维持这个学校。那时我脑中有山东武训先生画像出现，我对自己说，武训先生以一个乞丐而创办柳林、临清、馆陶三个义塾，我和我的朋友的社会关系都比他好，连一个学校也不能维持，那何以对得起小朋友，又何以对得起中华民族。当时就下决心要坚持到底。除非我自己、我的朋友、整个中华民族都没有饭吃了，那时也只有大家饿死，而没有自动停办。下了决心之后，就立刻写信给朋友说明这个道理，就有好多朋友热心赞助。连当初劝我停办的，也劝我再干了。特别是菲律宾的朋友，每月差不多接济我们一万元。学校不但能维持，而且还有了一些小发展。我在这里想补说一句：三十年四月六日以后，育才学校是在朋友们的博爱精神下长进着。

但是香港失守以后，继之以新加坡、马尼拉之沦陷，南洋接济完全断绝。经济断绝不是绝望。我们二十几个月以来是在造浮桥，要想渡过难关。现在为要纪念这一可纪念的日子，就又下了决心要建立一个更稳固、更进展的经济基础。

（甲）筹足学校基金	一〇〇〇〇〇〇元
（乙）扩充音乐组增加钢琴二架	三〇〇〇〇〇元
（丙）建立自然科学馆	三〇〇〇〇〇元
（丁）建立图书馆	四〇〇〇〇〇元
总计	二〇〇〇〇〇〇元

我们想从今年兴学节起，于最短期间内筹足这二百万元的款子，奠定育才学校经济基础。我们不预备向社会作广泛的募捐，只希望个人的少数朋友，从了解育才学校的一切，成为育才学校之真心朋友，而给育才学校以大力之赞助。我们所以提出这个请求，一半也是由于武训先生精神在后面推动，一半也是由于小孩们努力向上，可以造就，还有许多埋藏在一般小孩中之人才幼苗，急待培养，不忍不为他们请命。倘蒙慨允赐助，则我们可以用十年树木之方法，完成百年树人之大计。本校对于民族、人类倘有少许之贡献，实在是诸位友好爱护之赐了。

育才学校校长　陶行知再拜

注释

①《马赛曲》 法国资产阶级革命时期的歌曲，1879年定为法国国歌。

② 指陈贻鑫。

育才二十三常能

初级十六常能

（一）会当书记：包括写小楷，管卷宗，写社交信，做会议记录等。（在国语课和社交活动时及集体活动中学习。）

（二）会说国语：包括会话，讲解，演说等。（在国语课、演说会、讨论会、早会、晚会、一切集会与人接谈时，随时留心细听，学习善国语的先生同学的发音、语调。如需要时，可请善国语者进行集体指导，或个别指导。）

（三）会参加开会：包括发言，提议，选举，做主席等。（在公民课或社会课及一切集会中学习。）

（四）会应对进退：包括招待宾客——谈话，引导参观，招待茶饭——送信接洽事情等。（在平时须留心学校情形，熟悉学校行政组织大概，当会宾客时，才能应对合度，彬彬有礼。在任招待前有准备，在别人应对进退时可以观摩，在自己实践时，必须在慎重其事中学习。）

（五）会做小先生：包括帮助工友、同学以及学校附近农友等。（在“文化为公”，“知识为公”，“即知即传”的号召下，自动的以一技一艺之长去帮助人长进中学习。）

（六）会管账目：包括个人账目、集体账目，会记账，会报账，会管现金出纳等。（抱着有账即记，公私分明的原则，在记载个人日用账目及集体账目中学习。）

（七）会管图书：包括编目，晒书，修补，陈列，借书等。

（在每个人自己桌屉中的图书，必须日常整理，不得散乱。在各小组的图书架上，在图书库里观摩和工作中学习。）

（八）会查字典：包括中文字典和外文字典等。（在小学四年级以上，在国语课、外语课，课前准备工作中学习。）

（九）会烧饭菜：包括小锅饭、小锅面、小锅菜十味以上，并会做泡菜、咸菜、糖果、果子酱、腊肉等。（在聚餐、野餐、助厨时学习。）

（十）会洗补衣服：包括洗衣补衣等。（在十二岁以上，必须学会洗补衣服、晒晾、折浆。规定每星期洗衣一次。衣服破了即须缝补，会者教不会者；不会者必须跟会者学。）

（十一）会种园：包括种菜，种花，种树等。（规定小学生每人至少种菜半分；中学生至少种一分。在生产活动中学习。）

（十二）会布置：包括装饰，陈列，粉刷，洒扫等。（在美术课、手工课，参加布置生活室、会客室、课室、寝室、会场中学习。）

（十三）会修理：包括简单木工、竹工、泥水工、油漆工工具等。（在修理中学习。）

（十四）会游泳：包括仰游俯游等。（在夏令必须参加游泳学习，在平时可定期去温泉学习。）

（十五）会急救：包括医治小毛病，救溺，救触电，救中煤毒等。（请卫生室及校外医工指导，在分配卫生工作及旅行、急救中学习。）

（十六）会唱歌：包括独唱，合唱等。（在唱歌课、参加合唱团中学习。）

高级七常能

（一）会开汽车：（检查目力及手腕灵敏，懂得汽车构造，请专家指教。)

(二)会打字:(学毕高中英文,请专家指教。)

(三)会速记:(文字通顺,并请专家指教。)

(四)会接电:(学毕电学,并请专家指教。)

(五)会担任翻译:(在实习外国语课,极力争取会话练习,外宾至时,及与外宾做朋友中学习,交谈中学习。)

(六)会临时讲演:(在平时各种演说会、欢迎会、送别会及指定代表出席参加各社团纪念会中学习。)

(七)会领导工作:(在指定集体工作中负责领导,在集团选举出负责领导工作中学习,以完成上级或集团付托之使命。)

育才学校节略

宗旨：在三民主义抗战建国纲领指导之下，教导学生团结起来，做追求真理的小学生；自觉觉人的小先生；手脑双挥的小工人；反抗侵略的小战士。

方法：选拔有特殊才能之难童，在集体生活中，培养人才之幼苗，给以适当之阳光、空气、水分、养料，并除害虫，俾能发荣滋长。教育方法，注重教学做合一，在劳力上劳心，理论与实践并重。

课程：分为普修课、特修课两种。普修课依部章进行。特修课已建设音乐、戏剧、文学、绘画、社会、自然六组，使各人就性之所近，从容发展其才能；以后拟增加工艺组和农艺组，并视各组特性而改进其课程。普修课时间占四分之三，特修课占四分之一。本校为全年学校，利用寒暑假，以补普修课程之不足。

进度：在四年半中，本校已从小学办至初中。现在接着要办高级学校，充实研究所，以应学生升学之需要，而贯彻本校之主张。研究所已具雏形，并选拔幼年研究生十余人试办。

导师：导师有国外留学者四人，国内大学毕业程度者十二人，其他十八人，共有三十四人，家属十七人。

学生：学生一百五十二人，中有难童一百四十人，籍隶十五省，男八十三人，女六十九人，三十三年八月拟招新生二百人。

工友：工友十四人。

校舍：（1）古圣寺[①]为本校校本部，有大小房间四十六间。（2）明家院有大小房间八间。（3）屈家院有大小房间五间。（4）鹫岭寺有大小房间九间。（5）舞台一座。（6）露天讲座四座。（7）研究所四间。（8）体育场三处。（9）菜园十亩。（10）荷花池一眼。（11）井三口。（12）马家沱有荒地二百四十五亩即将辟为农场，以奠未来农艺组之初基。（13）管家巷有大小房间十八间，为绘画组之用。（14）江北观音桥有大小房间九间，为音乐组之用。

设备：图书二〇〇〇〇册，钢琴三架，提琴五架，风琴五架，科学仪器工具一千余件。

经费：本校对难童学生，负责衣食住行医药教育全部费用，依三十三年三月底标准计算，每月支出约二十万元，赈济委员会每月补助八千五百元，盐务局每月补助六千元，天府公司每月补助五千元，胡心惠先生每月补助三千元，美国援华会每月补助五万八千元，利息每月一万二千元，中华学校委员会每月补助七千五百元。上海银行补助学额十名，张瑞芝先生补助学额四名，其他补助每月合计二万八千元。保育会补助保育生之平价米、书籍费及零用费。现在最感困难的问题有四：（一）为教师薪金急须增加；（二）为学生营养急须改善；（三）为新生设备急须补充；（四）每月不足之六万余元急须补充以达收支之平衡。从现在起，拟于最短时间内筹足二百万元，以奠定本校之经济基础。

创造生活： 本校师生工友，以集体力量从事于五项创造工作：

甲、创造健康之堡垒；

乙、创造艺术之环境；

丙、创造生产之园地；

丁、创造学术之气候；

戊、创造真善美之人格。

注释

① 古圣寺　育才学校1939年7月到1945年冬的所在地。位于四川省合川县凤凰山。

集外文汇

太平洋集体安全与中国民族解放运动*

日本的大陆政策是扰乱世界和平的政策。日本对中国进攻，不是中国一国的存亡问题，而是整个太平洋甚至于全世界的安全感受空前威胁的问题。中国要想单凭自己的力量来解决困难，是一个大错误。世界各国对于中日冲突，要想躲避牺牲，袖手旁观，甚至于希望分一两块肥肉，也是一个大错误。

日本拿到了辽宁的铁，山西的煤，吉林的森林，华北的棉田，福建的根据地，全中国的四万万五千万的人口做肉炮弹，你想它会坐在那儿做富家翁享现成福么？到了那个时候，它是爱干什么就干什么了。它是必然的要北攻苏联，东抗美国，南制大不列颠。

日本的法西斯，拿着火把冲进了太平洋的火药库！不愿被炸的人们起来！只有集体的行动才能保障太平洋的安全。

当苏蒙互助协定①发表的时候，有些朋友叫我把它的价值估一估。我说：苏蒙互助协定是太平洋集体安全的先锋。凡是太平洋两岸不愿侵略人，而又不愿被人侵略的国家，都应当缔结同样的互助协定。我们应当在太平洋集体安全的旗帜之下，缔结中苏互助协定、中美互助协定，以及别的互助协定。这样的互助协定，可以由政府外交和人民外交双管齐下的向前进行。倘使政府

* 本篇原载1936年5月1日《生活教育》第3卷第5期。

有所顾忌，各国人民亦当联合起来，督促政府，进行集体安全以建立太平洋的和平基础。

太平洋的集体安全固然重要，但是我们决不可以因此松懈我们对于民族解放运动的努力。中国的民族解放运动与太平洋的集体安全运动是一个不可分解的互相帮助的运动。中国人民如果不拼命争取民族解放，便没有资格与别的国家谈互助。同时，当我们争取民放解放的时候，决不可一时一刻忘记了为太平洋的集体安全而努力奋斗。因为有了太平洋的集体安全，我们的民族解放运动是多得了一层胜利的保证。

注释

① 苏蒙互助协定　苏联和蒙古1936年3月在库伦签订的协定。规定两国任何一国受第三国的军事攻击时，应相互予以各种实力援助；防卫和援助义务完成后，援助国立即从受援国撤回军队。

大众教育问题*

一、为什么需要大众教育？

简单说来，因为大众失了教育，所以需要大众教育。中国的教育只有少数人，有钱的人、有闲的人、有面子的人才得受教育。这少数人的教育，可以说是小众教育。而掌握国家大权的人，也就是这些小众。掌握国家的大权，照理要保护国家，但事实上东北丢了，热河丢了，冀东丢了，华北丢了，土地一块一块的丢了，丢了二十二个江苏省那么大了，而福建也动摇了。少数人受了教育，不能保护国家，把中国土地一块一块的丢了。想把国家大事依靠此种人，说来只有“靠不住”三个字，也只有书呆子才想靠他们。现在只有大众才能救国。

我们要大众起来救国，但是大众识字的只有十分之二。他们不知道国家的危险，吃了苦不知道苦从哪里来；受了灾难，也不知道怎么有这许许多多的灾难。他们只晓得吃苦受灾是命运不好，说咱们的老命不行，这是我们祖宗的风水弄错了。

他们受了痛苦，不会去追求痛苦的原因；受了灾难，不会去根究灾难是谁给予的。民族国家的危险，正需要大众来挽救，他们有力量救国，而没有人去启发，没有人去领导。他们不知道国

* 本篇是1936年5月1日作者应中山大学法学院之请，在中大大礼堂所作的演讲，由陈孝禅记录整理。原载1936年5月8日和15日的广州《民国日报·教育周刊》。

难的根本原因，在于日本帝国主义的侵略。他们不知道灾难的线索在什么地方，他们不知道痛苦的根本原因在什么地方。我们要教大众知道他们所受层出不穷的痛苦，并不在于命运不行，也不在于风水弄错，而在于日本帝国主义的侵略。我们要教大众会运用他们的力量，我们要教大众怎样去推翻日本帝国主义，这才是大众教育。我们要提倡大众教育，推行大众教育。因为小众拿政权在手，带兵百万，仍是不能救国。救国的问题，只得由大众来解决，我们要使大众知道国难的根本原因在于日本帝国主义的侵略，而想出挽救的办法来。

二、什么是大众教育？

大众教育和小众教育有什么分别？

第一，大众教育是大众的，不是小众的；

第二，大众教育是大众自己办的，不是小众代办的；

第三，大众教育是大众谋大众的幸福，大众除大众的痛苦，不是小众谋小众的幸福，小众除小众的痛苦。

大众教育的定义是："大众教育是大众的教育，大众自己办的教育，为大众谋幸福的教育。" (Mass educationmeans education of the mass by the mass and for the mass)

在此，我们要仔细分别大众教育和所谓平民教育、民众教育不同之点。大人先生所倡办的平民教育或民众教育，一点儿也无补于事的。我们只要把大众教育的定义弄清楚，自然会明白平民教育或民众教育乃是小众的，小众代办的，为小众谋幸福的。这是大众教育和平民教育或民众教育根本的区别，除此之外，还有许多不同之处。

分析说来，第一，大众教育要对大众说老实话，不要含混，不要欺骗。平民教育或民众教育，便不是这样。譬如说，我看见某平民课本①，开宗明义说："人人有衣穿，人人有饭吃，人人有工做。"这是欺人之谈。你说"人人有饭吃"，昨晚隔邻张三全家挨饿了。你说“人人有工做”，李四自从工厂辞退回家，没有工做已经许久了。这还说什么“人人有饭吃”，说什么“人人有工做”，这不是明明白白的骗子吗？我们办大众教育要说老实话，不要欺骗才行。

再如，大众教育也是要农村建设的。不错，农村建设要有组织，也要有礼貌，不过这只是农村建设的一端。要有组织就先要有目的，譬如中山大学是一种组织，此种组织，已经有了目的，因此，才不会今天组织了，明天就散伙了。农村建设也是一样道理，既然要建设，就应该有一个中心，没有一个中心，不但要落空，而且会吃亏的。举一个例来说，农村建设之中，有一个叫做“公路建设”的口号。好了，要开公路，于是乎清丈土地，圈定土地，填筑土地，公路造成了，汽车来了，洋货也源源输入了。我曾做一首诗：“圈去农人地，农人哭啼啼，造成汽车路，汽车大王笑嘻嘻。”帝国主义的政治经济文化的侵略，也深入农村，于是乎农村更加破产。办这样的教育，要来建设农村，真是南辕北辙！我们办大众教育要有深远的计划才行。

第三，大众教育也是要生产建设的。一般人提出生产教育，我并不反对；但他们以生产教育做唯一的目的，我就要反对了。比方说，生产主义者，他们以为一亩小麦，要是多收两斗，照这个比率计算起来，全国小麦的生产不是洋洋可观吗？他们以为一亩棉花要是多收五十斤，照这个比率计算起来，全国棉花的生产不也是洋洋可观吗？生产——生产——生产——生产主义的平民教育就要鼓励农民去增加棉花的生产。日本帝国主义的计划不是也在华北鼓励农民增加棉花的生产吗？棉花种的越多，帝国主义也越欢迎，棉花原料也越不愁没有地方供给。单教人去生产而不去计较后来的得失，正是帝国主义的口吻。我以为大众教育教大众生产之外，还要教大众觉悟，大众的生产（Mass must coneious of mass production）才不会偏在后头。这样教人生产，才靠得住。

我们要教人，不但要教人知其然，而且要教人知其所以然。这一回上海的普及教育，也只教人知其然，自然是不够。此次我到广东来，在船上，我就想出几条原则来，教人怎样去知其所以然。这几条原则是要大众觉悟的。

（一）知道事情是这样；

（二）知道事情为什么这样；

（三）知道事情怎样就这样；

（四）知道事情怎样会成那样；

（五）知道事情为什么由这样变到那样；

（六）知道事情怎样由那样变成这样；

（七）把一切的事情和别的事情联合起来看；

（八）在行动之中追求一切的真理，把真理来指导提高一切的行为。

我们要彻底理解一个事情，要知其然知其所以然，那么就要依照这八条原则，不然，我们只知其然，教人知其然，这是愚民政策。

举例来说，我们知道生物学、社会学都有发展性，这是学过生物学和社会学的人周知的事。民族解放运动也有发展性，第一，知道中国是如此的一个半殖民地；第二，知道中国为什么会沦为半殖民地；第三，知道中国怎样沦做半殖民地；第四，知道中国怎样会成为独立平等的国家；第五，知道中国为什么要由半殖民地进为独立平等的国家；第六，知道中国怎样就由半殖民地进为独立平等的国家；第七，中国民族解放运动要和资本主义国家人民反抗帝国主义运动，社会主义反抗帝国主义运动，弱小民族反抗帝国主义运动，联合起来，考虑得失，要否大家连成一条共同战线；第八，中国民族解放运动，要从实际行动得到经验，以行动做主要的领导。

大众教育，也要照这个程序和民族解放运动联系起来，务使大众个个做民族解放运动的斗士。就这样去教大众读书，才不会陷入“读死书，死读书，读书死”的泥淖之中。大众解放，中国才解放，中国要解放，就得求大众的解放。如果不是这样，中国是没得救的。

大众教育是针对现实，小众教育是逃避现实。小众教育像古寺的和尚，古庙的修道，他们不愿跟现实接触的。华北的情形，最易看出来，日本的飞机，盘旋于古城之上，于是学者搬家，古物搬家，仪器搬家，只有古城搬不了家，这是逃走教育。高等教育尤甚，迁校啦，迁图书啦，逃走，逃走，搬走了事！否则做汉奸，投降！只有我们的大众搬不了家，不能逃走，只得死守古城。因为他们即使想逃走，没有地方给他们逃走，没有旅费给他们逃走，而我们大众的教育也就没有跑掉，已经跑掉的不是大众的教育。真正的大众教育要和现实打成一片，现实也是大众的教育，永远跑不掉的。

再如定县也挂起大众教育的招牌，所谓平民教育或民众教育，可是大人先生教育逃走了。国难没有来，他们还在那里，国难的消息传到领袖的耳朵，领袖专家就想逃走，他们也知道要逃走，师出无名是不可以的，于是想来想去，想出县单位的试验提高到省单位的试验的法子。这样一来，领袖们专家们便逃到广西了，逃到四川去了，而用不着顾虑舆论的指责了。他们还在报上发表声明，说这一回的搬家不过是由县单位试验，提到省单位试验。真的由县单位提到省单位，是事业的扩充，我很喜欢能够这样的。河北省是定县的所在地，也是国防的最前线，危险万分，在这里才真正是试验省单位，才真正做救国的工作，为什么不提到河北省做省单位试验而提到广西去、提到四川去，还不是逃走吗？几百万元给他们花掉了，几十万农民给他们抛弃了！大众不能逃避现实，他们要保护自己的生命、自己的田庄、自己的财产，教育要居于领导的地位才对，而现在定县的教育领袖跑了，这是绝大错误！真的大众教育要从现实中找出题材，针对着现实，这也可说大众教育和小众教育不同的地方。

三、怎样去干大众教育？

（一）社会即学校：办大众教育第一个难关，没有房子怎么办？办大众教育当然不能希望有这样考究的房子，店铺、家庭、茶馆、篷户、庙宇、晒台、茅厕坑、监牢、坟墓，都是教育场所。上海的日本工厂压迫中国工人，无微不至，工人的谈话，也在禁止之列。但是工人救国的会谈，也不因此而终止，他们装大便，到茅厕坑去，你能说茅厕坑不是学校吗？如果你犯了罪，如爱国罪之类，给宪兵警察抓到监牢去，在监牢学会了许多东西，难道监牢不是学校吗？你到黄花岗七十二烈士墓去，你的见识，你的回思，你的感慨，算是上了一课，我到上海无名英雄墓去，也上了一课，坟墓不是我们最好的课堂吗？

我们若愁没有房子开学校，对有钱有空房子的人商借一间半间房子办学校，哼，免开尊口！社会就是学校，我们在亭子间、工厂、码头、田头、茶馆、庙宇，处处都可以受教育。先生来了，我们读书吧，穷人慷慨，他们的牛棚、篷户，无妨借来做课堂。即使没有，山上、树林不也是绝好的学校吗？我们办大众教育，只要明白社会即学校的道理，处处都走得通。

（二）即知即传：有了地方开学校，没有先生还是不行。先生不是没有，月薪三百块钱，穷人那里负担得起，三十块钱不行，二毛钱还是不行。然则先生哪里来呢？我的办法："即知即传"。知道一条真理，负责传遍天下；知道两条真理，负责传遍天下，我传你，你传他，他传他，传到码头、工厂去，传到农村去。一人教十人、二十人、三十人，你教我，我教他，他教他，一村之中，总有一二个人合农人的口胃吧。一人教十人、二十人、三十人，做个传道者。譬如从前办小学，只知道教学生，其实小孩也可以做先生的。所以现在办小学，要教小孩子做学生，也要教小孩子做小先生。

小孩子做小先生，古已有之。私塾先生有了学生代课代管理，他便可安心去打麻将，睡午觉。临去只要吩咐一声，“你们好好地读书不要闹，不然，我回来就要打屁股了。”就没有事了。这正像资本家的剥削制度，在小孩子身上揩油。

小孩子做小先生，确是一个很有效果的办法。中国有九千万小孩子，如果大众教育起了作用，我们就有不领薪水不自私自利的小先生九千万人。这样一来，先生教书也进步了，因为要教孩子去做先生，做先生不能不知得多，不能不知得透，也不能不知得新；不多，不透，不新，学生就不高兴，也不能传人。现在我们有一千一百万小学生，训练起来，也即有一千一百万小先生。现在只差八千万，小先生教大众，先进的大众也做先生，如此继续不断由学生而先生，先生的问题就解决了。

（三）新文字：有学校，有先生，没有工具，还是不行。我们办大众教育要利用新文字做工具。什么叫新文字，原来是拼音字，即是“拉丁化”文字。“拉丁化”我们不敢说了，为的怕人家误会，所以叫上海话新文字也行，叫广州话新文字也行。怕人家误会的原因有二：第一，乡下人不说外国话，你要叫他们学“拉丁化”，他们只听到“拉丁化”三个字就不愿学了。第二，“拉丁化”是从俄国来的。俄国来的东西都是赤化[②]，他们就怕学了赤化了。其实俄国输入的东西，未必完全赤化。上海某文豪，就把“拉丁化”有赤化的危险来责难。我说：“你的汽车所用的汽油，不是俄国光华公司的吗？如果从俄国来的东西就是赤化，那么你的汽车所用的汽油，也就是赤化了。”某文豪哑然失笑，给我问倒了。原来新文字是从海参崴的华侨传入来的。海参崴华侨的知识分子，用新文字推行华侨的识字教育，收效卓著，因此就有人介绍到中国来。一般人对于华侨只晓得要华侨的袁头，旁的东西，一律拒绝，难道这是公平的吗？可以推销俄国的汽油，难道不能推销旅俄华侨的新文字吗？

我们要了解新文字的好处，我们得先知道国语罗马字的不行。旁的不说，只要知道国语罗马字的二个难关，第一，国语罗马字用北平话做标准音，中国的方言复杂万分，国语一时很难推行，换句话说国语在短时间内不易希望普及。你看乡下人一辈子不出门一步，一辈子不上北平，一辈子没有和国语相接触，所以即使学会，也没有什么用处，倒不如规规矩矩去学汉字。像我学北平标准语，学了五年，还是二不像。所以用国语罗马字做普及教育的工具简直是幻想。第二，国语罗马字要分平上去入四声。在字的上下左右加点，标明是平声，还是上声、去声、入声，弄得天昏地黑。我们学来，已经感很困难，何况一般大众呢？

新文字没有这两个难关。广州有广州话新文字，上海有上海话新文字。新文字全不勉强广州人定要去学别种方言。广州人自从一岁以后，已经学会了广州方言，只要学会拼音，就可以阅读新文字、了解新文字，这是文字上的大解放。新文字用连词的办法，不用平上去入四声，它不会把“叫”字弄错做“吊”（diao lan dung）字。da dao一词，“打倒”、“打稻”、“大刀”，三个意义不同，若是把一句话连接起来就行，打倒（da dao）走狗，农人打稻子（da daoz）、关公的大刀（da dao），决不会弄错的了。

新文字不但没有国语罗马字的两个难关，而且有易学的好处，大众聪明的一天学会，笨的一月也学会，我们念过ABCDE的，很快就学会。大家说广东话，学广东话新文字，只须两个头。我们要做先生的人要教学生，学生又做先生，再去教学生，所以我们更要赶快学会。现在，广州话新文字方案共有四种，将来由专家审定，采取一种方案做广州话新文字的标准，凡说广州话的大众，如广州、香港、中山、澳门等地方，都可以用来做工具。上海的大众，采用上海话新文字做读书识字的工具，大家都可以读书阅报，明白道理，运用力量来救国了。大众有了识字的工具，教科书一分钱，铅笔一分钱，拍纸簿一分钱，高级教科书一分钱，高高级教科书一分钱，大众花了五分钱就可以读书阅报，运用大众的力量来救国。

新文字的来历上面已经说过，新文字运用的发展，我也得提一提。大家知道上海救国有罪的，所以有些爱国志士，为逃避检查者的耳目，他们就利用这种新文字。那班检查者，横看不是英文，直看也莫名其妙，常常掩饰过去。又有些青年男女利用新文字写情书，也无非怕人检查，结果也很有效。我们提倡新文字，倒不是此意，简单说来，只要大众用来做救国的工具。

（四）救国的实际行动：昨天也说了一些。我们认定教大众救国的知识，起来做救国的实际行动就得了。

上面四项的主张，已经包括大众教育的主要部分。我们有了理论，有了计划，有了组织，我们起来做救国的实际行动。大家必定已经知道天津人民自治运动的喜剧，其实都是二毛钱白面的力量推动出来，而天津市长，也居然接见这班东西。这是汉奸教育，二毛钱的汉奸教育。我们的大众教育只要五分钱，培养一个民族解放的斗士，不说二毛钱，就是二百块钱，二万块钱也收买不去，彻底干，达到中华民族解放，中国自由平等才肯罢手，这才有意思。

注释

① 某平民课本　中华平民教育促进会总会的定县教育试验区在20世纪20年代后半期所编写和传授的平民课本。

② 赤化　反动派用来指责受马克思主义影响、拥护共产党的人物、事物的言词。

与南宁《民国日报》记者谈访桂计划*

本人此次南下，乃因放洋，欲往英国出席世界新教育会第七届会议。素仰广西当局，年来励精图治，致力于各项建设，如训练民团、普及国民基础教育等项，成绩卓著，对于抗日救国主张，也能深得国人之同情与拥护。本人久欲一来参观，苦无机缘，今因放洋之便，乃先期南下一游。抵粤后适逢李总司令[①]有返桂之行，承邀随同入桂游览，因即与本月五日随李总司令等，由粤乘车至河口、转轮来桂。六日上午抵梧州，是日并应西大[②]之约，到该校演讲，是晚当转轮至贵县，即乘专车来邕。本人来桂目的，乃参观各项建设及考察苗瑶部族之生活状况。本人在邕为应各当局之约，作学术演讲，大约拟逗留一星期，即到有特种部族居住之各县考察，在桂时间暂定半个月。本人此次入桂，沿途所见，觉得广西对于各种建设，已上轨道。至于风俗之纯朴，民气之蓬勃，皆能表现出苦干硬干之精神，不愧为历史的革命策源地之民众。诚以在此国家危难之秋，非具有此种坚强果毅之伟大精神，不足以当救国救民之责任。本人素来在教育界服务，然救国工作，人人有责。本人年来致力于教育救国一途，始终主张教育与抗日救国运动应打成一片。因为日本帝国主义者，向我步

* 本篇原载1936年5月9日南宁《民国日报》，系该报记者采访报道。该报道同时还刊载了5月6日晚乘船前于广西大学公园接见远东梧社记者的同样报道。

步压迫侵略，贪得无厌，设吾人不急起与之抗战，则国家民族、势必沦亡。所以非抗日无以言救国，若国之不救，教育何为？关于抗日救国之道，一方面，全国民众均应一致团结起来，武装起来，与日本帝国主义者作殊死战；另一方面，而应联合全世界以平等待我真正革命之民族，去抵抗推倒侵略行动之各个帝国主义，以解除各弱小民族之倒悬，而创造一条革命的光荣的新路线。

注释

① 李总司令　即国民政府第四集团军总司令李宗仁。当时，他还担任西南政务委员会常务委员。

② 西大　即在梧州的广西大学。

与南宁民众社记者谈赴桂任务*

此次因出席世界新教育运动第七届同志大会，该会在英国开会，余以便程到港。蒙李总司令邀约来桂一游，故于本月五日随同李总司令由粤动程来桂，方才抵邕。

目前中国问题即为救国问题。几年来深仰广西各高级领袖致力于救国工作，久欲到来一晤，同时以一学生态度，到来学习和考察各种新兴建设，并希望与广西各救国同志交换一点救国意见。现在上海文化界方面计划了一种救国教育方案，同时并创造了一种新文字运动。听闻说，这种新兴的救国工作，在广西都有长足的进展。此外，关于小先生方面的情形，也想来看看。至于在广西逗留时间约两星期，在这时间以内，除在南宁参观各种建设外，并赴桂林、柳州、龙州以及傜山一带考察，可能的话，还想到安南去走一走，参观完毕以后，即离桂到英国去参加世界新教育运动第七届同志大会。

* 本篇原载1936年5月9日南宁《民国日报》，系于南宁乐群社接见民众社记者之采访报道。

算错了账*

前些日子报上登载过国民大会各省出席代表之名额，辽宁、吉林、黑龙江、热河、察哈尔[①]五省市总共只有二十三名。看报的人多数是漠不关心的让他过去了。幸亏东北同乡中还有会做算术的人，就由齐世英君领衔通电把这件事情揭破。他们说：国民大会各省代表名额最多的省份是四十五人，最少的省份是十人。如果承认辽、吉、黑、热、哈五省市还是中国的领土吧，那末，即使依照最少的省份算起来，也应该有五十名代表。他们又拿蒙古、西藏和华侨的名额来比较，发现他们各有四十名，也比东北五省市来得多。言外之意是说，退一万步作算东北五省市不是中国的领土，三千四百万同胞一古脑儿当作华侨，也应该有四十名代表。有人说立法委员老爷们是甘心情愿把东北五省市一笔勾销，这句话也未见得对，因为，如果是一笔勾销，又哪来的二十三名呢？我的推测是他们把算术忘了，所以算错了账。那末，请他们重新算一下好么？这要看情形，有时是使不得的。我对于错算算术的学生是有一些经验。他们是：错错算算，算算错错，不错不算，不算不错，越错越算，越算越错。你没有看见宪法草案又闹什么“过渡条款”吗？他们把自己估得太高，把国民估得太低，当初的宪法草案是没有这一套，它完全是算出来的。过渡条

* 本篇原载1936年5月16日《生活教育》第3卷第6期。

款是越算越错的顶好的例子。一回有一个小孩子苦做算学，做得头昏脑黑，错的一塌糊涂，他的先生要请他吃板子。我说：这何苦来! 你叫他攀上山去，呼吸点新鲜空气，玩一玩再说。

注释

① 辽宁、吉林、黑龙江、热河、察哈尔　皆省名。察哈尔省在1952年撤销，热河省在1955年撤销，两省原辖地区，分别划归河北、山西、辽宁和内蒙古自治区。

叶诚一先生的教育主张*

四川叶诚一先生从去年秋天到现在，考察了江苏、浙江、山东、河北、河南、湖北、湖南、广西、广东、南京、上海十一省市的教育状况，新近和上海的记者谈过一次话，发表他对于中国教育的主张。他说：

"所谓国民教育运动者，约有二义：（一）治标办法，从速训练全国的青年与成人，尤须注意于在乡的农民，教以'知其然'（来不及教他们知其所以然），不必解释理由，务养成随同动作之意识，此所谓整理劣币，尽人事以听天命；（二）治本办法，应下最大决心，以大量的财力人力来强迫全国学龄儿童入学，铲除传统的民族劣根性，建立民族的新意识，所谓铸造完美的新币，大播复兴的种子。总之，我的认识就是无合于时代性的国民，则国必亡。"

没有讨论之前，我想声明几句话：一、我们不能承认农村青年和成人是有待整理的劣币；二、我们不能相信有一个必须听从的天命；三、知其然的教育造不出合乎时代性的国民。前两点我不预备在这里说明理由，只要声明认识就算了。第三点是我想特别提出来和叶先生商榷的问题。

中国开明一点的理论是教人"知其然"和"知其所以然"。

---

* 本篇原载1936年5月16日《生活教育》第3卷第6期。

“知其然”是知道一件事是这样。“知其所以然”是要知道一件事为什么是这样。这两句话初看起来好像是把教育全盘表现出来了。但是稍微追究一下便知道，即使把这两句话一齐实现，也不能代表教育的全局。叶先生现在只要教人“知其然”而不教人“知其所以然”，那是格外不够了。我们试把教育内容作进一步的分析，可以得到下列几层要素：

（一）要知道一件事是这样；

（二）要知道它为什么会变成这样；

（三）要知道它怎么会变成这样；

（四）要知道什么是那样；

（五）要知道为什么是要从这样变成那样；

（六）要知道怎么才可以从这样变成那样。

这一切也不是完全关在课堂里可以研究出来。我们要叫行动处在主导的地位来追求真理，发现真理，传达真理，应用真理。

让我们拿一个浅近的例子来说明上面的分析：

（一）要知道中国是怎样的一个半殖民地；

（二）要知道中国为什么会变成这样的一个半殖民地；

（三）要知道中国怎么变成这样一个半殖民地；

（四）要知道一个独立平等自由的国家是哪个样子；

（五）要知道为什么要把一个半殖民地的中国变成一个独立平等自由的中国；

（六）要知道怎么才可以把中国从半殖民地变成一个独立平等自由的国家。

（七）这一切都是要靠着有组织、有计划、有理论引导的行动来追求与完成。

因此，我们晓得单单教人“知其然”，单单教人知道中国是一个半殖民地，那是万万不够的。这种“知其然”的教育也没有强迫的必要，也没有强迫的价值，更没有强迫的可能。即使凭着政治的力量强迫起来，是徒然糟蹋金钱时间，加强农村破产，叫中国赶快的向着殖民地化堕落下去。倘使把上面所说的六点包括无遗，而又用行动来贯彻始终，那么这种教育便是家常便饭，人人要吃，用不着强迫。所要强迫的只是强迫一些妨害人家进步的人，要他们放弃对于别人的愚民政策罢了。只要这种愚民政策被强迫而放弃，教育便如同新鲜空气一样，人人得而呼吸了。

和民族解放运动配合的中等教育*

——和一位大规模的省立中学校长的谈话

我现在所办的是一所二千学生的中学校，应该怎样办法，才能对于救亡运动有些贡献？

第一样，要有时事讨论会。

我们早已注意到时事的重要。现在每礼拜都请专家演讲。不够吗？

灌注的演讲，作用不大。最重要的是使学生对于时事有一种自由讨论的组织。而且这个组织是要做成学生自己的，而不可以变成御用的或学校指派的。学生一发觉御用或指派的性质，他们就不会兴高采烈的去参加。到后来是弄到有等于无，而且和时事讨论会配合起来，还要有进步的杂志和书籍做参考。否则凭空讨论，大家都得不着充分的益处。有时请几位专家来补充一些意见，当然是有益处。但对于专家的意见须允许学生辩驳，真理是愈辩驳而愈明白。

对教师或请来的客人所说的话加以反驳不是不敬吗？

大家先说明是追求真理，不可固执己见。学生的见解有时比我们正确，我们应当勇敢的去虚心接受。我们要注意的是为真理而辩驳，决不可为意气而争论。

---

* 本篇系作者1936年5月15日应广西武鸣县政府之请，到广西省立武鸣中学讲演前，同该校校长的谈话，一问一答。原载1936年7月1日《生活教育》第3卷第9期。

时事讨论会之重要我很了解了，请问高谈阔论，究竟于国事何补？

关起门来讨论时事是不够的。因此，我们可以谈谈第二点，就是要教育大众。学生对于国事讨论透彻了，就得拿自己所得到的传给大众知道。教育大众是中学生当前的重要任务，也应当看作当前的重要功课。

哪有这些时间呢？

我们先要问的是这个工作重要不重要。如果重要，那可以把次要的功课减少钟点，腾出时间来，干这更重要的工作。所以我们先把它的重要性讨论一下。中国现在已到生死关头，靠小众单独去救国是靠不住了。我们垂危的祖国是必得教育大众、组织大众、武装大众，才能得救。中学生自己得到救国的真理，便应该立刻把它广播出去，这不是天经地义吗？若说等到毕业后再去教育大众，我们能担保日本帝国主义能忍耐的等到我们毕业吗？

教育大众果然是一桩大事，并且是立刻要行，但是时间从哪里腾出来，倒是一个问题。

这是引导我们讨论到第三个问题了：中学课程之根本改造。一切课程都以抗日救国做中心。凡与抗日救国无关的都不教或是缓教。这样，我们可以腾出一半的时间来，譬如历史，我们先要研究近百年来帝国主义侵略中国的历史，其余如三皇五帝的功德，就可以从缓；算学就集中在和帝国主义算账的问题，其余就放松一些。我们仔细的把全部课程考察一下，对于我们救亡所需要的东西简直是没有一半。我们尽可以来它一个总清算。

敝校是官办的。全部课程之改造当然是有待于教育当局之采纳，但照先生所说的几点，也未尝不可以活用。请问还有什么事应该做的？

我想到的第四点便是真的军事教育。

我们是非常重视军事训练。不但是举行军事训练，并且整个学校要有军事管理，把整个学校的生活都军事化，使每个学生一天到晚都过兵士的生活。你看怎样？

我对于整个学校的军事管理有些怀疑，这对于学生是怕要太于紧张。我们所过生活要一张一弛才能合理。譬如前面所提的时事讨论会便要为军事管理所不容。我虽不赞成整个学校都受军事管理，但我对于真的军事教育是赞成每个中学生都要学。所谓真的军事教育是和假的军事训练不同。一、要有鲜明的抗日救国目标。不是含含糊糊的学，或是隐藏着学了去打同胞的悲观主义。二、要懂得教育的军官做指导，不可以蛮干。三、要用真的家伙学，老是用假刀假枪做猴子戏，哪里造就得出真的斗士来？四、要培养战斗的人生观，揭破战斗即人生的道理，使大家知道要在战斗中取得生命的意义与力量。

中国的出路*

行知这一次到广西来，自己觉得到了真正自由平等的中国来了。我们在上海平津一带甚至于连“抗日救国”这四个字都不好说，要说就要秘密的说，不然就要给帝国主义者或汉奸的政府逮捕暗杀——压迫到十八层地狱中去，到广西才算是爬出地面来了。一会儿从地底爬出地面，看见了光明的太阳，呼吸些新鲜空气，你想想看是多么的愉快呢。不过，被压迫在地底下也不是永远没有希望的——抗日救国的情绪犹如一颗种子，深深地被压迫在地底下，它总可以慢慢地吸收营养水分，到了相当时期，它自然破壳而出，发芽高长。诸位看看这些树，从前不是被压迫在地下的一些种子么？我们现在就是被压迫在地中的一些抗日救国的种子，总有一天会冲地而出，完成我们的任务的！诸君都是中华民族革命的战士，所以今天特别提出“中国的出路”这条总目和诸位谈谈。这个题目分为四段：（一）揭开日本大陆政策的内

---

* 本篇原载1936年5月29、30两日的南宁《民国日报》。系作者1936年5月16日对南宁市中学演讲的记录，记录者莫邪。记录者末注有以下一段话。

“这篇记录交到我手里的时候，陶先生已经离开了广西，不能请他亲自订正，那我只好冒昧地代劳了。”

“陶先生这次南来所负的使命是联结抗日救国的战线，所以他在各处的讲演，都不出这个题目。我因为奉命陪伴他，所以听的也不只是一次。因此就记忆之所及，将记录略加订正，错误的地方想不能免的。这个责任当然由我负，不关陶先生的事。此外，我要多一句嘴，就是，我听陶先生讲这个题目，虽然有好几次，可是及到我看到这记录时，仍然是大大地感动。真诚的人讲真诚的事，未有不动人的!”

幕。（二）撕毁汉奸政府的假面具。（三）各地民众抗日救国运动悲壮热烈的情形。（四）中国唯一真正的出路。

一、揭开日本大陆政策的内幕

日本的大陆政策，很明显的可以在伪“满洲国”教科书上看出来：“满洲定，而华北定；华北定，而支那定；支那定，而东亚定；东亚定，而世界大同。”这几句话很明显的表现出日本一颗贪得无厌的野心，不但夺取了东北四省，还要夺取华北，并吞全中国，覆灭全世界。近来我们提倡一种与帝国主义算账的算术，这种算术是教育部所审定的教科书里所没有的。各位试算算看，自“九一八”以后我们被日本帝国主义侵占了或已经划入势力范围的土地有多大？据上海的小学生所得的结果，是等于二十二个江苏省。请各位同学也来算一算，究竟等于几个广西？

最近日本已经改变了他们侵略的方法，这方法叫做“以华制华”的政策。即是利用军阀、政客、地痞、流氓以宰制中国的大众。所以也可以说就是汉奸的亡国运动。前次的华北自治活动，便是日本人发两毛钱一个所收买的流氓，每人发给一件马褂，叫他们穿在身上，上面写着“要求自治”四字。这一群流氓，受人的指使，一直走到天津的市政府，大家闹着“我们要自治”。其实他们这般人，目的只在两毛钱。同时日本人还看破了军阀的心理。军阀的心理是什么？就是“保存实力”四个字，因此他们便多方面去游说军阀，不要和日本人打仗，叫他们保存实力。并且他们还煽动内乱，以收各个击破之效。这是日本人最巧妙最毒辣的方法。

“九一八”以来所失之土地中有两个宝贝，一是辽宁的铁，一是华北的煤。这两个宝贝是发展民族工业不可少的。现在失掉了，我们的工业就不能发展，我们的工厂就为日本鬼打碎，以后只能永远靠着种田过日子，做他的农奴，供给他们的原料，做他们的殖民地。所以我们之收复失地，又可以说：是收回华北的煤，辽宁的铁，来发展我们的民族工业。

其次我要报告东四省及华北一带暴力压迫下同胞们流离颠沛的惨状。农民最重要的家伙就是土地，日本人用最低的价值买去。比方说值得一百元的田地，他只付你三十元，便强迫地要去。试问农民卖了田地靠什么为生，不是白白饿死么？有一个富于抵抗性的农夫不肯出卖他的田地，于是就被日本人缚在马腿上，叫马拖着跑。幸得这个农人很强壮，给马拖了二十里后，解下来还能够站起来，仍旧是倔强的不肯卖。几个蛮横无理的日本人就跳过来把他打倒在地下，一脚踹在他头上，把眼珠踏出了。这是如何悲惨的事呢？这农人的照相，我们那儿有。

大家知道东三省有一个抚顺煤矿，那儿有一位工友亲自对我说："没有一个军队的弟兄的体格比得上抚顺煤矿的工人的。可是那儿的工友们一年要死四分之一，四年便要完全地更换一批！别的矿区工人伤的多，死的少，而抚顺工人每伤必死，这是什么缘故呢？因为这些工人多半是山东来的，离家很远，他们死了之后，其抚恤金无人领取。因此，日本人的打算，与其让工人生，不如让工人死，因为如果伤了的工人替他慢慢的医治，一定需要很多的治疗费，倒不如给他死去省些钱！"

上海日本纱厂的工人生活，也是被压迫着过牛马的生活，两个人不能在一起说话，如果说了就挨打，不准读书，甚至连《三民主义》《千字课》或《老少通》都不可以有！搜了出来就要打屁股，打了才开除！若是找得出一本《大众生活》，那还了得！便说是共产党，即刻送到捕房去坐牢。日本工厂做工的时间特别的长，每天十足至少十三小时。星期日十八小时，这多做的五小时是无工钱的。有一个在十九路军当过兵的工人梅世钧，他衣袋里带着一张军服小照，有一次被日本人检查出了，厉声的问他："你当过兵的吗？""是的！当过兵！""当过兵还来做工？妈的！"就一拳打过来。那位姓梅的工人是学过拳的，接着一拳就打倒日本人。另外一个日本鬼过来，又被他一腿打倒在地上。于是他们就吹起警笛，召集五六个日本人来把这位姓梅的工友打到吐血，扔在门口，由他家里的人抬回去，不到几天便死了。这是如何悲惨的一回事呵！我们要知道这并不是梅某一个人的事，是四万万同胞的事！梅世钧是代表四万万人而抵抗，以一个人抵抗五六个人的进攻。我希望人人都有这种英勇的精神，那么我们一定可以把已往的失地一律收回来的！

凡是在日本势力下的工人学生，完全不许读中国历史。“九一八”、“一·二八”的历史更不用说了，整个事实抹掉去。在天津等地的知识分子若是高谈抗日，不久这个人就要失踪，过几天就有一袋袋的麻包抬上汽车，运到海轮上去，由海轮运到海中一个个地投入海里（据海员们说）。这些麻包是什么东西？知识分子失踪到哪里去了？在天津的日本军队，在街上行走的时候，如果有人碰着他一下，就是一刺刀。听闻说，在福州也有这类的事。他们不但欺负普通人，同时欺负军队。当于学忠在天津做主席的时候，日本的军队竟然在省府卫士的刺刀上，擦火柴，点火吸烟，其辱国欺人凌害我同胞之情形如此！这种是什么生活？这就是日本大陆政策势力所到之地人民所过的亡国生活！

二、撕毁汉奸政府的假面具

南京政府不抵抗，把美好的国土一片片的丧失，一面还厚颜与敌人杯酒言欢，高谈亲善，无耻何极?！对国人始终说假话，不承认不抵抗，而美其名曰准备抵抗！最初说准备二十年，十年生聚十年教训。记得“九一八”后有许多学生跑到南京去质问军事领袖[①]，领袖说：“你们不要急，看我三年内把东三省拿回来！如拿不回来砍我的头！”学生们被他哄了一下就回去了。现在已经四年了，东三省还在日本手中，这位领袖的头仍然还在肩上。

五中全会[②]行将开幕时，南京政府夤夜进兵，拉夫挑担，好像立刻抵抗的样子，于是把各方面的代表都哄来了，西南的代表都被骗参加了，如果不装模作样，我恐怕西南的代表不会参加的。当时有位小先生写封信给我，说他村里那个守庙的和尚都被拉去挑担了，闻说是抗日。我在信上说："你且不要急，等和尚回来再说。"果然，五中全会开完了，和尚也回来了，抵抗在哪里？这是南京政府抗日的把戏。可是，你南京政府不抵抗也罢了，不要压迫老百姓，不许他们也不抵抗！不要把抗日救国的人当着罪犯来枪杀！

三、各地民众抗日救国运动悲壮热烈的情形

十二月九日北平发生了一个空前的民族解放运动，有人说这个运动和五四运动相同。我以为不同，有六点不同。现在我只提出一点来说。五四运动时学生只知道打卖国贼，不知道危险，一团高兴干出来的事。十二月运动则不同，事先看清楚了危险，明知道头上有飞机，前面有刺刀、机关枪，脑子里有"五卅"的经验，凶多吉少，是不待说的，可是他们竟能赤手空拳准备以自己的生命血肉争取中华民国的生命，这是一个何等伟大悲壮的运动！汉奸政府的责任就是阻止这种救国运动，所以布置了四道抵抗救国者的防线，第一道是拿木头棍子的警察，第二道是水龙，第三道是刺刀，第四道是机关枪。学生们四个人一排，女生先冲，遇着警察就高呼："中国人不打中国人，请武装同志加入！"警察们听了，木头棍子都失了效用，第一道防线就很容易的冲过去。第二道防线是水龙，离得太近，学生们喊的声音听不到，自来水只管冲过来，在那天寒地冻的北方，冲过来的每滴水都变成了冰，又冷又滑；但是大家仍然英勇的前进，走不动时，便爬着走，爬到第三道防线。第三道防线的兵士都恐慌起来，一恐慌就刺刀乱下，替帝国主义杀害自己的同胞！有一个十三岁的女孩被踢倒在地上，刺刀正要刺下时，给一个外国女记者看见了，大为不忍，于是扑倒在这女孩身上，对警察说："你们的刺刀应该向日本人刺！这个女孩是中国最英勇的一个抵抗者！"警察听了很惭愧的走开了。学生们奋不顾身以血肉拼命夺取中华民族的自由平

等，唤起全国民众共同走上民族革命的战线。十二月十六日学生民众轰轰烈烈的抗日救国运动，影响了全国。十二月十八日天津也响应了。各位知道天津是日本军队的势力范围，救国运动是不易举行的。日本兵尚且可以在省府卫兵的刺刀上擦火柴吃烟，其凶恶横暴之状可想而知！可是救国运动究竟是不能遏止的！事前有一个学生提议说："凡是愿意牺牲血肉生命冲入日本租界去的请签字!"不期然而签字者百人。大家有只有出去没有回来的决心！刚出校门就有同学高声喊着："你们就忍着看这一百人为救国而牺牲么？"于是顷刻之间便齐集了数百人。走到别个学校，别个学校的同学也加入，一会儿就聚集了四千人，大家都准备冲入日本租界去和日本人拼命！日本人得了这个消息怕得了不得，立刻关起铁门，布满铁丝网，装上电流。大家冲不进去，便站在门外大呼："打倒日本帝国主义!"声如雷动！日本鬼躲在铁门里潜伏得如乌龟藏在壳里，不敢动弹。那天准备牺牲的四千条生命一个都没有牺牲，然而目的却达到了。结果日本兵再也不敢在街上横行无忌。可见要民众起来才可以救国！接着便是上海的文化界、工人、农民、妇女、小先生都纷纷起来参加救国运动。现在也想提出两件来报告：一是上海的学生运动，由复旦大学领导，有一次要想跑到南京去质问当局："要准备多少日子才敢抵抗？"南京政府听到了这个消息，便慌忙起来，立刻拍电叫校长劝阻。校长说得嘴都干了，没有效！学生说："校长叫我们爱国可以！叫我们不做救国运动不行!"于是聪明的南京政府又想出第二个办法，预备了许多棍棒，来一个打一个，来一双打一双，来一千打一千，来一万打一万！叫保安队拿着等在火车站里。但是，那些保安队都是东北的爱国同胞，他们说："我们要打回老家去，学生，我们不打!"棍子没有人拿。第二步计划又行不通！学生仍然要去。去就去，把火车开到几十里外再停止，看你怎么去。汉奸究竟多聪明，学生们也就不愚，派了两个学机械工程的学生坐在车头看他开车，果然不一会那个汉奸停了车下来，一溜烟走了。汉奸们高兴得很，谁知一会儿火车竟继续开动起来。那还了得，学生也会开车了！立刻打电话给前站把铁轨拆去。这一节，学生们事前也曾想到，于是把后面的铁轨拆下来接上前面去，火车又向前迈进了。南京得到了这个消息，不得了（南京政府怕学生甚过怕日本人），立刻派谷正伦领兵三千前来抵抗！抵抗谁？抵抗救国的学生！徒手的学生当然抵敌不住三千大兵，可是目的已经算是达到了。学生们的领袖说："我们不必问南京政府抵抗不抵抗了，南京政府是不抵抗的，南京政府的兵只是用来抵抗救国的学生！回来罢！"

其次说到上海日本纱厂为梅世钧同志报仇的故事。日本工厂里的工人，是不许两个人一起说话的。大家要想为梅世钧报仇，没有地方聚谈怎行？幸而纱厂中还有一片干净土，这片干净土是什么地方？那便是茅厕。于是五个人就聚集在茅厕中商量："梅世钧死了，我们应不应该替他报仇？""应该！""如何报仇？""罢工！""好！"五个人走出茅厕，来到工作场，喊一声罢工，四千工人便一齐罢了工，并且把日本人赶了出去！这是我们英勇的民族精神表现的地方。我们要知道抗日，不是没有办法没有力量的。只怪汉奸政府不善处置，一味的把大事化为小事，小事化为无事，于是就诬指为共产党所为，以致把这英勇的民族运动压制下去！过了两天，连梅世钧的家人都被政府藏了起来，马马虎虎的过去了。总之，梅世钧之死，是为民族而死，不是一个人的死，将来这个思想普及全国之后，我想总有一天会爆发出伟大的民族救国运动的。这个运动就好像一粒种子被压在地下，现在南京、上海等地的救国运动都是在地底下活动，只有在广西可以在地面上活动。我们要把全国的抗日救国战线联结起来，共同努力奋斗！这次南下在广州遇着一位旧朋友，我问他，你来这里干什么？他说为粤汉路接线。我心里暗说，这回我南来也是接线，我接的是抗日救国的战线！

四、中国唯一真正的出路，就是用武力抗战

第一，从科学方面说，自卫抗战是宇宙间的天经地义。国家犹如身体一样，军队就是白血球，白血球遇到了微菌，拼个你死我活，不是微菌被杀，就是白血球牺牲。我们的军队也是应该以卫国杀贼为天职。如果我们的白血球遇着了微菌也如中央政府一样的"准备抵抗"，恐怕我们的生命也早已呜呼哀哉了。所谓"准备抵抗"，那只有汉奸政府才发出这种无耻的言论。

第二，我们要认清楚东北四省是全中国的东北四省，不是东北四省的四省；华北是全中国人的华北，不是华北的华北；福建是全中华民族的福建，不是局部的问题。所以，一个地方有事，就要全国急起解决之，不能诿之地方交涉!

第三，我们要联络起来抗日的阵线。把所有要抵抗的人联络起来。有兵权的人联络起来，中国人不打中国人。如果有人不愿抵抗的，就是汉奸，就应该打倒! 打汉奸不是打中国人，是打日本帝国主义的走狗!

第四，近来有人提倡自力更生，我以为这犹如几个人走上山遇着了老虎，譬如我被老虎扑倒了，老虎对我说："你应该自力更生啊!"我也糊涂得很，我对那几位朋友说："你们不要来救我，我自力更生啊!"这个语调是日本人欺骗愚惑我们的，竟然也有许多大人先生盲从的喊起来。这是不对的。中国拼命抗战是天经地义，若有人愿意帮助那是更好的事。为什么拒绝呢？不是很傻么。所以，我们应该联合世界上以平等待我之民族，共同奋斗！这是孙先生给我们的教训。其次，抗日要大众起来奋斗才行，少数人是不够的。要大众起来，就首先要唤起大众、组织大众、武装大众才行。这次南下在广州第一次和胡展堂③先生谈话。我问：中国如何救？他说：要救中国就要抗日！我问：如何抗日？他说：大众起来！我说：如何起来？他兴奋极了说，民众自然有办法起来，民众的办法就是我的办法！这是一句真心话，我希望全国民众都知道这句话：大家起来！要民众起来才有办

法，胡先生对于这一点是认识得很清楚的。

再有一点意思对学生诸君说："学生"两个字的解释，所谓学生即是学习人生之道。现在人生之道是什么？即是中华民族生存之道。若是国家灭亡了，我们也就无法生存。所以现代学生唯一的责任是如何救国。学校的功课应该立刻更改，务与救亡工作互相关切。课余则努力宣传，唤起大众。这个责任应该由学生负起的。在校的可以写信宣传，有暇可以在街上作口头宣传，务使人人都知道救国的真义，人人都成为民族争生存的战士。这次到广西来，所得益处不少。贵省太平天国④民族革命的精神，黑旗军⑤抗敌争生存的精神，四集团军⑥北伐扫除封建余孽的精神，广西努力建设的精神，处处都充满着这种精神！我希望我们能本着此精神以收复领土！复兴民族！务使中华民族能达到自由平等的地位！

末了，这次到贵省来看见诸位民族战士勇往励进的努力，使我十分佩服！我希望总有一天在北方看见各位肃清国内汉奸，收复东北四省。这个光荣的日子我想一定有的，大家期待着罢！

注释

① 军事领袖　指蒋介石。

② 五中全会　指1934年12月召开的国民党第四届代表大会第五次中央全会。

③ 胡展堂　即胡汉民。

④ 太平天国　领导人是洪秀全。他在1843年创立拜上帝会，开始进行秘密反清活动。1851年1月11日在广西桂平金田村起义，号太平天国。1852年3月攻克南京，在南京建都，命为天京。后因内部发生分裂，天京于1864年陷落。

⑤ 黑旗军　太平天国失败后不久，在广西、云南出现的不受清政府节制的武装，领导人是广西上思人刘永福。中法战争中受清政府收编后，屡立战功。1894年移驻台湾，抗击日本入侵。后因孤军无援，退回广东。

⑥ 四集团军　全称是第四集团军。1928年由李宗仁任总司令，白崇禧任前敌总指挥。

今天需要有统一联合的抗日救国战线*

在日本“大陆政策”日益扩展下的今日，吾人实有统一联合抗日救国战线之必要。

京①沪各地救国运动，系在地面下干的，唯在广西救国运动，则系在地面上干。各位在地面上优美环境中，应如何努力以期达到自己的目的。同时，应如何想想办法，使地面上的救国运动与地面下的救国运动取得联络，共同努力，然后抗日救国才有达到目的的一日。

此次在粤与胡汉民先生暨李总司令谈话，知道这两位领袖已认清目前中国的出路只有抗日，及民众力量之伟大。现在胡先生②不幸逝世，希望各位在李总司令领导之下，自动组织起来，武装起来，积极抗日救国。

注释

① 京　指南京。

② 胡先生　即胡汉民。

* 本篇原载1936年5月18日南宁《民国日报》，系5月17日上午对广西妇女救国会、广西学生救国会的全体委员、职员的演讲大意。

我和女工们讲的话*

民族解放与大众解放是一个不可分开的运动。我们要抗日救国必定要大众起来才有力量。假如大众一个个的是带着枷镣锁铐，被剥削得皮黄骨瘦，又怎么能够发挥他们的力量呢？所以要抗日救国必须对大众解放运动努力。工人是劳苦大众解放的主力，也同时是民族解放的战士。工人一方面要工人自己的工会以保障本身的利益而争取本身的解放，另一方面却须组织工人救国会。若是女工，是应当参加妇女救国会，并和全国各界的救国会联系起来，以争取中华民族之解放。如果亡了国，中国工人在三层压迫[①]之下是更加没有日子过了。因此，中国工人必须参加民族解放斗争，才能免除那进一步而厉害的非人能受的剥削。只要看一看东北抚顺煤矿的工人生活及上海日本纱厂的工人生活，就知道中国工人对民族解放运动所应负的任务。从另一方面看，民族解放的提倡者切不可忽略那同时并进的大众解放。你若不把劳苦大众的枷镣锁铐解除掉，他们吃不饱，穿不暖，在生存线上挣扎，又如何能够为民族解放去战斗呢？如果工作时间太长，工人

---

* 本篇原载1936年5月22日南宁《民国日报》，该报在题目之后有一单行副题式的文字：“更正并补充本报五月十八日登载的纪录。”5月18日关于作者17日上午对南宁妇女救国会作讲演的报道说：“对前来听讲的南宁染织厂女工友，陶先生也劝导她们踊跃加入南宁妇女救国会，从事救国工作，国有救了，然后个人生活才有优裕的希望。各女工友极为感动。”作者针对这一报道特写此文。在《民族解放与大众解放》一文中也讲了这件事。

连民族危机都没有去弄明白，工钱太少，不够养活儿女，他们怎么能够英勇的去参加这民族革命的斗争呢？所以我说大众解放和民族解放是一个不可分开而互相帮助的运动的。

注释

① 三层压迫　指帝国主义、封建主义、官僚资本主义的压迫。

在乐群社迎陶茶叙上的发言*

唐现之： 陶先生有所不为，所以现在能够有所为。我们欢迎陶先生的有所不为及现在有所为的精神，也要平时能够有所不为，然后临大事才有可为。

陶行知： 现之的话很对。但是在有所为的时候，仍要有所不为，才能够把有所为的看得更清楚，更透彻，更能够为得更有力量。

要发动大众参加民族解放运动的斗争，先要解放大众的种种束缚。不然，大众虽是解放了，手脚束缚着是没有用的，等如没有解放。

方与严： （一）是今天参加的四校同学，有的从事教育，有的从事统计，有的从事建设工作，有的从事农业生产，有的从事家畜保育。更有的爱好戏剧，爱好图画，爱好音乐，爱好文学，请指导大家怎样在抗日救国的阵线上统一起来工作？（二）是承朋友见爱，屡屡规劝我不要提倡小先生了，并且说最近连陶先生都不提倡小先生了，如再提倡小先生，便是思想落伍……

陶行知： 我没有一时一刻把小先生的问题摆在一边过的。这

* 本篇原载1936年5月22日南宁《民国日报》，摘自该报记者腾起写的《乐群迎陶茶叙小记》。5月17日晚7时，南高、东大、金大、晓庄四校同学共23人，在乐群社欢迎陶行知先生茶叙，先由主席唐现之致欢迎词，陶行知致答词。继后方与严提出问题请陶行知解答，陶就此发表了演说。本文是答词和演说要点的记录。

要看提倡的方法如何而定。如果照我今天对小先生所讲改进的五点[①]：（一）从学校的小先生变做社会的小先生；（二）从个人的小先生变做集团的小先生；（三）从自己做小先生到劝人做小先生；（四）从教人读书的小先生变做教人抗日救国的小先生；（五）从大头的小先生变做虚心的小先生。这是进步，不是落伍！这样或许可以答复了你的第二个问题。

再来答复第一个问题。我现时只能综合起来说，我前几天在广西大学讲了一章新大学之道："大学之道，在明大德，在新大众，在联合大众，在止于大众之幸福。"一切都为大众幸福出发，没有行不通的。现在为大众幸福着手的，莫过于抗日救国，粉碎日本大陆政策！大家向着这个目标进行，一定能够找得共同的路线。

其次对于农业生产，我倒有一点意见。现在要大众生产，先要教大众觉悟，觉悟一切反大众利益的生产关系。否则，大家生产虽然增加了，但变成了肥猪，听凭他人宰割，要晓得猪肥了非猪之福！反之，这猪肥了，正是催这猪快点死。所以我对于从事农业生产贡献的意见，是要先教大众觉悟生产关系，觉悟联合起来挣断一切妨害大众利益的封建势力的剥削，帝国主义侵略的锁链的束缚，然后大众生产的目的才能够达到。便是连带办合作社的也要注意。合作社这个东西，在丹麦独立的国家，能够发生大的作用，但是在半殖民地的中国，很难发生什么作用。可是不能够走错了路，教大众做肥猪。

又对于戏剧运动，我也想简单地说几句。第一是剧本的取材问题，总之要在大众生活中去找，把大众生活捧上舞台。第二是表演技术问题，要真情实意，台上表演的人要和台下看的人合一起来，台下的人也变成了台上的人一样紧张，台下人同变成了台上人了，才是真正的戏剧、真正的艺术了。[②]

唐现之：陶先生今天太累了，自早上六时半起，到现在已是第七个演说了！太累了，要让陶先生休息了。

注释

① 改进的五点　指1936年5月17日中午在南宁市省党部大礼堂对该市小先生团600多小先生演讲的内容。见5月18日南宁《民国日报》的报道。

② 陶行知关于戏剧的演说之后，应允随时向大家供给剧本和各项新的材料。介绍了《开路先锋》、《大路歌》、《青年妇女进行曲》以及各种抗日救国的歌曲和剧本。《茶叙小记》还记载了“随后，和徐明谈了些生产教育辩难之点。和张俊民谈怎样统计数字与帝国主义算账的方法，在数字上给大家认识帝国主义的凶恶面目和中华民国的国际地位”等问题。

国难教育问题*

——答香港《工商日报》记者问

问：先生此来，有何任务，是否负有深入大众下层教育的工作？

答：到英国去出席世界新教育会第七届大会，顺道到两广讲学，并拜访抗日救国同志。

问：先生对现在教育制度，观感若何？

答：现教育制度，与中国救亡运动不适合。我们要施用一种教育方法，唤起大众自动的组织起来，把一个半殖民地的中国，变成一个真正独立平等自由的中国。

问：先生对现阶段的学生救国运动，认为怎样才能达到普遍斗争的最高峰，与完成民族救亡运动，应取怎样的途径？

答：学生救亡运动，应当有一个单纯的目标，这目标便是抗日救国；在抗日救国的总目标下做教育大众的工作，使大众一致起来，共负救国的责任。

问：上海复旦大学生，被军警如临大敌的围捕，先生对之有

* 本篇出自1936年5月30日《救亡情报》第4期。该报系由上海文化界救国会、上海妇女界救国会、上海职业界救国会、上海各大学教授救国会、上海国难教育社编辑和发行的。本文原载香港《工商日报》，《救亡情报》转载时加了一段导语："陶行知先生积极推进国难教育，已为一切爱国青年所崇仰。最近陶先生为出席世界新教育会第七届大会，特赴粤桂一行，同时唤醒当地的救亡工作。香港《工商日报》记者特往访陶先生，对于国难教育问题、学生救亡问题，陶先生均有极敏锐前进的意见发表。"

何意见？

答：复旦大学事件，说明当局不要学生救国；七个学生释放出来，有三个是救国会的会员，定了半年有期徒刑，缓刑二年，这证明“救国有罪”。

问：“一二·九”学生所发动的救亡运动，自遭受压迫后，从此就沉寂下去吗？

答：学生救亡运动，已转变为大众救亡运动，是愈遭压力愈有力量，决不会沉寂下去的。

联起来想 *

前些日子我写了一篇《叶诚一先生的教育主张》。在这篇文字里面，我曾经讨论过教人“知其然”和“知其所以然”是不够的。为着要证明我的理论，我曾经举了一个浅近的例子，这就是中国民族解放运动。我们要想了解这一个运动：（一）要知道中国是怎样的一个半殖民地；（二）要知道中国为什么会变成这样的一个半殖民地；（三）要知道中国怎么变成这样一个半殖民地；（四）要知道一个独立平等自由的国家是哪个样子；（五）要知道为什么要把一个半殖民地的中国变成一个独立平等自由的中国；（六）要知道怎么才可以把中国从半殖民地变成一个独立平等自由的国家；（七）这一切都是要靠着有组织、有计划、有理论引导的行动来追求与完成。

这篇文字寄出之后，我忽然觉得有一点重要的东西遗漏掉了。这点重要的东西便是各种运动的关系。和中国民族解放运动发生关系的有：（一）中国大众解放运动；（二）全世界弱小民族解放运动；（三）帝国主义国家争夺殖民地；（四）全世界反战运动，（五）社会主义与帝国主义之斗争等等。我们要想把一件事隔开来看，是看不清楚；孤立的干，是干不通。所以我要想

* 本篇原载1936年6月16日《生活教育》第3卷第8期。

补充的第八条是：我们要把一切有关系的事联起来看、联起来干。这可以算做第八条。

民族解放与大众解放*

有一次我对一个妇女救国会筹备会会员演讲[1]，有几十位染织女工前来参加，又对女工作了一回简短的演讲。第二天看报，见了这样一条新闻：

“陶先生也劝导她们踊跃加入南宁妇女救国会，从事救国工作。国有救了，然后个人生活才有优裕的希望。各女工友极为感动。”[2]

这条新闻是完全歪曲了我的意思。我做梦也不会这样说。如果我当真是这样说，那末工友们不但不会极为感动，并且要骂我欺骗工人。我看了这段新闻，心里委实难过，便立刻拿起笔来写了一篇《我对女工讲的话》[3]，作为更正。我后来想了一想，觉得这段新闻是代表了许多人的心理。这些人以为民族解放运动是可以单独的干；他们以为不必解放大众就可以得到民族解放；他们还以为民族解放之后，大众就自然会得到解放。这都是一些似是而非的理论。他们心里这样想，就以为我是这样讲，于是乎就写成了这样一段新闻。

倘若没有这种成见存在心里，那是无论如何都不会有这样的记录。因为我那天对女工讲的话是没有含混。我说：

“工人为着保护本身的利益，争取本身的解放，应该有自己

* 本篇原载1936年6月16日《生活教育》第3卷第8期。

的工会。工人为着保护国家领土主权之完整，争取民族之解放，应该有工人救国会；同时女工是妇女的一部分，如果加入妇女救国会和别的妇女以及各界同胞共同起来抗日救国，那也是需要的。抗日救国是一件大事，必须大众起来，才能干得成功。工人是大众队伍里的主力军，是必须立即起来，负担这个伟大的责任。但是工作时间太长，连民族危机也没有功夫认识清楚，如何可以干得起劲？工钱太少，妻子儿女挨饿受冻，自顾不暇，又如何可以起劲的干？因此，大众必须解放自己以求民族之解放。日本势力支配下之中国工人，简直是过着非人生活。我们只须看一看抚顺煤矿和上海日本工厂里的中国工人的苦况就知道了。如果日本贯彻了他的侵略政策，那中国工人是更加没有日子过了。因此，中国工人必须英勇的参加民族解放之斗争。大众必须解放民族以求本身之解放。”

这番谈话所指出的是民族解放与大众解放之连环性。挂着抗日救国的招牌而延缓大众本身的解放乃是欺骗的行为，挂着大众解放的招牌而忽略抗日救国的斗争，也是不识时务之举动。

既要唤醒大众起来抗日救国，又不肯把大众的枷镣锁铐解除，这是什么意思呢？

民族解放与大众解放是一个不可分开的大革命。

注 释

① 这是指1936年5月17日上午作者在广西南宁向南宁妇女救国会和广西省学生救国会的会员讲演。

② 这条新闻见1936年5月18日南宁《民国日报》。

③ 此文原题《我和女工们讲的话》，见本卷。

一件大事*

本月十六日西南执行部和西南政务委员会①，给了南京中央执行委员会、监察委员会②一个最重要的电报③，要求保障爱国言论和解放人民团体。这是一件空前的大事，是一件比出兵还要大上几十倍的大事。因为兵的数目是很有限的，西南努尽九牛二虎之力，也只能出他几十万人，而民众的数目，是大得无以复加；除了老的、小的、害病的、残废的、甘心做汉奸的，这个电报的精神如果真正的发挥出来，至少能够动员三万〔万〕④五千万人，这不是一件空前的大事吗？

现在日本的大队人马已经占据了华北的要塞。日本的军官已经对华北官吏发号施令去解散救国团体。日本的武装奸商已经粉碎华北的海关来大批的走私。日本的大陆政策已经在大步阔步的猛进，快要把整个的中国吞了下去。我们再也不能梦想依靠少数人去抵抗敌人了。有兵权的人再也不能梦想兵力万能，认为有了兵，就可不要民众了。要想真正粉碎敌人的大陆政策和粉碎汉奸出卖民族的毒计，是必须动员这三万〔万〕五千万的民众，一齐起来做抗日救国的战士。这三万〔万〕五千万民众怎样起来？只

* 本篇原载1936年6月19日《生活日报》。“两广事变”发生在1936年6月1日，亦称“六一事变”。事变发起人是国民党的元老胡汉民、李济深，广东的陈济棠和广西的李宗仁、白崇禧等。他们在这年6月1日发出通电，反对当时垄断着南京国民政府大权的蒋介石，另组政府，实行抗日救国政策。

有照通电所说的保障爱国言论和解放人民团体，忠实的去履行就成了。我们对于南京和西南，是希望把通电所说的，即刻实行出来，以发挥全国真正的民众的伟大的力量，并证实政府是真正需要民众，一齐负起抗日救国的责任。怎样才算是把通电真正的实行出来呢？就我所想到的，有几件事要做。

（一）释放抗日的救国同胞

在民众运动没有开放以前，政府与民众各干各的，爱国同胞因误会而被捕的消息，常常在报上看见。现在要开放民众运动，那么为抗日救国干民众运动而被捕的同胞，就该立予释放。

（二）开放抗日救国的组织

在民众运动没有开放以前，各团体有时以原来的团体名义派派代表，发发电报。这固然也好，但抗日救国是件非常的事，应有非常的组织。例如文化界救国会、妇女界救国会、工人救国会、学生救国会、农人救国会、商人救国会、小先生救国会、各界救国联合会等等，都应该允许人民公开的自主的组织起来，才能够表现真正的民意。所谓“开发”是有具体的意义。各种救国会除汉奸外，对各党各派的人一律开放，不许再因党派不同而排斥人家入会。

（三）取消机械的指导

在民众运动没有开放以前，政府怕民众闹乱子，设有指导机关。有时这种机关的作用，是太机械了。它们对于民众，好像当了算盘子拨，拨一下动一下，不拨就不动。这样的指导存在一天，则真正的民众运动就要耽误一天不能起来，或是毕竟起来，也必定是冲破了机械的指导下才能起来。这是两虎相斗，必有一伤，在整个抗日的立场看来，总是力量的浪费。那末民众运动就不要指导吗？真正的指导是鲜明的抗日的旗帜，是正确的抗日的国策，是英勇的抗日的行动。除此之外，再也不需要别的指导了。机械的指导是纠纷之母，只能使政府猜疑民众，民众猜疑政府，必至两败俱伤。为着发挥真正的民意和政府的诚意起见，是必须取消机械的领导，而代以鲜明旗帜、正确国策、英勇行动的积极的活跃的领导。

（四）获得全国的联络

抗日救国，到了现在，是人同此心，心同此理了。各地的抗日救国运动，再也不可使它孤立起来。若使它孤立起来，即使有十万二十万在机械指导下的所谓“民众运动”，是不会发生很大的作用。如果是和全国的民众团体取得联络，即使是几百几千人也能发生伟大的效力。

中华民族的命运，是决定于民众运动。何以见得呢？民心即军心，得到民心，即得到军心。民心的传布，比寄信还要快。得到全国的民心，即得到全国的军心。失掉全国的民心，即失掉全国的军心。全国的民心军心打成一片，发挥起来，才可以粉碎敌人的大陆政策和汉奸的卖国毒计。

注释

①西南执行部和西南政务委员会　中国国民党内反对蒋介石的力量的组织。成立于1931年12月15日蒋下野之后。成立前，这些力量在这年5月云集广州，召开国民党执行委员会和监察委员会，决定在广州另组国民政府，由汪精卫任主席，并通电要蒋下野。经过谈判，蒋同意下野，广州的国民政府也就取消，另成立西南执行部和西南政务委员会。

②南京中央执行委员会、监察委员会　这两个组织是当时以蒋介石为首的国民党的最高权力机关。

③“本月十六日……的电报”　应为本文题注中提到的6月1日的通电。

④〔〕内的万字是编者所加。“三万〔万〕五千万民众”，是当时我国人口总数中除去老幼病残，能动员起来抗日的民众的约数。

民众运动*

从救火说起

哪儿来烟？让我去看一看。啊呀！不好了！楼上遍红！失火！快来救啊！接着就是锣儿哐哐哐的敲，洋油箱儿嘭嘭嘭的打。于是老婆喊丈夫，奶奶喊孙儿，哥哥喊弟弟，大家都从梦中惊醒起来。起来做什么？起来救火，起来看火，起来凑火打劫。这样，本屋里的人起来，邻居起来，邻居的邻居起来，急公好义的勇士起来，以救火为职业的人起来，靠凑火打劫吃饭的人也起来，来它一个救火运动。有的拿被压火，有的喷水浇火，有的上屋拆墙，有的下塘挑水，有的冒火搬东西，有的拼命救小孩。这救火是成了一个运动。这个救火运动要把火救熄了或者是房子都烧光了才会罢休。烧一座，救一座；烧一天，救一天。火儿如不停止，这救火的工作是决不会停止的。它不会因为死伤了几个救火的人而停止。它不会因为有人想凑火打劫而停止。它不会因为放火的人的故意阻止而停止。只要火儿仍旧在那儿烧，房子还有一两间可救，救火的人是不会懈怠的、不会睡觉的。

救火之所以多少成为一个运动，分析起来，有下列几点是我们应该注意的。一是有一个灾难之来临；二是这个灾难是会影响到好些人之生命财产；三是先有少数人发现了这个灾难而大吹大

---

* 本篇原载1936年6月21日《生活日报·星期增刊》第1卷第3号。

播的告诉了大家；四是有共同利害的人觉悟了，联合起来拼命奋斗。

说到民众运动之发生

这个救火运动之分析恰好说明了民众运动之发生。一个民众运动起来必定是因为遇着一个共同的灾难，或者是受着一个共同的压迫，或是感着一个共同的迫切的需要。首先发现这灾难、压迫、需要的，必是少数人。但是这少数人决不能凭空制造一个民众运动，他只是发现。但必须先有真正的灾难、压迫、需要，他才能把它们发现，他不能无中生有。他把他所发现的去告诉人家也要有真凭实据，否则专门造谣，人家也有眼睛，不会老是受他骗。比如有人放谣言说是某处失火，救火的人到了一看，并无其事，自然是一哄而散，哪能成为运动？所以一个民众运动决不是少数人的意见所能造得起来。他的发现是完全由于客观的事实。少数人只发现这事实而忠实的把这事实报告出去。等到一传十、十传百、百传千、千传万，凡是有共同利害的人都觉悟起来，联合起来，这才成了一个民众运动。这种民众运动，就不是少数人的主观意见所压得下去。我们的“五四”运动、“五卅”运动、十二月运动都是这样发生起来的。

真正的民众运动

真正的民众运动是从一个共同的灾难发生出来，从一个共同的压迫发生出来，从一个共同的迫切的需要发生出来。它出来的目的就是要克服这种灾难，推翻这个压迫，满足这个迫切的需要。民众自己的命运受到威胁，他应该知道这威胁是从哪儿来，如何把它消灭掉。他所急需的是觉悟，为着要充分觉悟、普遍觉悟，他马上就要有交换意见之自由，即言论之自由。民众一觉悟这个灾难、压迫和需要，他马上就要有奋斗自由。为着要使奋斗有效，他马上就要有组织自由。一个真正的民众运动必是自发的。它决定自己的方针、计划、策略以与它的敌人抗战。参加真正民众运动的每一个分子都是自愿的、高兴的、拼命的，整个运动所表现的是生命，是力量。

假的民众运动

《狸猫换太子》里有两个包龙图。一个是真的，一个是假的。民族解放斗争中有真的民众运动，也有假的民众运动。近年来，有些少爷小姐拿唯物史观当作金刚钻戒指戴。现在也有些人拿“民众运动”当作金字招牌挂。他们不是真的要民众起来，他们是要“民众”来撑撑场面。但是民众既已挥之而去，便不能招之即来。那有什么办法呢？还有两个法子可以来它一个“民众运动”。一是稍微用点压力可以压出一些来；二是稍微用点小钱可以买出一些来。常听见有些钦定的游行要学生参加，学生不肯，就对学生说：“不去游行，不得升级，不得毕业。”于是希望升级、毕业的学生，只好勉强去参加了。中国有的是苦人，少则一毫二毫，多则五毫六毫，要多少，有多少。土肥原在天津干的伪自治运动不是发明了这个巧妙的方法吗？有些当权的人是做了土肥原的信徒，从汉奸运动里抄袭了一点“民众运动”的办法，觉得很是得意。但是募来拉来的“民”，和募来拉来的“兵”是一样的靠不住。他会临时脱逃。他出了一身大汗，会诅咒你。而且你要叫他动，他才能动；你不叫他动，他是不会动。这只是算盘子运动，而不是真的民众运动。真的民众运动必须是自主的，一有人在后面牵线，便立刻变成傀儡运动。

民众运动的三大方式

民众运动在各种情形之下有各种方式之进行。现在将比较重要的三种方式举出来谈谈。

第一方式是民众政权下之民众运动。政权既是操在民众手里，那末，一切都是属于民众了。民众便能直接运用政府的力量去解决当前的灾难。如果为了对外便利起见，除了政府行动之外还需要民众运动的话，那末，这种民众运动一定是整个计划的一部分，决没有分歧之必要。在表面上看来，民众运动好像是缩小了，其实是大得不能再大，因为民众是拿着政权在那儿大动而特动。这才是彻底的民众运动。

第二方式是大目标与民众相同的政权下之民众运动。在这种方式之下，当权者与民众虽然有许多不同的意见，但对于当前的大灾难却有一致的主张。如果，当权者旗帜鲜明，民众运动自当与他配合起来。但先决条件是对于当前的大灾难，民众需有言论、集会、组织之自由。倘当权者挂了解决当前大灾难的招牌，而不要民众起来共同奋斗，那便可断定他并无与民众合作之诚意，也无真正解决当前大灾难之决心。

第三种方式是大目标与民众不同的政权下之民众运动。和缓一点的，是民众起来督促政府改变方针；激烈一点的，是民众运动走向与政府对立的方向。这种民众运动有时是被压在地下去，有时是半公开，但无论如何必须争取公开；即使必不得已而一时被压在地下，也必须用尽种种方法，使它公开起来。

如何展开民众运动

民众运动，在第一个阶段，总是限于少数的觉悟分子。它能展开到什么地步，是要靠客观的条件。但是，如果参加的分子有了正确的认识，是能叫它更迅速更有效的展开出去；倘使有了错误的认识，是无疑的能阻碍它展开。怎样可以迅速而有效的展开我们的民众运动？

一、抱着大目的不放手。最近全国各界救国联合会通过了“抗日第一”的目标，我们要抓住这个题目去做。我们不可小题大做，也不可以把这个大题目去小做。

二、把我们的敌人减至最少。一方面我们要运用敌人的矛盾去减少他们的力量。从那救火的比喻里，我们要知道放火的人和凑火打劫的人，自己就有利害冲突，我们要知道运用他们的冲突，以达到我们救火的目的。另一方面，我们要少树敌。本来不是敌，就不该疑他为敌；本来是小敌，又何尝不能化他为友？

三、把我们的人数加到最多。看火的人多，救火的人少，固然不错；但是把看火的人化为救火的人，是我们不可推诿的责任。量增加到一定程度就起质的变化。倘使一时不能有别的行动，这样增加我们的人数便是一个重要的行动。就民族解放运动来说，不但是整个中国的人民，除了极少的汉奸，都可以加入我们的队伍，就是被××××××××[①]日本劳苦大众也可以做我们顶有力量的友军。

四、环境可以改变。常听有人说："环境不许可，怎么办呢。"这种听天由命的论调，不是青年人所应抱的态度。天下有两种事都是人家所不许的。一种是坏事，有些坏蛋偏偏干了出来。一种是大事，起初谁也不许干，等干到出来也就让他干吧。辛亥革命是得了大清帝国允许之后才干出来的吗？只要有人想灭中国，我们出来救亡不必等人允许。许不许由他，干不干由我。

五、人也可以改变。有些青年人碰了个钉子，不怪自己技术不对，只怪人家不可造就，这也是一种武断。我曾有一点小小的经验可以报告。八年前吧，我有一次烧煤炉，用报纸烧白煤，老是烧不着，我焦急死了。一位朋友告诉我：你用洋火烧报纸，用报纸烧木片，用木片烧煤屑，用煤屑烧烟煤，用烟煤烧无烟白煤，一层层的烧上去，自然烧得着。我明白了，这是多么大的一个教训呀。你要对谁讲话，先要找出他的关系，如果你和他讲不通，他的朋友一讲就对劲。

公开即展开

民众运动不是秘密政党，是越公开越有力量。例如当前之民族解放运动是必须整个民族加入联合战线，才能把中国救出来。这种大联合不是秘密组织成功的。人人都有抗日救国的责任，即人人都应该加入这个伟大的运动。我们要公开的抗日，要公开的救国。我们要不惜牺牲一切争取抗日救国的民众运动公开的。

注释

① ××××××× 原文可能是“日本军阀压迫的”。因为当时《生活日报》出版地香港还无谈论反日、反帝的言论自由。

抵抗论*

有生命的东西都有抵抗的细胞或是抵抗力以维持它的生命。这抵抗的细胞是负有保障生命之责任。它们是时时准备，以等待敌人之来到。即使敌人不来，它们也是有抵抗的准备，没有丝毫的懈怠。如果敌人来到了，这些抵抗细胞才作抵抗的准备，或藉口准备而不抵抗，那末，它们所保护的生命是一定毁灭，这是毫无疑义。

人是一个有生命的东西。人的卫队就是白血球，白血球的天职就是保护人的生命。如果有危害人的生命的微生物跑进血管里来，白血球一遇到它们便是拼命的杀，或是被微生物杀掉。伤寒、白喉、肺痨、天花、梅毒、猩红热、虎烈拉①，以及千千万万的微生物，不遇到白血球就算罢了，只要一遇到，我们的白血球就没有第二句话讲，只有立刻开战。它们是不惜牺牲一切来抵抗微生物的侵略。它们是死一个来一双，死一千来一万，为的是要尽他们保护生命的天职，它们要流到最后一滴血来保护整个的生命，到生命完全消失或敌人完全毁灭，才肯罢休。从来没有听说一个白血球怠战，也没有听说一个白血球说要准备才能抵抗。假使有的白血球见着伤寒菌或是白喉菌就对它们讨饶说："细菌老爷，你好厉害，让我准备一下吧。"那末，我们的生命便立刻

---

* 本篇原载1936年6月22日《生活日报》。

失掉保护，只有死路一条。

一个国家，好比是一个人。国家的军队就好比是人身上的白血球。军队的唯一天职，和白血球一样，是保护国家的生命。他们是时时刻刻准备着敌人来。他们一看见敌人走进国门便是开火，如果敌人来得少便就地解决，来得多便是总动员来与敌人拼个你死我活。

但是有种军队是太奇怪了。敌人来到东三省，他们就退到华北。敌人来到华北，他们还是退、退、退，总是预备退到“堪察加”。他们的理论是：“敌人来得太快，我们没有准备好，等几年。”你看，奇怪的军队！不如白血球！我们是不是真的要退到“堪察加”再来抵抗！是不是真的要等到中华民国进了棺材再来保护中华民国的生命？我们的“白血球”欺骗了我们，出卖了我们，只有我们自己奋起变做真正的白血球，才能把这垂危的中华民国的生命救出来。

这是从生物学的观点来推论中国唯一的生路只有立刻抵抗。一位朋友听到我的议论，驳我说：“从医学的观点来看，你的话未必对。你看汪精卫先生背上中的那颗子弹，医生就不主张立刻开刀把它取出来。到现在那粒子弹还不是好好地在他的身上。一点也没有作怪？如果当时匆匆忙忙急于开刀，汪先生也许活不了这些时候。”这是何等巧妙的一套不抵抗论啊！初听起来，它似乎是有点道理，但是仔细考察一下，就知道这是强词夺理了。我想了一忽儿便反问这位朋友说：“汪先生身上那粒子弹，听说是被骨头夹住，一动也不动，所以不妨延缓开刀，倘使那颗子弹没有夹在骨头中间而是往下直坠，你能不开刀而保全他的生命吗？”我们的敌人不是一粒被骨头夹住的子弹，却是一粒对着致命的地带继续移动的子弹。唯一的救命的方法是开刀，把子弹取出来。

抵抗是我们的天职，只有立刻抵抗才是生路。怕开刀就得进棺材。藉口准备，而实恰恰是不准备，那是汉奸欺人之谈。若是准备，为什么不早早准备？为什么不一边抗战，一边准备？“九一八”以来已经有四年半之久，还不够准备吗？再要准备，只是准备亡国。若不想亡国，只有抵抗，只有立刻抵抗，在抗战中准备!

注释

① 虎烈拉　英文的译音，即霍乱。

争取时间*

时间的贫穷是不可耐的贫穷。时间的剥削是最厉害的剥削。时间的解放是顶急需的解放。

我们没有时间便看不清楚；没有时间便想不明白；没有时间便干不彻底。

实行愚民政策的人是不要我们看，不要我们想，不要我们干。他们发明了一个巧妙的毒计。这巧妙的毒计就是叫我们忙、忙、忙，忙得没有功夫去看我们自己要看的事情，忙得没有功夫去想我们自己要想的问题，忙得没有功夫去干我们自己要干的工作。

对于学生，他们挂的招牌是“埋头读书”、“管理有方”、“加紧训练”、“功课认真”。他们用的策略是在老的功课里，挤进所谓之“非常学科”，而所谓之“非常学科”，还是用老的法子教。这样一来，平常每天六小时的功课就变成七小时、八小时，甚而至于九小时、十小时，我都遇见过。并且是关在学校里，如同关在模范监狱里，要一星期、两星期，甚至一个月才许出校门一次。还有周考、月考、学期考、毕业考、会考、升学考，简直是把学生们忙得连觉也没有功夫睡，还有功夫去做救国的工作吗？还有功夫去唤起大众，一齐来做救国的工作吗？

* 本篇原载1936年7月1日《生活教育》第3卷第9期。

对于大众，他们挂的招牌是“征伕建设”、“劳动服务”、“穷干、苦干、硬干”、“生产、生产、生产”。工人每天要做十小时、十二小时、十四小时，甚至于十六小时的工。遇着日夜换班的一天，有的工厂里特别是东洋[①]在中国设立的工厂里，工人是要做十八小时的工。工人整天的生活只是吃饭、撒粪、睡觉、做工。他们连透气的功夫也没有，还有功夫为民族和自己的前途去打算打算吗？还有功夫为民族和自己的长进去接受一点教育吗？还有功夫为民族和自己的生存去努力拼一拼老命吗？

大批的知识分子没时间去教育大众。多数的大众没有时间去接受解决国难的教育。我们必须认清楚这一个重大的关键。民族解放、大众解放、文化解放之焦点都集中在时间的解放上。争取时间的解放，是当前一个万分迫切的要求，谁要故意的剥削我们的时间，使我们没有空闲来解决国难，谁就是汉奸，就是我们直接的敌人。

(1) 不愿做亡国奴的联合起来！

(2) 不愿做文化奴隶的联合起来！

(3) 争取时间的解放！

(4) 打倒愚民政策！

(5) 打倒文化汉奸！

(6) 打倒剥削我们时间的敌人！

注释

① 东洋　指日本。

文字新论*

中国从前有一种国粹，就是裹足布。这种国粹在山西还保存着，这种裹足，在女孩子很小的时候就开始，有的用醋腌着用布带紧紧的扎着，有的将脚的骨挖出来，扎成三寸金莲，因为这样才可以嫁人。假如你问问当地的老妈妈，她一定会很高兴的告诉你扎紧脚的情形。我们还有一种国粹，就是汉字。裹足布是裹脚的，汉字是裹头布。它要将我们的脑子裹得很小很小，成为三寸金头。它将来一定陈列在博物馆里，和裹足布一般的将要成为历史过去的陈迹。从前有了放脚的运动，现在应有一个放头的运动。

* 本篇原载1936年7月2日《星洲日报》。摘自羊矮的文章《三寸金头与放头运动》，作者在转录陶的这篇讲话前，有以下文字："陶行知先生在广东中山大学研究院主持的拉丁化新文字讨论会，于本月月初开会员大会，陶致开会辞，把汉字比作妇女的缠足，确为妙喻。不过，关于废除汉字的大问题，我们不必讨论，只将报载陶先生开会辞剪录如左，不知'存文'诸公，作何感想？"这篇讲话先载1936年6月3日《国立中山大学日报》。

扩大联合战线是当前救亡的唯一政策*

这一个国际新教育集会①，与普通国际教育会议不同，它系国际上对教育有一种新的信念的人的研究与交换意见的机关。他们认定教育是创造新世界的一种工具，每年的集会是讨论当前世界上的一切实践的问题，一个新的教育者应如何用教育的工具去改变现实，创造新世界向前发展的条件。故在这一会议中，一切有关世界的大势的问题无不谈到，并不限于狭隘的教育。

记者问：有无具体提案？

答：有的。不过，我特别注意的是向国际报告中国的现状，中国大众文化运动、救亡运动现阶段的实况以及中国大众当前英勇斗争的事实。我要藉此次国际会议，粉碎帝国主义者国际间的武断宣传，让世界公正的人士，明了中国的一切。自然，我也要报告中国的新教育者，如何的在艰难困苦中，用教育的工具，改造中国的实践。我除开准备提出太平洋集体安全一个问题供大会讨论外，其他的问题，候大家听了我的报告后，有意见发表时，再临时灵活的作议案提出讨论。

新教育会议开会时间有二周，但我只能留伦敦一周，以后准备作世界旅行，先访英、法、德、意、土、苏联，再去美国，为时大约半年。

---

* 本篇原载1936年7月11日《生活日报》，系该报记者的访问记录。

这一次全部旅行的目的与任务，大致与以上说的相同。不过到处跑跑，自然主要的是考察人家的新教育、新文化，同时想访问世界凡关心太平洋问题的人士，彼此交换一点对于太平洋集体安全的问题的意见。

记者问：先生是上海文化界救国会的领袖，此次又遍游了西南，不知对于联合战线这一救亡政策，有什么新的意见没有？

答：确实多跑了一点路，看得更清白一点，新的意见倒不多。

我以为要救亡，必要抵抗。抵抗就要有比敌人更大的力量，才能取得最后的胜利。这大的力量从哪里来呢？自然不会从天上掉下，是全国不想做亡国奴的人在救亡上联合起来，那就造成了这力量。所以我们要提出联合战线来，并且认联合战线是当前救亡的唯一方策。这是没有疑问的。

我还有点补充，联合战线也就是缩短战线，是把自己内部的矛盾消除，使过去在政治上有怨仇的人，甚至汉奸，都给他们一个悔过回头的机会，减少敌人几千几万的队伍，增强自己方面几千几万队伍。

记者问：怎样使过去在政治上有怨仇的人都来参加呢？

答：联合战线自然是把过去有仇有怨的人拉拢来，大家共同对付强盗；如果本是志同道合的人，那还要谈什么联合。对过去政治上有怨仇的人，是不算过去的烂账，只问现在你肯干不肯干！

记者问：你看联合战线目前应该在政治上怎样开展？

答：自然我们不能忽视目前中国三大实力系统，南京国民政府的二百万大军，西南及红军。这三大实力联合起来，已经超过日本的军力，这里有现成的武力三百万，其他的经济力也抵得过。不仅这三大实力合拢来已很有可观，还有民众呀！这三种系统实力都开放民众运动，那还了得起，中国救亡阵线的伟大，要惊耀世界。

记者问：要怎样才能使这三方拉手呢？

答：这三方面不拉手，来互相抵消自己的实力，那只有大家倒霉，当亡国奴的一条路。要怎样才能使他们拉手呢？要人民出来作发起人，公正的、无党无派的人出来作和事佬，自己要任劳任怨，不顾一切，出来发起这三方面拉手。

记者问：先生愿意出来作一个发起人么？

答：可以！现在不能只图个人清高，不能闭着眼睛不管事了。不出头说话，那怎么办！不过，这要具体的谈，说来话长，以后再谈罢！

记者问：在联合战线结合时，有人主张打开大门，先生以为怎样？

答：这与以上说的相同，自然不能再关闭救亡的大门。不过打开大门的解释，应该是打开战场上的门，不是开门同居。任何人要参加到战场上来，不要拒绝它。又好比一个船在海中风平浪静时，不管你主张新文字，我要保全国语、方块子，大家夹七夹八，但这船遇盗了，不管主张新文字也好，方块字也好，大家联合打退强盗再说。你不能因为他主张方块字，而把他推开，取消他加入打强盗的资格。过去的关门主义，实在是一大错误。现在不仅要打开门，还不能关一半开一半，要全部打开，一切想上战场的人都来。

记者问：联合战线对于战友间的态度应该怎样？

答：做朋友最要紧的是诚意，联合战线最不可少是诚意。联合战线不能有阴谋有其他不纯正的野心。有人怀疑联合战线的时间，那真是太近视，抗日那里就是一年两年的事，联合战线也决不是一时的苟合，是有着相当的时间呀！并且打退了日本，民族解放还有事做，还需要联合，共同携手的日子还久得很呀！

注释

① 国际新教育集会　指世界新教育运动同志会第七届会议。

大孩子游记*

——我要看世界

世界是一个大学校，我要钻进去上课。我要在世界大学里去做学生。

每一个小孩子都欢喜到外面去看看。一个人无论他是多大年纪，只要他还想到外面去看看，他还算是有小孩的精神，便可算为一个大孩子。这样说来，我是十足的一个大孩子。

我要去看看世界。我所以要看看世界，为的是要认识世界。我所以要认识世界，为的是觉得这世界出了毛病，要大家来改造一下。

我这次是到伦敦去参加世界新教育同志会的第七届大会。到会的人有五十几国的代表，听说有二千多位。我将有这许多的先生同学指教，我是多么的高兴啊！这是我要在世界大学里去上的第一课。以后我要在英国考察一下，再到法国、苏联、德国、土耳其、意大利、美国、印度各地方去看看。

“我是一个大孩，
我要看看世界，
我要认识世界，
要和大家一同来改造世界。

---

* 本篇系1936年7月12日陶行知在香港至新加坡的海轮上写的。

中国是世界上的一块。
如果世界好，
中国不会坏。
要想中国好，
世界不可坏。

我们要认识中国，
同时要认识世界；
我们要为世界改造中国，
同时要为中国改造世界。

花费许多人的血汗钱，
说是要看看世界。
我不问你别的，
只问你有什么东西带回来？
带来给中国大众？
带来给中国小孩？

花费许多人的血汗钱，
说是要看看世界。
我不问你别的，
只问你有什么带去给世界？
带去给世界的大众？
带去给世界的小孩？”

我写这游记的动机便是这样问出来的。我觉得现在至少有一件事是有把握的，就是每到一个地方把见到听到的有关系的事情扼要的写出来，报告给中国的大众和小孩知道。我要努力继续不断的写这游记，按期在《生活教育》上发表。如果《生活教育》的读者肯得帮助我把这些知识或印象广播给学生和大众以及校外的小孩，我深信是有意义的，也是有趣味的。如果《生活教育》读者或他们的学生朋友有什么问题要我顺便调查，也可以托生活教育社转寄给我，这样当能更加具体的引导我去探取有益于大众、小孩的材料。我特别注意的是各地大众、小孩的生活及世界改造的趋向。如有这类的问题给我，我是格外欢迎的。

答《星洲日报》记者问*

我于7月11日离港欧行，此行任务，除以私人资格出席本月31日至8月14日在英伦举行世界教育会议外，事毕并将前赴美、法、苏、意、土诸国一行，考察各该地之新文化事业，其中尤以美国与苏俄为至要之研究对象。我于三年前，应广西当局之邀，前往演讲学术问题，自后即逗留两粤，从事考察文化政治各项建设状况，对于目下时局，我认为唯一之救亡方法，唯有联合战线，共谋民族解放，良以中国目前处境，已濒生死关头，不抗外侮，将无出路。然而抵抗之先决条件，须集中全国力量，我国现有四种力量，即(1）国民政府二百万军队，（2）西南政府，（3）红军，（4）民众。惜乎此四方面之力量，迄尚各走各路，甚至互相倾轧，彼此牵制，结果所谓力量，实等于零。不惟无由对外，内战之祸，亦因以肇矣。总而言之，今日救国之图，非联合各方力量于同一对外之战线不可。然而联合之前，有一条件须先做到，即各方应将彼此私仇积怨，摒弃无遗。集内战之力量以为对外，化无谓之成见共谋国难。诚如是，中国民族始可得救。本人到西南之最大目的，则为代表上海文化救国会宣传此种主旨也。

记者问：西南此次出兵北上，名为抗日，先生对此有何感想？

---

* 本篇原载1936年7月15日《星洲日报》，系陶行知乘英轮考尔夫号经过新加坡时，船泊丹戎白葛18号货仓前在轮船会客厅上与记者谈话的记录。

答：西南之抗日主张及其在二中全会之五项提案，凡我民众，皆应接受之。然而西南向来主开放民族运动，迄未见于实际，此即可以非议也。

问：据说桂军聘有日籍顾问，此中真相先生知之乎？

答：桂军过去确有日顾问，自发起抗日运动后，即已辞去。现据本人所知，广西实已无日顾问之存在，甚至广西仅留之一日本药商，亦于三星期前自动离去矣。

问：两粤此次一面出兵北上，一面号召抗日，此种行动，先生以为然否？

答：关于此点，本人不须批评。

苏联宪法草案中之公民权*

工作权、休息权、教育权

塔斯社[①]于六月十二日从莫斯科拍来的电报说，苏联中央执行委员会主席团议决定于十一月二十五日开苏维埃全体大会，研究苏联宪法草案，并将该草案公布出来，以供全国人民讨论。我读到这个草案的时候，特别令我注意的是第十章所列的“公民之基本权利”。这些基本权利列举起来，有下列几种，即：工作权、休息权、生活保障权、受教育权，男女享有同等权利，各种族享有同等权利，依据劳动者之利益并为坚固社会主义制度之言论自由、出版自由、集会自由、街道游行及示威自由，并有权组织公共机关，身体不受侵犯，非经法院判决或得检察官同意不受逮捕，家庭不受侵犯，通信秘密；外国公民因保护劳动者利益或因科学活动或因争取民族解放而受控告，苏联宪法亦给以庇护权。苏联宪法草案是人类所写的最伟大的文章。在这里面我们发现了在别国认为犯罪之事也被定为宪法上的权利，例如游行示威，在中国是几乎没有一次不被打得头破血流，或是几十几百的捉到监牢里去；而在苏联，它是成了大众神圣不可侵犯的大权。这篇伟大文章里的每一节都是一篇大文章。我现在特别提出三点来向读者介绍，即：（一）工作权；（二）休息权；（三）教育权。

---

* 本篇原载1936年7月16日《生活教育》第3卷第10期。

一、工作权

苏联宪法草案第一百十八条说：

“苏联公民有工作权，获有工作权的保证，并按他的工作的分量和性质，获得工资。工作权受下列事实的保证，即国民经济的社会主义组织及因排除经济恐慌，消灭失业，而使苏维埃社会生产力继续发展。”

工作权是多么有意义的一个名词啊！在全世界闹着经济恐慌，大群的人苦着没有工做的时候，苏联的人民却在宪法上得着一个工作权，这是多么令人高兴的一个消息啊。而这个工作权不是一个口号。它不是一张空头支票。它是一张到处可以兑现的钞票。实际上，苏联是已经做到人人有工做，人人靠做工吃饭的地步。这是现在别的国家万万做不到的一件奇事。

现在的美国算是一个顶富足的国家，但是失业的人是超过一千五百万。可笑的是中国代表在日内瓦劳工大会的报告，说是中国的失业的人只有五百万。这比美国倒要好三倍咧，倘使用人口来做比例，倒要好十二倍咧。灾区失业的灾民不算人，破产农村的失业农人不算人，街头巷尾漂泊者、讨饭者、卖自己、卖孩子的难民不算人，那个五百万的数目还嫌太少呀。中国是一个失业大王，把它变成这样一个失业小鬼，那是太抹煞大国的威风了。在这些国度里失业的人找不着工做；有工做的人怕把工失掉。失掉了业就编进饥民队里去。饥民唯一的救命汤是犯一点小罪，在监牢里骗点饭吃。卓别麟的《摩登时代》描写美国失业的惨剧最深刻。这是一套不可多得的电影。我们一捞到机会，就得去看一看。看了《摩登时代》再去读《苏联宪法草案》《萍踪寄语》第三集[②]，我们是会得着一种极有意义的感想。

我现在想进一步指出“工作权”与“人人有工做”的不同。在农业国以及资本主义的国家，从前也有时是人人有工做，但未必是人人有工作权。工作之能成为一种权利，是要有几个条件：

（一）做工的人知道为什么要做这工作，知道他的工作在整个工作中所占的地位。工作者必须知道工作之价值，那工作才能成为他所要求的权利。在苏联的两个五年计划中，每个工人是知道他的一部分工作对于总体的贡献。如果他是在做一个螺丝钉，他知道这个做螺丝钉的工作，不是为做螺丝钉而做螺丝钉，是为一部机器而做螺丝钉；也不是为着做机器而做机器，而是为创造一个国家而做机器；也不是为着创造一人与他自己没有关系的国家而工作，而是为着创造一个社会主义国家而工作，在这个国家里面，一切都有他的一份。他知道是这样，他才要求工作，他才做得起劲：工作才成了工作权。在那"民可使由之，不可使知之"的社会里，工作只是义务而不能成为权利。

（二）做工的人知道工作的报酬是属于他自己。他知道他的报酬是没有人分肥，没有人剥削。他知道他是为自己的利益而工作，而不是为别人的利益而工作。他知道他的工作的结果是为自己，他才要求工作，他才做得起劲：工作才成了工作权。如果他知道他的工作是为有钱人造幸福，或是为有权者造政绩，那末，工作只是一种义务，只是用劳动力来纳税而不能成为自发要求的工作权。

（三）国民经济的社会主义的组织。这是工作权的保证。资本主义国家的宪法里能不能订一条工作权呢？我想这是不可能的。因为没有保证金的纸币是不能兑现的。不能兑现的工作权，有什么用处呢？今天有工做，明天又失业，这还能算为工作权吗？因此，必须有社会主义的经济组织，工作权才得了保证而能继续不断地实现。这才是真正的工作权。

二、休息权

苏联宪法草案第一百十九条说：

"苏联公民有休息权。休息权受下列事实保证：即绝大多数工人之减至七小时工作；职工每年假期，且仍获得工资以及劳动者广大疗养院、休息家庭及俱乐部网络之建立。”

就事实看，每天七小时工作几乎成了普遍的现象。比较繁重的工作是减到了每天六小时了。此外，每五天还有一个整天的休息日。

苏联人民是拿到了全世界所没有的休息权。但是他们没有辜负这个权利。他们是运用休息的时间来充实并丰富自己的生活。攀山、游水、唱歌、读书、踢球、演戏、逛公园、看电影、集体跳舞，是休息时过的生活。从这种生活里我们可以推想他们是如何的兴高采烈啊!

在别的国家里，有的人是得到过分的休息，有的人是毫无休息。

得到过分休息的人叫做有闲阶级。他们是无需做工。他们是摆起小姐、少爷、太太、老爷的架子，把自己应该做的事也推给别人做。他们整天的生活是陶醉在抽烟、赌博、喝酒、男女的迷魂阵里。他们是拼命享福。他们是死于安乐。他们会被“休息”淹死。

另一方面，那绝大多数的劳苦大众是一天做到晚，一年做到头，一世做到老，很难找到一点休息。那个“一天做到晚”的“晚”字，在现代的中国里是必得修正了。我们的工人有的是从早做到深夜了。在上海的日本工厂里，一天要做十三小时工；到了换班的日子，是要做十八小时工。在香港我知道有一个印刷所，每天要做十六小时工。我为他们写了四首诗，其中的一首是写他们的时间分配，题目是：《也是三八制》：

做了八点钟，
再做八点钟，
还有八点钟：
吃饭、睡觉，
撒尿、出恭。

新近报载伪国[③]里的华工，每天工钱两毛，是要做得不许停，停则打，打得要死，那是更惨了。

那个“一世做到老”的“老”字也得修正。我们的劳苦大众，多数是没有做到老就死了。最骇人听闻的是抚顺煤矿里的工人的寿命。据这个煤矿里的一个工人报告说：他们是四年换一代。今年来的工人到四年后就会没有了。

休息权是多么重要的一个权啊！其实，休息权就是生存权。一个人没有休息，还能活下去吗？

但是，休息也会变成义务。为别人的利益而必须休息是义务的休息。比如资本家为着要使他的机器继续为他工作起见，是必得使机器得到相当的休息，否则机器忙坏了是与他不利。资本家待工人也如同待机器一样。他们给工人的休息，只要够工人恢复工作精神就算了。这种休息只可算是义务的休息。超过这个限度的休息，是必须经过斗争才能得到。在半殖民地及殖民地里，失业者多，这肉做的机器，是坏一架，来一架。肉机器忙坏了，于主人无损，连这一点恢复工作力的休息也不给。再加现在不景气，上海工厂停一天、两天、三天工的很多，或是每天减少做工几小时也很多。他们是减少了工作日、工作时便减少了工钱，是变形的失业，也算不得休息。

总之，为自己的幸福而休息才算是休息权。这种休息权才是我们自发的要求。为着要充分行使休息权，必须有广大的机会使人民可以在休息的时候能过一些有意义的生活。倘使没有这种广大机会的保证，休息权又会落空。在上海，一个休息的工人奔到公园、戏院门口是碰着“无钱莫入”的钉子。有好些地方是应该开放给大众的，但是挂着“闲人莫入”的招牌。其实，闲人个个可入，不得其门而入的偏偏都是忙得要命的劳苦大众。这种广大的娱乐与文化的机会是休息权的兑现所。有了这种机会休息，就不但恢复工作力并且在工作以外能叫人的生活有着丰富的意义。这种休息才是我们一致要求的休息权。

三、教育权

教育是人民应享之权利而不是人民应尽之义务。我在去年批评义务教育时所写的论文里面，曾经屡次发挥这个意义，现在读了苏联宪法草案之后，我对于这个见解是加强了信仰。苏联宪法草案第一百二十一条说：

“苏联公民有受教育权。这项权利受下列事实保证：即免费之普及基本教育，以至高等教育；高等学校有绝大多数学生之国家津贴制；各学校教本地方言；工厂、国营农场、机器曳引站及集体农场中之劳动者之免费工业技术及农业教育组织。”

读到这一条宪法草案，我们最高兴的是看见“公民有受教育权”正式的列入宪法。这在世界宪法史上是一件破天荒的事。现在承认受教育是公民之一种权利的只有苏联一国。我们中国人民所要拼命争取的，在几种主要权利之中，有一种便是“教育权”。

苏联不是出一张空头支票就算了事。这个受教育的权利是要有事实保证！这个事实的保证也列在条文里。照条文看来，不但是基本教育免费，高等教育也免费；不但普通教育是权利，工农技术教育也是权利；而且各地方的人民还有学习本地方言之权利。最后这一点是我们新文字运动者所应当特别注意的。中国的统治者的态度是不许各地人民学习方言新文字，不啻是故意的剥夺人民学习本地方言之权利。

据韬奋④先生所观察，这条文上的事业的保证不是一种纸面上的预约，而是事实上已经件件做到，只在宪法上加以承认，多予一层保障。我们只须在过去《生活教育》上登载关于苏联教育之报告中便知道韬奋先生所讲的是丝毫不错了。

最后，我要说一说，把教育当作一种权利和当作一种义务看待，究竟有什么分别？

（一）教育既然是人民应享之权利，那末，这种教育当然是人民生活所必需。倘使不是人民生活所必需，那就不能成为人民所应享的权利。因此，教育本身必定要起质的变化，才能当做人民的权利看待。

（二）教育若想做到为人民生活所必需，就必得为人民增进幸福、减少痛苦，而不再是少数掌握特权者统治人民、麻醉人民、欺骗人民、压迫人民之工具。

（三）教育既是为人民本身增进幸福、减少痛苦之工具，那末，如果教育不普及，人民自必起来要求而不必依靠外力之强迫；政府也只须看准这个要求，预为供给，用不着强迫，教育自能普及。

三大权之性质与来历

工作、休息、教育，在资本主义的国度里面，都是小众的权利。少数人是有高兴做的工作可做，有充分的休息时间可以享福。在教育的宝塔上，他们愿意能够攀上多么高，就可以攀上多么高。大众在小众指挥之下，是做着莫名其妙的工作，享着差不多没有的休息，受到别人麻醉自己的教育。工作、休息、教育，如果有，在大众看来，都带有义务性质，都含有为着别人干的意思。这一切在苏联都改变了。工作、休息、教育都变成大众应享之权利。工作权、休息权、教育权是多么令人羡慕的名词，然而它们不是天上掉下来的，它们是从鲜红的血里流出来的。我们在欢迎它们的时候，不要忘却它们的来历啊！

注释

① 塔斯社　苏联1925年7月10日创办的中央通讯机构。

②《萍踪寄语》第三集　邹韬奋著。《萍踪寄语》一书，是他在1933年7月到1935年8月被迫流亡海外，旅游欧美和苏联的纪录。其中第三集是专记苏联之行。

③ 伪国　指伪满洲国。

④ 韬奋　即邹韬奋。

联合始可救中国*

中国现已在生死关头，不抵抗绝无出路。但要抵抗，必须我们的力量较敌人强大，方足应付，故亟应建立联合战线。我国有三大力量，亦可称有四大力量：第一，为国民政府二百万之军队；第二，为西南之武力①；第三，为散处各地之红军；第四，为民众。而民众为四大力量中之最坚强者。不幸现在此四大力量，反互相倾轧、互相敌视、互相吞灭。结果，四大力量，竟等于零。欲联合此力量，只须各方捐除仇恨——民众现在对实力派固然没有什么仇恨，此处是指实力派说——将内战力量移以对外，中华民族方可从灭亡的危机中得救，否则不久的将来必趋灭亡。所以现在大家唯有竭力督促实力派，使内战不再发生。

注释

① 西南之武力　指当时两广的军队。

* 这是作者1936年7月15日晨到新加坡时，在轮船上，对前来欢迎他的新加坡三江会馆总理陈来昌、上海书局经理陈岳书等及中西各报记者的谈话。原载1936年7月24日《生活日报》。

新中国与新教育*

现在所要说的是新中国与新教育。我们先说新中国的敌人和日本的大陆政策，再说民族解放运动，然后说中国的出路。中国如果没有出路，新中国就新不来。新教育就是以新中国为目标的教育。现在依着这四个要点向诸位说说。

中国的敌人和日本的大陆政策

中国的敌人是谁？中国的敌人是日本帝国主义。中国的敌人不是日本人，是日本帝国主义，日本的军阀。日本的军阀推行他们的大陆政策，他们说，满洲定华北就定，华北定支那[①]就定，支那定亚洲就定，亚洲定世界就大同。所以日本由沈阳而热河，而上海，而冀东，而福建，而汕头。“九一八”[②]之后，中国土地在日本势力范围内的等于二十个江苏——这里有福建的同胞，何不算算看，究竟等于几个福建？这里有广东的同胞，何不算算看，究竟等于几个广东呢？中国究竟有多少个福建、多少个广东

---

* 本篇原载1936年7月31日香港《生活日报》，系7月16日下午应邀在新加坡青年励志社的演讲。主持者为义安会馆潘醒农，黄虹笔记。7月17日《南洋商报》曾发消息云：“听者约300余人，后来者未能占得一席，然皆环立远听，全无倦容。陶先生演讲精彩处，辄闻掌声四起，其得听众同情，足见一斑。”

据同年7月16日《总汇新报》报道，7月15日下午陶往怡和轩俱乐部访晤陈嘉庚，商谈有关中央与西南军政大局。陶谓：“国内民众向来都很重视华侨公意，希望此间华侨运用方法，极力电阻双方发生内战。”

可供日本吞食？吞完了，我们要变成什么东西？吞完了，我们就要变成大家不肯变、不愿变的东西——亡国奴。所以，凡是不肯变不愿变的就该努力。

东北失陷后，东北的同胞究竟过的什么生活？东北的农人、学生、工人究竟过的什么生活？诸位也许完全知道，也许完全不知道，现在报告一下：

东北的农人，有的是田地，可是好的田地，日本人便要向他买，每亩值一百块钱的往往只给十元、二十元，最多也不过二十元，就这样拿去了。有一个农夫，有些很好的田，日本人向他买。他说："不能卖，田是祖宗传下来的，不能卖，一亩一百块钱都不能卖。"日本人听了，不免大怒说："好，你这农夫，好利害。"于是绑在马腿上——拖起来，农夫本来身体很好，拖了二十里，放起来，还是一个农夫。日本人看了，好不生气道："好，你这农夫，好利害。"于是打、蹴，蹴了一腿，蹴掉一只眼珠，农夫眼珠没有了，但站起来，还是一个农夫。这是东北农人的生活。

东北的工人，有个朋友写信说：抚顺的矿工是全国最强壮的，差不多全中国军队没有一支比他强壮。可是，每人最多活四年，因为死的死得快，伤的更伤的快。同时佣主希望他死，不希望他伤，死的固然要发抚恤金，可是工人都是山东人，路途这样远，谁的家属知道他死？知道领抚恤金？伤的呢，今天打针要钱，明日开刀又要钱，谁愿意付出这些钱？于是，凡是伤的，抬到了医院，让他摆下，血流光了，也就自己会死，什么都不要了。不说抚顺的矿工，且说上海日本工厂的工人。上海日本纱厂的工人生活，十二月运动之后，人家才知道得详细，简直是地狱的生活。上海日本纱厂的工人，二人不能说话。现在各处实行强迫教育，日本纱厂是不许的，甚至连一本《平民千字课》都不可以有，有就开除；如果有一本《大众生活》，那不得了，那就要打，打了一顿，通知工部局[③]，教他入狱去。上海工厂工作时间，大家是十二小时，日本纱厂的是十三小时，每礼拜还有一天是十八小时的。我们记得上海日本纱厂有个工人叫梅世钧的，给日本佣主活活打死，至今还无人肯给他报仇伸冤。梅世钧给日本佣主打死的原因是这样的：梅世钧曾做过十九路军的士兵，照了一张武装相片，放在衣袋里做纪念，并且时常要拿出来看，给日本雇主看到了，说他是捣乱分子，给他一个巴掌。梅世钧本来晓得拳术的，见他来了一掌，接了这掌，回过一拳，那日本人倒地了。另外一个日本人见了，给他一腿，梅世钧接了这腿，回过一拳，那日本人又照样倒地了。那两个日本人倒在地下，吹叫子，叫子一吹，来了五六个人，将梅世钧痛击一回。打完了，摔在门外，过了三四日，也就死了。这是“九一八”以后，上海日本纱厂工人的生活。

我们要知道梅世钧的死，并不是他一个人的死，他是我们四万万人的代表，他是为抵抗而死的。我们四万万个人，应该有梅世钧的精神，抵抗的精神。

现在来说学生的生活。“九一八”之后，东北学生，日语就是国语，国语自然是外国语了。天津图书馆，凡是谈到抵抗日本的书都被丢进水沟里去。如果有人在讲台上谈到抗日的问题，便有汉奸去报告，过了几天，这在讲台上讲抗日的就会失踪，永远不见了。到哪里去了谁也不知道。可是，有人看到日本军营，往往用汽车装载麻袋，麻袋装得满满的，究竟装的什么东西，谁也不能知道。汽车将麻袋运到海边，运进轮船里头，轮船载了麻袋向海洋去，不久，轮船回来了，麻袋也就不见了。失踪的人，至今不知多少。

敌人实在是你退一步，他进两步的。所以说他得了东四省就会停止，这是书呆子的话。说得了华北就会停止，这也是书呆子的话。实在日本就取得中国的全部，也还是不会停止的。

民族解放运动

现在来说民族解放运动。民族解放运动，是去年十二月九号开始的。这种运动可以说是十二月运动。十二月运动和以前的“五四”运动不同，十二月运动是每一个人都看得清楚，都要牺牲的。当时敌人的飞机在上空翱翔，中国军队在长官命令下排着刺刀，十二月运动的学生就从飞机和刺刀的威吓中冲过去。十二月十六日那天，城内的学生和城外的学生约好到一个地方会合。中国长官知道了，马上派了军警将城门把住，城内的学生走不出城，于是冲锋，女学生做了冲锋队，四个一排，手拉着手冲出去。

这一天，军队在城门布置的防线共有四道：第一道防线，警察手里拿着木棍子；第二道防线是水龙；第三道防线是刺刀；第四道防线是机关枪。中国军队布置四道防线，不是抵抗侵略中国的敌人，却是抵抗举行民族解放运动的学生。

举行民族解放的学生，到了第一道防线，警察举起木棍子向前要打，大家叫口号，说：“中国人应该救中国人，中国人不打中国人!”警察手里的木棍子不动了，变成棉花了。到了第二道防线，因为水龙喳喳的冲，并且又冲得远，口号的声浪不能激动军警的天良，所以冲锋的尽冲锋，冲水的尽冲水，在天冰地冻的十二月，学生们都被冲得几乎变成冰人，跌的跌，挤的挤，一直冲到第三道防线。第三道防线因为是刺刀，所以流血的二百余人。

十二月民族解放运动胜利的地方，是将全国国民，一齐唤醒。中国人民的觉悟，是二百余学生的血换来的。

十二月十八日，学生运动的风气传到天津，日兵用刺刀挑学生，学生愤怒极了，签名组成敢死队的一百人。有些原来不愿加入敢死队的，看到那一百人冲去了，在后头叫着：“不要跑，我们也要来!”于是，这里八百，那里三百，不到一刻，凑了四千，打算冲到日本租界去拼命。日租界当局知道了，铁门一拉，布了铁丝网，通了电流，教学生队伍冲不过去。学生在铁门前大叫：“打倒日本帝国主义! 有勇气的快出来!”叫了好久，终于没有人敢出应，所以，这一天无人流血。

再说上海学生运动。上海的学生由复旦学生率领赴京请愿抗日，南京方面说，有话可以写信来，不必派代表。学生说，南京是中国的地方，我们是中国人，为何不能去呢？南京方面无法，致电各校校长，竭力制止，但没有效果，又叫保安队防守北站。学生到北站，见了保安队，大呼口号，说："中国人不打中国人!"保安队手里的竹棍，也终于无用。学生在北站停了好久，车站中的人忽叫他们上车，说要送他们到南京去。学生有的欢喜，有的怀疑。可是，终于一齐上了火车，向前进发。火车进行中，两个学机械的学生，看着司机人开车，暗暗记好，车到半途，忽然停止，司机人下车后，一去不来。这时车站有人在旁讪笑着说："看你们学生，再厉害到哪里?"可是不久，火车动了，学机械的两个学生自己开车前进。当局无法，叫人拆去路轨，使火车不能前进。可是，另一部分学生，用铁钳把后面的铁轨拆来接在前面，继续将火车开动。当局迫得没有办法，即刻派了三千大兵到无锡去抵抗。他们不是抵抗外寇的侵略，是抵抗爱国的学生。

学生无法，又不愿使政府蒙屠杀学生的恶名，就折回上海。

农人本来是乡愚，可是，现在却自己成立救国会。华北各地，无不如此。在天津，土肥原可用两毛钱收买一个汉奸，教他穿起"要求自治"的衣服；可是，在乡下却不行，卖劣货的也要赶、打，不让进来。

不说小孩说老人。上海九七老人马相伯，每天写信做文章，勉励爱国青年，鼓吹救国。有人说他给我包围了，其实是我给他包围了。因为他做了文章就打电话叫我去看，看了自然觉得非常好，好就要给他拿到报上发表。实在他是包围我，不是我包围他。

上海律师公会会长沈钧儒现年六十三岁，是个老少年。今年"一·二八"和我一齐去祭"一·二八"死难的无名英雄，走了三四十里，他一点都不觉到疲乏。今年五月三十日，看到一张照片，两个人在前头走，细看时，前有须的那一个就是沈先生，原来他又领着青年们祭烈士墓去了。沈先生自己做了一首诗，是问答体的。问的是："我问你，你这六十三岁的老人，你终日奔跑，你恐怕被包括在白色汉奸或红色汉奸的里头了！"答的是："不，因为我是中国人。"第二句还是："因为我是中国人。"第三句还是："因为我是中国人。"

照上面所报告的看，无论老、少、男、女，凡是不愿做亡国奴的，都要起来了！

中国的出路

中国的出路究竟在哪里？日人侵我不全吞中国不止。所以，有笔杆的人，就要用笔杆抵抗；有钱的人，要用钱来抵抗；有主义的人，要用他的主义来抵抗。无论是经济、是文化、是武力，都可抵抗，都应该抵抗。

人身好比国家，白血球好比军队。白血球杀灭病菌，碰到就杀，否则被杀。只有杀敌或被杀的两条路。无论是来了虎烈拉病，或是重伤风病，他都不能停一下，说声："虎烈拉先生，或是重伤风先生，请你等一回，让我来预备一下。"如果白血球是这样的畏惧、妥协，那我今日就不会在这里说话，老早进了棺材了。军队也是这样，敌人一来，就要全体总动员，出来抵抗。能够这样，请问谁还敢来侵略呢？可见要保国唯有抵抗。可是，单靠一个人的抵抗不够。靠前进的青年么？请问有多少前进的青年？所以靠前进青年抵抗也还是不够；就是靠一党一派来抵抗也还是不够，如果由一党包办抵抗，另一党就不服。如此一来，一党力量原已单薄，如果还要分出一部分力量来压制敌党，自然不足以抗强寇了。并且如果这一党包办抗敌，那一党就要观望，有时不只观望，说不定还要抽他一腿。所以，一党包办抗日，实在不当。如果由一党包办抗日，到后来一定弄到我打你，你打我，自己打自己，给旁边的老虎吞去。如果老虎真的有了这一个机会，那他今日有得吃，明日有得吃，后日又有得吃，实在感激不尽。不过，我们能让老虎把自己吞去吗？所以我们不救国则已，如要救国，就该联合起来。联合不是联合志同道合的人。志同道合的人，他本来已经是合的，还须联么？所谓联合，是联合各党各派的人，各党各派的人如果以前是打架的，现在就该停手，把旧账搁在一边，以后再算，大家马上妥协携手！一齐来打共同的敌人。

譬如坐船，没有风浪，没有变故，我们就可起来辩论，起来谈天。好像我是倡用新文字的，你是反对新文字、保守旧文字的。我说新文字很好，你说新文字不好，旧文字更好。我说旧文字好像裹脚布，裹脚布把脚缠、缠、缠，缠得你的脚变成三寸金莲，旧文字把头缠、缠、缠，缠得你的头变成三寸金头。你说，新文字看来，一串那么长，长得非常难看，吃下肚子不消化。于是我不服你，你不服我，大家打了起来。如果这时船着了火，那么大家就该罢手，联合起来救火。火救完了，大家没有事了，或者你爱惜旧文字的人已经在抽大烟了，我这时候，没有事做，那么，我当然可以问你说："喂，你说新文字不好，究竟还有什么不好？"你当然也可同样的问我。又如船到中途，遇了强盗，那我们自然也须抗了强盗再来说话。

联合战线，就是这么说，大的敌人在前，小的冤仇应搁起，否则，大家都要做成亡国奴，不好过。我死不怕，怕做亡国奴。我们要明白，我们如果做了亡国奴，不只我们要做，世世代代，连我们的子孙小孩，都要做小亡国奴。

联合什么呢？第一要联合中国目前的四大力量。四大力量联合，才可以抗日。第一是中央政府统治下的二百万军队；第二是西南的兵力；第三是中国的红军；第四是老百姓——无论任何力量，撇开老百姓就不能抗日救国。

有人说主义不同，联合不来。其实不然。以前法国反苏联，现时苏法对德国有共同的戒心，就携手了。所以，无大敌在前，要他联合，恐不容易；大敌在前，要他联合，即有可能。有可能而偏咬定说不可能，那就混账！

联合要谈到开门主义，开门就是不要任何一党一派包办抗日。要大家联合战线，一齐抗日。然倡言联合的人，又不能成为联合战线派，同时指人家为非联合战线派、妥协派、改良派。如果这样，那就犯大错误，那简直是关上了门，教人家进不来了。开门又不是开我家的门，是开战场之门。战场之门一开，凡是能为中华民族战斗之士，都可进来。开门又不是国民党或共产党开门，给我们进国民党或共产党去。如果那样，那就大家都窘，大家都不好受。开门，是开战斗之门，对日抗战。

抗日固然要前进的青年，可是有些青年，自己看了几本书，或者几本《大众生活》，就自命为前进，骂人家不前进、落伍，连落伍者也变为敌人。这样的前进青年绝不是前进青年。前进青年是要领导落伍者一齐前进的；如果将落伍者变为敌人，那就打不胜打了。

新中国的新教育

四种力量联合了，不单可以打退日本，并且可以造成新中国。新中国的新教育就应该根据这一点。否则就有教育也不过是“教死书”，“死教书”，“教书死”；那读书的也不过是“读死书”，“死读书”，“读书死”。新中国的新教育，应是帮助中华民族争取自由的教育。新中国的新教育，应该启发中华民族的抵抗力量，应该促成联合战线，不唯要促成，并且要推动；应认明中华民族的敌人是日本帝国主义；应培养中国的斗士。

我们的目的既定，技术如何？我们技术方面，有四个办法：

第一，我们应该认社会做学校。破庙、亭子间、晒台、客厅、一片空地都是现成的学校，中国不须再造几千百万的学校，就有几千百万的学校。

第二，我们应该即知即传。我们今日所知的事，今日即传给别人，我传你，你传他，大家教来教去。同样，学生今日学的，今晚就可教给别人，一人可教十人、八人，多至三四十人，少至一人、二人。如果你不肯教人，我也就不必教你。中华民族小小的这一点事，你都不肯帮忙，我教了你，将来大了，也是一个败类，实在无须教你。

中国人求学，往往不在服务，在出风头。他们将学问往头颅里边装，学问一装，头颅就大，越装越大，再装再大，大得不可再大，就要出洋。出洋回来，头颅更大，从此就锁起来，不再开了。开必须金钥匙，否则永远不开。这种人无以名之，名之曰守知奴。今天的守知奴，是将来的亡国奴。我这回到星加坡，听说星加坡的中国人，十人有八人不认得字。如果十人仅有八人不认得字，有二人认得字，那倒容易。认得字的二人，每人教四个人就得了。

第三，要有新文字。新文字有人赞成，有人反对。可是，大家都要抗日救国，枪杆对外，大家携手、妥协，等到共同的敌人打完了再说。

学新文字只要三四分钱，时间不过个把月，学会了，就可以看新文字印成的报。现在广东话的、客话的、福建话的新文字都已出世，很便当了。文字写出来要可以听得懂，愿意听。不过学新文字，汉字也不能丢掉（所谓新文字即最近风行海内之罗马字母拼音字）。

第四，用汉字写文章，要写得人家听得懂。最好请教四位先生，这四位先生也是不要花钱的：

一、是耳朵——写了文章，要读给耳朵听，看看听得懂听不懂，听不懂就要改到听得懂。

二、是老妈子——写了文章最好读给家内的老妈子听，问她听得懂听不懂，听不懂就要改到使她听得懂。

三、是人力车夫——也是一样，读给他听，不懂改到懂。

四、是小孩子——还是一样，读给他听，从中改好。

这些先生，有时可以把我们的文章改得非常的好，好得自己想不到的好。记得有一回，南京小先生们成立一所“自动学校”，这名目已经来得可喜，所以我寄一首诗去送他们，道：

有个学校真奇怪，大孩自动教小孩；七十二行皆先生，先生不在学如在。

不到三天，他们回信说，好是很好，可是里头有一个字要改，“大孩教小孩”，难道小孩不会教大孩吗？“大孩自动”，难道小孩不能自动吗？所以“大”字要改成“小”字，“大孩自动教小孩”一句，改为“小孩自动教小孩”。真佩服极了。

新教育和老教育不同之点，是老教育坐而听，不能起而行，新教育却是有行动的。譬如抗日救国，须有行动，可是，行动又不能错误，所以要有理论。“抗日救国”是目标，“联合战线”是步骤，新中国将从行动中生出来!

注释

① 支那　古代印度、希腊、罗马等地人称中国为China的译音。近代日本等国也有人这样称呼中国。

②“九一八”　通称“九一八”事变。1931年9月18日，日本驻在中国东北的关东军突然袭击沈阳，同时在吉林、黑龙江发动进攻。由于蒋介石下令东北军不准抵抗，至次年1月，东北就全部沦陷。

③ 工部局　美、英、日等帝国主义国家在旧中国上海、天津等地的租界设立的行政机构。

在广东省新文字研究会成立大会上的演词*

诸位，今天你们的新文字研究会正式成立了，我觉得非常高兴。首先我代表中国新文字研究会恭祝你们，向你们谨致一个大众文化解放的敬礼!

目前，我们主要的工作是民族的解放，大众的解放! 当我坐车来的时候，在车上想起了一个“文化解放”! 大家以为需要不需要? 必定要! 因为要大众解放，要民族解放，就要文化解放，这三件事是分不开的。我看到上海有一件事情，非常伤心。很好很好的一套影片，就被一块一块的剪了。艺术家做出来的东西，好像小孩生下来一样。小孩生下来被人家看见了，少不免会批评一下，什么太胖啦，太瘦啦，什么鼻子生得不好啦，或者耳朵生得不好啦……如此之类，自然会有的。但是批评还不够，还要用剪子去剪，剪去一个耳朵或鼻子。现在不单是剪影片，而且，是千真万确在剪人了。一切前进的影片，都遭了同样的待遇。至于那些封建的、低级趣味的，却一点也不剪。假如想头脑聪明些，知道世界，明白真理，就偏偏不可能，前进的书籍、杂志、报纸都被禁止。一篇好的文章，他会给你改成一个四不像。这些都是文化的压迫。文化的压迫，证明文化必须解放!

* 本篇系1936年6月2日陶行知在中山大学召开的广东省新文字研究会成立大会上的演词。原载1936年7月17日广州《民国日报·教育周刊》第40期。记录者，刘秉钧。

其次，说到新文字。新文字是大众的文字，小众一定会来压迫，使新文字发展得慢一点；然而，推行新文字的人，就要下一个决心，站在大众上来推行新文字，难免会吃些苦头，但推行新文字者，要不怕吃苦头！如果现在课室内安安稳稳地来提倡新文字，这未免估量得太高。如果想不吃苦头，就可以不必干。这是正确的估计。我们提倡新文字，是预备坐监牢的，我们办的《生活教育》，也是预备被停刊，但是，停了，再办，再停，再办……所以，我们推行新文字，也是一样准备着受难，这是意中的事。不过，停了，再来，再停，再来……新文字一定成功！因为它是大众的文字，大众一定起来的，大众教育也一定普及。我相信，新文字会在这艰难困苦中普及出去，这永远会存在，存在到万万年！我们要把自己的生命，放在大众的生命里，个人的生命才有意义。唯有把自己的生命放在大众的生命里，个人才不会死！当然，在另一方面，我们是极力取得各方可能的了解，以免除无谓的牺牲。这就是今天我要对大家讲的话，完了。

我对于联合战线的认识*

中国已经到了生死关头，只有抵抗，才能救国；要想抵抗，必须发动整个民族的人力、财力、智力、物力，叫它们一起联合起来，才能保证胜利。

联合战线不是一块空招牌。我们要在战斗上联，才是真的联。联而不战，和战而不联，都不能克服我们的敌人。

联合战线要认清日本帝国主义是我们当前最大的敌人。我们要针对着这个大敌人作战。我们为着要和这个大敌人拼命作战，才需要联合战线。

道同志合的人，是早已联起来了，不大用得着联合战线的口号。这个口号的作用，是要叫素有仇恨或政见不同的集团彼此宽容，拿笔杆枪杆对付一个共同的大敌人。这种宽容，是民族生存的救生圈。

现在可以与日本帝国主义拼命的战斗力是有三个大集团：一是中央政府直辖的军队，二是西南的军队，三是红军。这些年来，这三种力量是互相抵消了。倘使这三种集团战斗力联合起来一致对外，再加上开放民众救国的力量，是必定能够粉碎敌人的侵略政策。联合战线是要转变内战自杀的力量，而为抗日救国的力量。

---

* 本篇原载1936年8月1日《生活教育》第3卷第11期。

有些人不知不觉的是有包办救国的意思。他们把战场上的门关了起来。联合战线是要把战场的门打开，使得不愿做亡国奴的人，都能得到机会与民族的大敌人作战。

有些人是把这大开门主义误解了。他们好一比是叫我们把家门打开，使得大家可以一起同居。这真是使不得。我相信我们整个民族都情愿在民族的战场上共同作战，但是要勉强一个个的人都同居起来，那是谁也不情愿的。联合战线可以把全村的人号召去打强盗，但不能叫全村的人住在一个屋子里结起婚来。

联合战线的目的是要减少敌人的数目，把它减之又减，减到一个大敌人；要增加我们的队伍，要加之又加，加到全国四万万五千万人都变成民族解放的斗士。

我们好比是一只大海船，开在大海中心。平常一帆顺风的时候，彼此吵吵嘴、打打架，是不算什么。但当海盗来的时候，必定要立刻停止一切纷争，共同来把海盗肃清再说。联合战线是中国救亡唯一的政策。

一切不愿做亡国奴的，要丢掉私怨联合起来争取民族的生命。

告和平与中国之友书*

（一）远东和平之被破坏，已经五年了。保障中国之独立与完整的和平条约，早被侵略者撕毁了。国际联盟之一员的中国，不断地被侵略，并被利用为进攻他国以威胁世界和平的根据地。

（二）和平是不可分割的。远东和平与欧洲和平与世界和平是一个不可分割的整体。

（三）由于侵略者的无可忍耐的暴行而引起的中国民族解放运动，是一个争取民族自由的斗争，而同时也是世界上为争取民主主义而斗争的一个主要部分。为了世界和平的利益并鉴于远东的严重局面，我们向你们作以下的呼吁：

(a) 由于向世界挑战、进攻中国的侵略者已经退出国际联盟[①]了，我们要求运用盟约的第十六条和第十七条，根据这两条，如果中国实行自卫的战争，一切国际联盟的会员国，都有援助中国反对侵略者的机会。

(b) 《九国公约》[②]和《凯洛、白里安公约》的签字国应举行会议，采取适当的办法，以保障这两个条约的尊严。

---

* 本篇系陶行知出席1936年9月在布鲁塞尔召开的世界和平大会前夕，与另外13名中国代表相聚，为了在会上表达团结抗日的意志，决定成立中国代表团，他被公推为代表团的主席后于9月1日起草的。《救国时报》在刊出的前言中说："《告和平与中国之友书》发出后，数日间签名赞成者即达五百余人……" 原载1936年9月18日巴黎《救国时报》。

（c）世界上爱好和平的人们应表示其国际团结以援助中国全民解放运动。

（d）一个促进太平洋集体安全的结合应在英，美、苏联、中国以及其他爱好和平国家之间形成，其目的在于启发公论，督励各该本国政府在国际联盟的体制之内结成一个反对侵略者的互助公约。

注 释

① 国际联盟　也叫“国际联合会”。第一次世界大战后建立的国际组织。根据1919年在巴黎和会上通过的《国联盟约》，于1920年1月正式成立。1946年4月宣布解散。

②《九国公约》　全称是《九国关于中国事件应适用各原则及政策之条约》，提出了“门户开放”和“机会均等”等原则。1922年2月6日由美、英、比、中、法、意、日、荷、葡九国在华盛顿签订。

联合奋起，抗日救亡*

——在巴黎华侨团体欢迎会上的讲话

我要把世界当作一个学校，我是来上课，诸位都是先生，要请教诸位之处甚多。我只同诸位谈谈救亡运动的一部分，不敢云为讲演。

我要讲的是要怎样才可以救中国，我们首先要问谁是危害中国的敌人？这是不难答复的，是日本帝国主义。中国五年来的失地以及实际被日帝侵略的土地，有二十二个江苏省这么大。中国许多富源都失掉了，像煤矿、铁、棉花这些富源多半失去了。如果把这些富源失掉，中国的工业就没法发展的。

我把失地和富源说过了，现在来说说失地下的人民的生活。第一是工人的生活。举个例子，如抚顺煤矿工人告诉我的，那里有一句话叫“要四年换一代”。这是什么意思呢？原来是在那里的煤矿工人，每年就要死丧四分之一。抚顺煤矿工人，死的多，而伤的少。原因是死了干脆些，不要花什么药费，把死者往坑里一埋就了事。就是受伤了的，也不给予医治，让他慢慢地死去。固然死后规定有抚恤金的办法，可是工人都来自远处，其家属能远道而来领取恤金者甚少。其次，说到梅世钧之死，他是一个上

* 本篇系作者1936年9月12日晚出席巴黎中国学生会、书报社和华侨抗日救国会为欢迎出席布鲁塞尔世界和平大会及日内瓦青年大会的国内代表陶行知、钱俊瑞、陆璀而举办的集会上的讲演。原载1936年9月25日巴黎《救国时报》。

海战争时的一个兵士，参战时他照了一张像以为纪念，把像片藏在身边，因为生活关系，做了日本工厂的工人。后来日人从他的身上检查出他的像片，于是盘问他是不是参加过上海的战争，梅君不迟疑地承认了。因是日工头就往梅君身一拳，但梅君懂拳术，不特将日人来的一拳避开了，还且把日工厂工头打在地下了。后来日人就叫众帮忙，你一拳，他一脚，把梅君打死了。所以梅君之死，不是屈服的死，而是抵抗而死的。再其次，就是日本工厂里的怪现象。两个工人不能在一起说话，凡识字的工人是不要的，凡是搜查出藏有《千字课》的工人，挨打了一顿后即开除。如果工人有读《大众生活》的，不仅要挨打，还且要送到工部局去，认为是共产党。现在来说说农民生活。失地下的农民的土地有好些被日本侵略者强买去了。东北有一个整个村庄的田地都被强卖给日浪人①了。又如东北有一个农民，无理的被日浪人绑在马身上，跑了二三十里地，后来站在地面上，仍保持着中国人民的不屈服的态度。日浪人就把他包围起来，拳脚交加地毒打了一顿，把他按在地下，往脸上踢一脚，把他的眼睛踢出一个。这是日人侵略者虐待失地内的人民的情形。

现在要救中国没有其他办法，只有抵抗。有的人以为我们准备不够，还要等五十年再来抵抗，像胡适之博士这流人物。我可以拿生物学上的道理来做个例子。像我们身上的白血球遇着敌人以微菌来侵犯的时候，即不等待地抵抗，一直抵抗到微菌物消灭了。假如当微菌物来攻时，白血球要求要等待，只有死命一条了。比如我自己，如我身上的白血球遇着微菌物而等待不抵抗时，则我早就不能在此地讲话了。所以要抗日才能救中国，要抗日才不会做亡国奴。但是要怎样抗日呢？抗日的办法有三种：第一是经济抵抗；第二是文化抵抗；第三是武力抵抗。三者要并行。经济抵抗，在消极方面要抵制日货，在积极方面要提倡工业。文化抵抗要提醒大众，教育大众，使大众能觉悟，组织起来。武力抵抗就要一切的实力派，一切的党派都能联合起来，一齐抗日。

"九一八"的五周纪念，我曾写了几首诗，现在把它背出来：

今年的"九一八"——五周年纪念儿歌

（一）

一年三百六十五，
五个指儿数：
敌人今年在北方，
加队伍。

（二）

一年三百六十五，
五个指儿数：
今年失地又加多，
内蒙古。

（三）

一年三百六十五，
五个指儿数：
地缺了一大块。
谁来补？

（四）

一年三百六十五，
五个指儿数：
联合战线快联成，
谁能阻？

（五）

一年三百六十五，

五个指儿数：
要想不做亡国奴，
三条路！

（六）

一年三百六十五，
五个指儿数：
第一条路是什么？
宁可不穿裤，
不买东洋布（注：经济抵抗）。

（七）

一年三百六十五，
五个指儿数：
第二条路是什么？
不再死读书，
要教大多数（注：文化抵抗）。

（八）

一年三百六十五，
五个指儿数：
第三条路是什么？
丢掉怨和妒，
保卫绥远去（注：武力抵抗）。

（九）

一年三百六十五，
五个指儿数：
若想不做亡国奴，

请听博士胡，
再等九个五（注：胡适之博士有
再等五十年之国策）。

（十）

一年三百六十五，
五个指儿数：
若想试做亡国奴，
难得真糊涂。
兄弟自相屠。

（十一）

一年三百六十五，
五个指儿数：
金哥银哥好把戏，
你打锣，我打鼓；
一个文，一个武。

（十二）

一年三百六十五，
五个指儿数：
大众赶快联起来，
不管他，许不许。
要救国，自作主。

联合抗日有三种联合：第一是国内联合，最主要的是国共要合作，现在的时候再不能计较从前的仇恨了。国共合作，其他的各党各派是当然可以合作了。第二，我们的敌人是日本帝国主义，是日本军阀，日本的老百姓是一样受着压迫的，所以我们应分别清楚，凡尊重民族平等的日本人，也应该与之联合起来。第三是全世界爱好和平的人，凡是不主张侵略的人，也要同他们联合起来。话是讲完了，但在收尾以前，我再背一首诗给大家听听：

联合战线

四万万人的公意掌舵，
八万万只手儿摇桨；
有祸同当，有福大家享。
看啊！前面来了一只怪船，
这分明是海盗来劫抢！
朋友们，不要胡思乱想！
只对着那怪船儿冲去，
肃清了海盗再讲。

注释

① 日浪人　日本幕府时代失去封禄，到处流浪的武士。明治维新后，他们常被军部雇佣，充当侵略扩张的先锋。

国共合作逐渐成熟*

第一，国共合作，过去只有动机，而现在则逐渐成熟。

第二，全国各界救国联合会已踏上国际政治舞台，在布鲁塞尔世界和平大会和日内瓦世界青年代表大会上，中国代表团曾提议组织太平洋集体安全制度，以保障东亚的和平。

* 本篇系作者1936年9月18日出席巴黎中国学生会召开的纪念大会上的讲话要点，原载巴黎《救国时报》1936年9月25日。

《团结御侮的几个基本条件与最低要求》之再度说明*

本人这次代表全国各界救国联合会到外国来的目的，是求国内国外的抗日救国运动能够发生联系。今天得参加全欧华侨抗日救国联合会成立大会，这个目的已算是达到。本人非常高兴，更为全欧华侨抗联庆贺。

对于抗日救国运动，在国内自沈钧儒、邹韬奋、章乃器三先生和本人提出《团结御侮的几个基本条件和最低要求》后，得到全国的批评和很多的好感，特别重要的有郁文和何伟诸先生的批评。现在将最低要求及批评的要点提出来向大家报告，并请指教。

第一，是要“停止内战”。连年的国共战争，到了现在国家民族危急存亡的关头，是应该停止了。我们知道军队的责任是保护国家领土，并不是残杀自己。

九一八，九一八，
手执钢刀八十八，
刀刀只把自己杀。

---

* 本篇原载1936年10月5日巴黎《救国时报》，记录者为该报记者。关于《团结御侮的基本条件与最低要求》的起草经过，据胡愈之回忆，当时为争取团结蒋介石国民党抗日，潘汉年在香港找了邹韬奋、陶行知，由胡愈之帮助起草了一个告全国同胞书。邹、陶签名后由邹带到上海，沈钧儒同意签名，章乃器却嫌文件太右了，坚决主张修改，甚至连题目也改为《团结御侮的基本条件与最低要求》。后载1936年11月29日上海《救亡情报》。

我们要立刻停止这自己杀自己的内战。

假军队，
忍看山河碎；
他自有本事，
会杀亲姊妹。

我们要立刻停止这姊妹相杀的内战。

第二，我们是“反对包办”。人人都要救国，救国决不可以包办。

人人都说要救国，
最是包办要不得，
包办包成大光棍；
光棍如何能救国？

因为有人要包办，或是包而不办，所以不许大众起来。没有大众作后盾，所以国土一块块的失掉。

包办救国是小众，
小众不许大众动。
大好山河不足重，
一块一块向外送。

第三，“我们要求大众起来”。国民党的党员是中国人，共产党的党员也是中国人。各党派以及无党无派的都是中国人。同是中国人就要联合，国共要联合，各党各派要联合，全国人民应一致大联合，组织成一个如铁一样坚固的抗日救国联合战线。我们要组织大众，武装大众，才能够抗日，才能够建设一个新中国。

救国救国又救国，
只有大众能救得。
大众一起联起来，
才能创造新中国。

第四，我们要有真的准备，不靠假的准备。

小众藉口要准备，
我问方法对不对。
第一准备是什么？
大家救国不为罪。

第五，“我们要救国，就必须抵抗”。

救国第一是抵抗，
抵抗就须大家干。
有人只靠嘴巴讲，
有人只把眼睛看。
有人背着小包袱，
打开包袱要包办。
有人要等五十年，
等到亡国谁上当？

第六，我们“要宽容”。抗日是我们当前最大的任务，所有新仇旧恨和一切党派的成见，都应抛开，互相宽恕。

人人都说团结好，
只有怨恨忘不了。
你杀我来我杀你，

亡国滋味要尝了。

第七，我们“要防挑拨”。敌人从前挑拨国共分家，现在是以华制华。他们对于我们的大团结一定要离间，我们不可不防备。

人人都说团结好，
东洋火把两头烧。
兄弟姊妹自相杀，
只见洋人哈哈笑。

第八，我们要有好意的批评。我们讲宽容应该宽容到能容纳善意的互相批评。

人人都说团结好，
只有批评受不了；
马马虎虎相敷衍，
结果只是一团糟。

第九，我们要坦白，把疑心病根治掉，不要怕人利用。老实说，谁要利用我抗日，我死也情愿。若彼此怕人利用，结果必是一盘散沙，要被敌人各个击破。

人人都说团结好，
只有猜疑忘不了。
大家都怕人利用，
一盘散沙造成了。

第十，我们要在战斗上取得联合。为什么联合？为作战而联合，不对敌人作战是联不起来的。

人人都说团结好，
若不打仗团不了。
局部抵抗总动员，
一处起火处处烧。

第十一，“作战要有中心，团结要有中心”。我们作战和团结的中心是打倒日本帝国主义。

人人都说团结好，
没有中心团不了。
请问中心是什么？
日本帝国主义该打倒。

第十二，我们要给战士吃饱。在今天的会场上看见许多参战工人，我就联想到上海各地的百千万的工人，他们都是抗日救国的主力军；但是穷、病、冻、饿，如何作战？我们要为抗日救国而改善大众的生活，我们为了抗日救国要解除大众的枷镣锁铐。

人人都说团结好，
竹杠只对大众敲。
若想真正打东洋，
大众肚子要吃饱。

总而言之：团结御侮就是中华民族当前神圣的任务。中华民族假如要生存，必须把以上所说的这几点做到。日本帝国主义是我们的共同敌人，各党各派必须团结起来共同抵抗，才不至于做亡国奴。

方才陈王二先生[①]都说有人对广西放谣言，我五月里到过广西，有资格替广西做证人，广西这次抗日，是真的抗日。真抗日是要民众起来；假抗日是不许民众起来。广西民众运动早就开放了，广西省内的工农兵学商无论老幼男女都一致起来了。广西抵制日货，辞退日顾问，都是事实，我们不能抹杀。它的中国人不打中国人的口号，是证明他们不要内战而要抗日。广西女子都组织了抗日军，连小孩子都起来了。七月初，广西小孩要到南京去请愿。有人说他们是被省政府利用到南京去捣乱。我在邕港亲眼看见一般请愿的学生都是十三四岁的小孩，怎样能捣乱？而且他们这次到南京去请愿是自动的，并不是受任何方面收买利用。他们去南京的路费是亲戚朋友及救国会捐助的，而且预定计划回来时卖稿子筹路费。这是千真万确。但是当他们快要上船的时候，上海来电制止他们北上，这些小学生以为这次他们的爱国行动是没有理由可以阻止；他们曾因此去电南京质问。他们的电文我现在还能记得几句，大意是："南京是中国的南京，我们是中国的小孩，为什么不能来？也许有人说我们想来捣乱，但是我们这些小孩，小则十二岁，大则十四岁，手无寸铁，有心救国，无意捣乱，为什么不能来？"

我为广西说了许多话，并不是偏袒广西，不过是不愿意真正抗日的被诬，有诗作证：

广西好！
广西好！，
广西不问老和小，
人人要打东洋佬。

新近广西有电说是中央容纳了他们的抗日主张。那是再好不过了。我希望从此大家破除成见，把全国的武力、财力、智力，一致联合起来。

现在我再要说到我的老本行了。我的老本行是大众教育，大众也有"大学"，实在说，大学应该是大众的学府。但大众的大学并不是从前所谓之“大学”。从前的大学是：大学之道在明明德，在新民，在止于至善。大众的大学也有大学之道。大学之道，在明大德，新大众，在止于大众之幸福。

什么是大德？大德就是大众的道德。大众的道德有三：第一是觉悟；第二是联合；第三是争取解放——争取民族大众的解放。凡是麻醉大众，拆散大众，软化大众的教育便是世界上最不道德的教育。现在国内所办的抗日救国的教育是叫做国难教育。国难教育的目的是要解决困难，要解决国难就须教大众联合，教大众组织，教大众争取民族大众之解放。他们所用的方法有三：一是社会即学校，把社会的一切设备力量一起运用来教育大众；二是即知即传人，得到抗日救国的知识的人就负了教导别人的义务；三是采用新文字做传布抗日救国思想的工具，使小众能很快的觉悟联合针对着日本帝国主义战斗起来。

注释

① 陈王二先生　指陈铭枢、王海镜。

附一：团结御侮的几个基本条件与最低要求

自去年十二月九日学生救亡运动开始以来，这七个月中，国内一般政治形势，显然有重大的进步和转变。在以前，我们是陷在互相残杀、互相排挤、互相猜疑的泥沟里。现在我们已经逐渐明了，只有调转枪头一致向外，才是我们唯一的出路。在以前，安内和攘外的先后问题还起了很大的争辩，现在政府和民众，却已逐渐在抗日第一的旗帜下面团结起来。这七个月中间，全国学生救亡运动再接再厉，全国及各地救国会相继成立，一般民众对于联合抗日，已有了深刻的认识和热烈的要求，这是不消说得的。此外，政府对日外交，最近也比较的采取强硬态度。塘沽协定的正式披露，浪人走私的严重抗议，至少这两件事，表示政府不甘心屈辱到底。各地军事当局近来也开始有了觉悟。西南领袖最近公然宣布出兵北上抗日，宋明轩将军虽然在数月前曾向日本屈服退让，但是对于日本军部屡次强迫要挟成立伪组织，却始终加以拒绝，这是值得赞许的。至于向来和国民政府对立的中国共产党和红军，最近也改变政治主张，以抗日救国为目前主要任务。就报纸所载消息，"工农苏维埃政府"已改为"人民苏维埃政府"；"工农红军"已改为"人民抗日红军"。这些事实，说明了现在全国人民，不论在朝在野，不论中央或地方，不论左派或右派，都已一致认识中华民族的当前大敌，只有一个。而在这民族大敌之前，政府和人民，中央和地方，友党和敌党，已开始企图建立全民的大团结。这全民的大团结一旦建立起来，不但可以挽救国家于危亡，而且奠定民族复兴的基础。这是我们所馨香祷祝的。

可是在另一方面，我们却不能隐讳目前的一个十分严重的问题，就是大部分人民对于团结救亡的认识，还不够彻底，对于全民阵线的信念，还不够坚决。因此，虽然大家都集合在抗日救国的大旗下面，大家依然是互相倾轧、互相猜忌、互相斗争，甚至有些人以为"抗日救国"只是一种时髦的装饰品；有些人以为联合战线不过是互相利用，至多也不过是一时苟合，所以今天是同志，明天可以成为仇敌。这种错误的观念，要不是立即纠正过来，广大的民族救亡联合战线，断乎不能建立起来；即使建立起来，也一定马上就会分裂。但是谁都知道，救亡联合战线要是不能建立起来，或者建立起来以后，立即四分五裂，抗日救国是决不会得到胜利的。抗日救国不能得到胜利，那么我们的前面自然只有死路一条。

打开天窗说亮话，现在虽然大家都叫喊抗日救国，大家都在高谈联合战线，但是政府怀疑民众，民众也怀疑政府；中央不信任地方，地方也不信任中央；国民党怕被共产党利用，共产党也怕被国民党利用，这是谁也不能否认的事实。不仅如此，甚至本来是一家人，现在为了联合救亡的缘故，也纷纷互相猜疑起来。例如，同是政府中人，对于国家根本大计，却不容许公开坦白讨论；同是热心救国的人士，却互相怀疑被某派某党利用。这事实说明了什么？说明了在抗日救国的口号中，各人仍然是同床异梦，各怀鬼胎。大家难道已经把印度、朝鲜亡国的惨痛教训，忘记得干干净净了吗？

就我们个人数月来参加抗日救国运动的经验来说，我们因为完全站在人民救亡阵线立场的缘故，竟引起了各方面的怀疑猜忌。政府因为我们主张各党各派合作抗日，承认了共产党势力的存在，就怀疑我们是被共产党利用。有些思想幼稚的青年，因为我们主张各党各派合作抗日，就等于主张和国民党合作，便猜想我们被政府收买。另一方面，中央因为我们同情西南抗日主张，就认定我们蓄意反对中央；西南当局却又因为我们求全责备，认为是替中央说话。这事实又说明了什么？说明了我们的当局，我们的一部分青年民众，对于联合救亡的原则，是怎样不够了解，不够忠实，不够热诚，不够信仰啊！照这情形发展下去，大家拿抗日救国作幌子，拿联合战线当做一件把戏玩弄，我们会达到民族解放的目的吗？

对于一切外来的怀疑猜忌，甚至造谣中伤，我们打算辩护我们自己吗？不，我们没有这个打算。我们已经决定为了国家和民族，牺牲我们的身家性命都愿意，个人的毁誉更算得什么？我们发见了各种不同方面对于我们的误会，我们不仅毫不介意，而且更增加了我们的自信力。因为我们相信我们受到各方面的误会和怀疑，这事实正证明了我们过去忠实于救亡联合战线的立场，正证明我们一面不放弃一点一滴的抗日力量，另一方面又不放弃一丝一毫的联合战线立场；正证明我们一面愿意和任何抗日势力诚意合作，然而同时决不愿意迁就任何方面。我们敢宣誓，我们今后仍坚决地站在这救亡战线的立场，不躲避，不退却，不放弃立场，不动摇意志，一直到中华民族解放运动达到完全胜利的一天。现在我们所担心的却只有一件事，就是现在不论政府当局，不论人民大众，有一部分对于这纯洁无私的救亡联合战线，太不够理解，因不够理解的缘故，更不够忠实，不够热诚和信仰。因此，他们至今还是在互相残杀、互相攻击。即使表面上他们已经联合起来，暗下里他们也还是在互相怀疑、互相猜忌。这样，纵使他们在主观上是为了救国救民，客观上他们是破坏了联合战线，妨碍了抗日工作。这一切的一切，都只是因为于救亡联合战线的立场，太不理解的缘故。因此我们认为对于联合战线的立场，有向政府当局和人民大众作一番详细解释的必要。这不是为了表白我们自己，而是为了抗日救国，为了中华民族解放运动的前途。

什么是救亡联合战线的正确立场呢？

我们以为：第一，抗日救国是关系整个民族生死存亡的大问题，所以只有集合一切人力、财力、智力、物力，实行全国总动员，才能得到最后的胜利。换句话说，抗日救国这一件大事业，决不是任何党派、任何个人所能包办的。脱离了民众，单是政府，抗日必然失败；但是没有一个政府的领导，单靠民众自动地作战，也决不会有胜利的前途。中央政府要是没有各地方当局的合作，固然谈不到抗日；但是地方当局在和中央政府对立的状态之下，即使出兵抗日，也未必有胜利的把握。固然，抗日救亡是火烧眉头的急事，我们遇到敌军入境，就要立即抵抗，断不能等到全国总动员成功以后，方才发动。所以我们赞成东北义勇军的英勇抗敌，赞成十九路军及第五军在上海的奋发抗战，我们也赞成西北军在喜峰口、察哈尔的抗日战争。我们赞成这种局部的抗日军事行动，目的依然在能够推动全国大规模的抗日军事行动。否则，如果我们相信单靠局部抗日，或者一党一派包办抗日，就可以得到最后胜利，依然不免犯了重大的错误。抗日救国要达到最后的大胜利，必然要依靠全民族的一致参加；我们所以有结成救亡联合战线的必要，原因也就在这里。不然，我们要是相信国民党可以包办救国，我们只要加入国民党就是了，就不必谈什么联合战线。我们要是相信共产党可以包办救国，我们只要加入共产党就是了，也不必谈什么联合战线。我们主张联合战线，就是因为相信抗日救国的大事业，决不是任何党派、任何方面单独所能完成的。

第二，我们主张各党派各方面共同联合起来抗日救国，这并不是说把各党各派都消灭了，更不是说利用联合战线把某党某派消灭了。在联合战线上的各党各派，尽可以有不同主张；政府和民众，中央和地方，也尽可以有不同的意见；只要在抗日救国的一点上，求得共同一致，大家互相宽容而不互相倾轧、互相攻击，联合战线就建立起来了。对于抗日救国，政府也还可以有政府的主张，民众可以有民众的主张，这并不妨害了联合战线的建立。只有政府压迫民众不许自由提出抗日主张，民众笼统地反对政府的一切主张，这样联合战线才不免于破裂。所以互相宽容是联合战线的第一要义。为什么我们要求言论自由，要求开会结社自由，也就因为大家是中国人，在共同抗日的立场上，必须互相宽容，互相容许自由发表意见，自由结合团体。要是没有这种宽容的精神，联合战线根本就无法建立起来，更谈不到抗日救国。

第三，在联合战线中间，不仅要大家互相宽容，而且要公开、要坦白。凡是利用联合战线、利用抗日名义，作个别的企图的，就是破坏联合战线，也就是破坏抗日运动。联合战线应该结合各党各派的力量以达到抗日救国的目的，但不能为任何党任何派所利用。固然，在一个广大的斗争中，一部分不良分子利用联合阵线假公济私的事情，是不能避免的。但只要我们一切的行动都坦白公开，这些假公济私的不良分子，立刻就会暴露出来，立刻都会被群众唾弃的。

第四，联合战线的主要目的，是在扩大抗日救国的队伍，这队伍自然越广大越好。既然是中华民族革命联合战线，那么，四万万五千万的中国人中间，除了汉奸以外，没有一个人是应该被排斥的。即使是汉奸，要是一旦觉悟，参加抗日救国运动，也未尝不可以放下屠刀，立地成佛。那时我们也断没有排斥他们的理由。而且我们相信，中华民族要不是生成奴隶根性，活该亡国灭种，决不会有人真正甘心做汉奸。许多汉奸都是因为环境压迫，缺乏民族自信心，才不知不觉地造成的。只有建立广大的救亡联合战线，恢复民族自信心，才能克服一切汉奸意识，消灭一切汉奸运动。

第五，许多人对于联合战线的前途，缺乏坚定的信仰，以为联合战线不过是一时的苟合，过了不久就会分裂的。这一种见解也完全错误。因为假定大家对于联合战线的前途，没有信仰，那么联合战线自然会不久就破裂，而抗日救国也断不能达到胜利的目的。过去的国共合作就是一个前例。但是假如大家真正能够诚意合作，对于联合战线的前途，真正有坚定的信仰，那么联合战线的基础只有一天天巩固扩大起来，直到抗日救国达到完全胜利的一天。就是在抗日救国完全胜利以后，这人民的大团结也不见得就会分裂。因为各党各派既然在一条战线上共同奋斗，终于得到了共同的胜利，大家就变成患难朋友，许多本来不能谅解的事情，就可以谅解；许多本来不一致的意见，也就可以一致起来。那时中国才真正能够统一起来。因为历史告诉我们，许多国家都是因为对外战争的胜利而促成内部统一的。这样看来，民族联合战线决不是一种短命的过渡性质的结合，问题只在于我们对于参加联合战线的态度，够不够热诚，对于抗日救国必然胜利的信仰够不够坚定就是了。

这是我们对于联合救亡所采取的立场，我们希望这个立场成为全国人民所采取的共同立场。此外我们为了抗日救国，对于中央及地方当局，对于各党各派，对于一般民众，谨以十二万分的诚意，提出我们的一些希望。我们不敢说这是代表了大多数人民的意见，但是至少我们是以国民一分子的资格，向我国的当局和民众进言。纵使我们的主张过分坦白了些，我们想，同是中国人，当局和民众是一定都会谅解我们的。

（一）我们对于国民党领袖蒋介石先生的希望

五年来，蒋介石先生历次表示埋头苦干，忍辱负重，准备抗日，这是天下所共闻的。我们也承认抗日要尽可能的作迅速而有效的准备；我们所不能同意的只是准备抗日的方式。蒋先生屡次主张以先安内后攘外的方式准备抗日。不管这主张对不对，但是五年来的经验告诉我们，这一个主张是失败了。五年来安内的结果，剿共军事并没有片刻停止，到最近中央和西南却又发生了裂痕。可见安内政策并不能促成真正的内部统一，而唯一得到“安内”的利益的，却是我们的共同敌人。照这情形下去，恐怕“内”不及“安”而中国全部已早成为日本的殖民地了。蒋先生要是细心想一想，应该会知道这是何等失算啊。过去的事不必再说了。在目前，敌人正在企图吞灭华北和福建，民族危机已严重到万分。蒋先生处全国最高统治地位，应该赶快设法，作抗日救亡的真正准备。真正的准备抗日，决不是所谓“先安内后攘外”，而是联合各党各派，开放民众运动以共纾国难。因此，我们希望蒋先生马上做到下面几件事：第一，停止对西南军事行动；第二，和红军停战议和，共同抗日；第三，开放抗日言论自由和救国运动自由。这三件事做到后，“内”不必“安”而自“安”。随后我们更希望蒋先生亲率国民政府统辖下的二百余万常备军，动员全国一切人力、财力、智力、物力，发动神圣民族解放战争。这民族解放战争达到完全胜利之后，蒋先生不仅是中华民国的最高领袖，而且将成为中国历史上最伟大的民族英雄。这是我们十二分诚意盼望的。要是不然，蒋先生置亡国灭种的危祸于不顾，依然继续剿共，继续内战；这样，蒋先生纵使一生埋头苦干，也不能见谅于天下后世。我们相信蒋先生决不会出此下策。蒋先生在二中全会报告救亡御侮步骤与限度，自然可以代表蒋先生的最近意见。我们读了几个报告之后，觉得对于和平绝望与牺牲最后关头的解释，是比较的具体了。他说：假如敌人强迫承认伪满的时候，或者从去年十一月以后，敌人再侵害中国的领土主权，而政治外交方法不能排除这个侵害的时候，这便是和平绝望的时候，也便是牺牲的最后关头。对外在这个限度里面，尽可能的进行准备，我们是可以同意的。但是我们得再提出，除了这对外的限度之外，对内的停止内战和开放人民的抗日言论自由和救国运动自由，也是极端必需的。否则一面准备而一面自相消耗，结果恐怕要所得不偿所失。政府倡言准备而限制人民自动起来准备，也不足以见谅于人民。这两点，我们是要重复提出，请蒋先生注意的。此外，蒋先生在报告中把中国和阿比西尼亚等量齐观，这在我们是不敢同意的。

（二）我们对于西南当局的希望

我们同情陈伯南将军、李德邻将军和白健生将军出兵北上抗日的宣言，我们认为这至少表明西南当局对于联合救亡已有了深切的认识。但是，我们却希望西南当局对于联合战线的立场，有更进一步的了解。我们认为西南当局应该推动中央政府出兵抗日，避免和中央取对立的态度，我们又认为抗日救国应该尽量容许人民自动起来干，换句话说，必须使人民有抗日言论及行动的绝对自由。其实这是西南当局向中央公开提出的要求，我们希望西南当局在他们直接统治的区域内，首先兑现，不然，西南当局脱离了中央，又脱离了民众，孤军抗日便决不会达到胜利的目的。我们还得指出：最近广东内部的意见分歧，就是因为广东的抗日势力，没有民众的基础；否则在民众势力的挟持和鼓舞之下，我们相信谁都不敢别有企图。我们相信西南当局，对于我们这意见，一定会虚心接受的。

（三）我们对于宋明轩将军和华北其他将领的希望

宋明轩将军和华北其他将领在日本帝国主义武力的直接威胁下，他们都会有拼死抗敌的决心，是毫无疑问的。这一年以来，敌军步步进迫河北、察哈尔、绥远，却不见华北军队有什么动静，这也是可以原谅的。因为抗日本来必须全国动员，在全国未动员以前，地方军队局部的抗战，固然足以激发民族的抗敌情绪，但是我们所希望的不一定在于华北将领以士兵血肉作孤注一掷，而在于宋明轩将军等不再压迫学生爱国运动，不再逮捕殴打抗日的民众。不然即使有了喜峰口抗战的光荣，也无法教人们相信宋明轩将军是有抗日决心的。

（四）我们对于中国国民党的希望

中国国民党我们始终认为是中华民族革命历史上的一个主角。推翻满清政府的是国民党；推翻袁世凯的独裁政权的是国民党；由广东出师北伐，推翻北洋军阀的统治的是国民党。所可惜的，国民党自从掌握中央政权以来，历史的光辉上面，起了一层暗影。所最痛心的，在国民党党治下面，中华民国竟遭逢了从来未有的严重的国难；我们的地图，已缺了一只角。但是谁也不应该把东北四省失陷的责任，全部卸在中国国民党的肩上；在野的党派也要负相当的责任。我们所希望的，有民族革命的光荣历史的国民党，握有中国统治权的国民党，应该赶快起来促成救亡联合战线的建立，应该赶快消灭过去的成见，联合各党各派，为抗日救国而共同奋斗。这里所谓各党各派，主要的自然是指中国共产党。这国共两党，在九年以前不是手携着手，为着打倒北洋军阀、为着打倒帝国主义而共同战斗吗？我们不明白目前在共同的民族敌人的威胁之下，这已经分裂了的两党，为什么竟不能破镜重圆。是因为这两党中间有了深仇宿怨不能消释吗？那么希望国民党反省一下，共产党员究竟也还是中国人。我们更希望每个国民党员都明白，对共产党的仇恨，不论大到怎样，总不会比对日本帝国主义的仇恨更大吧。是怕联共以后，国民党会被共产党操纵利用吗？那么这全在乎国民党自身。因为国民党要是真正能够联合各党各派，坚决抗日，那么共产党即使要利用国民党，也必然会被民众唾弃的。现在共产党已经提出了联合抗日的主张，国民党却并没有表示。这结果会使一般民众相信倒是共产党能够顾全大局，破除成见，这对于国民党是十分不利的。反之国民党要是一旦和共产党重行携手，共同抗日，国民党在民众中间的信仰，将要大大地提高。不然，国民党只要是只打算一党包办抗日，这是国民党的自杀政策，结果是替共产党造成机会。我们想，每个贤明的国民党员，每个忠实的三民主义信徒，都会明白这一点的。我们还得指出，在国民党的阵营里面，已经侵袭进来少数的官僚政客。这少数的官僚政客，在过去曾经不断的破坏国民党的革命功业，在最近几年间，更是进一步的进行亡国的亲日政策。在这个亲日的官僚政客集团里面，殷汝耕已经公然变成汉奸了；此外，许多没有公然变成汉奸的，他们一面在国民党里面占着相当重要的地位，而另一面背地里是诅咒国民党的主义和政策；他们甚至曾经借敌人的势力来压迫国民党。正如他们在国民党里面发挥汉奸作用一样，他们对于整个民族也是同样的发挥汉奸作用：一切政治上的秘密消息，据说都是经过了他们而泄露给敌人的。他们要公然变成殷汝耕，真不过是时间问题罢了。这一班官僚政客的存在，不但是民族的危机，而且是国民党的耻辱。国民党不肃清这一班汉奸化的官僚政客，是不可能取得人民的信赖的。

（五）我们对于中国共产党及中国红军的希望

中国共产党于去年八月一日发表宣言，主张停止内战，联合各党各派，共同抗日救国。中国红军领袖也迭次发出通电，吁请各方面，停战议和，一致对外。我们赞成中国共产党和中国红军这一个政策，而且相信这一个政策会引起今后中国政治上重大的影响。因为我们知道中国共产党向来对国民政府及统治阶级，采取绝对敌视态度，现在却能够破除成见，主张和各党各派停战合作，那么其他中国人民自然更加容易消除意见，互相结合起来了。我们所希望的，中国共产党要在具体行动上表现出他主张联合各党各派抗日救国的一片真诚。因此在红军方面，应该立即停止攻袭中央军，以谋和议进行的便利。在红军占领区域内，对富农、地主、商人，应该采取宽容态度。在各大城市内，应该竭力避免有些足以削弱抗日力量的劳资冲突。这样，救亡联合战线的展开，才不致受到阻碍。就我们个人参加抗日救亡运动的经验来说，救国会和其他群众团体中间，往往发现有些思想幼稚的青年，在抗日救国的集会和游行中间故意提出阶级对阶级的口号，以及反对国民党和国民政府的口号，以破坏联合战线。还有少数青年，在抗日运动中，依然采取宗派主义的包办方式。这种行动，我们相信决不是出于中国共产党的指示，因为这是违反中国共产党最近的主张的。这多半恐怕还是出于共产党里面的左倾幼稚青年的个别行动，我们认为中国共产党应该赶快纠正他们。此外，在某些地方，还有自称为共产党游击队的，任意杀戮人民。这种不守纪律的部队，如果是隶属共产党，共产党应该严厉处分他们；否则，共产党应该赶快声明，这种不守纪律的部队和共产党无关。

(六) 我们对于一般大众的希望

说到最后，抗日救国的基本队伍，当然是人民大众。不管中央当局也好，地方当局也好，国民党也好，共产党也好，都脱离不了民众。要是没有民众的参加，断然谈不到抗日救国。同时在救亡联合战线中，也只有民众是最热诚的、最坚决的、最坦白无私的。但是缺乏政治经验的民众，容易有一个倾向，就是只顾到目前的利害，而忘却那远大的目标。老实说，现在中国民众所受的压迫，并不只是日本帝国主义。民众因国内政治不良所受的痛苦，是十分深刻的。有些贫苦的同胞，为了维持生活而被迫去当汉奸，就是这缘故。所以，在抗日救国运动中，我们仍旧要顾到一般民众的切身利益，例如办理救灾，救济失业，改良劳工待遇，取消苛捐杂税，都应当切实施行，以增加抗日救国的力量。但是我们所希望于一般民众的，就是目前我们民族的大敌只有一个。我们只有把这共同的大敌打败了以后，才能彻底解决一般民众的生活问题。所以在目前，我们只有暂时忍耐些、迁就些，避免为了我们内部的纷争，削弱抗日救亡的力量。至于目前民众对于政府的态度，我们认为应该竭力督促政府抗日，而且尽可能与政府合作从事抗日。只有在政府不顾民众，一味亲敌，甚至承认亡国条约的时候，民众方才可以起来一致反对政府。此外，我国民众文化的落后是不能否认的。抗日救国运动的一个主要任务，是在教育最落后的广大群众，使他们踊跃参加救亡联合战线，而不仅在于推动少数前进的群众，作抗日的直接斗争。这一点我们尤其希望群众的领袖们加以注意。

以上是我们从实际经验所得来的一些意见，我们谨以十二万分的诚意，贡献给我们的当局和民众。常言道："良药苦口，忠言逆耳。"我们这些意见或者不免开罪各方面。但是为了国家民族的利益，我们已顾不到一切。我们相信，只要我们这些话，能够引起各方面的注意、研究和考察，抗日救亡运动的胜利前途，是不会没有把握的。

最后，我们特地向贤明的当局、贤明的政党领袖以及一切爱国同胞，背诵曹子建诗：

煮豆燃豆萁，
豆在釜中泣。
本是同根生，
相煎何太急！

中华民族解放万岁！
中华民国万岁！

沈钧儒　章乃器　陶行知　邹韬奋　同启

中华民国廿五年七月十五日

（原载1936年7月31日香港《生活日报》、8月1日《生活教育》第3卷第11期）

附二：毛泽东致章乃器、陶行知、邹韬奋、沈钧儒及救国会全体会员函

乃器、行知、韬奋、钧儒诸先生及全国救国联合会全体会员们：

不久以前，我们在报纸上读到了章、沈、陶、邹四先生所发表的《团结御侮的几个基本条件与最低要求》和全国救国联合会的宣言和纲领。这些文件引起了我们极大的同情和满意，我们认为这是代表全国大多数不愿意作亡国奴的人们的意见与要求，我代表我们的党、苏维埃政府与红军表示诚恳的敬意，并向你们和全国人们声明：我们同意你们的宣言纲领和要求，诚恳的愿意与你们合作，与一切愿意参加这一斗争的政派的组织或个人合作，以便如你们纲领与要求上所提出的一样，来共同进行抗日救国的斗争。你们说：

"我们所希望的，中国共产党要在具体行动上表现出他主张联合各党各派抗日救国的一片真诚。因此，在红军方面，应当立刻停止攻袭中央军，以谋和议进行的便利。在红军占领区域内，对富农、地主、商人，应该采取宽容态度。在各大城市内，应该竭力避免有些足以削弱抗日力量的劳资冲突。这样，救亡联合战线的展开，才不至受到阻碍。"

真的，我们应当这样做，而且已经是这样做。我们在自己的行动上，经常是忠实于自己的提议和政治路线。在九一八事变开始，我们首先向全国一切党派提出，愿意合作抗日。有些人说，我们的提议只是宣传的作用，而在实际上并不愿意实行这些提议，但是，几年来的事变证明这样的说法，完全是一种诬蔑。我们曾与十九路军和福建政府合作。不久以前，当西南派首领发表通电表示抗日的时候，我们宣言同意他们的抗日主张，同时我们向西南派的军政领袖和一切党派与社会团体发表了合作抗日的提议，并郑重声明：我们不仅在言论上而且在事实上诚恳希望一致联合，共同斗争以挽救祖国的生命。一年多以来我们进行了长期

坚苦的斗争，以实现我们北上抗日的目的。虽然我们已经到了北方，可是我们想集中河北实行首先直接抗日的愿望还是没有实现。今年春季，我们在渡过黄河以后，如果没有驻扎在同蒲路一带十万以上的中央军的封锁与阻挡，是无疑可以实现我们的愿望。当时若是我们集中力量来冲破封锁线当然可以做到的，但是，这样必然使双方受到很大的牺牲，我们为了避免无价值的内战损失，所以暂时渡河回转陕西。在回军以后，不管对我们继续“围剿”，我们再一次的向南京政府、太原阎锡山将军、河北宋哲元将军表示愿意把我们的力量集中河北，进行抗日，并要求他们的同意。虽然他们到现在还没有满意的回答，但是我们并不因此就放弃我们所始终坚决主张的抗日救国的目的。在民族存亡千钧一发的时候，我们不愿意继续任何自相残杀的内战，我们无论何时也不会进攻南京中央军或其他军队，如果他们不向我们进攻，不阻碍中国军队抗日斗争的话。如果南京中央军或其他军队实行抗日，不压迫群众爱国运动，我们准备以自己的一切力量，诚恳的帮助他们。我们愿意与任何军队、任何政党、任何派别合作，只要他们赞成准许反日、反卖国贼和爱国运动的完全自由。

有人怀疑，现在红军的力量很难单独抗日。又有人说，抗日的先决条件，是民族统一和内部和平。还有人说，部分的抗战是有害的。但是我们不这样想。我们东北抗日义勇军能够进行继续英勇的抗日斗争。敌人的报纸都承认东北义勇军已使敌人损失“十万以上的生命和几万万的金钱”，并使日本帝国主义不能很快的侵入中国的内地。虽然他们还未取得彻底的胜利，可是对于国家民族已有了巨大的功劳与帮助。现在没有任何人能说东北义勇军不能单独抗日的了。我们红军在一切方面都不比东北义勇军薄弱，而北方人民的爱国热情亦不落后于东北人民。如果不是想混乱人民耳目的话，那么就没有根据说红军不能单独抗日。上海抗战和长城抗战失败的原因，只是因为当时领导者的动摇不坚定，没有运用紧张的运动战术，没有充分广泛的与人民合作，然而，中国红军是没有这些弱点的，所以我们认为红军能够单独抗日，并不会经受挫折而能持久抵抗。虽然红军不能期待以现有的力量，达到抗日战争的最后胜利，但无论如何，是能单独抗日的。并且在红军继续抗日的过程中，必然能够统一全国人民和一切愿意抗日的武装力量来达到最后的胜利。

如果说，要统一全国力量以争取抗日战争的最后胜利，这是正确的；但是，如果说要先统一，然后抗日，这是不正确的。应当记得，部分的力量，已能实行抵抗；应当记得，在没有开始抵抗运动的地方，敌人决不让我们集中力量。敌人已经严厉监视着南京中央和地方政府，并一省又一省的侵占了我们的土地。在这样情形之下，只有在开始抵抗的时候，才有全国总动员的可能。实行抵抗与全国总动员应当同时开始的。在“和平”状况之下，很难有全国总动员之可能。

你们要求一切爱国运动的自由，而敌人必然马上用武装来压迫爱国运动，很明显的，战争就不可免了。现在情况日益危急，如果不立刻开始抗日战争，全国统一自卫与全国总动员必然益加困难，如果坐失时机，甚至将无统一自卫与总动员的可能。就在今日，全国总动员已经不能包括东北和北方的一部分区域了。这样继续下去，敌人可以组织更多的汉奸军队，可以宰割中国更大的区域，可以夺取一切中心城市和交通路线，那时，我们的总动员将只能在很小一部分的领土上与乡村区域中实行。难道现在还可以用统一未成、准备不足等借口来延迟对日抵抗吗？

我们不反对真正的准备，可是我们反对藉准备之名，行不抵抗之实。任何抵抗斗争，决不会阻碍准备与总动员的工作。任何抵抗的本身就是极大的动员，上海与长城抗战的经验便是最好的证明。

在敌人监视之下进行秘密准备工作，须花费几年时间所达到的成绩，也许在抗战开始以后，只要几个星期就能达到。而且秘密准备所培养的力量，决不能补偿同时间损失的力量，更不能达到敌人在同一时间所可聚集与准备的力量。

有人说我们的单独抵抗，破坏了他们的抗日总计划。我们无从知道他们所谓“抗日总计划”是什么。我们所要求的，只是落后的人迅速赶上我们，还未准备抗战的军政首领和党派立刻和我们一块进行抗日斗争。没有任何根据来要求我们拒绝抗日政策，停止抗日行动来适合这些“批评家”底纲领和行动。

对日抗战将是长期残酷的战争，不经过千百次的苦战是不会取得最后胜利的。在长期苦斗的当中必然可以动员与集中全国的一切力量，而决不能把抗日战争延迟到动员与集中完成以后。

因此，我们要求立刻开始对日抗战，首先把红军集中河北，使红军能最先开始对日抗战，我们反对利用任何借口延缓和避免对日抵抗。竭诚希望你们帮助实行这些要求。

为了集中国力去对日抗战，我们在各方面改善了苏维埃法律与工作。除了把工农政府、工农红军改成人民苏维埃政府和人民红军外，在苏维埃选举法上，补充了一切小资产阶级职员、自由职业者、专门家和小商人与小企业主都有选举权和被选举权。宣布在苏维埃区域内一切政党、社会团体、群众组织均享有公民权。欢迎一切愿意共同抗日的党派、社会团体的代表参加苏维埃政府，共同担负责任。我们已经通过决议不没收富农的土地，如果他们愿意和我们共同抗日的话，我们并不拒绝与他们联合。不没收大小工商业者的财产与工厂，并保护他们的企业，帮助他们发展，以增加苏区抗日运动所必需的物质供给。不没收积极抗日的军官与地主的土地和财产，邀请一切失业军官、兵士、职员、专门家到苏区来，并给予他们以适当工作，使他们能发挥自己的才干。特定办法优待俘虏的军官和兵士，愿意归家的，发给路费；愿意留在苏区共同抗日的，便给予工作。取消一切苛捐杂税，征收不重的统一累进税。

这就是在我们苏区通过的和施行的政纲。我们决不敌视民族中反日的阶级。红军将来进入抗日友军的区域，在友军遵守协定之下，红军同意遵守友军所规定的法令与规律，并不干涉友军区域的地方行政。关于劳资关系问题，规定了改良工人生活最低条件，按照每个企业的实际情形，订立劳资协定，劳资双方必须遵守，并避免不必要的罢工、怠工。过去监督生产、工人领导工厂的法律，已经取消了。劝告工人不提出超过本企业能力的要求。在非苏维埃区域，我们主张必须改善工人生活，但希望不加深反资本主义的斗争。我们相信争取海关自主，反对帝国主义侵略，是对于工人和资本家都有利益的。相反的，在帝国主义继续进攻之下，无论工人和资本家，都不能期待自己情形改善。劳资的共同利益，是建立在反对帝国主义侵略之上。

至于现在河北、湖南、江西、福建、浙江及其他区域的游击队，还未能执行我们在最近所通过的法律，这是由于有许多的阻碍，使他们不能得到我们的指令。此外，残酷屠杀的围剿是可以激起某些报复的手段，但是我们认为这种行动是错误的。我们肯定的希望立刻改正这些游击队的错误（此处有两句英文译文意思模糊不清，故未译出，俟觅得原文后当补正）。可惜得很，我们还不能马上执行这些条件，因为决定的力量不在我们。我们认为红军是中国人民的军队，无条件地尊重并实行全国人民所表示的批评、意见与要求。关于中国人民的各种问题，我们愿意服从不愿意做亡国奴的人民民主的决议。

当然，我们的党员应当参加各地方的救国组织和各种形式的救国运动。我们愿意牺牲一切力量来拥护这些运动与组织，以便与一切党派和不愿意做亡国奴的人民共同斗争，挽救中国人民的危亡。我们的党员，无条件地服从这些组织大多数所通过的规则、纲领和决议。同样，在实际工作上，甚至当我们在原则上不同意的时候，也无条件地服从大多数的意见，我们的党员不会与这些组织中的其他派别对立和竞争来争夺群众与领导权。相反的，我们愿意拥护任何派别的彻底反日的领袖，使他们能毫无阻碍地在群众中发挥自己的能力。我们的党员愿意在他们领导之下工作。为了达到战胜强大敌人的目的，不仅需要我们自己的发展与胜利，而且需要一切联合力量的胜利与发展。我们统一战线的口号是“各政党各阶级在抗日救国旗帜之下团结起来”。因此我们认为在统一战线中提出推翻某一阶级和某一政党的口号是错误的。我们认为在国民党和国民政府中应有不少的领袖、党员、官吏能够抗日的，我们完全愿意与他们联合。因此，一般的反对国民党和各地政府是不适宜的。我们不同意并且反对宗派主义、包办把持操纵等方式以及现在有些青年分子在实际上采用的强迫群众参加救国运动的方法。

最后，我们认为最重要的是一切党派了解抗日救国的任务，改变敌视我们的态度。关于其他问题的意见，都是不重要的。可是有人重视其他问题的许多意见，因此，就产生许多冲突和矛盾。我们完全愿意改变这些缺点。如果我们的党员在救国运动中犯了这样的错误，就希望其他党派的领袖和青年，本着救国热忱，互相劝勉。我们相信，如果为了抗日救国的必需，排除一切相互的敌意，互相忍耐，互相尊重，那么全民统一战线就可胜利完成，并可保证广泛光明的前途。依靠着统一战线力量发展的程度，不只是可以战胜日本帝国主义和卖国贼，而且经过统一战线运动的一定阶段可以使中国民族脱离一切帝国主义的束缚，并达到全中国的真正民主的统一。因此，我们认为统一战线决不是一个很短的暂时的现象。当然，在统一战线的各个阶级上可以有个别的人发生动摇、叛变与逃走，但是这决不能认为是统一战线的破裂。

现在统一战线比之一九二七年还有更明白的前提和更巩固的基础，因为现在民族危机比之一九二七年百倍的加深。一九二七年的统一战线主要是反对内部敌人（反对北洋军阀），现在统一战线是反对外部敌人。在一九二七年的时候，脱离统一战线的人们，还能组织半独立式的政府。而在现在，哪一个要脱离统一战线或者不参加统一战线，他再也不能建立半独立式的政府，并不能在中国人民各阶层中找到拥护。并且，一九二七年的经验，对于任何阶级都不能机械地运用。因为现在国际的与国内的形势，比之一九二七年已有了急激的改变，而有利于全民统一战线。所以我们对于现在统一战线的前途毫不悲观，这里没有任何可以悲观的根据。我们为了统一战线的事业，不害怕被其他党派的利用，因为我们有考虑过坚决抗日纲领。我们愿意与一切抗日讨贼的政派组织合作到底。

但是，现在最危险的是有些人幻想实现武力统一的计划。很明显的，武力统一就是不断的内战。如果我们回忆袁世凯及其他军阀武力统一计划的失败，就可以知道这些人的前途是如何的黑暗。而在现在条件之下，在任何方面，武力政策危害中国民族的程度，都远超过于当时。不幸有些人对于这样的政策，还采取袖手旁观的态度。还有人企图以另一“集中战线”来对立和破坏中国人民的统一战线，这就是统一战线不能顺利发展的主要原因之一。

你们说过去的争论是在于抗日斗争的方法和“安内”“攘外”的先后。我们觉得，这只是表面上的，实际上是有些人在民族叛徒与民族英雄之间动摇，在抵抗与投降之间选择道路。我们不相信那些主张“攘外必先安内”的人，没有看见他们“安内”政策造成怎样的结果，但是，为什么还这样坚决主张“攘外必先安内”呢？我们不反对统一，我们反对的是国内战争与民族叛徒。我们认为今天中国只有一个出路，就是一切党派在平等基础上团结起来，实行抗日，并服从全国人民的民主政治。如果不走这一条道路，而想用武力统一，那就永远不会有中国人民的统一，只有更加使中国分裂和破坏。仅就这一原因，我们就反对这样的企图。我们拥护在平等基础上的联合抗日与民主的方法来统一中国。我们愿意服从真正代表全中国人民的任何全国大会的决议，并主张把一切问题提到这样的大会去解决。并且我们同意把是否应当在全中国施行苏维埃制度的问题让全国人民实行民主的解决。

但是我们应当声明，南京政府在今年五月五日所公布的宪法草案和国民会议的组织条例和选举条例，我们认为是完全反民主的。我们不承认根据这些法律所选举的国民会议有代表全国人民意志的权利，我们不能参加这样国民会议的选举，我们与全国人民都不应服从这样“国民会议”所通过的决议。我们认为这一“国民会议”的存在是有害的。但是我们同意参加任何真正合于民主原则所创立的人民代表机关。

最后，我们希望你们和各地一切救国组织派遣代表来参加苏维埃政府，我们希望你们介绍其他政党派别的代表来与我们进行合作的谈判。一切愿意与我们进行谈判的代表，都请直来苏区，保证不会有任何的危险。如果在苏区外任何区域也保证我们的代表不受危险的话，我们愿意派代表到其他区域去，进行谈判。

我们诚意的愿意在全国联合救国会的纲领上加入签名。

此致

民族革命的敬礼!

毛泽东

一九三六年八月十日

（原载1936年10月30日巴黎《救国时报》，该报编者称，这是从英国得来的英译稿转译的。）

附三：对于四个救国领袖的《团结御侮的几个基本条件与最低要求》的意见*

郁　文

最近沈钧儒、章乃器、陶行知、邹韬奋四位先生联名发表了一个小册子：叫《团结御侮的几个基本条件与最低要求》。这在中国民族解放运动史上真是可宝贵的、有历史意义的文献。依我个人的看法，这一个小册子在客观上至少会发生两种可能的好影响：

第一，争取了更广泛的落后大众来参加救亡统一阵线；

第二，公开提出“攘外必先安内”的错误，要求当局停止一切内战，共同缔结军事协定，执行“抗日第一”的大任务。

不过，这一个小册子也有它要不得的地方：虽然这些错误和它的可能发生的好影响比较起来要小得多，但是我们却绝不因为它小就给它轻轻放过，因为这些小的错误，也可能在群众当中传布它恶劣的影响。这对于我们的民族解放运动，不能不说是一种损失。现在就我所见到的提出一些意见来，希望读者们热烈地起来讨论这一个问题。同时希望四位救国领袖能对我们以及其他刊物上的批评和讨论作一个公开的答复。

我认为对于这本小册子提出批评，首先要从他们对于统一阵线的根本原则的认识说起。因为他们从救亡运动的实际经验中构成了他们救亡运动联合阵线之原则的认识，同时这一些原则的认识又指示他们对各方面（政党、民众以及当局方面）提出来的要求。现在我们且来看一看他们救国运动联合战线的原则是什么？第一，他们告诉我们："抗日救国这一件大事业绝不是任何党派，任何个人所能包办的"，"只有集合一切人力，财力，智力，物力，实行全国总动员，才能得到最后胜利"；第二，"联合阵线上的各党各派尽可以有不同的主张"，"只要在抗日救国的一点上求得共同一致，联合阵线就能建立起来"；第三，联合阵线不仅要大家互相宽容，而且要公开要坦白；第四，救亡阵线的队伍越广大越好，即使是汉奸，一旦觉悟了，也"未尝不可以放下屠刀，立地成佛"；第五，联合阵线不是一时的苟合，就是在抗日救国完全胜利以后，这人民的大团结也不见得就会分裂。整个小册子所发表的意见，可以说都为这五点基本认识所支配。批评了这五个要点的错误或不够，也便是批评整个小册子其他方面的错误或不够。现在我们且来作一个比较精密的考察：

我认为：大体上这些原则都是正确的，但是不幸得很，这五点并不足说明"救亡联合阵线的正确立场"。这里至少还缺少了三个基本要点。没有了这三个基本要点，便使得他们对于统一阵线的认识残缺不全，便使得他们在问题的把握和对各方面提出来的要求上不得不犯了错误：

首先，他们忘记了联合阵线是在战斗上的联合，而且只有在战斗上才会形成联合，空口叫联合是不会联合的。"一·二八"

战争发动了，联合了全上海的三百万居民；“一·二八”战争被出卖了，居民与居民之间集团的或个人的斗争便又不得不开始复活。陶行知先生在上期《生活教育》“行知行谈”上对于这一点有一个很好的比喻，他道：“有些人是把这大开门主义误解了……我相信我们整个民族都情愿在民族的战场上共同作战，但是要勉强一个个的都同居起来，那是谁也不能愿意的。联合阵线可以把全村的人叫起来打强盗，但不能叫全村的人住在一个屋子里结起婚来。”四位救国领袖不明白这一点的重要，因此对于局部抗战的意义便不得不作了过低的估计。我们一方面要求全国各党各派、中央政府与地方当局一致抗日，但我们绝不能因此就否定或压低了局部抗战的意义。只有局部的抗日战争首先发动了，才能激发全国民众一致的同情和拥护，才能逼得全国各党各派，中央政府与地方当局一致联合。谁要企图凭着当局的良心，首先消灭他们自己的私心，等待各党各派、中央政府和地方当局联合好才能抗日，便不能不说是一个幻想。在中国这样一个复杂的经济结构所造成的社会关系中，像阿比西尼亚那样举国上下一致的抵抗，并不必然有它的可能；我们如果没有一种可以使得大家联合斗争的情境，全国大规模抗战实在更是渺茫难期。自然并不是说，我们不需要全国一致抗战的号召，但是因此而否定或减低了局部抗战的意义，结果这种号召便不得不始终停留在号召上面。

不仅这样，忘却了在战斗上才可能联合，我们便会不知不觉为“准备抵抗论”、“统一救亡论”张目。“为什么不抗日？”他们便会巧妙的答复：“是因为没有准备好呀!”“是因准备救亡必须统一呀!”这里，我们必须指明：只有在民族解放的战斗上才能使准备不是一句空话,只有在民族解放的斗争上才会有真的统一。

第二，他们忘记了统一战线中应该有相互地自我批评。他们提到统一阵线应该互相宽容，应该公开、坦白，可就是没有提出相互的批评。当局过去的政策是误国政策，当局过去的准备，只是为敌人造机会，只是削弱国家抗敌的元气。这些地方我们绝不能说四位救国领袖主观的认识上没有见到，我们只能说他们根本忘却了统一阵线中应有的批评。统一战线取消了正常的批评，便是糊里糊涂的一个大杂烩，在事实上便也是取消了统一阵线。这一点尤其表现在四位救国领袖对于当局最近的演说上。“假如敌人强迫承认伪满的时候，或是从去年十一月以后，敌人再侵害中国领土主权，而政治外交不能再排除这个障碍的时候，便是和平绝望的时候，也便是牺牲最后的关头。”——这是政府领袖在二中全会的报告。四位救国领袖竟认为这是和平绝望与最后关头的解释，因此“对外在这个限度里面尽可能的进行准备，我们是可以同意的……”这里很显然地四位救国领袖对于政府当局又放弃了必要的理论斗争。我们应该明白地指出：敌人占领东北四省和华北，一九三二年敌人企图武装占领上海，今年华北增兵都早应该是和平已达绝望、牺牲已达最后关头的时候。内蒙独立，武装走私，都不算是侵害中国主权与领土的完整，难道真的要黑字写在白纸上，承认伪满的条文，才真的算是侵害中国主权与领土的完整么？恐怕这样子，一辈子也不会和平绝望和牺牲到最后关头的时期，因为日本帝国主义为什么要这样傻呢？这一切都太显而易见地是错误，但我们的救国领袖却在宽容这一个原则下面不提出任何一句批评的话来，这实在不能不说是妨害了真正的统一战线的建立。

第三，忽视联合阵线中，大众是一个基本的力量。因此他们对于大众生活改善的要求亦不得不忽视。的确，“现在中国民众所受的压迫，并不只是日本帝国主义。民众因国内政治不良所受的痛苦，是十分深刻的。”这话是非常对，然而他们并没有肯定改善大众生活，是救亡运动中一个主要的任务。他们只是轻描淡写地承认“办理救灾，救济失业，改良劳工待遇，取消苛捐杂税，都应当切实施行，以增加抗日救国的力量。”接着他们便是劝告民众“暂时忍耐些、迁就些，避免为了我们内部纷争，削弱抗日的力量”。在这一个转笔文章下面，上面的话便成了画中的糖果。我们应该肯定：改善大众生活上的要求，绝不是一个带有阶级意义的要求；它是民族解放运动中必须执行的一种工作。抗日救国的力量非但不会因为它而削弱，相反地却要因为它而加强。我们的救国领袖劝大众暂时忍耐些、迁就些，为什么不向资本家和地主也提出要求，叫他们不要增加工作时间，克扣工资呢！这在现在可以说是很普遍的一种事了。这里几乎叫人家疑惑四位领袖完全是站在民族资产阶级立场上说话呢！我们一方面希望大众以民族解放为最大的目标，但同时我们也不能不劝告真心要参加民族解放运动的资本家和地主，改善一分大众生活的要求，便是增加了一分抗日的力量。我们的救国领袖一味地要民众忍耐些、迁就些，而对于资产者和地主不提出一句话，这未免过于尊重现社会制度所给予少数人的权利。即使谁平常这样想，算他没有什么不合理，但到了非常国难时期，还是这样想，便不得不算是大错而特错了。倘若世间真有所谓公道的话，我们便不能不说四位救国领袖的话未免有点太不公道了。

最后！还有一点必须指出来的，是他们认为统一阵线不是一时的苟合，不是一个短命鬼；"就是在抗日救国完全胜利以后，这人民的大团结也不见得就会分裂。"保证在哪里呢？倘若真的"因为各党各派在一条战线上共同奋斗，终于得到胜利，大家就变成患难的朋友，许多本来不能谅解的事情，就可以谅解"，我们不得不说是一个幻想。要得统一战线不是一时的苟合，不是短命鬼，首先必须肯定改善大众生活的要求这一个大前提。缺乏了这一个大前提，我们便绝无保证说统一战线在抗日胜利以后，还是一个可以继续下去的东西。

以上是我仔细读过那本小册子以后的一些最主要的意见；其他还有许多我所不能完全同意的地方，但因为都是比较枝节的东西，这里暂且不提。诚恳地期望着读者的讨论，和救国领袖们对于各方面批评的回答。

* 原载1936年8月16日《生活教育》第3卷第12期。

在波士顿全体华侨欢迎大会上的讲话*

今天承各位侨胞欢迎，最为感激！兄弟承全国各界救国联合会〔委托〕来问候各位。我承认今日不是来做客，现在的集会，是一个家庭大团圆。我是在这里与各父老兄弟姐妹相见，那是一件很高兴的事！

今日陆璀姑娘因为有两处演讲，不暇同来，兄弟亦代表陆姑娘问候各位，望各位见谅！此次兄弟由欧洲来美，现欧洲侨胞已有组织救国联合会，为国内外声援，全欧侨胞亦托兄弟来问候各位。

一

讲到抗日，照我看来，有三条路可走。在今年九一八，我也曾做过几首诗，兹将诗的意义拿来说说。

中国的出路——三条路

一年三百六十五，五个指儿数；要想不做亡国奴，三条路：

（一）武力抵抗

一年三百六十五，五个指儿数；第一条路是什么？丢掉怨恨

---

* 这是根据陶晓光保存的记录稿整理的。其中有"全欧华侨抗日救国联合会成立大会朗诵诗篇"，系陶行知手迹，足证这个记录曾经陶行知过目。付排时保持记录原貌。〔 〕及全文分一、二、三段系编者加的。讲话时间为1936年12月12日。

妒，保卫绥远[1]去。

（二）经济抵抗

一年三百六十五，五个指儿数；第二条路是什么？宁可不穿裤，不买东洋布。

（三）文化抵抗

一年三百六十五，五个指儿数；第三条路是什么？不再读死书，要教大多数。

×××　　×××

停内战

九一八，九一八，手执钢刀八十八，刀刀只把自己杀。

假军队

假军队，忍看山河碎，他自有本事，会杀亲姐妹。

二

〔在〕全欧华侨救国联合会成立大会〔上〕朗诵诗篇。

打倒包办救国

人人都说要救国，最是包办要不得。包办包成大光棍，光棍如何能救国？

要怎样的准备

小众借口要准备，我问方法对不对？什么准备最要紧？
大众救国不为罪!

大众联起来

人人都说要救国，只有大众能救得。大众一齐联起来，才能创造新中国。

联合的条件

（一）要坦白

人人都可团结好，只有猜疑忘不了。大家都怕人利用，一盘散沙造成了。

（二）要宽容

人人都说团结好，只有怨恨忘不了。你杀我来我杀你，亡国滋味要尝了。

（三）要批评

人人都说团结好，只有批评受不了。马马虎虎相敷衍，结果只是一团糟。

（四）避离间

人人都说团结好，东洋火把两头烧。兄弟姊妹自相杀，只见洋人哈哈笑。

（五）要改良大众生活

人人都说团结好，竹杠只对大众敲。如果要想救中国，大众肚子得吃饱。

（六）要有中心

人人都说团结好，没有中心团不了！请问中心是什么？日本帝国主义该打倒。

（七）在战上联

人人都说团结好，若不打仗团不了。局部抵抗总动员，一处起火处处烧。

（八）民族大团结

四万万人的公意掌舵，八万万只手儿摇桨。有祸同当，有福大家享。前面来了一只怪船，这分明是海盗来劫抢。不要胡思乱想，只对着那怪船冲去，肃清了海盗再讲。

三

所谓联合，要有目的才对。我们是为抗战而联合，在抗战上联合。这样的联合才是真正的联合。

日寇进攻绥东。绥东亡则华北亡，华北亡则全中国亡。故救中国，要救华北，要救绥东。我们要在绥东的抗战上把全国的兵力、智力、财力联合起来。

绥远的守将即从前涿州之守将傅作义先生。他守涿州一个多月，他的老师于冲汉，劝他退兵，他说记得老师教我，并无投降一课。我那时写了一首诗送给他。诗云："军人救国不要命！不要命！只有断头将军，没有投降将军！"

我深信傅将军必能与绥远共存亡。但是如果全国帮助他，他必能把敌人打退。不帮助他，则绥远亡而华北亡，而全中国亡。凡是不愿中国亡的人们，都应该立刻援助绥军将士。我们必须动员把全国军力、财力、智力来援助绥远。我想向大家建议，大家要一起联合起来援助绥远。同时并望波士顿全体侨胞联合起来组织抗日救国会，与各埠联络一致，声援国内抗日救亡运动。诸位侨胞，谋国至忠，愚见所及，当望指教！

注释

① 保卫绥远　通称绥远抗战。蒙古族的德王（即德穆楚克栋鲁谱）在1936年1月公开投降日本。这年秋天，在日本侵略军的指使和支持下，大举侵犯绥远省（今属内蒙古自治区的乌兰察布盟、鄂尔多斯市、呼和浩特市、包头市等地）。绥远守军在傅作义率领下奋起反抗，打退了敌军的屡次进攻。

九张游稿说*

——九张游稿之一

我现在预备游历半个世界，好一比是进了世界大学，每逢看到、听到、想到、做到的事，有一些是欢喜写下来。因为游踪不定，只好游到那里，写到那里，所以叫做游稿。我想借重这游稿和国内外同胞通消息。现在我是无力将它付印，但又不甘心让它孤零零的像一只孤雁飞出去。在无法中想办法，我用印度纸夹着复写纸起草，一笔下去，便是九张。这是取名“九张游稿”的意思。人生有时高兴，有时不高兴。高兴起来，一天可以写几篇；不高兴就一连几天也写不成一个字。但是每星期应该可以发一次稿，每次至少有一两篇。凡登载九张游稿者，请寄贵报一份，如蒙复印游稿数份一并寄来，更为感谢。我似乎有些孩子气，希望稿到即登，登了即寄报给我看。我看到高兴，自然会多写几篇文章，而且会写得更好。倘若稿到不登，或登而不寄报给我者，一而再，再而三，叫我心灰意懒，不高兴再写，或不高兴再寄。久而久之，这九张游稿是会一命呜呼，岂不哀哉。

* 本篇原载1937年3月19日香港《大众日报》，编者曾有前言说：“陶行知先生去年代表我国出席比京世界和平大会。……会后陶先生到各国考察，及唤起侨胞参加救国运动。现承陶先生以游稿见惠，本报除深表感谢外，并望读者勿以平常游记文章读之。”该报连续发表了4篇。此次将之一、之二收入本卷，之三、之四收入第七卷。

世界和平会理事营救中国七领袖*

——九张游稿之二

世界和平会①为全世界努力和平运动最有力之组织，理事会系该会最高权力。该会于去年九月三日至七日在比利时开第一次大会。到会四千九百余人。中国理事为孙科、陈铭枢，执行委员为陶行知。中国分会在欧洲设有驻欧办事处，主任为王礼锡，秘书为林咸让。全国各界救国联合会承世界和平会之约，特派代表参加大会。会毕对于远东和平运动努力奋斗，策划周详。章乃器、沈钧儒、邹韬奋、王造时、史良、沙千里、李公朴等先生俱为世界和平会中国分会会员，今无辜被捕，全会为之愤慨。闻十二月二十一日理事会议决拍电向南京中央政府抗议，由英国国会议员贝克先生领衔，电文如下："我们对于世界和平会中国分会委员章乃器、王造时、邹韬奋、沈钧儒、李公朴及其他和平运动者之被逮捕，深感痛心！我们出于保障世界和平之诚意，希望释放他们。"

注释

① 世界和平会　亦称世界和平大会。1936年初由英国薛西尔勋爵发起，取得法国人民阵线各党派等赞同后，于同年3月和8月先后召开了两次大会，分别

* 本篇原载1937年3月19日香港《大众日报》。

发表了争取和平宣言。第一次大会成立了国际和平运动会。第二次大会的宣言更着重指出："和平已到危险关头，世界一切爱好和平的力量，应当团结起来巩固世界和平。"会后，成立世界和平运动分会的国家越来越多，于是，又决定于9月3日至6日在比利时首都布鲁塞尔召开世界和平大会。我国前往参加的是陶行知、钱俊瑞和陆璀。陶、钱代表全国各界救国联合会，陆代表全国学生救国联合会。这次大会决定成立常务委员会于中立国瑞士的日内瓦。

对于中国学生运动之认识与希望*

——祝全国学联成立周年纪念并述我个人

世界学生大同盟总干事克鲁门先生说："中国学生运动在世界学生运动中是处于领导之地位。"我当初听他讲的时候，以为他是对中国人说客气话。但是，九个月来，在巴黎、日内瓦、布鲁塞尔、伦敦和美国，因接触学生活动，而得到的经验是证明了克鲁门先生所见之正确。中国学生拿着火把照着全世界学生前进。

我个人也能为中国学生运动做见证。我之所以加入中国民族解放运动，多半是受了学生运动之影响。我以为年青的人对于时代的感觉是要灵敏些。跟着青年学生的灵敏的感觉去找路线，是不容易走错的。下面一首小诗便是我对于学生运动的见解：

"世界已起变化，
火把要有人拿，
但愿天翻地覆，
青年领着老大。"

我们中年人不但是应当爱护学生运动，并且应该从学生运动中去认识自己对于民族解放之责任。

---

* 本篇原载《学生之路》第4期，转引自1937年6月《消息》第10卷第6期。

学生运动是中国整个民族解放运动之先锋。我希望这个先锋部队要严密它的组织，锻炼它的精神，使它可以胜任百折不回的奋斗。学生救国联合会是负有责任要叫每个分子都有“富贵不能淫，贫贱不能移，威武不能屈”的精神。有了这样的精神，才能冲锋陷阵，以争取中华民国之自由平等。

中国学生不但是先锋，而且是先觉。我们早已知道：联合抗日才是生路。但要保证胜利，必须大家起来。学生是负有唤起大众之任务。我希望“学联”动员每一个分子去到每一角落里去培养传递先生和小先生，把民族解放之真理传布到大众的队伍里去。这是“学联”一开始就努力的工作，但是还要继续的做，扩大的做，更认真的做。每个学生都要推行大众的国难教育，引导大众自己教自己，使大众都觉悟起来，拼命去争取中国之自由平等。能够这样，中国的前途一定是远大光明。

乡村教育十周年*

诸位工友、农友、小朋友和全体同仁：

今年，是我们乡村教育十周年。我们在这十年当中，大家所努力的结果，是有好几个贡献：

一、社会即学校。

二、生活即教育。

三、教学做合一。

四、在劳力上劳心。

五、行是知之始。

六、教劳苦大众自己教自己，在这里面我们发现了传递先生。

七、教小孩子自己教自己，在这里面我们发现了小先生。

八、就是工学团，工以养生，学以明生，团以保生。

九、我们把这个工学团今年变成救国团，这是更进一步了！我们要求救国的学，救国的工，要为救国而团结。

十、我们要传播拼音符号。在这个一年当中，对于拼音符号的传播，我们是有特殊的进步。

今年还有一件特别的事体，我们可以报告的，就是生活教育已竟引起华侨和各国的认识。他们大家对于这个生活教育和乡村

* 本篇原载1937年6月10日《生活教育研究会会刊》第1卷第7期，署名：梧影。

教育，是非常的注意。今年世界新教育同志会开会的时候，已经把生活教育报告给大家，大家都感觉到很大的兴趣。

第二，印度在这一方面有许多朋友，已经把生活教育特别是普及教育的办法，传到印度去。

第三，就是美国的杜威先生和孟禄先生对于我们的办法非常赞成。

今天我们特别要讲的是以后的努力：

第一件事体我们要努力的就是统一抗日。因为统一抗日是我们中华民族的出路。

我们今后要努力的第二件事，就是充实大众的大学，要把大众的大学发展出来。一定培养他们的教育，才能争取本身的生存和中华民族的解放。

对捷克的观感*

我离国已两年零一个月，可报告的不多，想要知道国内的事却不少。先简单的说一下捷克的情况吧，然后请大家多说说国内情势。

这次由美赴欧途中，在三等船中遇见了二百余留美捷克青年，他们是由美返国，去参加由1862年开始举行的“斯考尔”运动会。因这个会而由美返捷的青年，先后共有一千人。这二百青年在船上极有组织自己的团体生活，既管理得好，同时，并对同船外人进行国民外交，替捷克作宣传。他们携有捷克建设影片，放映给大家看。他们还特派了一个人和我恳谈。我到了捷克之后，亲眼看见参加“斯考尔”运动会的若干万青年，在运动场中的齐一动作，觉得捷克到处都表示着有组织。德国想吞灭她，自不能像吞灭奥国那样容易。本年五月二十一日德军要有动作，在极短时间内，捷边境壕沟内已满布了捷军。德飞机视察之后，知道捷克决不易欺，才顺风转了舵。

* 本篇原载1938年9月2日香港《立报》，这是9月1日作者在香港部分文化人欢迎陶行知、张宗麟先生及邓颖超、黄定慧女士的午餐会上的讲话。原文内的第三人称此次改为第一人称。

国际形势与中国抗战*

——在香港各界欢迎会席上演词

各位同胞：

幸喜回到香港来，兄弟觉得非常高兴。四万万五千万人站起来抵抗日本帝国主义了。二年前，此地唱歌也受到压迫，现在则可以听到救亡歌声了。

兄弟所讲的是《国际形势与中国抗战》。对于国际形势有两种看法。第一派以为中国跟日本打，那么第三国也会跟日本打，中国就得救了，这一派人可说是抱了买发财票的一种心理的。第二派则以为国际形势，如看天气，照客观形势推测一下，那就跟买发财票那种心理不同了。天气这个东西，风向哪里吹，雨从哪里来，都有一定的道理。各国的形势不能详说，先把几个重要的足以影响世界潮流的说一说。

现在先讲美国。美国对欧洲的事情向来不大理，但在世界大战时，威尔逊总统说是为民主而奋斗而参加进去了，不过还受了些损失，好比小孩子玩火弄痛了手指头，好啦，顶好不要打，要打就你们打好了。一年前，我们感觉到美国所抱的是“孤立政策”。美国在世界大战时，为口号标语所麻醉，说是什么为民主、为世界正义而战。美国人在战后才知道上了军火商人的当。于是

* 本篇原载1938年9月6日《救亡日报》。系作者于9月1日下午7时半在香港青年会大礼堂的演讲。该报驻港记者陈适怀记录。

乎美国人对远东情形也就很冷淡。可是，自从我国抗战以来就把它转变了，这是因为：（一）日本的侵略决没有停止；（二）日本的行为是惨无人道的，如巴纳号的被炸沉，南京的大屠杀[①]等等，把美国的孤立政策渐渐转变了。广州的空袭一天几次，是美国舆论变化的最大原因。最明显的例子就是罗斯福的演说《侵略国如同虎烈拉》，必须隔离开来。这个演说引起了许多反对的反响。不过那是跟日本有来往的商人干的。可是，日本的残暴行为一天天增加，美国在远东的利益的损失日益巨大，便慢慢的觉醒了……在轰炸广州的时候，国务卿赫尔发一通知书说“不能卖军械给侵略人家的国家”。后来罗斯福及赫尔在加拿大的演讲，更加具体的说明“孤立政策”定要放弃，必须建立集体安全制度。美国便由“孤立政策”而变到“集体安全政策”了。这是放火的人联合起来，教会了救火的人也应联合起来啊。不仅演说言论是在变化，其行动也在变了。

现在我们看看英国的政策吧，它的政策是很聪明很巧妙的。东三省给日本人拿掉，国际联盟没什么反响，便是守旧派在那里玩的把戏。原来英日有盟约的关系，其条约虽失效，但守旧派在精神上还觉得恋恋不舍。

但日本的侵略由华北而华南……毫无止境。这给予英国的利益的危害实在太大了。当它的利益受到危害时，便的确对中国有点帮忙了。去年看英国的《泰晤士报》[②]实在太不行，现在则对中国积极了一点，今年登载关于中国的新闻则更多了。中山先生的政策是“联合以平等待我之民族共同奋斗”。希望英国也会走上集体安全这条路。

说到法国呢，有许多人说法国是跟英国走，好像英国握了法国的辫子，英国要她怎么样就怎么样。而且英法两国爱情本来就很好，如情女情郎。对西班牙问题，法国跟着英国跑。但对捷克问题，则英国跟着法国走。好比妻与丈夫，见翁姑，则妻跟夫行；归宁，则丈夫依从妻子。对于远东问题，英法的态度则差不多。

苏联的态度对世界政局有举足轻重之影响，又是世界和平的巨大柱石，是反对侵略政策的首倡者及集体安全制度的发起人。张鼓峰事件，苏联把日本一师团军队完全毁灭了，有一派人很快活，好似中了发财票。但张鼓峰是苏联的领土，日本的军队侵占进来，当然要把它打退，打退了日本军队当然也就不打了。但它不能代中国打，这是对苏联及中国都有害的。要是爱好和平的国家联合起来制裁侵略者，苏联当然会加入。国联的会员国应尽量援助中国的议决案，苏联是遵守的。

国际形势对中国抗战很有影响。

英、美、法、苏都向集体安全的路上走，虽然尚未达到其成熟的程度。这好比几个强盗联合起来，则不愿做奴隶的人们也应联合起来打击强盗。这是一定不移的道理。

国际形势由"各人自扫门前雪"而走到集体安全的道路。真能达到集体安全，则于我国极为有利，我们应促成之。这是我所说的第一点。

第二点为由看不起中国至看得起中国，由各个帮助中国而互相帮助中国。我们更应促其具体的有效的帮助中国。从前各国人民的舆论，多半轻视中国人。但自从"八一三"事变[3]以来，我们有被几千日军包围而孤军奋斗的"八百壮士"[4]，有台儿庄的大胜[5]，现在世界上没有一个人不敬佩这个光荣的中国了。

第八路军[6]由锄头镰刀拜日人之赐，而变成机械化军队，这消息外国人知道，大为震惊。

在国外，中国人演讲上台下台，外国人都站起来致敬。这是对中国的恭敬。各国人民（跟日本人做买卖的除外）可说是都同情我国。

第三点是日本的战争材料从哪里来？他自己是一个穷光蛋，哪里来这么许多飞机大炮？此问题不能不追究。

英美人士也常常问我们："我们愿意帮助你们，应如何帮助你们呢?”则可答复:“日本所买的军火当中,美国运往日本的,一百块钱占了五十四块半钱,要是我们死掉一百万人,有五十四万五千给美国人的军火杀掉了。”一位美国国会议员在洛杉矶听了我这么说,便站起来对听众说道:“应如何处置?”群众大呼:“切不可再卖军火给日本!”其次,我们要是死掉一百万人,有十七万五千为英国的军火所杀掉。我们要使他们不要帮助侵略者。

第四点,日本打中国的钱从哪里来?一天要用一千多万,从哪里来?很简单,卖日本货赚了钱,那就买军火杀中国人。如各国不买日本货,则日本不能买军火,也就不能打仗,便要回家去了。可是日本货卖到哪里去?(一)中国;(二)美国;(三)印度。如果三个地方都抵制日货,日本便要回老家去了。不过香港的日本货也很多。美国的学生很多把日本货领带扯下,小姐把日本丝袜脱下来,都给火烧掉了。美国的杯葛[⑦]日货运动很有效。印度相信在不久的将来会有效力。

第五点说到“中日的宣传战”。日本的宣传好比一个很丑怪的女人,但涂脂抹粉,打扮得漂漂亮亮,穿了很好看的衣裳,但骨子里是很坏很坏的。印的宣传品也很漂亮。可是,中国的宣传,好比穿了粗布衣服的西施,不打扮,但人人欢迎。中国对于国外的天主教,基督教,工人团体,女子团体,书呆子——大学教授的地方,都有人去宣传了。但日本也去。结果呢?“宣传战”中国是打了胜仗的。这是因为中国说老实话,“理直气壮”的缘故。

日本人是知道全世界有三万万五千万回教徒的,于是造了一个回教塔,叫各国来礼拜。但在埃及的“爱资哈大学”[⑧]的三十个我国回教留学生便播音说:“一千年来,日本连现在这个只盖了两个回教堂。日本只有二十个回教徒。中国有五千万回教徒。当日本在东京建起一个回教礼拜堂的时候,他在中国毁坏了几百间回教堂,杀死无数的回教徒。”埃及就没派代表到日本去。这是“宣传战”中国大胜的一个例子。还有一位自称日本工人代表去见美国码头工人会的总书记："请你们不要抵制日货，给日本工人一碗饭吧!"

"阁下代表日本工人还是代表日本政府?"

"代表工人，但政府也知道的。"

"日本侵略中国，阁下同意吗?"

"却不能反对。"

"你们反对政府的侵略政策，反对军阀买军火，你们便有饭吃了。"

这位日本人给美国人开会开不成功，便召集日本人来开会，说他无脸回国，要求切腹自杀了。而且他不是工人，是工贼。日本工人是不赞成他来的。中国的宣传费很少，而且都是尽义务的，可是却没有中国人替日本宣传，但有替中国宣传的日本人。美国有一个很出名的日本女子说："我爱日本，所以我不喜欢日本侵略中国，中国没有出路，日本便没有出路，日本之侵华为日本之自杀，我始终反对日本侵略中国。"大为美国人士所赞同，这是因为我们为真理而战。

可是不能等待国际的转变，决定最后胜利的因素是我们团结到底，奋斗到底，抗战到底! 日本人的政策是分开进攻，我们的政策是联合抵抗! 日本还是在挑拨、离间，中国的唯一办法就是：中国人联合起来，打倒日本帝国主义!

夏天很热，夏思春，春天更好。春风袅娜，鸟儿唱歌，花在跳舞，各人喜欢春天，我也愿意每天过春天。"春"字可知中国的命运。春字从三人日，三人者，上中下，右中左，老中少，苟联合起来，必能打倒日本帝国主义!

我们想实现自由平等的中华民国，唯一的方法便是三种人联合起来抗战!

注释

① 南京的大屠杀　指1937年12月13日日军攻占南京后，对南京人民进行的长达6周的大屠杀。据远东国际军事法庭调查报告：全市军民被集体枪杀和活埋的有19万人，零星被杀居民仅收埋的尸体就有15万多具。

②《泰晤士报》　英国历史悠久、影响最大的报纸。1785年创办时叫《每日天下新闻》，1788年改今名，社址在伦敦。

③“八一三”事变　指1937年8月13日，日本侵略军对上海的进攻，从此，就开展了全国的抗日战争。

④ 八百壮士　“八一三”上海抗战时，固守在上海四行仓库的800名中国官兵。他们在孤立无援的情况下，仍然打退了日军多次进攻，最后奉命撤入英租界。

⑤ 台儿庄的大胜　1938年3月下旬，日军开始向山东台儿庄(今属枣庄市)进攻。中国军队奋起迎战，至4月6日，取得歼灭日军两万余人的胜利。

⑥ 第八路军　抗日战争时期，中国共产党领导下的主力部队。

⑦ 杯葛　英文boycott的译音，意为抵制。

⑧ 爱资哈大学　通译爱资哈尔大学。埃及历史悠久的大学，也是世界最古老的大学之一，公元970年创立于开罗，为伊斯兰世界的最高学府。

谈各国援华运动*

国际援华情形，最重要的是我国的国际地位因抗战而提高，由被人轻视而转到特别尊重。例如，抗战前中国代表演讲不为人重视，而今日凡中国代表演讲，听众皆起立致敬，听到中国的名字皆欢呼。艾登在日内瓦曾公开的讲："民主势力实是受到中国的保护，他们如此英勇抗战，实在使我们惭愧。"又如在我碰到墨西哥的将领时，他们以为中国兵是世界上的模范，器械如此简劣，而却如此英勇，实令人钦佩。诸如此类的例子，在国外是很常见的，足证我国地位的提高。

现在美国援华运动有了很大进步。首先是由个别的援助而走到集体合作，许多团体从前不合作，现在因援华运动而得到团结；其次，美国的人士特别是妇女更深刻了解如何去援华。日本原料的输出，美国占五十四点五，英国占十七点四，这个数字在美国上议院六月四日已经发表。因此，美国人民积极的提出"不参加侵略行为"的口号。而抵制日货运动，在美国已经发生很大的效力。至美国政府，罗斯福总统是同情我国抗战的。他们的"中国之友社"目前新的政策，是在各集团中成立援华委员会。至于墨西哥的"中国之友社"的规模是我所见最大的，它包括各

---

* 本篇原载1938年10月2日《新华日报》，系该报记者密林10月1日深夜的采访记录。

党各派、工会、农会、妇女、儿童全在内，力量很大。

此次在国外因为宣传的工作较重，对于教育考察是放在次要地位。我所曾去过荷兰的学校、印度泰戈尔学校及甘地所办的自力更生的工人学校，一经讲来，世界人士对我抗战都异常钦佩。

对国内情况已经隔膜，希望各方给予指教，并向为祖国作战的弟兄及参加救亡工作者致敬!

新华侨之出现*

——在美国所见

我第一次到美国的时候，是在欧洲大战期间，一天到晚埋头在书本里，对于华侨的情形是不大关心。三年当中，连一位华侨朋友也没有，如今想起来，觉得是多么可惜。否则我便可以把现在的美国华侨和二十年前的华侨比较一下，那是多么有意思的一件事啊。可是也不太晚，我这次到美国是在二十五年冬天，正在美国华侨秋蝉脱壳之前，眼见新华侨从旧的背景里活跃出来，也好比是新生的孩子，我也可算是接生婆之一。如今要我来说这个故事，只要听的人不感觉疲倦，我是可以说得津津有味的。

一　从分门别户到统一

二十五年秋天，我出国的时候，就感觉到大难之将临。于是每到一处，便想努力做点联合的工作。冬天到了美国也想如此做。可是一到美国，便发现美国的华侨是四分五裂，意见既深，又复互相猜疑，简直是不易拉拢，大家知道那里的国民党和致公堂是素有意见，安良堂与协胜堂也极不相容，而且一个党里面又分成两派三派，不相来往。有力的集团都有一家报馆，平素针锋相

* 本篇原载1938年11月25日香港《大众日报·大众园地》。尾注“廿七、十、二日于香港”应为“1938年9月20日前于香港”。后于12月16日在重庆《国民公论》第1卷第4号上发表，曾略去倒数第2段并增添作者的附注。这里按《国民公论》发表的文字付排，并将被略去的一段补上。《国民公论》的主笔为张仲实。

对，各不相让。听说有一个地方的两家报馆，笔战三年，不容调解。堂斗之利害是世界闻名。有一年因堂斗而杀死的到过六七十人之多。在这样情形之下，要想把侨胞团结起来，好比是在急水滩头拉船上岸，这是千难万难。二十六年春天纽约的华侨领袖几乎可以合作了，因为猜疑而散板。我当时写了一首小诗劝告他们说：

“你以为，
我以为，
你我之间出了鬼。
有鬼掣你的肘，
有鬼拉我的腿，
大家都想渡河，
桥梁被鬼炸毁，
扑弄通儿一齐掉下水。”

这话说了好久，还是没有进展。看看已是落花时节，因惜春而想到春字的丰富的含义，便在侨胞当中做起拆字先生：“春字是三个字造成的，三人日合起来便是春。三人成众是大家联合起来，抵抗日本侵略的意思。三人又可作三种人解，要上中下三种人联合起来，要左派、右派、中间派三种人联合起来，要老年人、中年人、小孩子联合起来，则日本帝国主义跑到底下去了，到桌子底下去了，到裤裆底下去了。”

华侨是欢喜听我拆字，他们鼓掌是极热烈。但是真正联合啊，心里都有难处，时机未到，我们是不可以存奢望。

芦沟桥的炮响了，不久“八一三”到了，抗战令下，侨胞们是人同此心、心同此理的一致要求联合，先是旧金山华侨联合起来，接着芝加哥的华侨联合起来，最后纽约于十一月七日也在万人游行中联合起来了。

我今年五月到罗省亲眼看见土生青年的十六个俱乐部都结成

一个统一的联合会为祖国努力。最使我受感动的是几派死对头的领袖在一张桌子上办公，举行宴会，你请我，我请你，从前的仇人是变成了兄弟朋友!

二　民主的组织

旧金山、芝加哥、纽约的华侨总组织都是民主的，由各正式团体之代表合组而成。正式的团体有旧式的和新式的。旧式的如姓氏公所，每姓有一公所，少数姓氏则由几姓合一公所，譬如刘、关、张、赵，则以历史上之关系组成龙岗公所，谭、覃、许、谢，则以字形一部分相同而构成昭伦公所，邝、方二姓则以粤音相同而认为本家，共一个公所。新式的如学校、商会、工会都有代表加入。工会方面在纽约有衣馆工人联合会，简称为衣联，是由纽约各区中国洗衣工人产生代表所组织而成，美国人所认为最合民主精神之集团。总之美国各地华侨之上下层组织都根据民主精神，并以此而取得友邦之敬重。

三　廉洁奉公

美国三大埠的华侨捐款、公债都有几百万之多，领袖们处置这样大的款项是条理井然、丝毫不苟。一切办公汇款手续，都是另筹款项处理。所有捐款、公债，都是不折不扣的汇到祖国。办事人也不支薪，每天从下午四时办公，有办到午夜十二时还未休息的。有的办事人因此误了自己的买卖，几乎弄到破产。这种鞠躬尽瘁、廉洁自守的精神，是值得称赞的。

四　好　学

我最初的印象是美国华侨百事不管。这一两年来是有一个大的变动。美国是出现了一种好学的华侨。他们要知道日本，要知道中国，要知道世界，他们组织座谈会，组织读书班，组织唱歌队。我在一年前在旧金山搜集十个学校的代表学习救亡歌曲。今年五月到旧金山居然有几千人会唱义勇军进行曲。而他们自己组织的叱咤歌咏团是特别有精神。“八一三”开战之始，侨胞们政治认识不够，有点像小孩。我当时为他们摄了一个小影：

“打胜仗，
嘻嘻哈哈。
打败仗，
哎哟姆妈。”

因为他们好学的缘故，认识渐渐正确，知己知彼的人虽然很少，但是如果中国人联合到底，抵抗到底，最后胜利必属于我们，他们是明白了。明白了这一点，那么一城一地之失便不像从前那样悲观了。

五　拥护抗战最热烈

美国华侨拥护抗战是比一般留洋的读书人来得热烈。我知道当衣服去买公债的是有好几人。我对于抵制日货的标语是：

“宁可不穿裤，
不买东洋布。”

华侨是多数做到了，他们还想出种种法子来为祖国筹款，舞狮、茶会、救灾筒都是积少成多的办法。我一道一次舞狮的时候，当前阵舞狮的是二十位穿了华装的少女拉了铺开的一面非常大的大旗，美国朋友来看会，是几十几十的把金洋丢在旗上。还有一件事是值得提的，是华侨们都干起国民外交来，有人说国民外交是很难办的，办错了不如不办好。胡适之博士便是这样慎重的劝他们。但华侨们似乎是没有听从胡博士的话。洗衣工人、餐馆老板娘都在干国民外交，我是同意他们这样干法。因为国民外交有难有易，难的当然由专家干。容易的匹夫匹妇都有干的责任，并且也能去干。只须每个人为中华民国找到几个朋友就算国民外交成功。所以只要为人诚实、肯互助、待人有礼便可得到朋友，须自己明白中国为自由平等及世界和平而抗战，又使得朋友明白这一点，那么我们的朋友都是中华民族的朋友了，我敢说美国华侨是在大量的为中国培养真心的朋友，他们为中国得到的朋友总要以万计，现在正在那儿继长增高呢。

照上面的事实看来，我们可以说美国的华侨组织是一个民主实验场，是一个新学校，是一个小型的新中国。

当然，美国华侨也有他的危机，不说别的，人口号称十万，女子只有几千人，而又不许有新的人来，所以人口是一年年的减少。我给美国朋友说：中美两国的移民，人口条例，是有不同的根据。中国的法律是根据孔子之道订的：夫妇人之大伦，你们可以尽带着太太到敝国去做事业。贵国的法律怕是根据佛教之道订的：希望我们侨胞个个当和尚，不许带老婆同来。我们想维持发扬新华侨的精神，是必须要注意这一类的问题。

新华侨的努力不但是美国如此，我所到过的各国，同胞们表现相仿佛的精神，这是可为祖国庆贺的。不过因篇幅不多，一国一国的详谈，只好等到将来了。

〔附注〕这篇文章原来是为《暹罗日报》写的，国内是没有和读者见面，《国民公论》主笔先生认为有介绍出来的必要，所以就在这里披露。并感谢主笔先生之盛意。

作　者

保育难童的工作非常重要*

保育难童的工作非常重要。首先让我向全体工作人员致敬！关于生活即教育，社会即学校和引导小孩自动教小孩是我一贯之主张。（一）不要把保育难童的工作认为是慈善事业，应认为是保育中国的幼年主人与将士在前线捍卫国家一样的重要。（二）特别注意天才儿童，使之能获得自由发展。（三）沦陷区和战区的儿童有两千万，保育工作尚须努力开展。

旅外观感：（一）抗战之后各国一变轻视华人之心为尊敬。只有德、意两国不然。（二）各国华侨均异常精诚团结，一心一德为祖国努力。

在香港的见闻：（一）香港九龙同胞发起义卖献金救国，已得三百余万元，热诚可佩。（二）赵老太太[①]的“不死在床上，死在战场上才痛快”的精神，最所感奋。

注释

① 赵老太太　即赵洪文国。

* 本篇原载1938年10月5日汉口《新华日报》，系10月4日晚在战时儿童保育院欢迎茶会上的讲话。

骑到真理的背上去*

我不是太老师[①]。我是主张向学生学习的。因此，我是新旅[②]的“太学生”。

第一，我庆贺新旅在蒋夫人[③]、李院长[④]领导下能够把小小力量发挥，贡献给保卫大武汉的工作。

第二，庆贺新旅得田汉先生爱护，为新旅做团歌。这个歌子我曾在芝加哥、旧金山、纽约教唱。因此三大都市的华侨工人都会唱这个歌。

新旅今天有如此成就，仍是不够的。假如追求真理的话，还只是抓住了它的尾巴，必须继续抓住它而骑到它的背上去。

现在的新旅已打破许多人认为“生活教育”是空想的谬论。但是，还有一个问题是如何在新旅这样新教育方式下产生专门人才，这个还亟待大家的努力。

注释

① 太老师　当时陶行知被誉为新旅的“太老师”。

② 新旅　新安旅行团的简称。陶行知的学生汪达之（中共党员）等根据生

* 本篇摘自1938年10月5日汉口《新华日报》记者密林的特写，并将第三人称改为第一人称。这是陶行知10月4日下午在汉口一元路儿童保育院庆祝新旅3周年和第二团成立会上的讲话。

活教育理论创办的青少年团体。1935年10月15日成立，由淮安新安学校出发，到各省市进行抗日宣传。1941年皖南事变后，被迫进入苏北敌后根据地。解放后进入上海。

③ 蒋夫人　即宋美龄，当时是中国战时儿童保育会的负责人。

④ 李院长　即李峄源，当时是武汉临时战时儿童保育院院长。

海外的故事 *

我是一个摩登的孙悟空，所走的是英里（哩），不是孙悟空的“中国里”，假如照中国里算来是翻了三个筋头了。①

一　三十一个中国回教徒留学生

到了埃及，有一件事是我记忆中最深刻的——在尼罗河畔，夕阳笼罩着的金字塔下，一曲雄壮的《义勇军进行曲》传向沙漠的边际去，这是三十一个中国回教徒留学生工作之余的歌声。谁也不曾想到，在这古国的沙漠里，听到我们民族的吼声。

三十一个青年。他们所进的学校，是世界上最古的学府——爱资哈尔大学。这所大学创办了已有九百九十八年的历史。这些留学生，每人每月十金洋，一切烧饭、洗衣等杂务，都得自己动手。抗战后，对于祖国争取民族的自由解放，是有着极高度的同情和热望，他们在勉强维持的生活费中，还提出一点钱，在海外对侮蔑祖国的日本帝国主义，作强烈的抵制宣传。

日寇在东京造了一个清真寺，召开一个伊斯兰大会，强迫中国沦陷区域内的阿訇赴会，并邀请各回教国代表参加，企图在这会中有一个收获。日寇告诉各国代表：“看！我们是最爱护回教

---

* 本篇原载1938年10月17日《新华日报》，系作者对新安旅行团的谈话记录，记录者：张平。

的国家，我们建了大的清真寺，我们已帮助了中国西北回教徒建立了一个回教国……”这真是天大的滑稽的事!

三十一个回教青年朋友，告诉全世界的人民和三万万五千万回教徒：

“一千三百多年来，日本连最近造的一个清真寺算在内，共只建立两个清真寺；而中国已建了四万八千个。日本回教徒不足二十个，而中国则有五千万回教徒。日本帝国主义疯狂地向中国进攻的结果，毁掉了中国几百个回教堂，杀死了几千个回教徒!穆罕默德告诉我们：‘我们必须求学，中国虽远，必往求学。’而现在日本帝国主义已将摧毁了圣主所指示我们的学习地——中国。穆圣又告诉我们：‘如果有人侵略你，你必须抵抗，到侵略者退出为止!’日本是穆圣所说的可憎之侵略者，希望全世界三万万五千万回教徒帮助中国抵抗侵略!”

这些回族学生所表示出来的精神是多么好，回汉两族的隔阂是消除掉了，中国各民族的共同敌人是日本帝国主义。

二　被压迫民族的友人——印度

最近，中国的朋友——印度救护队来华，具体表示出被压迫民族的同情，给予了我们莫大的激励!

两年前去印度，是一件很痛苦的事。当你登上印度大陆时，你的一切信件和物品，要受到麻烦的检查。而现在则不同了。

印度人民斗争的结果，英国绅士给了他们一种宪法。印人当时分为两派：一派主张宪法要自己创造，不可接受别人赐给的宪法；另一派主张拿着他的宪法来破坏他的宪法。结果是后一派胜利了。全印大会根据了这宪法，在选举中取得了很大的胜利。目前英属印度的十一省，有七省的政权是握在全印大会的手里。他们——印人是尽可运用这些较好的条件，来争取更大的胜利!

甘地，这“非暴力，不合作”主义的甘地，在目前全印大会中，有最高的权威，每月全印大会的执行委员会议，都在他家里开会，这会议有权免各省省务总理的职。如果你不服从，则将得不到民众的拥护。

甘地对英国的要求，是自由平等的表现，否则，这“非暴力，不合作”将是抵制英国的一个“最高原则”。如果能答应英国成立军事协定都可以订，但协定或同盟必须以平等的地位来磋商。

甘地的门人，如尼赫鲁等，多数是相信“非暴力，不合作”。但这不是一个“最高原则”，仅是印度民族解放现阶段中的一个活的运用，一个策略。但是在行动上，甘地与尼赫鲁等都是一致的。

有两种人诬蔑甘地，一是英帝国主义，它的企图是想毁坏甘地的名誉，破坏印度人民的统一；另一种是“左倾幼稚者”，认为甘地已是“过了时代”的人，他们这种想法，实际上只是分裂统一而帮助了印度的敌人。

印度民族解放运动，是一天一天在成长着，其力量之伟大，已经使人惊讶!

而印度人民，对于中国的抗战，是表示极大的同情，而是在继续着实际援助我们了。

三　抗战后的华侨

华侨在抗战前，常闹着各种分歧的意见，笔战，舌战……最厉害的是“堂斗”，有一年曾经死了六七十人。

而现在则不同了，过去的死冤家，今日已成共为祖国争解放的战友。他们在抗战中统一了。

华侨的组织是民主的，说起来也异常有趣。在旧的组织中，是以姓氏为单位推派代表的。如果某一姓的人多，合法定人数，当可推派代表；而少数姓氏的人，也自有其妙法联合。

例如：刘、关、张、赵四姓，便根据三国时祖宗的关系，合成一个“龙岗公所”。原因是他们的祖宗刘备、关公、张飞、赵云是结拜弟兄，所以他们便可成为一个单位推派代表。

还有，许、谢、谭、覃四姓，也组合为“昭伦公所”推派代表。这由于许、谢、谭三字都是从“言”字，而谭和覃又有边旁相同。

更有趣的，如果他们得不着那样巧妙的凑合，则借谐音而组合起来。例如“方”和“邝”便是。广东人读方、邝为Fong，是没有分别的，因此方、邝共一公所，合推代表。

说到新的组织，如工会、商会等，那是不成问题的，都有合法的代表数目选出。

无论这些新的或旧的组织，对于祖国的抗战，都是寄托着无限的热望。他们牺牲了一切成见，捐弃了一切个人利益，在一间办公室里，忙着捐款、结算、汇兑、宣传……

由于他们民主，所以彼此信任，从不担心某人会把经手的款子揩油。而所有的办公费，则都是每个人自己拿出。因此，华侨的捐款寄到国内来，是不会短少一文的。

这种热忱、民主、信任、坦白的精神，是太令人感奋、太值得我们钦佩与学习了。

四　割耳朵的惩罚

我到了新加坡，有许多年青的朋友，热烈的列队唱着救亡歌曲欢迎。

还和我谈起了新加坡的救亡情形：“我们竭尽全力的抵制仇货，不用仇货。”

我问：“对于那些贩卖仇货的同胞，你们是怎样惩罚他们呢？”

“如果有人贩卖仇货，我们对于大商店则罚他数千或数百金元，充作救国金。”

“小商店和小贩怎样办呢？”

“那是有很好的办法。”一个青年朋友得意的说：“我们对付这些人，比如说是小贩吧，那我们是在夜间聚上几个人，把那犯事的小贩引到僻静的小巷内去，割下他一只耳朵，再犯再割他一只。”

“你们一共割了多少人的耳朵了？”

“算起来是有一百多人了。”

我说：“耳朵割掉了不能再长，这是要改作风的。对于那些无知的同胞们，是应该用极大的热忱去说服他、教育他，并且要为他们想办法解决才行。你们要帮助小贩们研究贩卖别的东西去代替日货，那就更好了。耳朵割下来容易，装上去万难。我也希望得到一个机会和小贩谈谈，如果他们失掉耳朵，听话就不大方便，还是让他们留着吧！”

注释

① 这段话是讲故事的开场白。陶行知出国两年，到了26个国家和地区。田汉说：“孙悟空一个筋头翻了十万八千里。陶先生恰恰翻了一个筋头。”陶行知接着说了这一段话。

海外归来谈话要点*

一　在海外两年多，第一年和第二年所得的感想完全不同。在第一年，美国人眼看我们中国一块又一块的国土被侵略者掠夺而去，没有抵抗，认中国人为懦夫，完全看不起中国人，我到处不好讲话。自从“八一三”抗战以后，美国人由看不起中国一变而为极端敬重中国，这是第二年的大转变。他们那种极端敬重中国的热烈情绪是最令人感动的。我在第二年，无论到何处演讲中国抗战情形，入场和出场的时候，听众全体肃立，一致热烈鼓掌，表示对英勇抗战中的中国致最崇高的敬意。在讲演的时候，一提到中国反抗侵略的话语，听众即一致欢呼，一致鼓掌，有如山崩海裂似的；一提到日本这个名词，即一致发出怒吼的声音，表示他们极度的愤慨。这一种情形是我在第一年中未曾遇过的。

二　美国自我国发动抗战以来，同情并援助中国的，有右派、有自由派、有左派。他们派别不同，向来各干各的，彼此不相联络，不相为谋，对于中国的抗战虽都是同情，都肯援助，但在最初也是各不相干。可是近来却有了变动，因为中国的英勇抗战，竟无意中促成了他们的“统一战线”。他们为着援助中国抗战的问题，有了一个共同的目标，居然为着此事每星期派代表开

* 本篇摘自邹韬奋《令人兴奋的报告——记陶行知先生海外归来谈话》一文。原载1938年10月20日《全民抗战五日刊》第31号。对文内的人称作了改动。

一次联席会议，交换交换关于此事的意见，渐渐地比前接近了。

三　美国人常要问起怎样帮助中国，以前的答复总不外是停运军火往日，抵制日货，对华信用借款等等。这些虽都是必要的，但究竟空泛，倘若有人问起日本受到美国的帮助到底有多少，便没有人回答得出。因此我在美国的时候，便集合朋友组织一个“中华经济研究社”[①]，搜集实际材料，准备答复具体问题，尤其注意美国输入日本的军需材料究竟有多少。从各方面所得的材料研究的结果，知道从美国输入日本的军需材料，竟占百分之五十四·五（同时知道从英国输入日本的军需材料占百分之十七·五），于是抓住这个具体的根据，宣传时即对这一点积极进攻，宣告于美国人，说中国每死伤一百万的战士中，有五十四万五千人为美国所杀！我在各种集会中这样宣传的时候，有一次在座的有美国上议院议员斯各德发言响应，沉痛异常，听众大为感动。后来上议院议员普遍得到这个具体材料，把它登在议院公报上，震动一时，于是美国人很普遍地提出一个口号：“不参加侵略”（原文为Non-Participatin in Aggression）。

四　关于美国的华侨，我可以这样说：“一年来有新华侨出现!”一年前，侨胞中党派复杂，往往互相水火，有致公堂，有协胜堂，就是政党也有种种派别的纠纷，有自相残杀的所谓“堂斗”，有一年因“堂斗”而打死了六七十人！但是自从“八一三”以后，却大家精诚团结地联合起来，统一起来，共同组织起来，不再闹意见了。在一个办事室中有着向来见面互不理睬互不讲话的人，共赴国难使他们团结合作起来了！而且他们的组织还是民主化！每一团体，每一学校，都得推举代表，共同组织起来。说起我们的各单位的组织，我举一件令人发笑的趣事：据说侨胞中为使组织简单化起见，虽异姓而姓的写法有同偏旁的（如陈、郑写法之有同偏旁的耳朵）居然联合起来，组成一个公所；甚至虽异姓而姓的发音相似的，也居然联合起来，组成一个公所。如姓方的与姓黄的，广东音读起来是一样（侨胞中以广东人居多数），方姓和黄姓便彼此当作本家，联合起来组成一个公所。他们这样各成一个单位，由各单位推举代表参加统一的组织。

还有一点很引起我们注意的，是侨胞中的组织民主化之后，个个都廉洁起来，和以前的团体对于款项往往引起疑团的大不相同。这样一来，有一元捐款即汇一元往祖国，所谓“涓滴归公”，连办公费和办事人的车马费都不在捐款内取给。此外在抗战一年中，大大引起侨胞的好学的兴趣，他们要研究中国，要打听日本，要打听世界。全美华侨都组织有歌咏队。有数十年不学英文的，到此时竟为好学的风气所推动而开始学习英文了。

他们里面也有努力于国民外交的。胡适之先生在美时劝他们还是不要干什么国民外交的好，因为他觉得外交不是容易的事情，讲错了一句话就收不回来的！他们曾经把这个问题请教我，我却赞成他们干。胡先生所指的是专门的外交，不是一般的国民外交，所以胡先生的话虽也不错，却并不妨碍国民外交。我对侨胞说，至少可多交美国朋友，从美国朋友群里去影响美国人。有的人一世也得不到一个朋友，原来交朋友要注意三点：第一是要诚实，不要欺骗；第二是要互助；第三是要和气，见人总是板着面孔的得不到朋友。我对侨胞说，只有这三点，还只能交到个人的朋友，而不是中华民族的朋友；要把个人的朋友变成中华民族的朋友，还要有一个条件，那就是自己先要有抗战必胜的信心，要自己能够“打胜仗不一定嘻嘻哈哈，打败仗不要嗳哟姆妈”，才能影响所交的外国朋友，才干得来国民外交。

在美的侨胞还常顾虑到祖国国内是否有摩擦。他们说：“如在国内的同胞们能和我们一样的团结，不消耗力量于内部的摩擦，那一定是有希望的。”

日本这次在美的宣传布置总比中国慢一着，中国总比它先一着。中国对美宣传，对各界各阶层都有相当的人去看准对象下工夫。日本感觉到相形见绌。例如中国对美国劳工界已下了相当的工夫，使美国劳工界团体明了中国的抗战情形。日本派一个工人名叫索索奇往美国，想要煽惑他们，尽管向美国总工会（A.F.L）和工业组织委员会（C.I.0）去用工夫，两面都碰壁。尤其有趣的是索索奇和美国旧金山码头工人领袖卜立哲斯[2]一番谈话的情形。这个“工贼”见着卜立哲斯的时候，就发生下面的一段谈话：

索：我代表日本工人向你们哀乞不要抵制日货，让日本工人有碗饭吃。

卜：日本工农因被日本军阀的榨取而饥饿，所以彻底拯救日本工农的办法是要打倒侵略的军阀。我要问你，你究竟是代表日本工人，还是代表日本政府？

索：代表日本工人。

卜：那么你对日本政府的侵略赞成吗？

索：不能说反对，你知道日本政府多么厉害啊！

卜：我们美国工人都是反对侵略的，你既不反对侵略，你便不必向美国工人说一句话，我也不能把你的话转达给他们听！

这个日本“工贼”这样受了卜立哲斯一顿非常严厉的教训，只得垂头丧气而去。

随后美国洛杉矶的“日本人会”知道本国派了一位“宣传专使”来到美国，特开大会欢迎索索奇，并请他登台演说。不料忍着一肚子闷气的索索奇登台之后，大发牢骚，把他在美国上岸后所碰一鼻子灰，和盘托出，最后说他的去路只有两条：第一是不要脸回到日本去；第二是切腹自杀！除此没有别路可走。后来结果，这个自寻苦吃的日本“工贼”并没有切腹自杀，还是不要脸回到日本去。

最后，还附带谈到我在埃及逗留三日所遇到一件令人兴奋的事情。埃及有个最高学府叫做爱资哈尔大学，已有近一千年的历史。我在那里发现了三十个中国学生，有一个还是我的学生。他们当夜开会欢迎我，居然大唱《义勇军进行曲》！我在尼罗河畔也听到祖国的救亡歌曲，这太使我感动了。

这三十个远在海外的中国爱国青年还干了一件很有意义的事情。日本利用它最近建立的一个回教礼拜堂（清真寺），向全世界三万万五千万的回教徒大做其煽动性的宣传，这三十个中国学生立在无线电广播电台上向全世界回教徒揭发日本帝国主义的欺骗手段，说中国有四万八千个清真寺，日本所新建的那个清真寺，在日本算是第二个！中国有四千五百万回教徒，日本直到现在只有二十个回教徒！他们并引用谟汉默德③的话，他说过："对侵略要抵抗，抵抗到侵略停止为止。"可见全世界回教徒应该起来反对侵略。他们并引用谟汉默德的另外几句话，他说过："求学问是回教徒的天职，中国虽远，必往求之。"可见中国是他们最远的求学问的地方，日本侵略他们的求学的地方，他们非反对不可！

他们用铁的事实，神圣的经义，给日本帝国主义的欺骗行为以当头棒，打击得他们哑口无言！

注释

① 中华经济研究社　1937年11月17日成立于美国首都华盛顿。由胡敦元、林霖、林雨苓、陶行知组成。

② 卜立哲斯　当时美国劳工界最进步、最同情中国、很孚众望的一位工人领袖。

③ 谟汉默德　通译穆罕默德，是伊斯兰教创始人。该教的经典《古兰经》，是根据穆罕默德生前陆续颁布的经文整理而成。

推行普及教育以增加抗战力量而树立建国基础案*

理由

（一）现在蒋委员长已经展开全面抗战，我们必须普遍的在各方面的生活里引起一种利于抗战的变化。我们要有全面教育来配合全面抗战，以造成全面的军民合作与各党派、各阶层、各宗教、各职业、各民族之全面团结，以争取最后之全面胜利。

（二）武汉广州失守以后，敌人所得据点愈多，愈有机会制造汉奸拿我们的人力财力来打我们。我们必须把民族意识的教育普及到敌人的后方去粉碎敌人以华制华之阴谋。我们要用教育的力量来帮助做到"地失人在"之境界，以恢复所失之领土；而且在敌人后方所能施行的是游击战术，若没有游击教育与他配合起来，则民众与游击队磨擦，游击队与游击队磨擦，力量抵消，敌人乃能把我们各个击破。我们必须消灭这一个致命伤，就必须把

---

* 本篇系陶行知在国民参政会第一届第二次会议上的提案。编号为第七十九号，《重要提案目录》关于教育文化事项建议之十。会议所设第五审查委员会认为："本案所提办法，为推行普及教育之补充办法，拟请大会通过，送请教育部酌量试行。"会议第十次大会（11月6日下午）据第五审查委员会的意见通过。原载1938年11月25日《战时教育》第3卷第7期。

根据国民政府1938年6月17日公布的第一届200名参政员名单，陶行知是按组织条例第三条（甲）项规定被遴选为安徽省的四位代表之一。国民参政会举行第一届第一次会议时，陶行知因在国外未能出席，第二次会议1938年10月28日至11月6日在重庆召开，陶行知参加了会议，这是他提出的3个议案之一。

民族教育普及到敌人的后方去。

办法

（一）普及抗战建国教育之原则：

三民主义及抗战建国纲领为普及教育之最高原则。在最高原则指导之下应有如下之具体的原则，引导普及教育之推进。

（甲）学校与社会联成一气。

（乙）抗战建国之生活与抗战建国的教育结成一体。

（丙）教人在团体的生活里取得团体的教育。

（丁）教人用手用脑用机械，在抗战建国之工作上取得抗战建国的教育。

（戊）即知即传。

（己）节省时间使忙人也能受教育。

（庚）花钱最少，使穷人也能受教育。

（二）要动员的人：

（甲）总动员全国知识分子做指导编辑提倡及训练民众，教师的工作。

（乙）总动员全国的识字成人、青年、小孩教不识字的人。

（丙）总动员全国有一技之长者，把自己的技艺传给人。

（丁）总动员全国人民，无论男女老幼在炮火中长进。

（三）要有的教育组织：

（甲）组织普及教育会，赞助政府推进普及教育运动。

（乙）大规模的推广民众补习学校。

（丙）每一壮丁训练处为一壮丁学校，要注重真武艺及政治教育。

（丁）每一伤兵医院为一伤兵学校，挑选优秀伤兵教伤兵并教当地的民众，以鼓民气，俟伤愈归营与前线士兵再见，交换所得，以励士气。

（戊）赈济会所办难民收容所，每所为一工学团，以便难民取得“工以养生，学以明生，团以保生”之教育。

（己）保育会赈济会所办之难童收容所，每所为一工学团，使难童得树自立之基础。

（庚）每一军队单位为一士兵补习学校，充分运用下级军官或士兵之识字者教不识字者，并由政治部充分动员知识分子推行政治教育，士兵的军士教育，要腾出时间多学真武艺及抗战所必需之政治教育。

（辛）设立敌人后方工作协进会，训练并赀送富有民族意识及一技之长之志士到敌人后方去工作。所派的人不限定教师，有民族意识的农民、工人、商人也好。协进会应该提倡“打回老家去”或“回乡服务”的运动，一个方法是组织回乡五人团：一个农人去种田，一个工人去做工，一个商人去做买卖，一个兵去教游击，一个教师去担任文化工作，全团五人分起来合起来都要把民族意识及抵抗方略传给敌人后方的同胞。如果教师和兵也能种田做工，则在敌人后方可以自活。这样经费只须旅费与小小的开办费就行。顶少数有家属的是应当有安家费。

（壬）组织普及教育旅行团，如孩子剧团[①]、新安旅行团、中国救亡剧社一类的有效组织，要大规模的推行出去。

（癸）每一童子军为一即知即传之组织，把自己所得的传给人。最后是每一单位成立一个民众学校或是每人都教几位邻居或亲戚朋友。这工作要加入童子军为正规工作。

（四）一般学校应有的改革：

（甲）学校对于每一课都要问一问：能增加抗战建国力量否？我们必须腾出时间来，帮助把教育普及出去，并且直接轮流在为抗战服务上取得抗战之教育。

（乙）我们后方的学生要时常想到沦陷区的同胞，如何把救亡知识力量通到敌人的后方去。

（丙）运用并变通原定功课以增加普及教育之效用，例如：

子、利用“书法”或写字一门功课每人为民众抄课本，现在纸贵，更是一举两得。

五、利用“公民”或“社会”一门功课训练小孩教人，使他们知道最好的公民不说空口救国，是要把自己的知识公开给老百姓，叫大家一起知道救国、能够救国、愿意救国，则中国自然万万岁了。

（丁）特别注重手脑相长之教育。

（戊）学生做普及教育工作及抗战服务有成绩者可抵学分。

（五）普及教育应当充分运用电影、无线电。

（六）希望报纸提倡普及教育，并力谋文字通俗，使读者增加兴趣减少困难。

（七）在一般受着教育之成人、青年、小孩中努力随时发现天才，以便施以特殊教育。

（八）汉字之外应推行拼音新符号，以便利边疆不通汉文之民众及劳苦老百姓。

（九）在不违背三民主义及抗战建国纲领条件下充分提倡私人兴学。

（十）训练蒙回藏等族的人才，用自己的文字或拼音符号普及各该民族所需要之教育，以参加抗战建国之大业。

上述普及教育之理由办法，是否有当，尚希公决。

提案人：陶行知

连署人：程希孟　常乃德　黄建中　茹欲立　张申府
韦卓民　孙佩苍　钱公来　邓颖超　刘蘅静
黄炎培　奚　伦　吴贻芳　林祖涵　喜饶嘉错
许德珩　陈裕光　欧元怀　周炳琳　江恒源

注释

① 孩子剧团　1937年“八一三”事变后，上海一些失掉家庭和失学的儿童，由国难教育社的同志，组成剧团，到各地开展抗日救亡工作。皖南事变后，因不为国民党所容，根据中共中央南方局的指示，有计划地自行撤离。

赶快建筑西北大铁道案*

理由

在广州失守之后，西南交通、西北交通实成为国家之两条生命线，现西南通到安南与缅甸之铁道已经定期开工，这是很可庆幸的一件事。但是通到苏联的西北铁道，因为沿途缺乏石子枕木及其他材料，在抗战一年之后，还没有决心克服困难定期开工之议，这是很令人着急的。西南铁道之效用要看英法之政策为转移，这次英法对于捷克之压迫，实可发人深省。当然中国是有许多方面与捷克不同，但英法对于中国抗战的态度是否不会因日本之压迫而摇动，谁也不能担保。如果英法摇动，则西南交通立刻感受威胁，而西北交通势将成为吾国唯一之生命线，故西北铁道必须与西南铁道同时兼程赶筑，才能流通对外贸易，保证军需不断，以达到抗战必胜建国必成之目的。

办法

（一）由国民政府从速与苏联进行订立交通协定，包含建筑中苏联运铁道。

（二）中苏联运铁道分两段：一苏联段，由苏联造至两国交

* 本篇系陶行知在国民参政会第一届第二次会议上的提案，编号为第八十号，《重要提案目录》关于财政经济事项建议案之五，连署人23人。

界处；二中国段，称为西北大铁道，由中国从交界处接造，或从内地造至交界处接线。

（三）中国段所需材料车辆车机，订入协定，以向苏联借款取得。

建立志愿兵区以补兵役法之不足案*

理由

从广州由长沙、武汉入川，一路所见，是一群一群的壮年人，用绳子手连手的像犯人一样的捆着走过，后面有背枪的警察或兵士押着，好像是押上法场去。个个是悲惨得一无声响。打听一下才知道，这都是预备去保国卫民的壮丁；再打听又知道他们在不久以前是带着恐怖的心理去抽签，等到抽中无钱免役，又被人疑心要中途逃走，所以如此。再打听又知道，他们的母亲、妻子天天在提心吊胆，向着菩萨许愿。抽签之前但愿菩萨保佑不使中签，抽中之后但愿菩萨救他生还。于是一人出征，全家受难，个个都陷入于恐怖悲痛的地狱。这样拉来的兵怎能发出充分的力

---

* 本篇系陶行知在国民参政会第一届第二次会议上的提案，编号为第88号，《重要提案目录》关于军事建议案之五，连署人20人。

陶行知的提案于11月5日上午第八次大会上与梁漱溟、李元鼎，刘蘅静、王亚明等案合并讨论通过。决议案文：

以上五案合并讨论经大会决议如左〔下〕：

以上五案内容虽有详略之异而意见大体相同。其中梁参政员漱溟等所提一案照顾较周，原案通过，并参取各案补充如下：

（一）对于办理上之问题属于前段者，除省（市）参议会已决定从速成立县以下民意机关，成立尚未有期应即改组县动员委员会，使地方人士民众团体与教育界参加，并鼓励旅外之各县公正士绅还乡协助动员工作。

又第一次大会关于兵役案议决九项中之第五项设立出征军人家属协助委员会，为实现优待出征军人家属必不可少之机构，应请政府迅令办理。

（二）对于办理上之问题属于后段者，在验收以后之管理及教育，关系最为重要，其干部人员应妥于选用，施以必要之训练，对于士兵生活应优为待遇，士兵教育应多方启发，严防舞弊及虐待情事。

量？仔细考察，原因约有数种：一是地方自治没有好好地组织起来；二是优待出征人家属的条件，没有好好的履行。三是狐假虎威的恶吏，虐待老百姓之故伎复现；四是培养民族意识、抗战到底的政治教育推行不够；五是汉奸的恐怖宣传遍地皆是。我们要想取得最后胜利的保证，必须铲除上述病源，采用志愿兵制，使人人都愿为中国死，知为中国死，能为中国死，则中国自然活起来，而且活到万万年了。当然，志愿兵制之成功，有赖于地方组织之优良及有效的政治教育之普及。但如果某省某县甚至某乡确有人才主持其事，亦不妨配合改良之兵役法之需要，酌量建立志愿兵区，以资实验，并以示范。一到确有把握，技术成熟，即可逐渐推行全国，号召全国民众加入全面战斗，积极去争取全面胜利。

办法

（一）省主席以下之地方长官，得拟具计划，呈请军事主管机关核准，划分其直辖某某地方为一志愿兵区。

（二）志愿兵区依照兵役法举行壮丁登记。

（三）志愿兵区依照兵役法摊派兵额。

（四）志愿兵区每期所出壮丁，以志愿或推举定之。出征者感觉天下兴亡，匹夫有责，故自动的志愿入伍。民众信仰某人有保国卫民之能力，愿以光荣之责任付托给他，故推举他出征。

（五）志愿兵区之组织由主管者拟订，呈请准上级长官施行之。

（六）志愿兵区全区人民，共同负担壮丁家属出征时期之补助费及伤亡抚恤费。其办法由各区自订，呈准上级长官施行之。

（七）志愿兵区条件完备，得在区内举行训练。

（八）壮丁训练除军事外，应特别注重培养民族意识之政治教育。

（九）上述政治教育，应从登记壮丁未开始之前，继续不断贯彻于全区一般男女老幼的心之深处，使大家知道抗战到底，为中国唯一生路。志愿及被推出征者，实负有保国卫民之重大而光荣的使命。

上述理由、办法是否有当，尚希公决。

谈战时民众教育*

生活为抗战，抗战即生活

已知教不知，能者教不能

办战时民众教育之原则，须认定五点：（一）社会与学校应打成一片，爰当此坚持长久抗战时期，应使全民皆具有抗战信念，须将社会与学校，彼此互相推动，以构成全民抗战之事实。（二）生活与教育联为一气。办战时民众教育应养成民众战时之生活，使各个民众一切生活动作，悉含有抗战之意味，而战时教育之实施，处处以抗战为对象。生活为抗战，抗战即生活。（三）节省时间以办战时民众教育，应以最短之时间，而收较大之效果，决不应使时间浪费。（四）节省经济。办战时民众教育，应以最少数之经费，办多数之学校，如目前课本发生困难，可由各个学生利用土纸抄写，供不识字民众之用。此即节省经费而收效较大之一端。（五）即知即传。任何民众，对于抗战一切问题，即其所知者，即传达别人，倘人人能即知即传，则抗战知识可普遍于各阶层，收效当然很大。至于实施办法：第一，从教学方面言之，不分老幼性别，使知识较高者，教知识较低者，已

* 本篇系记者在国民参政会第一届第二次会议期间对参政员陶行知采访的记录。1938年11月5日重庆《新华日报》发表时，原题为《陶行知谈战时民众教育》。

知者教不知者。虽儿童亦可教成年。第二，应训练民众，能用脑用手用机械。譬如开汽车、接电线之机械技能，亦可有助于抗战。台儿庄战役期间，台儿庄孩子歌咏团用自己的言行，威胁小汉奸黄姓小儿转变为小战士的故事，殷盼各报代为披露，以表彰歌咏团对抗战宣传之伟大。

余目前着重于两件工作：一、拟办晓庄学校以推进抗战时期之民教，前次在汉时已向蒋委员长详细陈述，蒋委员长亦深表同情。地点将在湖南，现尚未完全决定。二、拟积极提倡组织普及教育会，希望有普及教育之志趣者，完全参加，共同推进民教。

小朋友是民族未来的巨子*

譬如“朝”字，是“十月十日”，是国庆纪念日，同时又有早晨的意思。早晨鸡叫了，大家起来，起来打倒日本帝国主义！……又如“春”字，代表的是春风奏乐，花儿跳舞。看见春，也就看到了中华民族的希望。将“春”分成三部分来看，便是“三”“人”和一个“日”字，也便意味着不分男女老幼，大家联合起来反抗侵略，可以将日本帝国主义打倒！

过去许多人，以为小孩子没用，只供养他们，不给他们教育，或者给他们死书去读，不使他们了解社会生活，这些看法，都是错误的。如果今天拿来教小孩子，那更是有害的。……台儿庄抗战时，小孩子们怎样帮助军队抗战的事情，证明小孩子不单勇敢可爱，而且如果加以教育和训练，他们会在抗战中发生很多战胜敌寇的作用。

小孩子都是将来的主人，战胜敌人的后备军，建国时代的战斗员。目前小孩子所受的教育，应该是工学的教育，应在各地建立难童的工学团。工便是养活自己，学是了解自己，而团便是保护自己。……小朋友们，诸位将在抗战中，在炮火下，成长为中华民国的巨子！

* 本篇系陶行知在中国战时儿童保育会重庆保育院的演讲记录，摘自《新华日报》记者春江的报道，原载1938年11月6日、11月7日重庆《新华日报》。

说真话*

一、变了又变了的态度

在二三百年以前，西洋人对于中国人，是很尊敬的。因为那时候，中国的文明，实在比他们高。比如：印刷术、指南针、纺织、火药等，中国几千年前就有了，但他们很久很久才知道。至于日常生活上，中国人很早就有了洗澡的习惯，但西洋人则不然，我这次曾经去看过路易十四的澡盆，比我们中国一个普通人家的洗脚盆好不了多少！皇帝尚且如此，一般民众可想而知。中国人很早就会用煤，马可·波罗的游记上说“中国人用黑石头烧水”。这游记传到西洋去以后，西洋人才知道用煤。瓦特看见煤火上的壶水冲开壶盖，因而发明蒸汽机。中国人的文明，既然比他们高，他们对于中国人，当然就有一种尊敬的态度。

可是，在这一百多年来，中国人自己不争气。所以，他们那种尊敬的态度，就变成了轻蔑的态度。尤其是“九一八”以后，他们对于中国人，更是看不起。“八一三”以前，我到外国去演讲，来听的人，就没有好几个。

* 本篇系谈话记录，原载1938年12月10日《战时教育》第3卷第8期，原题为《陶行知先生说真话》，作者：拓林。选入本集时编者作了某些技术处理。原文开头，作者写有这样一段话：“陶行知先生来到重庆，记者和几个朋友去看他，要他把国外的见闻，和我们谈谈，陶先生是健谈的，一谈就是两三个钟头，其中有许多令人可歌可叹的事件，记者愿意把它记录下来，转告别的朋友。”

“八一三”以后，这种轻蔑的态度，又变成了敬爱的态度。一听到有中国人演讲，来听的人真是人山人海。演讲者一走进会场，听众一致肃立拍掌。讲到“中国已经团结起来了”，听众就拍掌欢呼。讲到日本的地方，听众就发出“斥！斥！斥！”的声音，好像要立刻把日本帝国主义“斥”出去一样。讲完了，走出会场，又是全体肃立拍掌，还有不少人跑来和你握手。这是为了什么呢？就因为我们已经能够争气，已经能够站立起来了。只要我们加紧团结，抗战到底，一定能够取得最后胜利，一定能够得到他们加倍的敬爱与尊重的。

二、不要忘记了别人

世界上所有的民族，是不是都能够了解中国的抗战呢？这也不见得。举个例来说吧！英国的爱尔兰，是一个很小的民族，也是一个能够反抗的民族。自从他们被英格兰统治以来，他们都没有停止过反抗。这次，我去访问他们的当局，我提了两个问题问他们：“第一，你们为什么首先承认意大利并吞阿比西尼亚？第二，你们为什么一直到现在还没有抵制日货？”他们答复说：“因为我们反抗英格兰，我们处处要和他作对，凡是他们不做的，我们偏要做；他们要做的，我们就偏不做。”“那么，你们为什么要反抗英格兰呢？”“因为他们压迫我们！”“好了！阿比西尼亚是不是受压迫呢？中国人是不是受压迫呢？你们要反抗压迫，但是，你们就不要忘记了别人。英格兰本来不敢大胆的承认意大利并吞阿比西尼亚，但因为你们一承认，他就有借口的理由了。现在英格兰也不想认真抵制日货，如果你们再不抵制，他也有借口的理由了。这样的做法，只是帮助了压迫者，对于被压迫者，是只有害处的。你们要反抗压迫，你们就要和别的被压迫者联合起来，互相帮助，才能够成功。”他们听了我的话，就立刻承认：“错了！错了！”“那么，现在怎么办呢？”“承认意大利并吞阿比西尼亚，已经做了，没有办法了！至于抵制日货，我们立刻发动，而且我们要督促英格兰认真做，我们以后要和一切被压迫民族切实联合起来。”

由于这件事，可以知道，我们的国民外交，过去实在做得太不够，以后是应该要加倍的努力去做，才能使别的民族真正了解我们，同情我们。

三、纳粹的打手

世界上的国家，大多数都是同情我们的，只有少数的两个国家，就是德、意，是不同情我们的。我可以举出三个证据来!

第一，我将要到德国去的时候，我先就留心一个问题：德国政府对于中国人的态度怎样？我就在他们的著作里面去考察。在那本大名鼎鼎的《我的奋斗》[①]里面（德文本），他简直不把中国人当人看待，他说中国人是“半死不活的动物”，他认为中国人应该被淘汰，被消灭。

第二，也许有人要说，那本书是若干年以前作的，怎么拿在现在来讲呢？那么，我又来举一个例。别的国家的报纸，对于中国胜利的消息，如平型关、八百孤军、台儿庄等等，都是用顶大的字，登在第一版。德国却不然。我到了德国以后，跑到他们的图书馆里去，把“八一三”以来的报纸，从头看一遍。凡是中国打胜仗的地方，他们都是用很小很小的字，登在报纸的一支角落，几乎要用显微镜才看得出来。后来，我们又发见了一个秘诀，凡是德国报纸骂我们的时候，就是我们打胜仗的时候。你记好日子，过几天，等英法的报纸来了，翻开一看，果然是中国打了胜仗。

第三，也许有人要说：这只是报纸上谈谈，无关紧要。那么，我又举出他们的实际行动来。在德国的中国人的救国运动，是常常受到禁止的。有一次，救国会开座谈会，我也列席。法西斯知道了，就派了几个打手来，准备打我们。哪晓得，他来得迟了，我们的会快要开完了，他来听了一下，觉得并没有什么要紧，结果也没有打我们。

意大利的情形，和德国也差不多。

孙中山先生要我们“联合世界上以平等待我之民族，共同奋斗”，像这样“不以平等待我”的民族，我们应不应该和他联合呢？

可是，这绝不是说，所有的德国人，都是这样的看不起我们。德国法西斯政府的态度，和民众的态度是不一致的。有一天，我到柏林乡下去玩，我要去看看他们乡村民众的生活状况。在路上，遇到了一个农人，我走上去招呼他，说了几句应酬话，就谈起话来。先从他们的生活谈起，慢慢谈到中国的抗战。谈了一会，他忽然问我：“你是中国人，还是日本人？”我说：“我是中国人。”他立刻就举起大拇指来说：“我赞成中国人，我佩服中国人。”他又立刻对我说：“但是，请你不要把我这个话讲出去，如果你把我这个话讲出去，给我们的政府知道了，我就不得了。”

四、应该说真话

我们办教育的人，对于儿童、对于青年、对于民众，都应该说真话，不应该说假话。对于抗战有利益的，我们要真正的说出来，使大家知道了，好照着去做。对于抗战有害的，我们也要真正的说出来，使大家明白了，好留心防备。今年我到雅典[②]的时候，去拜访苏格拉底的古迹，曾经在他的那个石牢里面，站了五分钟。当时，我的脑子里面，就想好了一首诗，到现在才写出来。

这位老人家，
为何也坐牢？
欢喜说真话，
假人都烦恼。

注释

①《我的奋斗》 德国法西斯头子希特勒所著，内容包括反共、反苏政纲和极端种族主义谬论。

② 雅典 希腊首都，欧洲古代文明发源地之一。艺术古迹很多。

一个建议*

——桂林山洞教育

（晓庄研究所第一号报告）

一　根据几件事实

（一）桂林山洞甲天下，这些山洞不但是天然的防空壕，而且是天然的民众校舍。

（二）十一月三十日空袭警报一发，老百姓即到这些山洞里去避空袭。我所到的地方叫做稚山岩，老百姓是人山人海地集中在三个比较大的洞里，听人说像这样的地方，在桂林有百数以上，不知是否正确。自从昨天大轰炸以后，人民进洞躲避的自必更加踊跃。

（三）我们在洞里等到紧急警报来时，足足有半个钟头，大家都无事做。轰炸后，飞机去了，又等了许久时候，才解除警报。在这时间内，老百姓也无事做。

（四）我早晨是在国际反侵略运动中国分会演讲，中途得警报，只好陪同会中执事到稚山岩，继续演讲，老百姓也感觉兴趣，临时随便来听。

（五）出发到稚山岩去，在一路所见，有应注意的几件事似宜用教育来帮助解决：1. 走路很没有秩序；2. 妇人家，抱一个小孩、携一个小孩的很多，没有人帮忙；在狭路及洞口所见，小孩

* 本篇原载1938年12月8日《广西日报》。原题《岩洞教育的建议》，1938年12月25日在《战时教育》第3卷第9期上发表时改用现题。

有被挤倒及践坏之危险。

（六）没有空袭警报的时候，老百姓也到山洞里去躲避，一直到两三点钟才回家，不过人数少些。

（七）桂林本地及外省来的知识分子估计有一万人，可以动员一二千人从事普及教育，以为老百姓服务。受伤医好了之官兵，可以选拔英勇优秀者演讲抗战故事。

二　提出几条办法

（一）每一个大山洞为一战时民众学校，其包含之每一小山洞为一课室，山洞内外应有教育意义之布置及处理。

（二）组织桂林战时普及教育团。

1. 依据山洞数，组织教育团，每一个大山洞应有一个普及教育团负责，每一小山洞由各该团酌量组织分团负责。

2. 征求自愿团员。

（1）社会团体、政府机关或学校有力量独立组织一团者，由政府核准得成立一团，称为某某团体机关或学校普及教育团，负责管一大山洞。

（2）个人自愿为团员者，由政府按其地址远近将其编入某团服务，或将其组织成一团或数团。

（3）团员纯尽义务。

3. 每团设团长一人，副团长一人，分团长若干人，由各团自推之。

4. 各团得视儿童妇女及青年之需要，施以适当之教育。

（三）山洞教育内容。

1. 第一阶段——一般教育内容。包含：

（1）军事政治报告（国际、中国、本省、日本），注重最近消息及分析；

（2）抗战故事；

（3）空袭常识；

(4) 教唱歌；

(5) 科学常识——包括公共卫生及增加生产；

(6) 民权初步及集团生活；

(7) 文字训练，从认识标语口号入手；

(8) 演戏。

2. 每次（空袭）上两课，每课半小时。

3. 课程大纲及指导法，一面试验，一面订定。

（四）普及教育团团员之训练。

1. 初步集中训练一星期，每天二小时。

2. 以后每星期集中训练一次或二次。

3. 团员训练，根据一般教育内容及妇女、小孩、青年之特殊需要。

4. 设示范团轮流到各山洞扼要辅导，以便各山洞之普及教育团，可以在做上学得较好之办法。

（五）试验未普遍举办之前，得约孩子剧团、新安旅行团、国际反侵略运动中国分会及本地富有民众教育经验之团体，各选派一大山洞举行试验，交换所得，在试验之时，顺便帮助征求团员，以便政府扩大组织。

（六）组织指导委员会，由政府聘请专家担负训练团员之责。

（七）组织编辑委员会产生材料，以便各团应用。

（八）设备　最低限度之设备为一张中国地图，一张世界地图和随时调换之标语。留声机、无线电收音机、小孩玩具、简易药箱等，有也好，没有则从缓。

（九）可能的成效　老百姓有现成的时间，知识分子有现成的贡献，大自然给我们以现成的课堂，我想三美具备，一千元可以使十万乃至二十万人受初步教育，还能推到同样的环境去。

生活教育目前的任务*

这几天在桂林的同志们，得有机会，聚在一块，检讨生活教育之理论与实践，各人都有一些收获。我从前为一位朋友题过三句话：检讨过去，把握现在，创造将来。我们为什么要检讨，把握？一切都为创造。我们要常常检讨，紧紧把握，天天创造，积小创造而为大创造。

生活教育之定义在晓庄开校前九年，我已提出，包含三部分：一是生活之教育；二是以生活影响生活之教育；三是为着应济生活需要而办之教育。用英文译出来，比较简单：Life education means an education of 1ife， by life and for life. 关于第一部分和第三部分，洞若同志说得很清楚，对于第二部分我想补充几句。“以生活影响生活" 是怎样讲呢？我们要拿好的生活来改造坏的生活，拿前进的生活来引导落后的生活，针对着现在说，我们要拿抗战的生活来克服妥协的生活。

在抗战建国这一伟大时代中，生活教育者有什么任务，有什么贡献，我想简单的说一说。

我们有四种任务：一、力求长进，把自己的集团变成抗战建

---

* 本篇系1938年12月15日在桂林召开的生活教育社成立大会上的讲话，原载1939年1月10日《战时教育》第3卷第10期。附文《生活教育社成立大会纪录》摘记，系摘自1939年1月7日上海《申报》奇卓写的特写。题为《象征中华民族新生的新安旅行团小朋友写了〈生活教育社成立会记〉》。原记录者是新旅的童常。

国的真力量；二、影响整个教育界共同求进，帮助整个教育界都变成抗战建国的真力量；三、参加在普及抗战建国的生活教育的大运动里面帮助全民族都变成抗战建国的真力量；四、参加在普及反侵略的生活教育的大运动里面帮助全人类都变成反侵略的真力量。

我们的理论，在战时，更显出它的优点。现在说它的可能的贡献：

一、我们认识教育只是民族大众人类解放之工具。当日本帝国主义危害我们生存的关头，生活教育者每上一课自必要问：这一课对于抗战能有多少帮助？为教育而办教育的人是不容易发出这样的疑问。

二、我们认识生活之变化才是教育之变化，便自然而然的要求真正的抗战教育，必须通过抗战生活。抗战演讲、宣传，若不通过抗战生活，我们不会承认它是真正的抗战教育。

三、我们认识社会即学校，便不会专在后方流连。我们立刻会联想到前方，联想到敌人的后方。即使在后方办学校也必然的要想，如何把教育的力量输送到前方和沦陷区域里面去。

四、我们认识人民集中的地方便是教育应到的地方，便毫不迟疑的注意到伤兵医院、难民收容所、壮丁训练处、防空壕与山洞里的教育而想去解决它。

五、我们认识集团的生活的力量大于个人的生活的力量，即认识集团的教育力量大于个人的教育力量，便毫不迟疑的帮助我们的学生团结起来，让他们自己管自己，从前的工学团和战时的集体主义的自我教育都是要贯彻这个意思。

六、我们认识"生活影响生活"以及人人都能即知即传，故不但顾到成人青年而且顾到老年人与小孩子，整个民族不分男女老少都必然的要他们在炮火中发出力量来。义勇军之母赵洪文国老太太及台儿庄的小孩唱歌感化小汉奸为小战士，都是印证生活教育理论颠扑不灭的铁证。

七、我们认识教学做合一及在劳力上劳心为最有效之生活法亦即最有效之教育法，便自然以行动为中心而不致陷落在虚空里面。如果抗战建国是要真正的干出来，那么生活教育的理论便要求为干而看，为干而谈，为干而玩，为干而想。

八、我们认识到处可以生活即到处可以办教育。当平时学校被炸，先生散了，学生散了，学校也跟着散了。生活教育者的学校是炸不散的，如果可以炸散，除非是先生学生一起炸死。只要有几个存在，不久归起队又是一个学校了。孩子剧团、新安旅行团便是炸不散的学校。平常的学校只要采取生活教育这一点点办法，那千千万万倒闭的学校都可以复活了。这几次的集会使我们大家对于生活教育理论有了更亲切的了解，更热烈的信仰。这了解与信仰是会发生不可思议的力量。我相信生活教育必定能够发出伟大的力量帮助打倒日本帝国主义，帮助创造一个自由平等的新中国，并且帮助创造一个和平互助的新世界。

附：《生活教育社成立大会记录》摘记

——记陶行知的若干插话

十二年来为中国新教育事业而奋斗的生活教育社，在广西当局的提倡之下在桂林正式成立了。十二月十五日在广西省政府开成立会，到会社员及来宾约一千五百人。与广西同胞分别了两年多的陶行知先生，对十二年来的生活教育做了一个简明的报告，广西省政府、省党部、省教育厅都有代表讲话。

大会上通过了社章和三十三位理事十五位监事。理事实际上只有三十二个，因为陶先生说："我们的理监事中应有各民族的代表。回族的代表有唐柯三先生，藏族的代表有喜饶嘉错先生，可是蒙古的代表还没有，我们相信不久一定会有的，所以空一个名字……"主席请白崇禧副总长讲演。白讲演后，陶先生站起致谢说：

"刚才白副总长说：新的战术就是游击战、运动战、阵地战综合运用的全面战术。这是一个真理。同样，蒋委员长在衡山会议所发表的五个方针，其中一个就是注重游击战。我们教员的一个责任就是宣扬真理。我们应该把蒋白二公所述的真理教给大家知道。但是，教员还有一个责任，就是驳斥假理。"

新安旅行团小朋友唱了三支歌后，教育家而又兼大众诗人的陶先生又笑逐颜开的出来说：

"现在是全面抗战，武人要文装，文人要武装。我刚才做了一首小诗：'文人武化，武人文化，不文不武的文武化。文武不再相骂，联合起来创造新天下！'现在就请中国文学界的泰斗、武装的郭沫若先生讲演。"

郭先生在讲话中称赞新安旅行团和孩子剧团是我们中国的裴斯塔洛齐——陶行知先生创造出来的。

纵谈战时各种教育问题*

关于生活教育社原有十几年的历史，亦干过不少的工作；直到本月十五日才在桂林正式立案成立，重新展开工作。

生活教育社从事了好几个运动。最初，针对着广大乡村的落后，就掀起了乡村教育运动。到了都市，为了矫正教育的私有与独占，就展开普及教育运动。直到日人步步侵略，华北汉奸猖獗，处在国难当头的时候，就以国难教育配合着当时的需要。抗战开始了，一切都要服从抗战，国难教育就沿进为抗战教育。现阶段的抗战是全面抗战。所以现在要展开全面教育来配合全面抗战的需要。全面教育的主要任务，就是要把教育展开到我们的前方和日人的后方去。对象不仅是青年、壮丁，而且包括小孩与老太婆。……这几个运动的形式虽然不一，而其中心却只有一个，就是普及教育运动，不过它是随着客观现势的发展而发展吧了……

生活教育的宗旨是什么？扼要地说：

一、提高生活水准

二、启发警觉性

三、培养创造力

---

* 这是陶行知1938年12月30日在九龙儿童书院接受香港《申报》记者朱其焯采访时的谈话。原载1939年1月1日香港《申报》。记者当时还探询陶行知新近有无新诗，陶行知立即摸出笔来写了《生活教育小影》和《文武同化歌》。

这，无疑地是我国今日当务之急。

新近在广西，我们发现山洞学校。空袭的时候，广西的人民几乎一半是在山洞中，为了逃避飞机而钻进山洞里去空过几个钟头、或半日、或几天，没有事情干，实在是很可惜的。山洞教育的可能，第一是因为山洞是天然的安全教室，用不着一个铜板的建设。第二是老百姓钻进来，不愁没有学生。第三是在避难群中，什么类型的分子都有，亦不愁没有知识分子可以在山洞充当教师。山洞学校的课程内容是男女老少什么人都应该学习。可以学习抗战的知识和各种抗战应用的技能。现在广西省政府已积极在训练山洞学校的指导员。山洞学校亦就是生活教育的一部分，比方老太婆肩上压了一个担子，双手还要拉着小孩，这时，在进入山洞避难途中，青年人就应该帮同抱小孩，帮同挑东西，让老小好好地避难。这种“服务”，就是“生活教育”的精神。换句话说生活教育应该“跟老百姓走”，跟到山洞去，跟到树林去，跟到……什么地方去。一切的道理与办法都“跟老百姓走”五个字演绎出来。但是，亦不是跟老百姓逃难，而是从乱七八糟的逃难群中整理一个条理出来，使分散的力量集中起来，使难民成为斗士。

将在桂林成立晓庄研究所，在各处展开教育研究工作。凡是战时发生的教育问题，如军队教育问题、壮丁教育问题、伤兵教育问题、难民教育问题……都是目前急待研究的教育问题，很需要提供实施的方案贡献给政府与各方面的参考与施行。这次来港的任务，就是要来筹备一切。

这实在是可喜可慰的佳音。晓庄之再生，象征着教育之黎明，象征着民族的复兴。

晓庄研究所和生活教育社之工作近况*

晓庄研究所报告山洞教育

晓庄研究所目的在研究战时所发生之重要而被忽略的各种问题，以增加抗战力量。它的特点，是由专门家领导无资格的人才，专探深钩玄。事务所设在桂林，报告第一号，为《山洞教育》，已由广西省政府采纳施行，并在生活书店所出之教育旬刊上发表。

生活教育社推进全面抗战

生活教育社已有十二年之历史，先后发动了乡村教育运动、普及教育运动、国难教育运动、战时教育运动。现在全面抗战，该社同人又发动全面教育运动。其实这五个运动，只是一个运动的五方面。这一个运动是“教育为公”。该社出版书籍已达二百种，刊物有《生活教育》，现改为《战时教育》，并将出版《战时儿童》以应小孩之需要。该社为社员共同求进步及为国家加强服务起见，已在桂林于12月15日正式成立，到会二千人，白崇禧氏曾莅会演讲全面抗战必须有生活教育社提倡之全面教育。郭沫若

* 本篇系1938年12月31日香港《立报》记者采访记录，摘自1939年1月1日香港《立报增刊·教育界》的报道。原题是：《桂林文化界新动向：生活教育社成立，白崇禧出席致词，发动“全面教育”，应付“全面抗战”，陶行知即将返桂主持》。

演讲政治部宣传，宜采用该社理论注重“服务即宣传”之义。该社宗旨，在探讨最合理与最有效之教育原则与方法，以促进自觉性之启发，创造力之培养，中国教育之普及与人类生活之提高。

关于汪精卫叛国案的谈话*

汪案[①]已经解决了。中央[②]给他永远开除了党籍，并解除了一切职务，不是已经完了吗？汪这个人，是没有政治节操的。他叛变过几次，不是大家周知的事吗？他之主和，已蓄谋甚久。参政会开会时，陈嘉庚先生有一提案，是用电报拍来的，也许是针对汪氏对路透社的和平谈话，说：凡公务员而主张和平者，以汉奸论罪。后来大家修正通过：凡主和者以汉奸论罪。汪最后还说：这样，讲和平不是不行了吗？可证他是蓄谋已久，无意中露于言表了。据传说，他和日本订好了一千万的交易，先付了三百万。现在，这七百万拿不到了。他是没有群众的，没有人听他的话，没有人跟他走。和他合伙的，恐怕不出二十人吧。至于他的前途，他有什么前途呢？若必而言之：上策，是次通电[③]，算是个人的意见，中央不接纳，国事让旁人去干，自己则到欧洲养病去；下策，则是给日人利用到底，当汉奸去了。我看他这次做得这样下流，到底有走下策之危险。不过，我们与其注意汪的进退，无如益应注意其喽啰们的胡闹哩。

这次我才算是作了一万七千里的长征[④]了。所有各方领袖，从蒋先生[⑤]到李[⑥]白[⑦]陈诚等将军，我都曾见过。他们都是一致的

---

* 本篇原载1939年1月6日香港《大众日报》，系摘自林焕平写的《抗战到底绝对胜利——与陶行知先生一席谈》一文。

坚决的主张抗战到底，绝对不中途妥协的。衡阳会议以后，民众重于军队，政治重于军事，游击战重于阵地战。我们要全面抗战，我们要全面战术，我们要全面教育，我们要全面胜利。我们的军事力量也比从前雄厚多了。单以华南而言，广西×十万的正规军，有五十万以上的游击队[⑧]。广东湖南还不在内。将来一旦实行反攻，还不会把日本全部打出领土去吗？政治方面，最近也有新的进步。除了大汉奸赶出抗战阵线外，最近还要切切实实的厉行地方自治。省、县参议会都将先后成立了，并且还将要普遍的举行乡镇公民大会。总之，我国绝对不会中途投降，必定抗战到底，以争取最后之胜利。（此处约有29个字不清，略——编者）请他们绝对的信任政府，多多的捐钱回来增强政府的抗战力量吧。

注释

①汪案　即汪精卫叛国案。

②中央　指国民党中央委员会。

③是次通电　即汪精卫1938年12月29日发出的响应日本首相近卫诱降宣言的艳电。

④一万七千里的长征　指作者从武汉经广西、越南到香港。

⑤蒋先生　即蒋介石。

⑥李　即李宗仁。

⑦白　即白崇禧。

⑧广西×十万的正规军，有五十万以上的游击队　据1939年1月8日香港《申报》载：7日晚陶行知参加某聚会报告各线观感，据谈桂省动员成绩甚佳，若以桂为标准，我国立即可动员1400万人，有此偌大的兵力，而加以相当之训练，足与日人作持久战而有余。陶氏对抗战前途甚表乐观云。

辨奸 *

三民主义，抗战建国纲领，衡山会议五方针，及最近蒋委员长驳斥近卫宣言，是救国之正道，不容有丝毫出入。如果有人阳奉阴违，有什么办法可以作系统的发觉呢？这是值得考虑的一个重要的问题。我现在提出辨奸路线五条，藉作国人商榷的底子。是否有当，还望大家指教。

一　应该真干的，他假干。挂羊头卖狗肉是属于这一类。从前有一个地方挂着开放民众运动的招牌，一面收买乞丐游行，一面大捕真正为民众服务的人。我那时写了四句小诗记这件事说："假的干，小洋两毛；真的干，捉进监牢。"汪精卫拿着全面抗战的题目来做反对游击的文章，简直是在羊肉里夹着一些狗肉。

二　应该穷干的，他浪费的干。中国是个穷国，开战以来更穷。万事都要穷干，才干得出去。如果有人把一件事浪费的干，等到办别的事就无钱去办，是不啻把别的重要的事挤了出去。唯独穷干，才能把一切重要的事兼筹并顾。若只管在一件事上挥霍金钱如粪土，使得别的事情都耽误掉，这是很可疑的。

三　应该合干的，他分开来干。譬如抗战最后胜利要靠全民族团结，就要靠国共合作。是要大家一起来干，才干得成功。日本就不欢喜这一套，所以提出共同防共的阴谋。日本防共的目的

* 本篇原载1939年1月8日香港《申报·星期评论》。

是要利用我们去代他打苏联，如果我们堕入他的诡计，简直是亡国。国共是不可分家，不会分家，日本和汉奸是白费心机。我们老百姓不但是国共合作的媒人，而且是国共合作的天主教神甫，只愿他们齐眉到老，不许他们离婚。但是日本总想以华制华，汉奸仰其鼻息，总想挑拨离间。一次十几个人会议说："我们这个仗再打下去，胜利不属于日本，不属于国民党，只属于共产党。"这些人不啻是日本的代言人。我所要说的是：如果我们团结到底，胜利是属于整个中华民族，国民党与共产党都有份。现在有人要想分离中国的实力，削弱中国的团结，那就是应该被侦察的人了。

四　应该快干的，他慢慢地干。中国的两只大手：一是西南大铁道；二是西北大铁道。要这两只手快快地伸出去，快快地拿着东西来，才能快快地把日本帝国主义打出去。这两只手都已经快快地伸出去了吗？谁在那儿掣肘呀？

五　应该大干的，他小小的干。新近美国要训练十万飞机驾驶员。照人口比例算起来，中国应该有驾驶员四十万。打个一折也要四万，再打个一折也要四千。可是从前意大利来的顾问是主张飞机师的训练，宁缺毋滥，贵精不贵多。这是多么好的盾牌呀。连胡××[①]先生也代这种汉奸理论鼓吹。我这次在海防遇着一位体育家，他说他和一百六十二位体育专科学生去投考航空学校，结果只取两个人。飞机师虽精，人少则不够作战，因此只见敌机来华，不见华机去日。我们有许许多多事是受了汉奸欺骗，以至大事小做了。

这五条辨奸的路线是应该彼此紧接着去追究的。应该真干的，他假干，可疑。真干了，而是应该穷干的，他浪费的干，可疑。真干了，穷干了，而是应该合干的，他分裂的干，可疑。真干了，穷干了，合干了，而是应该快干的，大干的，他慢慢的干，小小的干，可疑。疑则跟着路线追踪而验，则汉奸可以肃清。有时奸与庸混。但故意为奸，无意为庸。生死存亡之秋，小才不可大用，庸人也不可久留。

注释

①胡×× 即胡适之。

关于香港教育问题的谈话*

记者："一座楼，一块招牌，学生缴着昂贵的学费，老师照书念书，交易而退，各得其所。什么人格感化，什么民族意识，就让它是教育学上的死名词。这样的教育，实在使我们感到头痛！"

陶行知："我们不能苛责香港一般学校收费的昂贵，因为学校没有基金，教员饿着肚皮怎么办学？在资本主义社会之下，知识也变成商品，买与卖的形式亦是免不了的。问题的症结是学校除了收费之外，还应该有一个办学的宗旨。循着办学的宗旨努力苦干下去，这还是未可厚非。要是收了费，就万事俱休，糊里糊涂什么也不管，纯粹的以赚钱为目的，那就无可宽恕了。至于教育的实施，最低限度每周应该有一次时事解释。在明白时事之后，青年人一定会警觉到祖国对他们的希望，一定会觉悟到只是晓得英文还是不够用的。"

记者："本港某中学有位女学生，在戏院看到银幕上映出英

* 本篇原载1939年1月10日香港《申报》，系记者的特写稿。题为《香港教育问题》，副题是"办学应该有宗旨，不可以赚钱为目的"。并有前言云："陶行知先生纵谈战时的一般教育问题，记者当时有特写发表于元旦的本报。陶先生对于香港的教育又有什么感想与指示呢？这个更逼近在身旁的问题，更为有心人所关切的问题。现在，就让记者将访问陶先生所得的结论择要为读者报道，尤其要请各学校当局与文化教育界加以重视。"现根据特写稿编为问答体。

勇的八百将士和飘扬的国旗的时候。就很敏感地站立致敬，可是全院只有她一个人站立着，使鄙视与骇异的视线还集中在她的身上，她觉得非常难为情。她对于愚昧的一群是予以原谅的。可是悻悻然却不服同学亦如此糊涂。回到学校辩论的时候，同学们还用似是而非的话来浇她一把冷水。”

陶行知：“这是她的技术还不够。她应该简单的说明致敬的理由，喊大家一齐站立起来。那时候，必定有一部分受感动的亦响应起来。就是没有站立的亦不敢耻笑人家。是吗？她很热心爱国，可是，勇气还不够！……”

记者：“随着沦陷区域的扩大，文化人亦被迫而逃难到香港来。数量之多，博士就占一百二十人以上。其他教职员、学生、作家、记者……竟不计其数。这一大批知识分子敏感的亦不少，闲散在香港备尝种种难堪的刺激。意志稍微不坚定的就立即呈现动摇悲观、颓废……的倾向。在全国总动员的呼声高唱入云、内地缺乏干起的恐慌之中，一面是有人没事做，一面是有事没人做，这是多么矛盾的现象。”

陶行知：“在香港没有工作做的要回到国内去工作。博士要几百元的差事在这个年头当然不易找得。其实，要做事随处都有工作做。赵太太只晓得‘赵洪文国’四个字，怎么她就有事情干？怎么她到处受人欢迎？应该人去找事，不可等事来找人。”

记者：“的确亦有很多青年愿苦干为国效劳，奈何请缨无路！”

陶行知：“动员工作现在都有进步了，回到国内找工作做，在目前是不怎样成问题的。”

抗战中的新广西*

今年是值得高兴、值得欢喜的。

第一，衡山会议决定：政治重于军事，后方重于前方，民众重于士兵，游击战重于正规战，这实在是中国起死回生的征兆。

第二，英美借款成功，罗斯福反侵略的态度趋于积极，中立法将要修正。

第三，汪精卫这个汉奸已经被消灭了，我们中华民族的血液已经清了，政治上没有人捣乱，可以一致对外。

第四，贵会①的工作与精神非常有意义，充满着长进的朝气。你们的常青正象征着中华民族的万年青。

以上四件事，都是使我们非常高兴、非常欢喜的。现在，将本人最近一月来在广西所见②所闻的好现象向诸位报告报告：

第一，日机轰炸桂林之后，广西人民不但不灰心，而且更加强抗日的决心。

第二，广西有一千三百万的人口，出兵抗战已经四十万。倘全国各省都照广西的比例，全国可有一千四百万士兵可以和日本作战，国土一定可以完整。

---

* 本篇原载1939年1月13日香港《申报》，系该报记者奇卓的特写稿，记录了陶行知1月12日在中国青年记者学会新年联谊聚餐会上的讲话。据主持会议的郭步陶老先生（香港《申报》总编辑）介绍，这个聚餐会有两点意义：一是联络感情、检讨工作，二是欢迎陶行知先生并请演讲。同日，香港《星岛日报》也刊载了该报记者纳夫与此内容相同的特写稿。

第三，白崇禧将军带衡山会议的精神回到广西之后，广西更是蓬勃的生气，在政治方面，除了过去的村民大会之外，乡、镇代表会在十二月底举行了。二月底成立县临时参议会以后，将成立省参政会。该省雷民政厅长说：人民没有组织，就像没有人民。广西政治已在民主化的大道上迈进了。

第四，广西政治的运用非常迅速，在大轰炸之后，随后就有告示指导民众到什么地方住宿，到什么地方领款，到什么地方吃饭……这是各处很少见的现象，假如患难不相助的，法律上还要加以处分。

第五，逃难的时候，青年人要扶助老幼，每个交通站设有茶与饭以利疏散人口，不相信者经过实地观察之后，亦从怀疑到了钦佩。

第六，经济方面很注重生产。该省出产以桐油为大宗，每年百分之六十至七十是运销到美国去。现在当局限令每县栽种三千株，每乡应栽种二千株，每村应栽种一千株，使生产增加。

第七，国民基础教育冠冕堂皇地普及于各处，校长、村长、团长是三位一体。

第八，湘桂铁路完成之迅速，无以复加。

第九，从山洞教育中，发现：

跟老百姓去，
领老百姓来，
去时像逃走，
来时打回来。

——这是战时民众教育的原理。

第十，还更高兴的是贵会会友，青年记者十多人，在广西住在一起共同生活，像一个家庭：有求知求进的计划，好像战时学校一样；互相勖勉，又像服务团一样，这是很好的现象。

本人现在有一个宗旨就是报告各地方的好处来勉励同胞从善去恶，像香港的义卖，爱国小朋友“李国屏”以及关于赵老太太等等，亦将带到别的地方发扬起来。

注释

① 贵会　指中国青年记者学会。

② 在广西所见　指陶行知1938年11月21日~12月23日在广西的停留所见。

回乡去怎样工作*

各位朋友：

今天我有机会和大家谈话，实在高兴得很。我的话你们懂不懂，用不用翻译呢？

我知道各位同志，还有两个星期的训练，就要参加东江服务团到东江去工作。服务团的名词，是军事委员会[①]定出来的。你们这次训练后，回乡去负责宣传，这是很好的事。在从前干这工作的，只是口头的宣传。现在是用服务来表现一切。我觉得军委会提出了这个口号是很对的，因为只用嘴去说是不够的！

我在这里告诉你们一件在战区中的事情。

有一个伤兵他走到伤兵院去，当他走到门口的时候，因为他的肚子太饿，就快要跌到了。可是到施粥的人，给他粥吃，他一连吃了五六碗，他很感谢施粥的人，他就跪下来叩头。由这个例子看起来，我们便知道前方将士的生活是很苦的。在前线受伤的伤兵，到这里来，本来是很疲乏的，又因肚子太饿了，这比疲乏更厉害了，把粥给他吃比给椅子他坐更重要呢！伤兵吃过了粥会怎样呢?！由这样想来，我们就知道给伤兵吃粥是比什么都好的多啦，待伤兵吃饱了以后，我们还要替他医治他的伤口，这是比

* 本篇原载1939年1月13日《东江》创刊号，这是陶行知在东江华侨服务训练班的演讲词，记录者：陈演。

较空口说白话来得重要了。

我们更明白在这抗战建国中是每个中国人都应把自己的钱、自己的力来贡献国家。

我还记得在桂林的时候，有几位青年到乡中去宣传，乡人对他们说：你们这样的青年，不如到前线去吧，我的丈夫已在一年前往前线去了，我的儿子亦在半年前上前线去了，你们还在这里讲什么话! 你们请回去吧。这个事实看来，我们更知道口头的宣传，那是不能使乡人信仰的。

在上面所说过的给伤兵吃粥，他吃饱粥以后，我们又给他治伤，这还是不够的，我们应再给他抗战的政治知识，使他痊愈以后，再鼓起他的勇气，不怕艰苦，重上战场。因此，我们更知道服务是很重要的一件事。

各位同志，再过两星期要回东江去服务，你们充实理论后，还须切实服务，我希望你们回乡时要带几件东西回去，达到我们干工作的任务才是。

一、政治的认识

大家要多多的看书，要明白世界，明白自己国家，明白我们的敌人，才可以去服务；若果对于政治认识缺乏的话，那是不会工作的，假使在工作，也是得不到好收效，所以我们回去服务，应把政治的教育施行到老百姓中去，使老百姓在抗战期中知道“有钱出钱”“有力出力”。

可是，我们要使老百姓有正确的政治认识，不是简单容易的事情，即如说打倒日本帝国主义，单只提出这空洞的口号是不够的，我们要使老百姓明了日本是中国的敌人，我们要怎样去应付他，打击他，用什么方法，我们把政治知识，改为明浅的故事式，或在剧上表现出来，引起老百姓的兴趣，方可使老百姓清楚地了解，大家起来打倒敌人。要达到这个目的，我们必须有政治认识，要有政治的头脑，不能只看几本书就算了事，所以我们各同志，应该要看书，而且要有深切的政治认识、好的理论，在工作中不断的求进步，使老百姓也跟着进步，才是有用的。

二、应带技能回去

我们回去工作有什么本领，这是我们回乡的同志须要留意的事，我们大批人下乡没有一点本领，那乡下的人，以为要到他家里来吃饭？所以我们到乡下去，应带有本领，如游击技能、医学技能等等。假使当敌人打到乡下来的时候，我们能领导乡下人作游击战争，乡下人被打伤了，我们能替他医治，有时我们可用播音机来协助我们的工作，把播音机用起来的时候，便可把日本的、世界上的各种事情告诉乡下人知道，使乡下人明白每天的时事。这样一来，我要使用播音机，就需有电学的技能才对。因此我这样说，大家回乡一定要有技能，才可得到乡下人的信仰，才能便利我们的工作。

假如我们得到敌人的坦克车，能否开驶，关于游击战术是否了解，那是技能上的事，我们没有技能的话，就比乡下人还比不上，那时候乡下人便要取笑我们啦！你说糟糕不糟糕呢?！就是当老百姓丰收的时候，我们会割稻，我们就到田间去帮他们的忙。总而言之，我们去乡下工作，非具备技能不可。

三、回乡要有刻苦的精神

下乡去工作，当然没有在香港这么舒服，不比香港有洋房住，有汽车坐，有电影看的。我们要有刻苦的精神，才可在乡下生活，譬如打游击是要跑很多的路，人家已上前去了，而自己还在后面，赶不上路，那是不行的。又如跑路时跑的慢，赶不上乡下人，那是使乡下人要笑我们的。同时我们还要身体好，因为身体好才可以工作，才有精神去服务的。我说的要大家带这三种东西回去。假如我们只会唱歌、演戏，乡人问到你切身的需求，大家要是不能答复，就糟了呢！

各位同志，多数是知识分子，现在我专向知识分子说些话，知识分子有许多是喜欢做绅士摆架子的，工作要人做，老百姓的事情不肯干，有些干老百姓的事是包办的性质，有许多事他要自己包办的干，别人要干必要用他的名义去干。这样的包办来干是不好的，我有一首歌给你们听："吃大众的饭，做大众的事，大众的事需大众办，架子摆出老爷样，不算是好汉。"

有种年青的人，每对于做一件事，认为别人不会干，他要一个人去干！一个人包办，那是不好的，现在我们到乡下去干，不是自己可以干得来的，是要跟那乡下人一同干，因为和乡下人同干，那才是好汉。包办的干，是不中用的。我们干事要先正己然后正人，我们要帮助乡下人干，教生产的人去干，现在我又告诉你们一个歌："大众滴的汗，大众吃的饭，大众的事大众干，若是一个人包办，不算是好汉！"

我还有一个意思告诉你们，知识分子跑到乡下去做教育工作，往往不知怎样着手。现在把我的经验提出来告诉你们，我觉得不但知识分子可以做教育工作，就是工友、农人也可以做，现在他虽然不是知识分子，但是经过学习之后，将来他们也是知识分子了，也可以把自己学得的去教他人。

我们要知道，干老百姓的教育是跟着老百姓一起的，老百姓到哪里我们便到哪里，我们要与老百姓同甘苦。当我们在桂林教育老百姓时，老百姓跑到山洞去，我们也跑到山洞去教育他们，但当时跑到山洞去的人不只是一般大众，而且有不少知识分子也到山洞去避飞机呢！那时山洞里有现成的学生、教师，我们就可以开始干教育工作，而我就名之为山洞教育。桂林山洞是很大的，在平时请人家去，那是很成问题的事。在那时候，桂林地方因为受敌机的轰炸，老百姓很多跑去避飞机，所以有学生了，我们就可在这里教育他们，这就是我的山洞教育。

有一次，我到龙川去的时候，因为那里没有地方住，我跑到一所学校去，想在那里借住。那学校的校长，就问起我的名字，我把名字告诉他。他听到了我的名字，就说："啊！我正要找你，因为我看见你提出山洞教育最好，请教我吧，我这里有两个山洞很好的。"我就问他这里的老百姓有到山洞去的吗？他说这里老百姓不到山洞去，我说那就不能取用这山洞教育了。我告诉他，你的老百姓不在山洞，你应该跟着老百姓走，老百姓到哪里，你就要跟他们到哪里。

现在我再讲个故事给你们听：

以前上海有个人，叫做梅世钧，他是参加过打仗的，有一天到日本工厂去做工，竟给那工头知道了，就说他是到这里来捣乱的，于是工头把他的鼻子打伤了。那时候，工头召集了许多人来打梅世钧，当时梅世钧受伤很重，三天后，不幸得很，梅世钧就死去了，自梅死了以后，工厂的工友们都设法秘密地替他报仇。

这件事发生后，工头便禁止工人三五人共同谈话。他们的行动、谈话都很不自由。于是他们便到厕所去开秘密的会议。这事秘密进行后，共有三四千人加入替梅报仇。

由这件事看来，老百姓到厕所里去，我们也得跟到厕所去教育他们。我对教育老百姓，是用五个字来代表："跟老百姓去。"后来我觉得五个字不够，再想了五个字来补充："领老百姓来。"因为我想到只是跟老百姓去，那是不够的，我们不能只跟他去，我们还要领导他回来。我到了香港再加上两句："去的时候像逃走，来的时候是打回来。"把广东拿回来，东三省拿回来，全国都拿回来，所以战时老百姓教育，可由这四句话去代表。教育要看老百姓走才走，继续不断的教他，组织起来打敌人。

关于教育老百姓的内容，可用这五个字："看，想，谈，玩，干。"我们教育老百姓要引导老百姓看，引导老百姓想，引导老百姓谈，引导老百姓玩，引导老百姓干。

看——我们要教育老百姓看，看清了世界、日本、中国的情形，看明白我们抗日要一致团结的责任。

想——个个有头脑，就是要想，我们教育老百姓用头脑去想，要想的正确，我们不要空想。

谈——我们有张嘴巴，可以跟老百姓谈话，更可以跟老百姓讨论问题，讨论清楚了，可得着正确的知识。我们谈话要谈真话，不要谈假话。

玩——在国难当头，有许多人以为不应该谈玩，以为谁玩谁就不爱国。但是，我们玩的，不是如上海小姐少爷们的整日跳舞的玩，而是有意义的玩，如打球、唱歌、弄乐器等，使能恢复工作的疲劳。

干——干的是什么？我们的回乡工作就是干，干是团体的干，不要个别的私干；我们干要真干，不要假干；要快快的干，不要慢慢的干；要大的干，不要小的干；要大家团结起来干，要大家起模范作用的去干，要联合老年人与小孩子来干，总之我们为了抗日建国而干。我们又要为了干而看，而想，而谈，而玩。我们愈看愈要干，愈想愈要干，愈谈愈要干，愈玩愈要干，愈干愈要干，要坚决的干，要到底的干。

我们回乡去工作，要有条理的工作，我希望大家拿这“看、想、谈、玩、干”五个字，做工作的轴心、根本。我们到乡下去教育不是普通的教育，现在所需的是战时教育——游击教育，不必房子，露天也可以，从学校的房子解放出来，打破为教育而教育，为读书而读书的刻板式。我们要为抗战建国而教育，要为抗战建国而读书。教育是大众解放、民族解放、人类解放的工具。我们要把教育公开，不要把教育放在袋里去。

现在时间不多了，大家再过两星期就回东江工作去，大家到了东江以后，若有什么困难的问题时，我很愿意与诸位研究。话就说到这里，有机会时再见好了。

注释

①军事委员会　即国民政府的军事委员会。

说书*

中国有三种呆子：书呆子，工呆子，钱呆子。书呆子是读死书，死读书，读书死。工呆子是做死工，死做工，做工死。钱呆子是赚死钱，死赚钱，赚钱死。对于书呆子我是劝他们少读点书，多干点有意义的事，免得呆头呆脑。因此，我从前在晓庄办了一个图书馆，叫做“书呆子莫来馆”。但是一方面叫书呆子不要来，一方面为什么又要图书馆呢？要叫工呆子钱呆子多看些书，把头脑弄得清楚一点，好把世界的事看个明白。但书是一种工具，只可看，只可用。看也是为着用，为着解决问题，断不可以呆读。认清这一点，书是最好的东西，有好书，我们就受用无穷了。正是：

用书如用刀，
不快自须磨，
呆磨不切菜，
何以见婆婆。

* 本篇原载1939年1月14日香港《立报》。

抗战的全面教育*

今天是香港中华艺术协进会干部训练班开学的日子，兄弟得来参加这个盛会是觉得十二分高兴的，刚才看到你们所有探讨的许多重要问题，亦使得我非常欣慰。现在，我所要讲的题目，就是你们所约定的“战时教育”这一个问题。

抗战发生以后，还有人是不承认“战时教育”的，当兄弟在国外的时候，就听到某大学校长大发其高论，说什么战时教育没练过，不知怎样去办，接着就是拿“百年大计”的招牌出来掩护。

其实，这是浅而易见的。现在日本帝国主义已经将中国改成战时的中国了。我们一切的生活与活动都应该适战时的需要，谁亦不能躲避，教育亦当然不能例外。

某校长不办战时教育，不研究战时教育，就得辞职，否则坐吃国家的薪俸，实在是很笑话的。

兄弟很不赞成他的意思，所以写了一首诗来答复他：

遍地发瘟，
妈妈病倒在床。
叫他倒口开水，
他说功课忙。

* 本篇原载1939年1月22日、1月23日香港《申报》，记录者：奇卓。

叫他请医生，
他说功课忙。
叫他去买一服药，
他说功课忙。
等到妈妈死了，
他写讣文忙，
写祭文忙，
做孤哀子忙。

时到现在，还有人是这样为教育而教育。教员是教死书、死教书、教书死；学生是读死书、死读书、读书死。

他们干着平时教育，就是在百年大计的招牌之下过其超然的生活。我们大家的妈妈——中华民族是怎样的创痛危殆，他是不管的。直至妈妈死了，他倒亦会忙于做讣文、忙于做孤哀子。

第二期的抗战是全面抗战，对于教育的要求就是全面教育。全面教育的意思，就是说，要将教育展开到前方与日人的后方，以至于整个的世界，使全世界都觉悟起来扩大反侵略运动，这是就空间而论。就对象而言，教育并不是少数少爷小姐们，有钱、有闲、有面子者的专利品，而是应该把教育展开到全部的青年去，全部的儿童，全部的壮年，全部的老人，连全部的老太婆都在内。

亦许有人要说，小孩子与老太婆有什么用呢？其实，小孩子要是像台儿庄的孩子唱歌队，把那个姓黄的小汉奸变成小战士一样——那姓黄的小孩中了日人的欺骗，做了小汉奸之后，因为受儿童宣传队所感动，就举手忏悔做汉奸的经过，并向我军报告敌情，炸毁了敌人的火药库、枪械等等。从小汉奸而变成小战士了——老太太则能够像赵老太太一样，抗战的力量不知要增加多少倍呢？所以，教育要展开到小孩和老太婆的队伍里去，展开到整个民族去。

凡是战时所发生的集团，教育就要展开到那里去。

战时有了伤兵，教育就要到伤兵那里去，有了五百个伤兵病院，就要当作五百伤兵学校办。伤兵没得教育，恶劣的影响是不堪设想的。伤兵得到了教育，所发生的力量，是非常宏大的。他们在后方可以提高民气，在前方可以影响士气，这是浅而易见的道理。

战时有了难民，教育就要到难民那里去，使得消耗的赈济成为生产的力量。

战时要征兵，教育就要到壮丁的队伍里去，使所有的壮丁都踊跃服兵役，携孥从军，把我们的兵源者成取之不尽用之无穷，这亦是很重要的问题。

不仅如此，我们还要把教育开展到敌人的后方，使伪政权不得成立，日本的反战运动强化起来，展开到全世界去，使国际上的援助益为积极。

但是，我亦不反对同时在后方办教育。只是不要老八股与洋八股罢了。我们要把次要的课程搬出来，加上符合抗战的需要的课程。有一个很重要的原则应该遵守的：就是后方的组织与训练应该与前方的需要相配合。记得曾有一个时候，晤见了一位医学院的院长，当时我就敦促他赶紧训练医学人才，为抗战出点力量。那位院长很得意地说："老哥，医学不像别的东西啊，要能够服务，起码总得五年，并不是可以马虎的。"当时我的答复就是："现在前方将士死于疟疾、死于痢疾、死于流血流不住的占最多数。请问训练专门医治这种疾病的人才要不要五年？""那么，假如是培养这样的人才，是无须这样长久了！""那就对了！老哥！请你快快训练一大批这样的人才去医治我们前线的将士，去救救我们英勇的将士。至于要养成解剖与取出子弹的人才，我不反对你的五年训练。"后方的组织与训练要与前方的需要相融合，这就是一个具体的例子。

回忆几个月前广州未沦陷以前，中山大学有位朋友问我：你看中山大学要不要搬？我的答案是："快搬！快搬！快搬！"理由就是：仪器是要钱买来的，训练了一个大学生也不是容易的。可惜他们不搬，等到广州沦陷遭着莫大的损失。

最近，又是在广西晤见这位老朋友，他又是问我：你看中大要不要再从广西搬到云南去？我的答案是："不要搬！不要搬！不要搬!"理由是云南离广东太远了，在广西还可以参加保卫广东的工作，用搬迁费来构筑防空壕是绰有余裕的。第二个原因，是云南的大学太多了，实在再没有添加一个的必要。

可是我并不是机械的反对在云南办教育，倘使那里最高学府不太多，而又念念要把力量输送到前方去，那末，是没有人反对的。

因此在后方办教育，是不可在百年大计的盾牌下躲懒，要时时刻刻顾念到抗战的需要，即是顾念到建国的需要。倘使抗战不成，什么都完，所谓百年大计，都变成奴隶之计，所以最要紧的，在后方办教育首要在增加抗战的力量，否则躲在山洞里，仍旧为教育而教育，那便是逃走教育。

我们自身的教育在过去是片面的，现在亦应该全面起来，全面的自我教育。就是要：看、想、玩、谈、干。当然我们有两眼，就得看；有脑袋，就得想；有张嘴，就得谈；有疲劳，就得玩；有双手，就得干。我们要为干而看，为干而想，为干而谈，为干而玩，干是生活的中心，亦即教育的中心，干什么？抗战建国!

抗战建国是要
真干，不可假干；
穷干，不可浪费的干；
合干，不可分裂的干；
快干，不可慢慢的干；
大干，不可小小的干；

凡是假干、浪费的干、分裂的干、慢慢的干或是小小的干，都是可疑，我们应当追求证据，分别奸庸，来他一个适当的处置。教育要通过生活才是有效的教育；抗战教育要通过抗战生活才是有效的抗战教育。

教育是民族解放的武器，人类解放的武器。不展开到整个民族、整个人类，不够称为全面教育。

生活教育社立案的呈文*

窃查生活教育之理论发端于十二年前。在此理论影响之下，曾先后成立晓庄学校、山海工学团、儿童科学通讯学校、普及教育助成会、国难教育社、抗战教育研究会、晓庄研究所；并出版晓庄丛书、生活教育丛书、儿童科学丛书凡百余种；在杂志方面，则有《生活教育》半月刊、《战时教育》旬刊，先后在沪、汉、渝三地出版，专门探讨生活教育理论与实施，截至目前止，为数已达六卷。至最近来桂之军事委员会政治部孩子剧团、新安旅行团之产生，亦与生活教育之理论有密切联系。迩来因战局关系，生活教育同志不期而集于广西者为数渐多，佥认过去之努力虽曾发为乡村教育运动、普及教育运动、国难教育运动、战时教育运动，第去国家民族之所要求与吾人者尚远，爰有组织生活教

---

* 本篇系摘自中国国民党广西省执行委员会1939年1月23日上报该党中央执行委员会《呈送生活教育社社章、表册等件，并转报生活教育社组织经过情形，请予核准立案示遵》的呈文。该呈文附陶行知的呈文及附件，此原附件皆有陶行知以生活教育社理事长名义的签名。1月28日国民政府教育部发出2114号公函致国民党社会部，谓："准此，查生活教育社所呈章册，大致尚合。"2月22日，社会部分别致函国民党广西省党部及内政部和教育部："查该社宗旨与组织尚合于文化团体组织大纲之规定，业经本部核准备案。"同时，又向广西省党部发出渝字第2359号密函："案查生活教育社成立有年，过去活动，颇为各方注目。此次该社在桂重新依法设立，经由贵会转呈经过情形，除经核准备案，函请依法代为指导外，对于该社活动，应请随时予以密切之指导，并应极力策动党员参加该社工作，以增强党的领导力量。相应函请，查照办理为荷。"3月17日教育部复函社会部，对生活教育社社章提出了加列条款的意见。生活教育社没有照此办理，对社章未作改动。

育社之议。当即由发起人推定陶行知、唐现之、季平、杨寅初、汪达之、王洞若、吴新稼、王慕祥、陆静山等九人为筹备委员，组织筹备会积极筹备：一面向钧部申请准予组织，并呈报广西省政府备案；一面拟定社章、征求社员。先后奉得钧部文字第37号许可证书民字第1353号与第1354号及广西省政府教字第9368号指令准予组织，越时一周，筹备就绪，乃于二十七年十二月十五日下午一时，假座广西省政府大礼堂举行成立大会。当荷钧部代表刘股长藜青、广西省政府邱厅长昌渭、军事委员会委员长西南行营白主任崇禧、军事委员会政治部第三厅郭厅长沫若、中央委员会李委员任仁等莅临指导。当由全体社员通过社章，选举李任仁等33人为理事，陶行知为理事长；邱昌渭等15人为监事。各当选理监事即于二十七年十二月十六日宣誓就职，由广西省政府邱厅长昌渭监誓，即日启用图记在案。依照人民团体组织规程规定程序，至此已告完成。除呈请广西省政府咨请教育部立案并呈报钧部备案，先后奉得广西省政府教字第1号及钧部民字第1号指令，准予备案咨转外，依据文化团体组织大纲施行细则第3条规定，理合检同本社社章、职员表、团体组织表、社员名册及依式自刊图记印模等项一并呈送钧部转呈中央党部立案赐予指导实为公便。

1939 年 1 月 15 日

附：生活教育社社章

第一章　总　则

第一条　名称：本社定名为生活教育社。

第二条　宗旨：本社宗旨在探讨最合理最有效之新教育原理与方法，促进自觉性之启发，创造力之培养，教育之普及，及生活之提高。

第二章　社　务

第三条　社务：本社社务如下：

甲、调查生活需要；

乙、设计教育方案；

丙、编辑教育材料；

丁、研究专门问题；

戊、试验教育方法；

己、推广探讨所得；

庚、介绍社员服务；

辛、促进社员互助；

壬、指导社员进修。

第三章　社　员

第四条　社员：本社社员分赞助社员及工作社员二种——

甲、凡同情本社宗旨并予以物质或学术上之助力者，得由理事会推举为赞助社员。

乙、凡赞成本社宗旨及生活教育理论技术，实地为人民儿童服务者，经社员二人以上之介绍，理事会之通过，得为本社工作社员。

第四章　组　织

第五条　组织系统：本社组织系统如下：

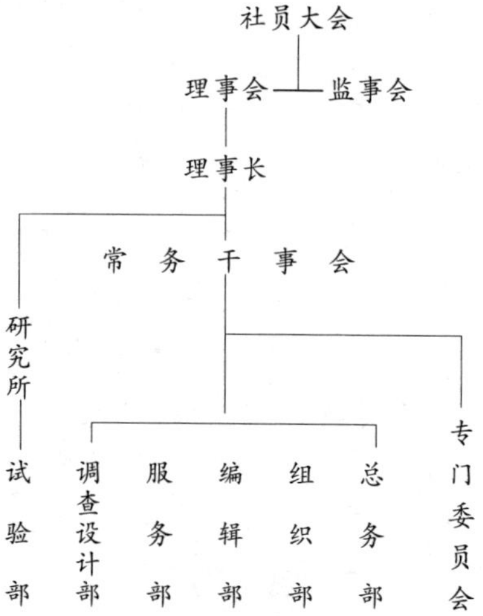

第六条　组织方法：

甲、理事会设理事三十三人，监事会设监事十五人，由社员大会推举，任期三年，每年改选三分之一，连选得连任，第一届理监事之任期，于推举后抽签定之。理事长由社员大会于理事三十三人中推举之。监事会主任监事，由监事互推之。

乙、研究所由理事长组织董事会产生所长主持之。

丙、常务干事会，由理事长推荐各部常务干事合组而成。

丁、专门委员会委员，由理事长聘请社员担任之。

戊、试验部直属于研究所，由所长聘任常务干事主持之。

第七条　分社：本社为充分服务起见，各地社员在三十人以上者，得设立分社，在三十人以下五人以上者，得组织共学服务团，不满五人者，得组织通讯处，分社社章及细则另定之。

第五章　职　权

第八条　本社大会及各机构之职权如下：

甲、社员大会

(1) 确定本社工作方针及计划。

(2) 产生及改选理事长，理监事会之理事及监事。

乙、理事会

(1) 执行社员大会之工作计划。

(2) 指导并督促常务干事会及各种委员会之经常工作及特殊事项。

丙、监事会

(1) 考核理事会、常务干事会工作。

(2) 检举社员言论与不端正行动。

(3) 审查本社经济出纳事项。

丁、理事长

(1) 对外代表本社。

(2) 主持指导本社一切进行事宜。

戊、常务干事会

(1) 总务部负责办理文书、会计、庶务等事宜。

(2) 组织部负责办理社员入社，分社组织及实际工作分配事宜。

(3) 编辑部负责编辑刊物、丛书及战时教材等事宜。

(4) 服务部负责推广探讨所得，进行社会服务，指导社员进修，介绍社员工作及其他各种互助事宜。

(5) 调查设计部负责办理生活调查及方案设计等事宜。

第六章　会　议

第九条　会议：本社会议分下列四种：

甲、本社社员大会，每年举行一次，由理事会召集之。

乙、本社理事会会议，每三月举行一次，由理事长召集之。

丙、本社监事会会议，每半年举行一次，由监事会主任监事召集之。

丁、常务干事会会议，每月举行一次，由总务部干事召集之。

以上四种会议，遇有紧急事宜，得召集临时会议处理之。

第七章　经　费

第十条　社费：本社社员社费，每年缴纳国币一元。

第十一条　事业费：本社事业费分下列二种征集之。

甲、赞助社员特别捐

乙、工作社员月捐

附则：本社章有未尽事宜，得由社员五人以上提议，经大会出席社员三分之二以上之公决，得修改之。

生活教育社理事长陶行知

1939年1月15日

推行生活教育之又一方式*

一、在大都市里面我们需要一种适合于刻苦求进的旅客临时过生活的场所。

二、这种共同生活的场所，要办得省钱而有意义。它应该是一个四位一体的东西。它同时是一个旅社，一个学校，一个家庭，一个服务团。它要有旅社的便利，学校的长进机会，家庭的亲爱互助，服务团的各尽所能以贡献于当地的社会。我找不着更好的名字称它，姑且称为“第二家乡”。

三、为着要达到四位一体的境界，“第二家乡”要注意下列几点：

（甲）每人出房租不比寻常房租贵；

（乙）饭食不比寻常包饭贵；

（丙）有浴室、操场、图书馆、表演台、疗养院；

（丁）房间分三种：男子合居的房间；女子合居的房间；小家庭同居的房间。

（戊）为共学服务便利起见应依职业性质，创立独立斋舍，例如戏剧斋舍，专供演员、导演、编剧者居住；歌咏斋舍，专供歌者、作曲者、作歌者居住；教师斋舍，专供先生、小先生居住；记者斋舍，专供新闻杂志记者居住；战术斋舍，专供军事学

* 本篇原载1939年1月25日《战时教育》第3卷11期。

者及战士居住；政治斋舍，专供政治学者及政治运动者居住等等。外设普通斋舍，专供尚无专门兴趣之人士居住。每斋舍设男子合居房间若干间；女子合居房间若干间；小家庭同居房间若干间；个人居住单房若干间。

（己）为着父母工作便利及儿童幸福起见，设托儿所，日间代养小孩，晚间由父母领回。哺乳小儿，由母亲按规定时刻亲来喂奶。

（庚）各斋舍自行组织座谈会。

（辛）每周举行全体演讲讨论会一次，敦请专家主讲，讲毕讨论，由全体参加。

四、图样如下：

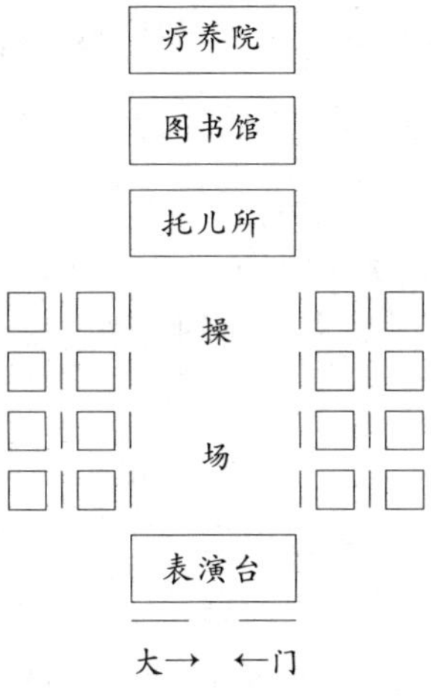

说明：

（甲）每方格代表一座独立斋舍，前面一线代表菜园或花园，每斋舍有厨房、会客室、卧室、浴室。

（乙）表演台为演讲、演剧、唱歌之用。

（丙）中央大空地为操场，同时是全体集合之所。

（丁）每房距离以燃烧弹不能波及为原则。

五、组织，由发起人组织董事会聘请总干事主持整个计划之实施。各斋舍在不违反公约条件下，得行斋舍自治，推举舍长，主持各该舍清洁卫生、饮食起居、教育互助及服务事。

六、总干事视事务之繁简得聘干事若干人助其管理。总干事之责任，不仅在给各人以饮食起居之便利，而且要使整个团体过合理向上之生活，尤其要注重互助、共学、服务之推进。

七、在新舍未造前，可租借民房或拨给公房先行试办。

八、费用，房租及饭费、医药费由各人自备，其余如建筑费、教育费则以捐资及补助费充之。小规模之“第二家乡”可租旧房办理，费用亦由合居人共同担负，不必捐款。

全面抗战与全面教育*

各位同学：

今天我要讲的题目是“全面抗战与全面教育”。现在先讲全面抗战：

大家知道，我们抵抗侵略的战争，已到了第二阶段。这阶段的战争特征是把战争的形势展开成全面，它已不是点线的战争，而是各方面的全面战争了。现在我就把现阶段中军事战、经济战、政治战、外交战、教育战诸方面提出来说说：

一、军　事

现阶段的军事形势，是用六十师放在敌人后方打游击，六十师作阵地战、六十师做后备。就地形说，我们是以四川为肚子，西南做右手，西北做左手，造成一个相持的局面，来继长增高的产生我们的新力量。现在我们要用这两手来打，但若两手拿不着好东西，空手空拳是打不出去的；所以我们必须想法子使这两手拿到东西，以便打出去，但拿到东西在西南要二年的准备，在西北要三年的准备。拿到更多的东西以后，就不是单单的相持了，我们便可以冲出相持的局面，进而收复失地。现在这两只手也不

* 本篇系陶行知1939年1月在香港中华业余学校的演讲记录。记录人：李伯丝、叶翼如、汤儒卿、陈烈。原载1939年3月15日《生活教育十二周年纪念刊》（留沪社友编印）。

是空手，不过所拿的东西还少一点，等到第三个年头，西南的右手便会有很大的力量拿来；第四个年头，西北的左手也会有很大的力量拿来，便能势如破竹的打出去了。现在的局势，我们以天时、地利、人和来和敌人打，已不是像上海战争那样的五个人比一个人，而是由五个人换四个人，此时是进到一个人换一个人的阶段，如再打下去，日本要占便宜，一定是没有的。

前面所说的三分之一的兵力放在敌人的后方打游击战，这是关系重大。敌人的后方有了不断的强有力的游击，便能使敌人的市场毁灭，伪政权无法成立。这样敌人便不能拿我们的力量来打我们，我们反能继续增加我们的力量，到最后，这种力量必然的会把所有敌人驱逐出去。

二、经　济

全面抗战不单是军事战而且是经济战。我们在经济战上有两点重要的战略：第一是增加我们的经济力量；第二是减少敌人的经济力量。在第一点，我们利用合作的方法和外来帮助的技术人材发展轻工业。再来就是稳定我们的法币。

本来我们的法币是稳定的，敌人虽想捣乱是很难的。这因为，第一是我们的现金准备充足；第二是敌人的现金快要用尽，势力不够，没有捣乱的力量。所谓敌人的现金，是指敌人有数目的现金，这是差不多流完了（那无数目的现金是不在内——如妇女的金银首饰和守财奴埋藏的金银等，我们没有确切的统计）。现在他们总动员，计划之一即是动员一切无数目的现金，但他们用于购买军火的付值还恐不够，有什么力量来捣乱我们的金融呢？除此以外，他们的军阀和财阀的不能合作，亦是无力捣乱我国金融的一个原因。他们的军阀认为是为财阀打地盘、打出路，财阀应给他们的钱，但是现在财阀的钱几乎被刮光了，而地盘终是拿不稳，即使军阀得到一些点线的地盘，财阀的货物亦难以行销。原因是日本随营酒保在占领区内，舞弊走私，进出货物，可以不纳捐税，把士兵们的军用品克扣下来出卖。比如啤酒，财阀的每瓶要出卖四角钱，而军阀舞弊克扣的只卖二角半，所以财阀的货物在沦陷区域亦就难有出路。这样一来，财阀军阀便起了不可调和的冲突，而想合作去破坏我们的金融也就愈觉难有办法。

关于第二点——减少敌人的经济力量——我认为日本的经济基础是建筑在“日货”上的，卖出多，赚钱多，军火便买得多，杀人亦杀得多。反之，卖出少，赚钱少，军火便买得少，军事亦无法取胜而逐渐走上失败的路。但在将败未败时，他为着要硬撑死撑，便只有把现金去换军火，可是现金完了，又怎样呢？所以我们抵制日本货就是减少敌人的经济力量，也就是制裁日本最有力的一种方法。

我在星洲①时看到一般华侨抵制日货的情形，确是认真。他们抱定“宁可不穿裤，不买日本布”的决心。如果有人贩卖日本货，有钱的罚款；无钱的小贩卖日本货，便剪耳朵，一次剪一只，两次剪一双，竟剪了一百多人的耳朵。但这办法是过分了。没有耳朵在路上走，不大好看。所以我便请他们要用教育来代替剪刀，用宣传的方法来说明买日本货就是自杀中国人的行为，同时并劝卖日本货的改卖他国的货物，帮助小贩找出路，那么日货的销场自然就可以日见减少了。

我到了美国，也看见了不少同情我们的青年，拒用日货，有许多青年和妇女自动将日本的丝袜、领带解下来烧毁掉，以示决心不再买用日本货。这样一来，日本货的销路在美国就减少了百分之三十五。我们知道美国是日丝最主要的销场，少了百分之三十五，在日本是一大打击。

我到印度时会见甘地先生、泰戈尔先生和波斯先生，也谈到这个问题。印度的民众用日货的还很多。印度是日货的第三个市场，如果印度也能和美国一样，日本的经济便更难维持。所以我请求他们组织一个特别委员会来抵制日货，想不久或可实现的。

抵制日货虽然是减少敌人的经济力量的一种方法，但我们认为单是“抵制”是不够的，我们还要希望各国不卖军火或不卖制造军火的原料给日本（因为日本的军火原料是大部分要靠外国输入的）。

日本从英美输入的军火及制造军火的原料，占他输入总额的百分之七十五。所以我尝告诉美国人说：“日本杀死一百万中国人的时候，就有五十四万五千是美国的东西杀死的。”他们现在已有好几次劳工拒绝搬运卖给日本的军火或原料了，这种运动扩大下去，也是很能给日本一个大的打击。

抗战工作就好像烧开水，只要一把火一把火，不断的烧下去，烧到一百度，它自然沸了起来。只要我们不灰心，努力做，所要求的目的，一定可以实现出来。

以上所说的两点——抵制日货和不卖军火或原料给日本，就是减少敌人的经济力量，这是关于经济战上我所要说的话。

三、政　治

说到政治，我们看见日军的军纪败坏，以及从敌兵的日记里，处处表现对战争的前途抱悲观，就可以知道他们军队中的政治教育不好，没有持久战斗的认识的。我们是抵抗侵略，为生存而战斗，我们的军队知道这一点，便能够拼命抵抗；但这也不是每个兵士都已明白，所以我们自己军队中的政治教育，还要更加努力的做去。

在汉口失陷后，我们的最高领袖和重要长官，在衡阳开了一个会议，议决几点很重要：（一）政治重于军事；（二）民众重于军队；（三）游击战重于阵地战；（四）后方重于前方。这是转危为安的大方针，以后照这方针做去，一定能得到很好的效果。我们要知道从民主中表现出来的力量，不是封建专制的日本所能克服的！比如延安，它是个小小的地区，民众只有几十万人，它的力量就非日本所能消灭了。政治走上大路，人民只知有国，与军队联成一气，老百姓爱军队，军队爱老百姓，军队与老百姓都如家人父子兄弟姊妹，是必能愈战愈勇。又如现在的广西，我已经看到这种政治的发展了。所以抗战以后所表现的力量也特别强大，它只有一千三百万的人口，便能出兵四十万，全国若能完全这样，便可以出兵一千四百万。有这样多的兵力在前线，即不独武汉可以不失，南京也可以不失，即上海也可以不退。由此可以知道，我们的政治，若能注重民主，那么我们的军事力量，便能提高，增加好几倍，政治一定要使下层能够真正组织完善。广西省现在着手组织乡镇民代表会，继而要成立县参议会，最后要成立省参议会，向着民主化迈进。从人民表现出来的力量才是真正的力量。

此外，我们在政治上还有个“决心”，就是“抗战到底”的决心。蒋先生曾屡次表示得非常恳切、明白、肯定。我在路上遇着很多的将领，他们也都很坚决表示这个“决心”。到处人民更都表示这“决心”。一般“文人”，虽然头脑复杂，不大靠得住，但亦没有什么。在座各位，或许以为重庆的情形很复杂，因为外间的谣言很多。其实不然，所谓妄想议和的“妥协派”数目并不多，计算起来最多怕不上两打——讲得最响的也只有一个罢了，那就是现在正在闹出走的汪精卫。汪精卫每到一次失地的时候，他就放一次和平空气，摇动人心。他反对游击战，用意很巧妙，以为和敌人打仗，是要扎硬阵、打硬仗，打游击就是游来游去。并且说游来游去是剥民众的膏血，游来刮去，游去刮来，好像明末的流寇一样。这样说法，实在是恶意中伤，为敌张目。他所说的话正是敌人所想说的话，他所想的事也正是敌人所希望的事。比如硬打硬拼就是敌人最希望的战略，因为一打就完，完了就投降，就亡国，真是最快最速的痛快事。又比如游击队为明末的流寇，他不知道明末的流寇不是政府组织的，而现在的游击队却是政府组织的军队，敌人常骂之为流寇，但现在竟出于汪精卫的口中，那真是奇怪。游击队不是“游来游去”，而是击来击去，击敌人的后方、击汉奸、击敌人所制造的伪军队及汉奸政府，它为了击来击去，所以配合着运动战、阵地战而发生力量。

现在世界上的官，要算汪精卫顶自由了。他说话不管和政府所定的政策符不符，和最高领袖的表示合不合，只管胡说八道。其实一个政府内的人，不能有两种不同的话，加里宁的话能与斯大林不同吗？戈林的话能与希特勒不同吗？齐亚诺的话能与墨索里尼不同吗？这或许有人说他们是独裁国家。但美国的副总统对外所说的话有一句和罗斯福不同的话吗？有一次加尔耐和罗斯福一同出席某会议，加尔耐以总统在座，他的演词只有一句："我要说的话有总统在，可以不用说了。"又如英国外相艾登与张伯伦的政见不同，他要发表不同的意见，是在他辞掉外相之后。由此可见政治家的风度是应该怎样。天下的官没有一个比汪精卫更自由了。可是做官是不能这样自由的，应当跟着顶大的官走，不能像汪精卫这样自由的今天向中央社[②]，明天向路透社[③]，后天向海通社[④]，随便发表谈话。因为这样便给外人看了，以为中国是有两个领袖两个意见。世界上没有自由的官。汪精卫他如果要自由发表意见，就要先把副总裁、参政会议长的官辞去，做一个平民，或者可以多得一点说话的自由，因为民主国中只有自由的民而没有自由的官。平民有说话的自由，也有选择坐牢的自由。

现在汪精卫走了，但走了也不算什么大事。相反的，我们还觉得政治的形势好转，抗战到底的血是澄清了。这是政治上的进步。

四、国际与外交

国际形势和我们的外交，事实上也只是属于政治的一部分。在最近国际形势对我们比较有利的，可以见出下列几点：

（一）英美远东政策的趋向合作

英国和美国，本来是有很大的矛盾，在经济商业上有难以调和的矛盾。但自从订立了"英美商约"后，已使这矛盾减少。矛盾减少以后，他们便可更进一步合作。在这一年来，英美是走平行行动，这虽是好的一点，但是还不够的。现在这个问题与中国是在发展着。这些矛盾减少，是证明英美两国对远东的政策，要由平行渐近为更密切的合作的一种表示。

(二) 美国对中国态度的积极化

美国对中国的态度是比较好的。"九国公约"[⑤]是美国提出签名的。他遵守着这"九国公约"，他不满意日本侵华，他在过去不承认伪组织，他们的外交委员长这样讲："如果中国政府被迫退到山洞里去，假使只留下蒋委员长一个人，我们也承认这个政府是代表中国四万万人的政府。"这告诉敌人是：你不要以为得到了汉口、南京，便可以得人承认。但美洲内部也有矛盾。为了减少内部矛盾，肃清日、德、意在美洲的侦探和细胞与一切想侵入美洲的法西斯势力，以便更有力的注意远东，便召集了"泛美会议"[⑥]，以巩固后方，这是很有意义的工作。在我们失了广州，失了汉口之后，他还对我们作信用借款。这便是同情的具体表现。

(三) 苏联是我们的好朋友

苏联在我们抗战开始时，就是最援助我们的一个，但有人却对他起了怀疑，以为苏联助我是有目的的，是要我们"赤化"，其实这是别有用心，不值一驳的话。须知苏联、英、法都是国联的会员国，国联有会员国各别援助中国的决议案，苏联援我就是执行国联的决议案。我们不要以为其他会员国没有执行决议案或执行不力而对已执行颇力的觉得奇怪，起了怀疑，这是不对的。苏联对我的援助是积极的，他是我们的好朋友。

上面所说的就是国际的一般形势，也是我们外交战得了胜利的效果。但我们谈到国际战，就不能不连带谈一谈我们在国际上所做的宣传战。

宣传是国际外交战的一种手段，是很重要的。自开战以来，我们的宣传一向是得了胜利的，我们的宣传在组织上虽然不统一，在精神上却是统一的……

日本的宣传是像个不道德的女子，虽然扮得十分妖丽，到处招摇，但人家却是不理！在我们则理直气壮，到处说老实话，到处受人家欢迎。记得日本指派一个工人头脑名叫铃木[7]的到美国去，想向美国的工人做宣传工作。给美国的朋友知道了，我们便先告诉了美国两个大组织——A.F.L与C.I.O，告诉他们这个“铃木”来美用意。于是到他来了，便想和码头工人宣传，他说：“请你们开一个会，让我同贵国码头工人见见面，说几句话。”美国工人代表问他说：“你是代表什么来的？你是代表日本工人呢？还是代表日本政府呢？”他说：“当然是代表工人，但也得政府的同意。”“那么你对你们政府的侵略政策是否赞成？”“不敢反对。”“你们不反对，我们却反对”。“听说你们抵制日货运动，那么日本工人便要饿死了”。“谁使你们饿死？是你们的侵略军阀，驱工人去侵略中国，使工人失业送死。你们只要反对你们政府的侵略就有饭吃。”最后美国码头工人代表给铃木的请求以一个拒绝，而且说：“抵制日货是工会的决议，我们只有奉行而不能取消。”这样使这位日本工人头脑自感无颜回国了。日本派到外国的人，四处招摇，人们都嫌他们说谎，不理睬他们。可是我们中国人，讲老实话，到处都受人欢迎。所以中国的宣传战失败的很少。在美国有七百六十多人代表中国宣传：内中有中国人，有美国人，有高丽[8]人，还有日本人。日本有一个女子，名叫松林春小姐，她是侵略中国的松井[9]大将的侄女，但是她同情中国。她的话大受美国人欢迎，她说：“我爱日本，所以我爱日本的近邻的中国。因为我爱日本，所以我反对侵略中国。我们的军阀害中国，便是害日本。侵略中国，就是日本的自杀。”还有两个高丽人唱双簧：一个代表中国，一个代表日本。代表日本讲话的，把日本军阀盲干到底的话讲出来；其他一个则很清楚地、头头是道地说明中国的抗战。在美国，日本军阀的代表单独讲话是得不到群众。中国人在什么地方都可以说话，什么地方都受人欢迎。在“八一三”以前没有这样的现象。“八一三”以后，他们都很喜欢听中国演讲。他们因中国群起抗战，中国有“国格”了。

他们曾这样说：“我们不敢谈论侵略者，而中国则敢抵抗侵略者，这是很值得尊敬的。”他们为了尊敬我们，所以很乐于听我们的演讲，也就是看得起我们的一种表示。

不过，现在世界上还有二个看不起我们的国家，一个是德国，一个是意国。在德国我们是得不到机会去宣传。希特勒在《我的奋斗》一书中还骂我们“中国人是半生半死的人”，更把中国人与黑人比做一起。有一次一个人问他说：“黑人受了德国教育也能发明，总该另眼看待吧？”希特勒说：“他生下来是黑人，死了进棺材还是黑人，穿了一件德国的外套算得什么？”又有人向他问：“日本人呢？”他则说：“日本人是白种人！”在德国报纸上中国打胜仗是受骂的，日本胜了便大大的宣传。所以当他骂我们的时候，就是我们打胜仗。

意大利更多对不起我们的事，我们上墨索里尼的当上够了！从前我们聘请意大利人做顾问训练飞行员，他们说“飞行员”“贵精不贵多”。于是录取新生严格，有一次在一百六十几个体育家中，只取了二个。中国训练成的飞行员也就因此不够用了，这都是拜受意大利顾问弄虚玄的“恩赐”。他们在好题目之下干汉奸活动。墨索里尼卖给我们的飞机，多数是坏的，用起来常常失事，不能战斗。由此可见，墨索里尼是个顶坏的人！最近他还有一件很对不起我们的行为，就是在意轮上搜查我们出国的学生代表团的宣传品，还拘留我们三名代表，这也是令我们不能容忍的事件。

但是现在还有人说什么德意路线！讲什么德意路线，那真不知情势了。我们的孙中山先生曾经说过：“联合世界上以平等待我之民族共同奋斗。”但他并没有教我们联合世界上看不起我们的人来共同奋斗啊！

现在国际上对我有利的形势，正在逐渐展开，英美对我的援助，正在逐渐积极，我们也正在逐渐的走上胜利之路。

以上所述就是我对于全面抗战的报告。以下我们就要谈到“全面教育”了。

所谓全面教育，就是“教育战”。我们的抗战是全面抗战，我们的教育也跟着全面抗战的开展而成为全面教育。但假使只为教育而教育，也即是为教书而教书，为读书而读书，这是不正当的，我们可以不必讲它。抗战与教育有什么关系呢？教育应该配合抗战，教育在现在就是战时教育。

有一位校长说：“我没有学过战时教育，所以不会办战时教育。”但他又不肯下台让晓得的人来办。于是我便写了一首小诗，发挥我的感慨：“遍地发瘟，妈妈病倒在床。叫他倒口开水，他说功课忙。叫他请医生，他说功课忙。叫他买服药，他说功课忙。等到妈妈死了，他写讣文忙，写祭文忙，称孤哀子忙。”

这班为教育而教育的人们，在平时是这样，在战时也要来这样，那真是不可思议的！我们不能坐视中华民族的妈妈病死，必定要起来服侍她。全面教育可分做几点讲。

第一，从空间来说：不能只办后方教育，要把教育扩大到敌人的后方，扩大到全中国、全世界去。

第二，从教育的对象说：不只着重青年教育，而且要顾到老年人和小孩子的教育。老太太不是没有用的，你看赵老太太，现在她是游击队的母亲。我曾写了一首诗送她说：“日本出妖怪，中国出老太。老太捉妖怪，妖怪都吓坏。”谅大家必有看过的吧！青年固然有用，小孩子也很有用。我在第五战区时，曾听李宗仁将军告诉我台儿庄一个故事：当台儿庄形势紧张的时候，有一群小孩子组织歌咏队，在村上唱歌，等到听众多了，他们乘机来演讲，宣传救中国必先除汉奸的意义。不料听众中恰有一个姓黄的小孩子，他是给敌人利用来打探我们军情的小汉奸。小汉奸听了这些话马上觉悟悔过，自动起来向大家招认，承认他是个小汉奸，并且发誓从此不再做小汉奸而要做个小战士。大家就要求他用做汉奸的手段去做“反汉奸”的工作，去打探敌人的消息。结局他是如命而行，探出敌人的火药库而带我们的军队去炸毁。小孩唱歌演说的力量，可以把个小汉奸变成一个小战士。这些都是老太太和小孩子所表现的力量和功绩。所以我们的教育不能以老太婆老而不顾及，小孩子小而看不起他，须知当此全面抗战的时候，青年壮丁固然有用，老太和小孩也有他的用处啊!

第三，要顾到随战事的进展而产生的特殊生活。譬如因抗战而有了伤兵，我们就要有伤兵的教育；因抗战而有了难民，我们就要有难民的教育。我们对伤兵要用教育的方法来启发伤兵，使他们在后方可以鼓励民气，在前方可以鼓励士气。对难民亦是这样，在难民的收容所中组织工学团，增加难民的生产力量，坚定他们的抗战意识，把逃难的一群变为冲锋的一群。

第四，全面教育还要跟着老百姓跑。百姓跑到东，我们教到东；百姓跑到西，我们教到西；百姓跑到树林，我们教到树林；百姓跑到山洞，我们教到山洞。所谓跟着教，并不是跟着逃走。跟他们做什么？教他们！教育是要跟着老太太、老太公走，跟着青年走，跟着小孩子走。所谓教育不是只教他们识几个字，或印印讲义就算了，帮助人就是教育。全面教育扩大到无论什么地方，是跟着老百姓的教育，那么知识分子就应该开展他们的教育到那儿去。所谓跟“老百姓去”并不是“逃走”！而是跟着他们，走进他们的生活中去教育他，使他改逃跑为冲锋，走回来抗战。只是逃跑，那是“逃走教育”，不是全面教育。

在后方的云南、贵州办教育是要紧的；到山东、河北办教育亦是要紧的，但也不一定在敌人炮火下办教育。若到山东、河北去只是为教育而教育，这又有什么用处呢？

教育不要呆板，要灵活的运用。只要使他们发生一种力量到达前线去，增加抗战的力量，要很快的发生效力，真正发生效力。

第五，教育的行为是服务，而服务的行为也就是教育。譬如在逃难的时候帮助老太婆不使跌倒、帮助小孩子不使踏伤，这都是教育，以身作则的实践教育。

第六，要顾到高深的研究，也要顾到目前需要的实用技术。譬如有人说一个医生，非五年七年不能养成，但现在前线上兵士最普遍的疾病是疟疾与痢疾和因血管破伤流血过多以至于毙命！这种医疟、痢、扎血管止血的医生，那就不需要五年七年了，如果认真学习，几个月便可毕业，到前线去服务救人。我们可用轮流服务、轮流研究的法子来调剂。若硬说一律需要五年七年而后有医生可应世，那是我们所不敢附和的，所以在后方办教育我们并不反对，所谓全面教育并不是一定要硬撑在炮火之下来办教育；在云南、贵州，甚至任何地方办教育都可以。不过教的工作在后方，而教育的力量却要达到前方，达到敌人的后方。教育的目的不是为教育而教育，乃是为抗战而教育。因此，所授的课程和方法，必须变更，以求切于抗战建国之用。

以上六点，就是我对于全面教育的一些意见。此外，还有一点要请大家格外注意的，就是：全面教育是要真干而不可假干，要穷干而不可浪费的干，要合干而不可分裂的干，是要快干而不可慢慢的干，是大规模干而不可小干的教育。

今天时间很长了，我的话就讲到这里。但我的全面教育还有一段，留待另定一个时间，来和诸位谈“生活教育”时再说。

注释

① 星洲　新加坡的简称。

② 中央社　全称是“中央通讯社”。为国民党1927年所创办。

③ 路透社　英国最大的世界性通讯社。

④ 海通社　德意志帝国的通讯社。创办于1915年，1945年停办。

⑤ 九国公约　全称《九国关于中国事件应适用各原则及政策之条约》。1922年2月6日美、英、法、日、意、比、荷、葡和中国北洋政府签订。条约规定：“维护各国在中国全境之商务实业机会均等”和“中国之门户开放”的原

则，是对中国主权、独立、领土完整的粗暴侵犯。

⑥ 泛美会议　又称美洲国家会议。总部设在华盛顿。

⑦ 铃木　即铃木茂郎。

⑧ 高丽　即现在的朝鲜。

⑨ 松井　即松井石根。

桂林战时民众教育工作人员须知*

一、什么是教育

好的教育是引人向上向前生活之力量。它是一种工具，它是民族解放的工具，也是人类解放的工具。教育为着要引人向上向前过生活，它的本身便必须是向上向前的生活。一切要通过生活才成为真正的教育。为教育而办教育，或是空嘴说白话，都不能算是真正的教育。

二、什么是民众教育

民众教育是民众的教育，民众自己办的教育，为民众的需要而办的教育。我们说民众的教育是要认定对象是民众而不是少爷小姐，便不可当他们为少爷小姐而教他们。中国是个穷国，要民众自己起来办教育，换句话说，政府要鼓励指导民众自己起来办教育，才有普及的希望。教育必定要变成民众的家常便饭才合民众的需要，也必定要适合民众的需要才能算是真正的民众教育。

三、什么是战时教育

有的人反对战时教育。但是有战时的生活便不得没有战时的教育。例如空袭时的生活便须要空袭时之教育。战时教育之重要

* 本篇原载1939年2月10日《战时教育》第3卷第12期。

可以从下面一首小诗看出来：

遍地发瘟，妈妈病倒在床。
叫他倒口开水，他说功课忙。
叫他请医生，他说功课忙。
叫他去买药，他说功课忙。
等到妈妈死了，他写讣文忙，
写祭文忙，称孤哀子忙。

中华民国是我们的妈妈，现在被瘟神危害，我们要救妈妈的教育，不要袖手旁观的教育。教育，如果值得干，必须培养民众增加抗战建国的力量以帮助争取最后之胜利。

四、为什么从岩洞教育入手

广西山洞甲天下，经过几次空袭之后，老百姓无论有警报无警报，都扶老携幼跑到山洞里去躲起来。这些山洞是天然的校舍。躲避空袭的老百姓有现成的时间求学。知识分子是现成的先生。三美具备，山洞教育是一种迫切的需要，也是最容易办起来的。平均十万人每天每人白费五小时避空袭，浪费掉的光阴是每天五十万小时，这是多么可惜的一件事啊！岩洞教育是把白费的五十万小时夺回来，教老百姓了解抗战的前途，增加抗战的力量。

五、岩洞战时民众教育之内容

广西省教育厅为了要普及成人教育便着手利用岩洞先干起来，然后再推行到城里，推行到全省。教育厅已经组织了一个广西省会战时民众教育指导委员会总其成。指导委员会规定内容如下：甲、抗战故事；乙、演戏；丙、战时常识；丁、时事报告；戊、生活常识；己、唱歌。这个课程，没有把壮丁军事训练放进去是因为这种训练在广西是已经另有办法推行了。

六、好学才能教人

愿意为民众教育服务的人必须好学。孔子说：学而不厌，诲人不倦。我们要学而不厌，才能诲人不倦。工作者必须用功求学。我们必须知道世界，知道日本，知道中国，知道广西，知道桂林，知道怎样可以得到最后胜利。知己知彼才能说服人。

七、即知即传

学了一肚子的学问，不肯拿出来教人，叫做守知奴，与守财奴一样的可鄙。我们要即知即传，平常老百姓因为忙，无法上学，现在是必须到山洞去，这是知识分子办教育绝好的机会，千万不可放过。

八、服务即教育

空口宣传是没多大效果。服务乃是真宣传、好教育。挤在洞口或过桥时看见一位老妇人抱一个小孩、牵一个小孩，你能帮忙她抱一个小孩过桥进口，那你便是教了别人同时是教了自己。

九、怎样教

山洞里适用的方法，大略提出几点。

甲、深入浅出，一个深的道理要浅浅的说出来。

乙、要运用实物说明。例如轰炸时，人要把嘴略开，可以用一张纸拉紧代表耳鼓膜，一手与两手打纸代表空气震来，做给民众看。口开时，空气从耳入也从口入夹住鼓膜不会破，若闭口则空气只从耳入，必然冲破鼓膜，以至于聋。又比如坐在岩石下，如岩石靠头太近，则炸弹下来，身体向上跳，头颅会碰得粉碎，也可用皮球回跳及物理学来说明。

丙、鼓励老百姓发问讲故事。

丁、鼓励老百姓互助，共同维持秩序。

戊、唱歌时挂起歌词使民众读而后唱，能写的人叫他们抄下。

己、知之为知之，不知为不知。自己不知道而为民众所需要，一时又不易学会，则请别人来帮忙。

庚、教民众即知即传，使教育易于普及。

辛、紧急警报后，用挂图及挂文，实行无声教育，无声活动教育。

壬、跟民众学才能教民众。

癸、一切教法根据抗战建国之需要。

十、团体生活

团体生活之必要条件如下：

甲、抗战到底之共同信仰。

乙、号令统一。

丙、分工合作。

丁、检讨当天错误。

戊、订定工作计划。

己、经济公开。

十一、怎样求进

甲、参考必要之书

1.《战时宣传资料》	新知
2.《宣传大纲》	军委会政治部
3.《抗战中之国民党》	生活
4.《领袖抗战言论集》	
5.《论持久战》	生活
6.《焦土抗战》	
7.《全面战术》	

8.《世界现实读本》	生活
9.《日本论》	光明
10.《战时教育论集》	生活
11.《生活教育论集》	生活
12.《大众教育问题》	北新
13.《街头剧创作集》	新知
14.《抗战儿童剧选》	黎明
15《反侵略丛刊》	反侵略中国分会
16.《大众歌声》（一集、二集）	新知
17.《怎样做小先生》	商务
18.《不要以看了这些为足》	

乙、宜看的杂志

1.《广西省政府公报》	
2.《动员》	五路军政训处
3.《克敌周刊》	省党部
4.《中国农村》	新知
5.《战时教育》	生活
6.《世界知识》	生活
7.《国民公论》	生活
8.《全民抗战》	生活
9.《反侵略周刊》	中国分会

丙、要看的报

1.《广西日报》

2.《中央日报》

3.《扫荡报》

4.《新华日报》

5.《大公报》

6.《十日文萃（救亡日报）》

丁、座谈会、检讨会

戊、访问专家并与通信

己、请民众当场指教下次可以改良之处

庚、在抗战生活中继续不断的锻炼自己

辛、在民为贵及三民主义指导下与民众共甘苦，继续不断的教育自己。

在大转机中活跃的广西*

我是去年十一月二十一日到桂林，十二月二十三离开龙州，在这个时期内，有中国大转机的衡山会议。我亲眼看见衡山会议前和衡山会议后的广西。在这大转机中活跃起来。

衡山会议之后，蒋委员长以及重要的将领，先后都到了桂林。白崇禧将军先到。他首先把蒋委员长在衡山提出的几条方针，如政治重于军事，民众重于士兵，后方重于前方，游击战重于阵地战，告诉我们。我们当时是多么为中华民族庆幸啊！周恩来先生来了。他把衡山决定的游击区的军事政治文化一元化的方案告诉我，并说：照这个方案实行出去，可以免去一切摩擦，足以击破伪政权，而给日军一个致命的打击。后来陈诚将军也来了。他和我见面就说，现在我们有了标准了。政治部成绩好坏，就看军队好坏，而军队好坏就看老百姓舆论如何而定。老百姓说某某军队好，那是真的好；老百姓说某某军队坏，那是真的坏。其次又告诉我政治部的新口号：宣传即教育；服务即宣传。对！为老百姓服务才是真正的宣传。这样一来那些宣传八股是用不着了。

广西是在这些新的思想的和谐中，大步阔步的迈进。广西是要雷厉风行的把这些思想变成力量来保卫大西南，以保卫大中

---

* 本篇原载1939年2月25日《战时教育》第4卷第1期。

华。在这个大转机当中，我们首先看见是广西政治趋向民主化。广西最下层的组织，村街民大会，那是早已有了。现在正忙着成立乡镇民代表会和县临时参议会。等到县临时参议会成立以后，即循序而成立省参议。这件大事是在黄旭初主席领导之下奋勇进行。民政厅长雷殷先生对我说：国无民则不国，民无组织，则有民等于无民。我们要救国，一定要把人民组织起来。不但是广西要人民的组织，全国的人民都要快快的组织起来。

广西的政治运用，是很灵敏的。十一月三十日大轰炸后，两小时内便把救济难民的办法遍贴在四城，于何处可住、何处可领赈款，都公布出来了。有亲戚的可投亲戚去暂住。如果亲戚拒绝，则被难者可以控告亲戚。互助济急不是抽象的道德而是法定的行为。避空袭时遇着老幼在道，青年人有让路、帮助负担之义务。这也要成为不成文法。

疏散人口，最近是成了一种要政。政府把路线定好，沿途设立饮食住宿站，以便行旅。有人怀疑，特跟去看了几处，果然如告示所说，这才由怀疑而变为钦佩。

说到军事，广州失守的时候，广西是有些空虚。白将军到来，一面移调生力军，一面训练新兵，一面普遍的组织游击队。我从桂林经过荔浦、榴江、柳州、芦墟、南宁、龙州，而到镇南关，每天天才亮都是听见壮丁出操，他们都是操练怎样打游击。据说可以打游击的战士，是有了五十万以上，而且人数是继续不断的增加。这些正在操练的战士，是老等着日本军队来，日本军阀不怕鼻子碰破，可以到广西来试一试。

广西的经济是农村经济，省有农业管理处，统管全省之农业设施。全省分六区，区设督导员，最下为县农业管理处，推广人才六百余人，用全力在敌人不能到的地方，大量增生产。不说别的，只说一样。桐油为广西出口最大宗。他们整个的计划是每年每县种三千，每乡种二千，每村种一千，桐树三年即能结子。他们是动员全省在县、在乡、在村的老百姓一起来干。

再说到教育，邱昌渭厅长告诉我，每县的县立初中，要跟着县政府走。万一将来某某县城沦陷，县政府搬到乡下，那么这个学校，也得跟着县政府下乡。县政府不许搬出县境，则学校也不许搬出县境。这种学校，每县一个，便是造就每县干部人才，为游击队和老百姓共患难的人才。

其次是十八岁以上的学生，要集中训练，以增加抗战建国的力量。那些志愿从军，可以自告奋勇，加入学生军团。

广西最普遍的，是国民基础学校。每一个角落头的乡村里，都有一个冠冕堂皇的学校。这种学校，日里教小孩，晚上教成人。我到芦墟住了一晚，吃过晚饭，就去参观当地国民基础学校。走进去，看见两个课堂，坐满了妇女学生，我仔细的数了一数，有二十二个妇女，是抱着小孩一起来上学。这分明是家里没有人带小孩，所以必得抱着，或背着小孩来读书。这种精神，是极值得钦佩的。

广西的小学校长是三位一体。村街小学校长，同时是村街长和民团后备队队长。中心学校每乡每镇一所，校长同时是乡镇长，民团后备大队长。他们的薪水，是中心校长每月法币十五元，村街学校校长每月法币十元。我到榴江，遇着一位外江的朋友，批评这个制度。我说，据我一路看来，这制度本身很好，不但适合广西情形，而且适合全国抗战的需要。因为第一，它是一头政治，没有摩擦；第二，省钱。别的省份也可以斟酌仿行。他说：每月十元钱怎能请到干才？我说：第八路军办事人除了衣食而外，每月每人一律二元钱零用，军队公推朱德将军吃肉，他才有肉吃。照数目算来，广西小学校长的薪水，和朱德将军差不多。汉口未放弃前白崇禧将军也曾对我说过：中国现在还不能打胜仗，只是因为我们还是穿好的、吃好的。要到我们都穿了打补丁的衣服，吃饭连盐也不容易弄到手，你我都像叫化子一样，那才是我们打胜仗的时候。

东北有位赵老太，广西有位曾大娘，都是值得效法的。广西不单是有组织，教育比较普及，而且老百姓自发的爱国精神，更值得钦佩。曾大娘便是这样好的老百姓的代表。她是修仁县连陵镇人，年五十九岁，她的独生子思亲念切，当了三个月兵就逃了回家，她老人家深明大义，对儿子说："要抗战成功之日，才是家庭团圆之时，你必须回营。"说了就冒暑步行三百多里，把儿子交给军队，又步行回家。中国的老太太，只须学到曾大娘，则中国的兵源，便取之无尽，用之无穷了。还有广西的小孩，也值得恭维。三四年前风卷云翻的广西小先生运动是不必说了，省会的战时儿童服务团，我是亲自看它创造起来的。中山纪念学校的小孩唱歌团，是特别有精神。当敌人飞机来的时候，勇敢的小孩不愿躲在洞里，他们攀上山去，侦察汉奸。看见地面上汉奸用镜子一类的东西反光指示方向，他们就立刻飞跑下山报告学生军，一同去把汉奸捉着。广西小孩捉汉奸，的确，我看见二次。

广西对于文人的态度，也值得谈谈。有些人以为广西对文人，似乎太冷淡。这也有缘故，一是因为误解；一是因为外来的文人，有些是发生问题。一位军界的朋友对我说："你看，那些知识分子，博士啰、学士啰，没有打仗，便拼命鼓吹打仗，现在打起仗来，他们便从上海游到南京，从南京游到汉口，从汉口游到重庆，游到贵阳，游到桂林，吃不得苦，只好又游回上海。法学博士法子多，立法当作把戏耍，使得自己不必当兵，又使儿子不必当兵，死的只是农人，这是太不公平。"他这番话是真话，但是夹了一点误解。那些游来游去的文人，是不是就是只会鼓吹抗战的文人，这是应当分辨的。可是广西对于游来游去的文人，实在是看得太多，有些讨厌了。特别是女文人，卷着头发，穿着高跟鞋，把嘴唇涂得血红，脸儿擦得雪白，这样的女性是不是于广西有益，我们外江佬的文人也得反省一下。广西不但是有点怀疑外省游来游去的文人，并且对于本省高谈阔论、空嘴讲白话的知识分子，也不见得优待。一次一些学生跑到乡下去演讲，老百姓对他们说，年纪青青的怎么不去打仗，倒有空闲给我攀谈。我的儿子是春天就去打日本鬼子。

我们外江人到广西去，倘使不能对广西有所贡献，也应该把广西好的东西学一点来。我们也决不能因为广西对游来游去的文人冷淡，便说广西不注重文化。我知道，对外来的技术人才，是特别的重视。他们对于孩子剧团、新安旅行团和金山领导的上海救亡剧团第二队，是多么兴高采烈的欢迎啊!

这里回汉两族，也是精诚团结。十一月二十七日桂林成立中国回民救国协会广西分会。唐柯三校长和马松亭教长，约我去演讲，我看那种合作抗日的精神，真使我为中华民族庆贺。本来回教教义，是以和平为目的，以反侵略为手段。这与中国抗战的国策是一样的。白将军自己是回教信徒，又是抗战主将，所以在广西回汉的团结的精神，更为和谐，我当时送的祝词是：

信徒四千五百万，同胞不分回和汉。
创造中华大民族，一心一德打胜仗。

整个的广西，是献给中华民族了。他把四十万兵献了出来，把兵工厂献了出来，把一千多万白银献了出来，把几十万乃至几百万的游击队都要献出来。我们跟着广西这样的把自己献给中华民族，那我们是一定可以在蒋委员长领导之下，把日本帝国主义打出去，把一个自由平等的中华民国创造起来。

在北碚实验区署纪念周大会上的讲演词*

来碚观感

一、久仰北碚的建设，来碚一周所见，可谓将来如何建设新中国的缩影。二、到了北碚，也像回到故乡一样，如《锄头舞歌》随处可听见。这里有小先生一千多，可见小先生和《锄头舞歌》流传之广。三、感谢诸位帮忙，决定将晓庄研究所移碚工作，同时筹办育才学校，将难童中的天才儿童定在云南和四川两处寻地办理，四川则定在北碚。以后办起来，这些难童首先要学习地方建设，尤其是治安，因为他们将来首先要去赶走土匪和强盗。今天要讲的，只是把在国外和来川所见闻的一些事讲出来，当作是见面礼。因将来要在这里学习，所以先付一点学钱。今天的讲话，就当付的学钱。

列国周游

我是二十五年出席世界教育会，后来参加国际反侵略会。会见各国人士，他们对于中国的印象很坏，大都存着一种瞧不起的心理，有时也存着一种同情心，可怜的同情心，因为别人不知道中国人的拳头到哪里去了。

---

* 本篇摘自1939年3月7日《嘉陵江日报》关于重庆北碚实验区署纪念周大会的报道中陶行知的讲演词。

“八一三”后

自从“八一三”以后，比以前大不同了。过去鄙视、可怜的心理，一变而为恭维敬佩的心理，中国代表到任何场合都受人欢迎。中国代表一进会场，大家一致起立；中国代表讲演，大家一致欢呼，声如雷震；一提到日本的暴行，大家便发出一种“嗟”的声音，或狮子吼的声音，十分表示其愤怒的心情。

艾登的话

艾登这样的说：“西方的民主是受中国的保护。”可见中国国际地位之一般。这是什么缘故呢？因为“八一三”以后，中国的拳头伸出来了。以前日本对国际的反宣传，说中国不像一个国家。在“八一三”后，各国都敬佩中国，能够抵抗侵略。

德意强盗

德意两国，完全是为日本宣传，中国人连说话的权利都没有。希特拉的《我的奋斗》一书中，在原文里对中国的侮辱备至，说中国人是半死半活的，是和黑人一样，而说日本人是白人。这种民族的偏见，意大利更甚，它用坏飞机来骗中国的钱，首先承认伪“满洲国”。但是，民间也有不少同情我们的国民，可是不敢公开。

华侨爱国

中国的华侨，“八一三”以后，有一个新的进步，可说是新华侨。他们越离祖国远，爱国的情绪越高。旧金山、支加哥①、纽约、伦敦、法国各地华侨都能一致团结，踊跃献金，并作国民外交。美国华侨组织情况，特别有趣，如民族的组织、洗衣工人的组织等。

没有耳朵

新加坡华侨的爱国热诚更为热烈，使新加坡华侨中没有一个敢买卖日本货。他们制裁奸商，便将这人的耳朵剪去。后来我建议他们，以教育代替剪刀，成绩很不错。

回教·印度

埃及的回教最高学府里的中国三十余留学生，对于祖国抗战表示拥护，对于日本分化中国回教徒的工作一致反对。我会见过甘地、太戈尔[2]，描述了新印度旭日东升的朝气。

赵老太太

我在香港会见赵老太太，并口诵所作赵老太太诗一首。次及广西曾大娘和香港义卖运动，八岁学生李国屏索出金镯与台儿庄小朋友立大功的故事。结论是说无论男女老幼，大家一条心，团结抗战，团结建国。

测字先生

最后，我测“春”字以寓团结抗日之意，测“中”字以寓中国人要起来才有办法，睡觉就要当日本亡国奴。

注 释

① 支加哥　通译为“芝加哥”。

② 太戈尔　通译为“泰戈尔”。

评加强教育党化*

党义教育或党化教育这一名词，已经久被人们所淡忘了！最近以来，在报章杂志和一部分教育界人士的言语之间，又有人主张恢复党义教育，或在课程内加上三民主义一课。

这种建议，原是未可厚非的。因为三民主义是抗战建国的政治基础，要抗战必胜，建国必成，不但有需于全国人民对三民主义的深切了解，尤需于全国人士能起来实行三民主义。不过，过去十余年来，党义教育之所以失败，是很值得我们猛省的。国民党第三届中央执行委员会第一五七次常务委员会所通过的《三民主义教育实施原则》，是凡初等、中等、高等、师范、社会、蒙藏、华侨等教育如何实施三民主义教育，均详列大纲；而于课程、训育、设备等，也均有详细的厘定，不可谓不周。政府复编纂党义教科书，检定党义教师等等。可是推行十余年之结果，尽人皆知，无庸讳言，是完全失败了。其原因，不外高廷梓先生在《中央周刊》上《论过去党义教育的检讨与今后党德的实行》一文中所说："十年来本党主义尚未能普及到全体国民的缘故，实在是党德之未充分的表现与实行。"这是很确实的，党在民众中间的行动与表现，就是一种教育，如果党员不"以身作则"，不以"人民之利害为利害"，不以"人民之视听为视听"，徒贪个人

* 本篇原载1939年3月10日《战时教育》第4卷第2期。

之私利，其所宣扬的党义教育，必适得其反。

还有一个原因，就是《中央日报》社论上所指出的：“许多误解党化教育的人，以为教育权教育机关尽握在党员的手中，就算达到党化教育的目的了!”其结果，所谓党化教育，变成争权夺利!

我们现在要将三民主义教育普及全国人民，必须痛改前非。而于实行之时，尤其注意三事：

一、推行三民主义教育，不只是设三民主义一课，必须也把一切教育都以促进民族独立、民权普遍、民生乐利为旨归，而把三民主义的革命精神，渗透到整个教育领域去。

二、三民主义教育的实施，不在死读三民主义，而在实践。是凡抗战建国的具体工作，如兵役宣传、慰劳伤兵、推行战时民教和动员民众、组织民众等工作，都是一种最好的教育。

三、推行三民主义教育，尤须努力团结全国各党各派。在国家民族危在旦夕之秋，决不能再容我们有强制式的统治与形式的统一，造成貌合神离、分崩离析的险恶现象! 否则，不特在教育的意义上，其结果适得其反，而且会加深国家民族的危机。

这样才是大时代的儿童*

小朋友，亲爱的小朋友……你们大时代的儿童是要做小先生的。就是我们的小孩所知道的事情，认识的字，去教一般文盲的大人，使他们也能认识字、知道国家大事和抗战的重要……这种工作是非常的重要。还有你们要去做小工人，我所说的工人，并不是造桌子椅子才是工人；这一种工人是叫大家用脑和手合作，将自己的国家、团体和学校造好，在里面不要做不利于学校团体和国家的事，同时要常常用脑子想，怎样才会使自己团体学校国家健全成一个好的工作团体、好学校、好国家呢？再努力用手去做，这也叫小工人……

亲爱的小朋友们，在神圣抗战工作阵线上，各位要去做一个坚强的小战士，我不是叫各位拿起枪上前线打仗，才叫战士，恐怕枪还比你们身子长呢（陶先生手势比他高健的身子还比得高——怪有趣的——大家都笑了。——记录者），这里小战士是在后方作宣传工作，去唤醒民众、慰劳、募捐、节约献金、侦察汉奸等许多许多的抗战工作，小孩是做得到的。记得台儿庄大胜利的前夕，附近一个乡村上，有一队儿童宣传队，到这个乡村来宣传，唱歌的、演讲的，是非常热情，面带有煽动性的说：“那

* 本篇系1939年3月12日孩子剧团在重庆陕西街泰邑小学招待小朋友时陶行知的讲话。记录者：重庆儿童农村宣传队队长向瑞鑫。

些狼心狗肺的汉奸，卖自己国家同胞给日本强盗，你想你（汉奸）在中国卖自己的国家当汉奸，并且你还是中国人，你祖宗也是中国人。在日本你不卖日本吗？帮日本人是非常危险的，用你的时候对你很好，用不着你的时候就将你杀掉，日本鬼子非常狡猾的，所谓割草除根，大家不要当汉奸，去上他的当哟!”

听众都一致说："好孩子，说得对。"这时候里面有一个约十几岁的小汉奸，被感动得哭了起来，当着大众自己说自己从前是汉奸，怎样帮助日本鬼作恶，现在才知道这是不对的。这一群天真的宣传队小朋友们非常兴奋，就请这个小孩子向大家讲演，把这些民众都感动了，大家更努力帮助军队打日本。从前当汉奸的小孩并告诉我们军队，日本放军火的地方，中国的炮兵马上向那个方向发炮，把日本放军火的那个地方炸毁，这次日寇就损失几百万元……各位小朋友，如果不是这群小战士，哪里会把汉奸感动，怎么又会将日本蓄放军火的地方告诉我们的军队呢？日寇哪能受到这样大的损失呢？

小朋友，你们都愿意做一个坚强的小战士吗？（孩子的怒吼声马上像春雷一般发出来："我们愿意!"——记录者）

各位小朋友，好些大人叫大家是未来的主人翁，这是不对的，难道现在祖国已经到了最危险的时候，各位就不是主人吗？不，你们不单是未来的主人，现在也是国家的小主人！可是当主人的，就应当有责任，日本鬼子这样不讲理的欺侮我们，占我们的土地、屠杀同胞、奸淫妇女，眼看着秀美的河山快要给鬼子抢夺完了，你们当小主人的，大家都要负起责任来。小主人大家要照着总理遗嘱上去"唤起民众，及联合世界上以平等待我之民族共同奋斗"做去。

告生活教育社同志书*

——为生活教育运动十二周年纪念而作

我所敬爱的同志们：

三月十五日①是一个值得纪念的日子。每年到了这个日子，大家都有许多意见想交换。我回国以来，忙于建立新事业，只有少数同志曾经通信，而且也因为时间关系，没有畅快的写。在这半年当中也曾走过不少的地方，但是会见的同志究竟不多。现在想乘这十二周纪念的日子，把心里想说的话，尽量的说出来，希望大家指教；并希望大家也将别后的一切尽量告诉我，使我对于各人的工作有更深切的了解。让我们就在这种了解中建立我们共同的信念，以发挥我们的力量。

我们在这大时代中遇着了，而且是继续不断的共同奋斗，这是多么幸福啊！有些人却不是这样看法。去年八月中归船到印度，一位留学的太太对我说："这次我们回到中国是和出国的时候大不同了。学校没有了，工厂没有了，家庭没有了，亲戚朋友都流离失所了，先生也不免有些伤感吧？"我说："在国内我们可能看见的也许比你所说的要惨十倍一百倍，但是我毫无伤感。它的确是一个不大同的中国了。有拳头了，站起来了。不错，它是在大量的流血，但是如同一位母亲生孩子一样，流血的结果是新生命之产生。我们在中国所看到的血，不再是自相残杀的血，

* 本篇原载1939年3月25日《战时教育》第4卷第3期。

而是和日本帝国主义拼命的血。在这伟大的血的洪流里将要浮出来一个伟大的自由平等的中华民国。”记得“五三”惨案[2]纪念日在晓庄寅会[3]里我曾说过：“晓庄所办教育如果不能帮助中国把日本帝国主义打出去，便算是失败。”我们自始就认定大时代之来到，而且这大时代是要靠中国人和一切反侵略的战友的血汗创造出来的。

从上海、江苏、浙江、安徽、湖北、湖南、广东、广西、福建、四川、陕西、山西、河南、河北、贵州、甘肃、香港、安南[4]、新加坡及欧美同志的来信，知道大家都在自己的岗位上把各人的力量贡献给中华民族。在后方、在前方、在海外、在敌人的后方，大家都是很努力很切实的尽你们的责任。我们的人数不多，但几乎是总动员了。大家毫不吝啬的贡献各人的汗、血或脑汁。我不能否认也有很少数的同志由认识不够而徘徊、落伍。但是大多数是在大时代的创造中，百折不回的发挥各人的小小的力量。有一封信，尤其使我不能忘记，它以“迎接困难”四个字作对我回国之勉励。我以为这四个字是不应该独自欣赏而应该送给全体同志做座右铭。拿破仑说他的字典里没有“难”字，连侵略俄国也不难，所以一败涂地。汪精卫说他的字典里没有“易”字，怕抗日不易，所以动摇妥协。这都是矫枉过正之谈。其实，字典里有难字也有易字。我们对于困难，不可轻视，也不可害怕，这“迎接困难”四字恰恰把我们应该有的态度表现了出来。谁也不能否认，中国是在过难关。困难既是不断的来，那末，来一个，解决一个，来两个，解决一双。我们个个人都有了这“迎难”的精神，便更能负起我们的任务而发挥我们的贡献。

就我实地所观察，中国是走上了胜利之路。三民主义是成了全国共同信仰之主义，即成了领导中华民族解放之最高原则。抗战建国纲领也是正确的国策。衡山会议议决方针，如民众重于士兵，政治重于军事，后方重于前方及游击战重于阵地战都是帮助抗战建国纲领实行之有效途径。蒋委员长对于近卫声明的驳斥一方面是指出抗战国策之坚决，一方面是粉碎敌人之阴谋。在第三届参政会闭幕词里面，蒋议长特别阐明民主政治之要义，尤足以保证抗战必胜、建国必成之信念。这是在政治方面所表现的进步。军事方面，游击战、运动战、阵地战综合之全面抗战已经展开，最可宝贵的是我所遇见的将领士兵，人人都抱有抗战到底的决心。经济方面，各种重要工业在内地是渐渐的惨淡复兴起来。轻工业合 作社也已逐渐展开，最可喜的是有不少新工程师之出现，没有水泥钢骨也能建立起工厂。法币的基础是仍然稳定，敌人使尽千方百计还是撼不动。人民方面所表示出来的，如赵洪文国之三代打游击、曾大娘之送子从军、台儿庄儿童唱歌团之化小汉奸为小战士，华侨之长期输捐，小贩发动之义卖，足见人心未死，中国必兴。这些事实与现象都证明中国是在胜利的大道上阔步迈进。

同时，日本国内反战分子渐多，政府为要镇压反战势力之兴起而益趋向法西斯化。在前线日军是士无斗志，厌战心理浓厚。所造傀儡时遭中国志士毁灭，伪军多反正。占领之据点被我游击截断，联络不易。敌国际市场受抵制日货的威胁，日渐缩小。现金为抵补军需入超，将要枯竭。我只能大略说说，证明日本帝国主义是愈战愈弱，必有支持不住之一天。国际方面亦逐渐发生于中国有利之发展。英美间本有难以调和之矛盾，但近来亦有商约之订立，俾经济矛盾得以减少，使其对远东政策可以由平行行动而渐趋于合作。美洲是门罗主义[5]之家乡，近年来是被德意日撒下纳粹法西斯的种子造成侵略的细胞。美国感到极度不安，最近召集泛美会议目的在取得美洲各国谅解互助以共同抵御侵略。倘美国减少内顾之忧则对于远东问题，自能采取更有效之行动。苏联本其和平政策，对中国抵抗侵略，自始至终是十分同情，所以他对于国际联盟各别援助中国之决议是忠实执行。起初各国亲日派大放谣言说中国接受苏联帮助是趋向赤化。殊不知苏联与中国皆为国联会会员国，依照国联决议授受，是其本分。现在英美对于中国亦有同样的帮忙，则谣言不攻自破，苏联以后援助中国亦可以减少顾虑了。现在德意日的侵略阵线拉拢得更紧，将来的趋势，英美法苏和中国的反侵略阵线是有结成的可能。即使结不成功，他们的平行行动也是于中国有益。

我们只须看一看上面所说的便知道教育者责任之重大了。一、怎样才能使全国人民都了解三民主义，信仰三民主义，实行三民主义？二、怎样才能使全国人民知道抗战建国纲领，拥护抗战建国纲领，实行抗战建国纲领？三、怎样才能唤起全国民众使他们发出比士兵更大的力量？四、怎样才能使个个老百姓都知道蒋委员长驳斥近卫声明之要点？五、怎样才能使全国老百姓都很快的得到民主政治的训练而成为民主政治的柱石？六、怎样才能使全国的老太太都得到赵老太、曾大娘的精神？七、怎样才能使全国的小孩都有台儿庄儿童的认识？八、怎样才能使敌人占领区域之老百姓都有民族意识并使伪政权不得成立？九、怎样才能使敌人前线士兵及国内民众反战势力增高以镇压消灭其侵略之气焰？十、怎样才能使全世界反侵略运动发生效力以制裁侵略国之行动而粉碎他们扰乱和平的阴谋？这些可以说都是教育问题。由此可见教育者责任之重大。我们在这重重叠叠的重大责任逼迫而来的时候，举行我们的十二周纪念，是非常有意义，不容我们有丝毫的懈怠。

在这个值得纪念的日子，我的脑袋里浮出来一个最鲜明的印象是：一群青年丢掉了文凭的眷恋，从学府里跑到乡下去，和农人共生活。光阴过得很快。这已经是十二年前的“罗曼斯”⑥了。这一群青年所带去的不是文化的赈济品，而是一颗虚心要探寻真正适合中国向前进取的教育。

当这些青年和农人接触之后，双方都有了惊奇的发现。青年们在学府里受教已久，手无缚鸡之力，只拿得动一支笔儿写几行字。他们下乡不多时，便发现自己也有手，可以做工，可以种田，可以实验，可以使枪杆。农人呢，在“民可使由之，不可使知之”的空气中生活了几千百年，久已被裹头布裹得不能思想。他们和青年知识分子接触之下，禁不住要喊出来：“我们也有头脑啊!”青年发现了自己有双手，才是能坐而言也能起而行。农人发现自己有头脑，才能由了解信仰三民主义并发挥出力量来以争取中国之自由平等。这种双手与头脑的重新发现是极重要的收获，应当在纪念的时候特别指出。

我们在这十二年当中干了些什么事？三件事，还没有做完。一是反洋化教育，二是反传统教育，三是在半殖民地半封建的国家建立争取自由平等之教育理论与方法。

一、反洋化教育的用意并不是反对外来的知识。我们对于外洋输入的真知识是竭诚的欢迎。但是办学校一定要盖洋楼、说洋话、用洋书才算是真正的学校，那可不敢赞同。有些洋化教育家没有抽水的洋马桶是几乎拉不出屎。尤其是没有工业的生产而他们要工业的享受和花费，中国是个穷国，哪能禁得起这样的浪费。在这一方面浪费，在另一方面的教育便没有钱办了，结果是成了少数人的教育。

二、反传统教育也不是反对固有的优点。我们对于中国固有之美德是竭诚的拥护。但是“满朝朱紫贵，尽是读书人”的升官教育，以及“为教书而教书，为读书而读书”的超然教育，我们都是反对的。至于一般老百姓“出钱给人读死书，自己一个大字也不识”的现象尤其不能缄默。

三、建立争取自由平等的教育原理方法。我们之所以反对洋化教育和传统教育，是要开辟出一条大路，让这半殖民地争取自由平等的教育可以出来。三民主义是我们的工作的最高指导。从一个半殖民地半封建的国家变成一个自由、平等的民有、民治、民享[7]的国家，是要军事、政治、经济、教育几方面配合得好才能达到目的。教育方面必定要具备几种条件才能负起这样伟大的使命。1. 教育必须是战斗的。教育不是玩具，不是装饰品，不是升官发财的媒介。教育是一种武器，是民族、人类解放的武器。

2. 教育必须是生活的。一切教育必须通过生活才有效。抗战建国的生活才算是抗战建国的教育。3. 教育必须是科学的。这种教育是没有地方能抄袭得来的。我们必须运用科学的方法，根据客观情形继续不断的把它研究出来，而且，这种教育的内容也必须包含并着重自然科学与社会科学，否则不能前进。4. 教育必须是大众的。把一个半殖民地半封建的国家变成一个独立国，绝不是少数人所能办得成功。我们必须教育大众一同起来负担这个伟大的使命。但是希望老百姓都得到这教育必须有三个条件：一要省钱，使无钱的老百姓可以受到教育；二要省时间，使没有空闲的老百姓也能求学；三要通俗，使没有受过教育的老百姓也能了解而感到兴趣。这样一来，若不运用“即知即传”的原则，便不能达到老百姓都受教育的目的。而且老百姓所受的教育是要集体的施行，集体才是力量；个别的教，还是一盘散沙，不能发挥出充分的力量。5. 教育必须是计划的。我们要有一个动的计划，使人力、财力都有一个缓急轻重的总分配。从半殖民地半封建到自由平等之境要有一个继续展开的教育计划，逐步的引导我们前进。

在这十二年当中，应客观环境的需要，我们是发动了四个教育运动：即乡村教育、普及教育、国难教育、战时教育。这四个运动只是一个运动的四个阶段，这一个运动便是生活教育运动，也可以说是从半殖民地半封建渡到自由平等的国家的教育运动。

现在要问：我们今后应该做什么？怎样做？

一、继续已往的工作。伟大的抗日战争已经把洋化教育、传统教育弄得站不住脚。新的教师在茅草棚和山洞里没有黑板粉笔也能办教育。这是多么可喜的现象啊！但是教死书、死教书、教书死的教书匠，和读死书、死读书、读书死的蛀书虫还是很多；守知奴也没有完全变化过来；文化买办还在恋栈；学校内外的洋八股[8]、老八股、文八股、武八股、宣传八股还没有肃清；文化痞块是长在都市；乡下是害了文化贫血症；缺课的要拼命的补，补课之后就得吃补药；穷苦的天才是被埋没；到现在还有人反对战时需要的战时教育，他们是藏在百年大计、基本学术的盾牌之下，时常发出违背民族生存之歪曲言论。我们要争取抗战的胜利，建国的成功，是必须把这些毛病改正过来。我们对于这些病症是不应该消极的批评，而是要积极的帮助改正。

二、负起当前的任务。我们当前的任务是展开全面教育以配合全面抗战而争取全面的最后胜利。我们要把教育展开到前方，展开到边疆，展开到敌后方，展开到华侨的所在地，展开到全世界凡是有敌人斗争的地方去。别人不愿意去而应该去的地方，我们都得分道扬镳的去。我们要把三民主义送去，把抗战建国纲领送去，把蒋委员长告全国国民书及驳斥近卫声明的训词送去，把蒋委员长对全国教育会议的训词送去，送到每一个人的心里，还要在每一个人的生活里行动上表现出来，去粉碎敌人挑拨离间的阴谋，破坏敌人所造的伪政权，揭开敌人灭亡我们民族的野心，消灭敌人可能得到的一切外援。增高敌人压迫下的民众反战的情绪，化除集团间因夙怨政见误会所引起之磨擦，启发整个民族对于抗战建国之了解，加强整个民族对于抗战建国之团结，坚定整个民族对于抗战必胜、建国必成的信念。我们不应该把别人的力量小看了，连老太太、孩子们都是同阵的战士。我们也不应该把自己的力量小看了，当一个小学教员不仅是三四十个学生的导师，倘使培养学生即知即传，是很容易的影响三四百人。他的地位的重要是好比一个作战的连长或营长。当一个小学校长，不仅是一两百学生的导师，而是一两百户、一两千人的导师。他的地位的重要是好比一个作战的团长。当一个县教育局长，不仅是几百个学校、万把学生的导师，而是一个几十万民众的导师。他的地位是好比一个集团军总司令，甚至是一个战区的司令长官。但是倘使你小看了自己的岗位，小看了别人的力量，小看了生活教育的即知即传、工学团等等原理，你便成了一只孤鸦，一个光棍，由渺小而悲观、徘徊、妥协，敌人一来是不堪设想。有许多人是把大事小做了。最重要的是我们要认清我们任务之重大。此外随身要带的还有两样东西：一是针线，二是灯笼。一件衣服破过了，是可以越破越撕，越撕越破，到后来是可以撕成粉碎。唯一的办法是遇着破绽便立刻用针线把它缝好。当这民族的生死关头，是不容有丝毫的裂痕，一遇破裂就把我们的针线拿出来。灯笼是照着人认清路线向前走，不只是照着自己而且是照着同行的人向前走，走入自由平等之境。

三、加强我们的力量。为着要继续已往的工作和负起当前的任务，我们必须增加自己的力量，否则是不能胜任的。第一，学术便是力量。我们要提高学术的研究。晓庄研究所之建立便是希望对于抗战建国的重要而被忽略的问题，加以研究，以求解决而帮助增加抗战建国之力量。此外，我希望我们每一个同志都要抓着一个问题，继续不断、百折不回的去研究它，不得到解决不止；同时，对于中国、对于敌国，对于世界也要努力取得正确的认识。我们所教的小孩的集团也要时时刻刻的求进。第二，组织便是力量。生活教育社已经成立，这是一个喜讯。季平同志说得好，生活教育社是一个教育界的大家庭。它是教育思想者的团体，又是教育运动者之团体，又是教育工作者之团体，又是培养教师的团体，又是一般人学习生活和知能的团体，又是一个共同生活体。他又说：它是应该大众化的，大家共同生活；它应该是工厂化的，大家分工合作；它应该是学校化的，大家互教共学。我对这些话都同意，只是培养教师的团体要改为教师进修的团体，并且互教共学之下要加即知即传。传统学校化是不够的，我们必须即知即传才能跳出自己的小篱笆。其实，整个生活教育社应该是一个大的工学团，办教育是我们的工、研究问题是我们的学、共同过有组织的生活是我们的团。我们既要根据三民主义教导民众小孩，那末，我们自己的组织就必须民主化。不但总社要民主化的组织，而且分社、共学服务团的组织都得民主化。第三，行动便是力量。我们要在抗战建国的行动上发挥我们的力量而且增加我们的力量。蒋委员长说得好：“战时生活就是现代生活。现在时代，无论个人或社会若不实行战时生活，就不能存在，就要被人淘汰灭亡。”这是多末正确的真理啊。依我们的说法：战时生活便是战时教育，我们要以行动的战时生活来增加我们的力量。

增加我们的力量是为着要在三民主义最高原则即蒋委员长领导之下帮助争取最后之胜利。让我们大家把整个生命献出来，帮助打倒日本帝国主义并创造我们的独立平等幸福的中华民国。

注释

① 三月十五日　晓庄学校开学纪念日，亦为开始开展生活教育运动纪念日。

② “五三”惨案　又叫济南惨案。1928年，蒋介石在英美帝国主义支持下，北上攻打奉系张作霖。日本帝国主义为了阻止英美势力向北发展，出兵侵占济南。5月3日，蒋下令不准抵抗，并撤出济南。日军侵占济南后，屠杀军民五千余人，造成惨案。

③ 晓庄寅会　晓庄学校每天清晨五时~六时（寅时）许举行集会，由师生轮流主持，轮流作简短的讲话。

④ 安南　越南的旧称。

⑤ 门罗主义　1923年美国总统门罗所宣布的美国对外政策原则：“美洲是美洲人的美洲”。声称：任何欧洲强国都不得干涉南、北美洲的事务。实质是要使美洲成为美国资产阶级的美洲。

⑥ 罗曼斯　英文Romance的译音，意译浪漫，有富有诗意、充满幻想等意思。

⑦ 民有、民治、民享　19世纪60年代美国总统林肯对民主政治内容的概括：意谓一切权力归人民所有，一切权力由人民来治理，一切权力由人民来享用。

⑧ 八股　八股文的简称。这是明清科举考试规定的一种极其死板的文体。每篇文章都要依次由破题、承题、起讲、入手、起股、中股、后股、束股八个部分组成。后人就把它当作教条的同义词来使用。

在北碚各界欢迎赵老太太大会上的讲话*

赵老太太在抗战以前是一个文盲，可是她能够一面打仗，一面读书，所以她现在很有知识。

她教导我们老太太能够起来打仗，我们年青人应怎样？女人能够打仗，男人怎样？

赵老太太的讲话教导了我们读书人，不要读死书，不读死字，我们要把每个字变成子弹，去打日本帝国主义。

我们大概十个人里面有一个老太太，中华民国四万万五千万人，就有四千五百万个老太太。倘若这些老太太都变成赵老太太，就有四千五百万个赵老太太，日本强盗就不敢凶了。

今天会场有五六百老太太，今天听了赵老太太的讲演，都变成了赵老太太，大家都去打日本，我们一定可把日本打倒。

* 本篇原载1939年4月4日《嘉陵江日报》。

评《第三届全国教育会议宣言》*

现在放在我面前的有三篇文件。一是《抗战建国纲领》，二是《蒋委员长在第三次全国教育会议①训词》，三是《第三次全国教育会议宣言》。

《抗战建国纲领》的教育专章告诉我们说：

“改订教育制度及教材，推行战时教程，注重于国民道德之修养，提高科学的研究，与扩充其设备。训练各种专门技术人员，与以适当之分配，以应抗战需要。训练青年，俾能于服务战区及农村。训练妇女，俾能服务于社会事业，以增加抗战力量。”

蒋委员长在全国教育会议的训词说：

“我这几年来常常说，‘平时要当战时看，战时要当平时看’。我又说，‘战时生活就是现代生活。现在时代，无论个人或社会，若不是实行战时生活，就不能存在，就要被人淘汰灭亡’。”

《第三次全国教育会议宣言》在夸张功绩之后说：

“因为教育不够，尤其是科学教育不够，所以我们受了这样的痛苦。若说这是教育的破产，进而不要教育，或是要别寻途径的另创所谓战时教育，则为大错。”

我们看了这三篇文件，尤其是上面所录的三段文字，便知道

* 本篇原载1939年4月10日《战时教育》第4卷第4期。

全国教育会议宣言的意思是与抗战建国纲领及蒋委员长的训词有些不同。抗战建国纲领是明白指出要战时教育。蒋委员长的训词是进一步要大家过战时生活。战时教育者所要求的实在也不过这一点。但是教育会议宣言则断定战时教育为大错。这是很不幸的。

宣言说我们之所以受这样痛苦是因为教育不够，科学不够。这是说得很对。但是一个囫囵的教育不够、科学不够，还是缺乏具体的指导。我们还得追问：什么教育不够？什么科学不够？为什么不够？怎样才能使它够？

我们简要的可以回答说：适合战时需要的教育不够。适合战时需要的科学不够。教育与科学既有力量帮助抗战而得到胜利，便有力量帮助建国而使人人得到幸福。这种教育与科学为什么不够，是因为"平时没有当作战时看"，是因为没有过"战时生活"，因而没有感觉到战时的需要。怎样才能使它够？我也只需拿蒋委员长的话来答复："我们为适应抗战需要，符合战时环境，我们应该以非常时期的方法来达成教育本来的目的，运用非常的精神来扩大教育效果。"但是这非常的精神与非常的方法，不会从天上落下来，也不会在象牙塔里长起来，他们只能在战时生活里陶冶而发现出来。

此外，我还要指出，我们之所以受这样痛苦，是因为老百姓的教育不够。根据事实，我们不能承认全国民族意识已经普遍发扬。这个毛病，不必讳言，是要我们教育界同人加倍努力负责厉行即知即传的原则，才能把这一大事完成。宣言明明说，根据最高领袖的启示，提出几层综括的意思来自勉，并且勉全国教育界同人。蒋委员长的启示是什么？"我们要建设我们国家成一个现代国家，我们在各部门中需要有若干万的专门学者，几十万乃至几百万的技工和技师，更需要几百万的教师和民众训练干部。这些都要由我们教育界来供给的。"然而综括出来的意思，只顾到人才教育与青年教育，对于一般民众的教育则略而不提。固然，叙述议题的时候，也曾说到，但综括的意思是宣言的主文而竟把一更需要的“民众训练”漏掉，岂非遗憾。

宣言的作者的逻辑是向着不要战时教育移动。他从“平时要当战时看，战时要当平时看”出发，始而把它曲解为：“教育应循常轨，不分平时战时。”终而断定“战时教育”为大错。为着不要适应战时需要的教育，便又造一顶帽子给它，叫做“别寻途径”。

蒋委员长只说“平时要当战时看，战时要当平时看”。这是与“教育应循常轨，不分平时战时”大不相同。蒋委员长的意思是平时战时兼顾，倘若一切教育应循常轨，那么，那“非常的方法”又从何而来？而且必须平时当作战时看，然后可以战时当作平时看。他的精义是平时战时都要过战时生活。在这一点上，他是说得清楚得很，“若不是实行战时生活就不能存在”，这还有疑义吗？倘使再进而武断不要战时教育，是更说不过去了。比如“不分男女，都该救国，决不能跳到不要女子救国”。并且战时教育一个名词，也不是新创。欧洲大战的时候，各国多有战时教育，现在给这个消息传到外国，说是中国教育会议不要战时教育，那会给人家一种什么感想?!

若说是教育制度，那么，战时教育者也只希望改造一下，并不主张推翻。比如空袭来到，没有人主张把房子拆光。但是主张挖几个防空壕，够容左右邻居，并每隔十家五家拆一家，以避燃烧弹之一起烧光，也是应该的。如果那另辟途径是指非常精神方法以适应抗战建国的需要，那也不见得是大错吧？

宣言所综括的意思是违背抗战建国纲领，曲解蒋委员长的训词并与宣言所述议题前后自相矛盾，我们是不敢苟同。

注释

① 第三次全国教育会议于1939年3月在重庆召开。

华南归来*

一、跟老百姓走

我在去年十二月间离开桂林，到了龙州。那里的教育界对桂林所提倡的山洞教育感到十分兴奋，但说当地只有两个小小的山洞，怎样实行山洞教育？我当时就想起了五个字告诉他们。哪五个字？即“跟老百姓走”！老百姓往山洞里去，我们就跟他到山洞里去；老百姓往树林里去，我们就跟他到树林里去；老百姓到山上、茶馆里、戏院里，我们就跟他到山上、茶馆里、戏院里去；老百姓疏散，我们也可以跟他们疏散。这样，只要是有老百姓到的地方，都可以进行教育。

到了海防的时候，我想起“跟老百姓走”五个字还不够，老百姓去了不是还该回来么？便又加上“领老百姓来”五个字。在到香港的途中，我又感到“跟老百姓走”的时候，那情景不免多少带一点逃走的意味，实在不是逃走。但“领老百姓来”时则应该是领导着老百姓英勇地打回来，于是又想到两句，连前面的一同写出，便是：

跟老百姓走，

---

* 本篇原载1939年4月10日《战时教育》第4卷第4期。系陶行知在一个谈话会上的记录。记录者：金陵。

领老百姓来，
去的时候像逃走，
来的时候是打回来。

这个我称它是跟老百姓走的战时生活教育歌。

二、三位一体的图书馆

我们在香港办了一所中华业余学校，那学校里一百五十多个学生，都是有职业的，他们对抗战都抱有热忱，我在香港时也去讲课。这所学校虽只办了短短的一个多月，学生方面的组织和活动等等，却有了迅速的开展。在充满着苟安享乐空气的香港，它对社会是有影响的。

最近他们为筹款建立公共图书馆，以便进一步为香港九龙民众服务，曾举行了一次戏剧歌咏大会，这次公演经各方面的努力，在香港看起来是获得了空前的成功，共筹得一千元光景。除掉开支，剩余的五百多元就作为公共图书馆的基金，另外由社会人士捐书，最多的可在百卷以上。这个图书馆要办得省钱而有意义，它有一个特点，即图书馆的看书人同时是捐书人和馆主人，它是一个三位一体的东西。出很少的钱，可以看到很多的书，实在是一件乐事。自然，不出钱的人，也是可以看书的，他只须捐等于一元钱的劳动力。这种办法，在别的地方也值得仿行。

三、后门变成了大门

我从香港回来，本打算取道贵州来重庆，得趁这个机会考察一下贵州省在抗战中的一般情况，特别是教育界最近的动态，但中途车子出了毛病，只得折回昆明，乘飞机来重庆了。

二月九日到昆明，十五日离开。在这短短的数天里，便利用机会投师访友，考察当地社会的情形，曾和云南省政府几位厅长晤谈，他们对生活教育的兴趣颇浓，那里的生活教育今后可望有很好的开展。

抗战后方的云南，本来是中国的后门，现在由于抗战形势的演变，已成为中国的大门，门既然开了，不管怎样地保守，他们的前途得因为客观形势的刺激和推动，一天天地开起来，这是毋庸置疑的。

我对云南的印象，一般说起来，那里各方面都在进步中，但封建的气味还相当浓厚。那里日寇汉奸施行民族间的挑拨离间，这是一个值得注意的问题，迫切需要进一步给以适当的解决。此外有些失败主义者，在那里散布毒素，影响抗战情绪，前些时白健生将军去给了他们一个打击，云南的报界也响应起来，这一击，真是非同小可。

因为云南的门已经开了。外江人和云南人应该互相学习长处、纠正错误，大家都在抗战中进步起来，共同创造着新文化，建设新中国。

工合与工学团*

一年前，《中国呼声》[1]记者夫妇和我在纽约见面，并把艾黎[2]先生的中国工业合作运动计划书草案给我看，我详细的读了一遍，觉得这是建设国防工业的根本大计，很是高兴。八月底到香港又读到了一本英文小册子，内容是比草案更精密，知道这个伟大的运动是将要展开了，心中非常高兴。我所高兴的，除了被难工友得有救济，国防工业得以建立之外，还有一件七年来不能忘记的心事，于今可以实现了。这件心事便是没有好好开展出来的工学团运动。现在有了工业合作社运动是可以同时并进了。虽然艾黎先生的草稿及印出来的小册子里面的工合只具备了“工”和一部分的“团”的作用，而没有提到“学”的作用，但是我相信这个运动开展的结果，必然的要把“学”包括进去而成为一个工学团运动。为着配合抗战建国的迫切需要，必定是要把“工”做得好，把“合”团得好，才能发生伟大的能力。如何把“工”做得好，如何把“合”团得好，都非大大的注重“学”不行。所以一个健全的“工合”必然是一个“工学团”。我对于“工合”是极其关心，而有更加亲切的兴趣。

最近刘广沛、沙千里二先生给了一些印刷品，内中有一册

* 本篇写于1939年4月21日，原载中国工业合作协会编《工合之友》半月刊第1卷第4期（1939年7月）。

《工合之友》。我读了之后是比以前还要高兴。工合运动是走得那么快，而路线是那么正确！这里面是已经充满了“学”的精神。让我来举几个例子吧。

刘广沛先生在发刊词里说：“合作社的社友们，大多希望上进，希望学习，更希望发表自己的意见，表现自己工作成绩……现在有《工合之友》做你们的园地。”

沙千里先生在工业合作社的意义里面说：“工业合作社是一个有组织的集体，它将使参加的人们，学到组织和管理众人事务的经验，同时获得民主精神的锻炼。”

陈洪进先生在工业指导员的任务里面说：“在过去，生产事业是与文化工作分离的，手工业中文化尤其落后，现在要改进生产技术，提高为抗战而生产的热情，在合作社中必须有经常的、确当的、教育上、生活上的指导。”他又说：“要指导社内的日常生活……以及分工办法，使得社员有增加生产的各种便利，并实行新生活，破除打骂赌博等类的恶习惯；指导社内的文化教育工作（如识字班，读书会，讨论会，壁报，图书室，体育会，俱乐部等），在社内充满学习的精神和抗战的情绪；指导社员在周围的民众中进行宣传工作（如努力生产，改良技术，抗战时事，工合运动等），在工余的时候有计划的进行，不但普及抗战宣传，并且使得社员的民族意识更加提高。”

读了这几段话，看看工合的红三角，我是有了一个新印象。这新印象是红三角里不只是工合二字；与“工”“合”鼎足而三，又是三位一体的还浮出来一个“学”字了。

说到这里，我应该把工学团的理论介绍出来请大家指教。什么叫做工学团？工是工作；学是科学；团是团体。说得清楚些是：工以养生，学以明生，团以保生。说得更清楚些：以大众的工作养活大众的生命；以大众的科学明了大众的生命；以大众的团体力量保护大众的生命。工学团是一个工场，一个学校，一个社会。在这里面包含着生产的意义，长进的意义，平等互助，自卫卫国的意义。它是将工厂学校社会打成一片，产生一个富有生活力的新细胞。工学团可大可小，从几个人的家庭、店铺，几十个人的学校、庙宇，几百个人的村庄、监狱，几千人的工厂，几万人的军队都可造成一个富有意义的工学团。团不是一个机关，不是一个工学的机构。假使它只是一个工学的机关，那便成了一个半工半读的改良学校，而不是工学团。团是团体，是力的凝结，力的组织，力的集中，力的共同发挥。后来这理论有了进一步的发展。当邹平提出学军的组织，我们是建议工学军的办法。工学军为工学团的联合体，为着任何危急的工作而需要广大的组织的时候，工学团得联合而成工学军。平时仍回到工学团的本位，少一些陆军色彩，多一些自由创造。因为篇幅关系，不好多说，关于工学团理论的运用，如果大家要多知道一些，可以参考《古庙敲钟录》和《普及教育》二书。现在关于工合运动的“学”的方面，我有几点意见提出来和大家商榷。

一、技术教育　技术教育的目的在求所做的工能够继续不断的进步。我们要给工友以科学的训练，使他们在工作上可以精益求精。土法的工业要使它受科学的洗礼。新法的工业要使它随环境而变通。死守土法或死守新法的成见都要破除。破除之法只有真正的科学教育。工合所到的地方必定就是科学教育所到的地方，然后才能得到继续不断的进步。

二、政治教育　抗战建国的政治教育要打到每一个社友的心里去。每一个社友都要在抗战建国的行动里去取得抗战建国的真知识。而且这种教育是要集体的举行。读书会，时事座谈会以及广泛的救亡运动是必须参加的。由爱国的行动，而了解、而信仰、而行动得更有力量，这是一定的道理。自发的讨论，虚心的批评，集体的行动，是最有效的政治教育。社友有了正确的抗战建国的政治教育，连做工作也会加倍的努力，即可以有创造的生产。为了增加生产，也不可忽略政治教育。

三、军事教育　社友为着保卫生产，保卫国家，是必须有军事教育。人多的合作社可以单独训练；人少的可以参加在一般国民军训里面去受这项最重要的教育。但是，社友们花了宝贵的光阴，是应该学些真武艺。那浪费时间的“立正开步走”的武八股，可以少干些。总之，一个健全的工合的社员，是要三杆俱全，他要杠杆、笔杆、枪杆都拿得起来。

四、即知即传　守知奴不但是出在知识分子的里面，工界里面的人也有许多人是守着不必要的秘密。自己得到一点秘诀，是死也不肯传人，这是很坏的。我希望工合的社友要看破这一点。如有新发现，不但是要对社内同工公开，而且要与同业之工合交换，并且对于有志创办新社的人的虚心请求，也必定是尽其所知告诉他们。关于政治教育和文字教育尤应即知即传，使每一个工合都成为当地的一个文化细胞。

五、加强《工合之友》　《工合之友》是一个非常重要的刊物。它不但是一个教育社友的刊物，并且可以做成教育一般人民的刊物。我们读了崑曾先生所写的刘老板，胡子婴先生所写的偷布的女工和史赓先生所写铁路工人陈老四，是没有不大受感动的。所以我希望这个应当给它一个大大发展的机会，使得全中国每一个角落都有这个刊物，每一个角落都有一个健全的工合。

六、培养指导员　三万个工合需要三千位指导员。工合之成功失败大部分要看指导员之是否得人。因此，培养指导员，成为这个运动之最要紧的工作。

我对于整个工合运动是抱着无限的希望。在我的心目中，它是一个伟大的生产运动，是一个伟大的教育运动，而且是一个伟大的社会运动。我要在这里祝他的前途远大，并希望有志的专门学者、有为青年都献身在这一个运动里面，帮助它成功，即是帮助抗战成功、建国成功。

注释

①《中国呼声》 美国友人格兰尼奇夫妇抗日战争前在上海办的进步英文刊物。

② 艾黎（1897 ~ 1987） 即路易·艾黎，新西兰人。时为中国工业合作协会和中国工业合作社国际促进委员会的负责人。

兵役宣传之研究*

中国人口众多，不怕没有兵。但是如何可以叫人愿意当兵，这是要有好几个办法同时实行出来才能达到目的。例如下层政治机构民主化，出征军人家属有饭吃，受伤害病战士有人救，贪官污吏虐待能肃清，三民主义兵役能实行，抗战建国教育能普及。这几个重要条件具备了，我们的兵不但是可以源源而来，而且是可以以一当十，以一当百与敌人拼命，以保证最后之胜利。我现在所要谈的只是这几个重要条件中之一小部分，即抗战建国教育中之兵役宣传。

第一期抗战的时候的兵役宣传是做得不够，做得不适当，这是无可讳言的。素来不和民众接近的学生群，忽然如同狂风骤雨，出现于街头、巷尾、三家村、五家店，把洋化的文人话像爆蚕豆一样对民众说了一大套，民众是一知半解的，听了莫名其妙。有时候，青年人是碰了一鼻子灰回来。懂事的乡下人老实不客气的对他们训话："你们年纪轻轻的不去打仗，在这里空嘴讲白话做什么？我们儿子早去上阵了。你们不必白费功夫啊。"这是去年十一月底广西的一位学生在乡下碰了钉子回来，告诉我的几句话。从这句话里我们知道：（一）空嘴讲白话不行；（二）不打仗的少爷向打仗的农人宣传不行。

---

* 本篇写于1939年4月27日，原载同年5月25日《战时教育》第4卷第7期。

衡山会议以后，军委会政治部提出了两个口号："宣传即教育；服务即宣传。"而后兵役宣传才得了正确的方针。依我的愚见，这两句口号如果排列成"服务即宣传；宣传即教育"，便觉得更有力。用服务当宣传，则宣传自然具有丰富的教育意义了。此外，我新近从观察兵役宣传工作中，得了一些意思，可以归纳成一个新的口号："实行即宣传。"自己当兵，自己的儿子当兵，自己的丈夫当兵的人，出来为兵役宣传才有力量，才有丰富的教育意义。

"服务即宣传"及"实行即宣传"是从事实产生出来的口号，必定能够号召新方法以产生新事实。

新近我遇了好几件事，有的合乎上述的方针，有的不合，从老百姓的反应中，暗示出几种关于兵役宣传的有效方法。

一、老太太现身说法

义勇军之母赵洪文国老太太于今年四月一日到北碚，三峡实验区区长卢子英先生邀请全区各镇老太太和太太们来北碚看戏并和赵老太太相见。四月三日下午三时在兼善中学大礼堂开老太太欢迎赵老太太大会。到会的老太太有五百人之多。连赵老太太在内共有七位老太太和太太演讲，个个激昂慷慨，真是空前的一个盛会。有两位老太太讲到感动人的地方，听众拍掌，讲话的老太太自己也拍掌，拍了再讲，讲了又拍，引得哄堂大笑。这天最大的收获是全场老太太和太太们都接收三代打游击的赵老太太的精神，个个都希望做一个赵老太太，把儿女贡献出来，以争取中华民族之自由平等。这天的成功是由于下列几条办法：

1. 老太太们是邀请来的，不是拉来的。

2. 看戏和看赵老太太并重。

3. 太老的人由地方上年青的人给以便利把她抬来。

4. 不以兵役宣传号召而结果是真正道地的兵役宣传。

5. 主讲的人是一位能说能行的抗日老战士，抗日战士之母，抗日小战士之祖母。

我们知道抽调壮丁遇到最大困难之一即是母亲妻子们的情感作用。国家把壮丁拉出来，她们要把壮丁拉回去。这一个争夺战的胜负是要靠妇女们的民族意识来决定。谁配向妻子要她的丈夫？谁配向母亲要她的儿子？谁配向祖母要她的孙儿？只有以身作则的赵老太太和曾大娘们才好开口。一位赵老太太或是一位曾大娘抵得上一万个乃至十万个空嘴讲白话的少爷小姐。现今的问题是：一要善用赵老太太和曾大娘们出来提倡；二要各地细心发现同样的先知先觉的妇女，好好的加以培养，予以便利，俾能自动的感化别的不懂事的妇女。

二、志愿兵现身说法

四月二十一日文星镇有王德福等十九人报告三峡实验区署志愿从军上前线杀敌，并愿参加兵役宣传。二十五日早晨即已传遍五镇，共有一百二十一人志愿当兵，当日下午即加到一百五十人，二十六日晚上即加到二百二十三人。最感动人的，有从前逃役而现来投效。有一位要投效，父亲打他，他说："我是中国的兵，你不该打我。"还有一位保长的两个儿子，争着报名，结果是哥哥得到登记。现在这二百二十三位志愿兵预备在各镇赶场（即赶集）的日子分头在茶馆里摆龙门阵，要把每个年富力强的人的民族意识燃烧起来。这是一件值得注意的事。古人说：身教者从。自己愿意当兵，自然容易说服朋友和别人了。

三、英勇战士现身说法

二十二个月的抗战已经医好了许多人的"恐日病"。但因为汉奸的散布谣言，民族教育普及得不够快，偏僻的乡村、闭塞的内地，还有一些人害着"恐日病"。只有从前线回来的英勇战士才能有效的破除这种错误的心理。从前线回来的战士有几种：一是为公事回来的战士，二是轻伤医好回来的战士。这种战士无论是游击队或是正式军队里来的都要给他们一个机会，沿路或在固定的地点，和民众接近。最好是请他们讲前线英勇抗战的故事，和解答民众关于中日军力士气的疑问。我在四月二十五日听到一位游击队的战士向听众演说突击日军的故事，深信这种演讲能够粉碎汉奸手造的“恐日病”而扫除兵役宣传的一个障碍。至于伤兵从事当地的民众教育，自去秋各地试行以来，已稍著成效，但还要大规模的起劲的干，才能给抗战以更大的帮助。

四、学生从事兵役宣传要变更方式

四月二十二、二十三两日为三峡实验区的兵役宣传日，动员了三千人赴各乡宣传。这三千人中多数是学生。二十五日夜为了要研究兵役宣传问题及困难起见，约了十几队的队长，详细的向他们请教。老百姓对学生宣传的反应有两种。一种是好的反应：他们相信学生公道，还希望学生穿便衣来监视兵役的实施以免保甲作弊。这是澄江五保九甲的情形。一种是不好的反应。学堂湾的乡下人看见学生来就说：“打下江鬼子。”学生说：“我们不是鬼子，为什么要打我们呢？”乡下人说：“下江人来，吃我们的饭。”北碚十四保乡下人问：“你们是不是我们这一边的人？”又有人说：“你们是我们的敌人。”十一保有人说：“你们被日本鬼打，跑到我们这里来，现在来拉我们代你们打仗，给你们好回家吧？”这是多么大的错误啊！学生终归是学生，聪明，能随机应变；农人终归是农人，老实，天真，懂道理。到后来，误会的乡下人都被学生说服了。“好，我们是一家；只要公平，家里人不会饿死，我们愿意当兵把日本鬼子赶出去！”从这些谈话里我们得到下面的结论：

1. 有些四川乡下人对于下江人和日本鬼子还分不清；

2. 这种误会一经彼此接近解释便可消除，误会既经消除，精神便能团结。

由此说来，学生的宣传是需要改革。生疏的人是不会彼此了解的。偶尔下乡一次的宣传是不会发生多大的效力。要宣传发生长久的效力似乎要注意下列几个要点：

1. 学生要与老百姓做朋友。

2. 朋友要互相服务。让友谊从服务上长起来，让宣传由友谊介绍进去。

3. 把学校的大门开起来，让学生可以运用一部分时间为当地的老百姓去服务。

4. 服务比如下雨，一年半载下一次雨不能叫友谊的幼苗好好地长起来。

5. 每一队学生要有一定的地点，一定的时间，一定的老百姓，常川的去为他们服务。

6. 服务不尚空谈。代老百姓打听丈夫儿子的消息送去，为他们写封信，害病的为他们找点药，优待金迟发了代他们催催，唱几个歌儿讲点新闻故事给他们听，演出把戏给他们看。他们喜欢摆龙门阵，我们何妨参加。老太太抱一个背一个避空袭，我代她抱一个，你代她背一个，这都是真正的服务。在服务上结了朋友，立了互信，这便是有力的宣传的基础。在这种基础上帮助他们取得抗战建国的正确知识，他们是愿意接受的。丢掉这种基础不顾，偶尔下乡去说一套空话，那就难免要变成宣传八股，于自己无益，于老百姓也无益。这是关于后方学生宣传所提出的意见。关于战地的学生，例如救护伤兵，帮助难民，为伤兵写信，对前线士兵输送弹药粮食都是重要的服务。战地学生的服务，无形中会提高后方民众对学生的信任。战地学生的服务，如果和后方的联系起来，那更是可以做有效宣传的基础。

五、小孩宣传应该扩大

在这二十二个月的抗战当中，小孩是表现了充分的力量。新安旅行团、孩子剧团、厦门儿童剧团、广西战时儿童服务团和无数的小孩团体都对抗战有了很好的贡献。青年在乡村里宣传，有时会碰钉子，小孩们的工作是到处受人欢迎，顺利进行。有些事大人和青年不能做而小孩能做。有些话大人和青年不便说，而小孩说起来，人家不能怪。这次北碚的兵役宣传也有许多小孩参加。难童工作团的二十位小孩也是参加的分子。我曾问过他们，他们的工作是比较顺利得多，他们不但是劝人来当兵，而且劝人出钱来养活出征军人的家属。现在他们正忙着联合各学校公演，为志愿兵家属筹款。但就我所观察，小孩从事宣传，是要有组织、有计划、有训练、有集体的行动。每一个小学应该有这样一个儿童团体，或是儿童歌咏队，或是儿童剧团，或是儿童工学团，都可以采用。这种儿童团体应该大规模繁殖出来。政府、社会应该鼓励有经验的儿童团体帮助校外的儿童组织起来，使得每一个小孩子的小小力量，都能发挥出去帮助抗战。

六、几种有效的宣传方式

有人说：中国是一个戏剧团。的确，中国人欢喜看戏也欢喜唱戏，欢喜做戏。随便什么地方的人，只要听见有戏看，男女老少都挤的来看。所以戏剧在中国是最有效的宣传方式。我们需要顶好的剧本，至少需要一万个业余剧团，十万个儿童剧团来负起这个任务。我们要做救国的戏来救做戏之国。演戏不但本身是最好的宣传，而且能吸引群众来接受别的方式之宣传。它的吸引力量大于一切。例如老太太志愿兵，凯旋战士及青年小孩之宣传倘能用戏剧来帮忙，一定更有效力。其次是唱歌、说书、双簧、金钱板、茶馆里摆龙门阵。倘能得到电影、留声唱片，也要充分运用。壮丁出征应该有一个最大规模的欢送大会。北碚是预备有一个空前的庄严的欢送大会，在大会上由各团体向出征战士献旗致敬。这种庄严的大会本身也就是很自然的、好的宣传方式。

最后我要说兵役宣传只是整个兵役问题之一环。狭义宣传之外，其余应该做的都要做到。抽调公平，安家费到期即发，变虐待壮丁而为敬爱等等。虽不是狭义的宣传，而实在是最好的宣传。所以我们注重宣传的时候，同时要注重整个兵役问题有关系的各方面，求一总解决，然后兵源自然充裕，抗战必然胜利。

欢送三峡志愿军战士大会演词*

主席、敬爱的志愿战士：

我在空前的盛会上看见了中华民国的光明前途。五一节是国际劳工的纪念日。我们要争取民族解放、世界和平，必得有工人的力量充分发挥出来，才能达到目的。我现在来测两个字，把五一节纪念和中国抗战联系起来，五一的“五”字好像是三个工字合起来的，我们要倍上加倍看重工人才可算是五一纪念节，并且五字的三横，代表三种人，一直是要三种人联合起来，中层的人是比较摇动，再用一小直连起来，抗战要上下联合起来，才能得到最后的胜利，还有左派、右派、中间派要联合起来；还有老人家、中年人、小孩子联合起来；还有枪杆、笔杆、锄头杆要联合起来，这是“五”字的意义。“一”字怎样呢？要我们一心一意的拥护蒋委员长把日本帝国主义一直打下去，把中国一直打上来！

志愿战士是北碚对中华民族解放斗争第一个最大的贡献，现在有两首诗献给我们的战士：

志愿战士了不得，
以一当十二当百。

* 本篇系五一节演讲词，原载1939年5月6日《嘉陵江日报》。

打一打，太阳变成一团黑；
打两打，日本打成二等国；
打三打，日本打成三等国；
打四打，日本军阀变白骨，
日本革命，日本帝国变成民主国。

志愿战士斗志好，
战必胜利攻必克。
打一打，世界敬我有国格；
打二打，中国变成了头等国；
打三打，和平之光照万国；
打四打，战士凯旋大请客。
大家团圆，大块吃肉，
大碗把酒喝。

现在要说我们的责任，就是要出志愿捐，使战士家属有饭吃，子女能上学，出征战士没有后顾之忧。我也有一首自勉勉人的诗：

志愿战士可钦佩，
打得东洋如潮退。
一家大小谁照顾，
他们受罪即我罪。
有力已经出了力，
有钱出钱才无愧。
若想不做亡国奴，
快快多出保险费。

在育才学校第一次会议上的报告*

本校发起经过

去年由汉口去长沙，和任光先生同路，他常常发现有特殊音乐才能的儿童。后来又听说有些人到各地保育院去选干儿子，都不挑麻脸、缺嘴、癞痢头，只挑面貌清秀的，当时很觉不平。在由桂去港途中，这两个观感碰到了一起，忽然想到：别人不选秃头麻脸，为何不自己去选优秀儿童，不计面貌美丑呢？别人选干儿子，我们可为民族造就人才。想到此，再也睡不下去，即连夜草定计划。到港即与许世英先生商量。学校定为私立，为的是办起来比较自由。经费由赈济委员会[①]补助一部分。由张一麐先生任董事长，许世英先生担任副董事长。

经　费

当时匆忙中草定计划，经费预算，很不周到。原想借重晓庄研究所聘请的研究员，兼为育才学校难童服务。晓庄研究所经费，政治部每月津贴一千元，赈委会津贴五百元。这样，除办事处开销及专聘的研究员外，尚有一半费用可为育才聘人。最近政治部将津贴停止，故尚须另行筹款。好在本校为同志的结合，为

---

* 本篇原载1939年6月15日《育才学校第一次会议》记录。记录本有陶行知手书题名，记录全文附后。

时代的产物，且负有重大任务，决不因困难而停顿。我们会更加振奋，或可筹得更多的经费。目前开源可能为：1. 渝赈济委员会预备每一儿童按十元教养费计算，本校五百学生则为五千元，较原定多二千元。2. 数日来已经写二十封信去开源。3. 游击区教育计划通过，则可以设在育才学校一起。请的主持人及艺友均可帮育才忙。4. 晓庄研究所设研究座，二百元设一座，包括研究员生艺友薪金及研究费在内，他们也可帮育才的忙。

预　算

建筑费原定五万元。或修理现成建筑，则为一万元。按修理预算通过………10000元。

科学仪器制造费………10000元。

工厂工具费………10000元。

生活设备费………10000元。

图书费………5000元。

艺术用品费………2000元。

卫生设备等杂费………1000元。

目前已领到开办费四万八千元，另领第一月经费三千元。学生五百，按每人六元计算。我们原拟预算每人每月按十八元计算，赈济会则按该会成例六元，以后可望增至十元。应抱歉者，艺术用品费，估定太少，因当时想可向社会人士捐。其余选学生、请教员及到各地接学生的旅费，已预先声明再另请津贴。目前，先就四川省境内选学生。

学　生

由难童中选拔，给以适当的培养，最好是不间断地予以相当长期的培养。但因有的保育院长，不愿我们把优秀儿童全数挑来，所以决定先选优秀儿童的半数，定六月或一年训练后，回原来保育院继续求学；然后把其他的半数选来。前半数已训练过的儿童，可继续用函授，或不时亲去指导的方法，使其才能继续长进。别的儿童也可跟他们学，如此则影响更可扩大。这是碰壁后想出的办法，行起来是有意义的。另外，一些特约团体，如七七少年剧团、新安旅行团、孩子剧团、难童工作团等，以不脱离本在集团，一面为社会服务，一面在本校学习。本校建筑计划中，有他们的房子。本校将特有为特约团体居住的房子，并将附设工厂。

学生来源

1. 各地儿童保育院；2. 儿童救济协会（马超俊主持的）教养院；3. 赈济委员会的儿童教养院；4. 红十字会；5. 中华慈善协会；6. 抗战军人子女教养院；7. 孤儿院；8. 零星难童入选，限校中有空额可容；9. 信仰本校办法，愿自费，且有空额可容时，可入选，但此项学生不宜太多。

设　备

关于衣食住行及教学各方面已进行的事项。衣、被正在做。衣从秋衣开始。被八元一件，比普通做的便宜三元。食，烧一窑碗，菜碗有盖子。水井已打，水很清。米可买谷，用庙中米舂自已舂米。煤炭已托熟人代办。住的床铺，自己买木料做，也可暂用稻草铺席，湿地用石灰垫撒。行，草帽草鞋已定做，帽一顶只五分钱。另做黑板二十块，凳高低共一百五十条。庙产尚有八仙桌十数张，可供饭厅、图书馆或搭床用。校舍本想建筑，现在比来时涨价一倍，因此找庙宇加以修理，校址在古圣寺，在草街子。典费一千七百元。有三个大殿两个厢房，宽裕时可容二百人。有地三四十亩，除留一部校用外，可典出八百元，一年收一百四十元地租，故本校实出只三四百元。存款可取回。

选学生

势将分批选。音乐、戏剧两组已开始，其次为文学组、社会科学组等。开学也分组先后开，艺术组先开学，文学组迟一月开，再次为社会科学组。工艺组、农艺组最后选。最后开学者为自然科学组。

注 释

① 赈济委员会　国民政府在抗日战争时期设置的救济机构。

附：育才学校第一次会议记录

时间：一九三九年六月十五日晚六时至夜一时。

地点:北温泉小学内。

出席：陶行知、贺绿汀、常学墉、孙铭勋、章泯、王洞若、帅昌书、魏东明。

主席：陶行知。

记录：魏东明。

报告事项：

一、陶行知先生报告：（如正文）

二、常学墉先生报告音乐组选学生：

选的方法，先根据音乐先生认定优秀的，试其听歌看歌能力。再在集合儿童的时候用表演方式，引起他们的兴趣，然后加以考察。结果，音乐教师所介绍的，多半只是唱的声音尖锐而已。我们也注意到他们有因路上气候生活关系，未能表现其才能者，就在休养好了之后，再加注意。我们去的次数、被选的次数很多，选时考验的方法是：（一）用音叉试其耳音，吹口琴使他们立即跟着学唱；（二）本不信有音乐天才，经考察才知家庭音乐环境有遗传性在。儿童在唱歌时所表现的情绪以及学唱的速度，大有差别。我们已选四十余人，尚未作最后决定。音乐为感情表现，最先应打破和儿童的隔阂，所以要先表演以引起儿童的兴趣。我总是先表演唱歌吹口琴，讲演些很有感情很亲近的话，不谈出是在选拔学生的。和儿童都很熟，他们直呼为常大哥。在歌乐山选学生的成绩很满意，因院长及教员多熟人。五百学生中初选百数十人，复选三十余人，注意其天真活泼精神健康，考察历史，个别谈话。不久再到白庙土坨去试验。

三、章泯先生报告戏剧组选学生：

条件与音乐组多相同，要聪敏也测发音，但亦有音好而不适于演剧，或有演剧天才而发音不好者，外形为戏剧组所注意，盲目则不利于化妆，故注意外形健全，五官整齐无缺陷，能迅速表情，活泼能如意支配四肢。试验时要听他们念剧词，加以观察。剧组较音乐组难，因一般学校有音乐而无戏剧，且一般不重剧人，特别是女演员更难找，因封建观念的影响。保育会常演戏，我们可就其热中戏剧的儿童中间去选。附言，歌乐山等保育院甚愿我们经常帮忙，他们很虚心，此次帮他们的地方不少，纠正了他们许多错处。

讨论事项：

一、课程：

王洞若先生：教育活动结构之基础应有集团生活。其上为政治教育，再上为艺术、卫生、各种普通教育。在集团生活中不断求进步，以政治教育为灵魂，一切实践行动通过并归纳于集体生活中。如卫生教育等，都是集团生活的一部，音乐等也并非只是上课教授，而是组织在集体生活之中。此结构合于中国传统“举其大者”的说法，反对西洋资本主义社会的“知识教育”。救亡团体式的生活，宜搬入学校里来，而强调其学习一点。文字教育则也注意到，在集体生活中出壁报。我们应更深入，有适当的各科教科书，如物理我们可由人、牛、马、风、水诸力之应用讲到机械，如此可牵涉很多，只数单元，全部物理便可讲完。

贺绿汀先生：应详细规定，酌量环境，使课程在时间效果上都合于经济条件。

章泯先生：我们要使艺术家、自然科学家都对社会有贡献，认识自己在社会中的作用，从不离政治教育之核心。

陶行知先生：我们以集团生活为基础，把各科知识各种技术贯串在集团生活里，以达到政治教育的目的。

（大家称善）

陶行知先生：教科书是重要问题，我们不用现行的教科书，要有活的教科书。譬如国文课本，要每课只几句话，也是在文学上站得住的。现在教科书只如搭桥，无本身价值。

王洞若先生：多寻外国教材，如房龙地理，伊林的《人和山》，及《INSIDE THE ATOM》等。

孙铭勋先生：敌人在沦陷地区的教科书，陕北边区的读本，都值得搜集。

帅昌书先生：一切课程材料，均适应集团生活达到政治教育的目的。进行时，基本课程、各组课程，均应有整个计划，在进行中互相联系，不适合时随时改正。

（大家意见，俟王洞若先生详订具体方案后，再行讨论）

二、组织：

（一）指导部负责政治教育，可聘团指导员，艺友兼任小组指导员。

（二）各组主任参加指导会议。

（三）研究部负责设计、检讨、研究修正、搜集、分配联络、出版等事情。

三、选学生：

音乐、戏剧两组已进行，文学组不久即开始去选。选学生的地点：歌乐山、白庙子、土坨、嘉定、泸州、万县、合江……

要全去选过，到积有相当人数，再发表选定人名。（?）

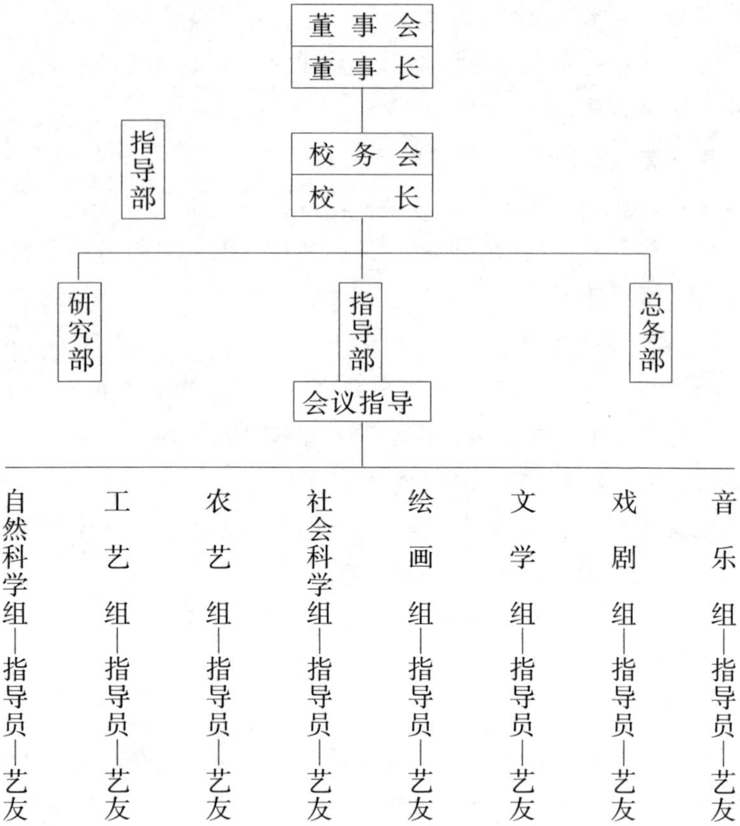

文学组选法：作文、讲故事、想象力等（由该组另定）。

四、选艺友：

陶行知先生：艺友的基本标准有五点：（一）汉文精通，言语清楚，（二）思想清楚；（三）与人能合作；（四）治事有条理；（五）服务有热忱。另须有下列条件之一，甲、将来有学术贡献之可能（高兴研究问题，一直到解决之）。乙、将来治事有独当一面之可能。

每一指导员可选三艺友（同时参酌该组需要可增减），艺友由指导员自选，或由别人介绍，经指导员审查提指导会议通过。

艺友生活费每人每月十五元，其能自负生活费者无报酬。

艺友：（一）辅助指导员之工作；（二）帮助领导学生；（三）在工作中自己进修。

五、薪金标准：

以生活负担、在校职责及学识程度三者定各人薪金数目，由校长与应聘人商定之。

因公患病受伤等情，学校予以补助。

学校帮助工作人员家属住宅生活诸项便利。

六、补聘指导员：

（一）外国语文——英、俄、法；

（二）体育——可请万籁天之弟；

（三）医生；

（四）看护；

（五）童军训练员；

（六）军事教官。

原定各组指导员：

音乐：贺绿汀、常学墉；

戏剧：章泯、水华、万籁天；

文学：魏东明、陆维特；

绘画：吕霞光、陈烟桥；

自然科学：陶宏、乐利；

社会科学：帅昌书；

总务部：马侣贤；

指导部：帅昌书；

研究部：孙铭勋。

精诚团结是民族存亡的关键*

在抗战处于困难的现阶段，精诚团结应成为一个更重要的课题。但有少数人还不懂这是国家民族存亡的关键。因此抗战已两年多了，还有人喊着反共或排除异己。要知道反共是世界侵略者的口号，是敌寇惯喊的口号，同时是汪逆叛徒正在用的口号。在我们则精诚团结，和衷共济，应是救中国的最紧要的口号。所以现在应特别强调精诚团结，打碎敌寇和汪逆分裂我们的阴谋进攻！

在这紧张的国际形势下，我们对我国外交应当更加注意。总理遗教已指示我们，要联合平等待我之民族共同奋斗，因此我们首先要仔细认清谁个以平等待我？在欧战发生之时，更显明的，我相信中国的外交路线应该是维持对我们没有侵略野心的国家的友谊，但必须和苏联取得更密切的联系。只有这样抗战，才能得到更实际的外援。

有人说，汪逆已经掉下茅厕坑，遗臭万年，无甚作用了。我觉得不能这样看。就因为他掉下茅坑，才播下一坑蛆，变成一群群红头大蝇，到处捡霍乱病菌。我们不但要讨汪，而且要彻底肃清苍蝇和虎列拉——汉奸。这些汉奸在我后方的工作第一是挑拨离间制造磨擦。第二是帮助敌人打听消息。第三就是消极怠工。

* 本篇原载1939年9月10日重庆《新华日报》，系该报记者慧琳的采访记录。

最后一点是最厉害如像应该真干的，他假干；应该节省干的，他浪费的干；应该合起来干的，他不要别人干；应该迅速干的，他慢慢的干，应该大规模干的，他偏小小的干。这一切都是不同形式的怠工。我们宝贵的抗战力量被怠工所消耗所摧残的，已不知有多少。如像现在应急速大规模唤起民众，普遍地给民众以抗战建国的政治教育，动员全民的身体、精神、力量和金钱来参加抗战，争取最后的胜利。而有些人却偏小小的干、慢慢的干、似干非干、干而不干的起着可怕的怠工作用，使抗战力量的增强受到最大损失。只有立刻根据抗战建国纲领作为标准来审察谁是怠工，来肃清怠工的汉奸，这样抗战才能必胜。

精神总动员的有效办法，应该是这样：实行民族、民权、民生整个三民主义来动员人民的精神。如果单单实行一两样是不够的。三民主义是不可分离的，不能像点菜一样分开来点，要用整个的三民主义来动员人民，这样人民才自然愿意把一切贡献出来。川康考察团同志们考察归来，感到建立各级民意机关的必要。我觉得建立各级真正的民意机关不但重要，而且也是精神总动员的一个最具体而最有效的方法。现在这个建议，是补足一个大缺憾。

我想根据各地征兵经验，草拟一种动员志愿兵的办法来配合征兵的需要。这种办法，就是壮丁的精神动员。用政治教育及其他方法使壮丁不但身体入伍，而且精神也跟着到前线去，这样才能以一当十的成为忠勇的战士。这样的战士的普遍动员，可以保证最后的胜利。

扩大壮丁志愿应征入伍运动以增加抗战力量案*

壮丁志愿应征入伍，在陆军征募事务暂行规则中，已有明文规定。自抗战开始以来，各地有志之士，自动投效者颇不乏人。抗战进入第二阶段以后，经过数处有系统试行，更觉壮丁志愿入伍有扩大提倡之必要。今述其理由如下：

一、壮丁志愿应征，可说是壮丁之精神动员。一经立定志愿，则不但是身体入伍，精神实同上前线。此种战士必能以一当十，发挥出绝大之战斗力，以争取最后之胜利。

二、壮丁志愿应征，可以免去因征集方法欠妥所发生之种种弊端。在抽签有效之地域，可以使中签壮丁人人成为志愿战士，而勇敢的与敌人拼命。在抽签未能正常实行之地域，可以革除拉兵，并在接收后改良待遇条件之下，可以免去逃兵。最后，志愿应征者，对其自身及其家庭之所处环境多能考虑周详，然后出以最后之决定，尤能免去自身及家庭中因出征而发生之惨剧。例如一家兄弟三四人，究竟谁该应征方为适合是成了问题。经过慎重考虑，共同讨论而发之志愿，总比取决于单纯之抽签为适当。

三、壮丁志愿应征，零零碎碎的干是不会发生力量。我们应该根据各地试办之有效经验，大规模的来推进这个运动，使志愿

* 本篇系陶行知在国民参政会第一届第四次会议（1939年9月9日~18日）上的提案，编号75，载《国民参政会第四次大会纪录·提案目录》，大会决议："照案通过，送请政府切实推行。"

兵、志愿兵团甚至志愿军可以风起云卷的起来，以配合征兵之需要，而增强抗战之力量，则最后胜利更得一层保证。

壮丁志愿入伍之应促成为大规模运动之理由已如上述。现拟具体办法数条，列举如下：

一、收取试办志愿兵役之有效经验及可歌可泣之事实，广为宣传，使各地未办者起办之兴趣，已办者得有参考，办得更有效。三峡乡村建设实验区对于志愿兵役曾有系统的试验，并且突破一切困难，完成第二期志愿兵役。现正在筹备第三期志愿兵役。可见风传志愿兵只能办一期，以后便难办成之困难，是必须克服；而且只要办法好是可以克服。现将三峡实验区及其他地方试行志愿兵役之重要有效办法，略举如下：

（一）地方长官得人，则保甲长不但不舞弊，而且以身作则，把自己的子弟献出来应征入伍。

（二）用政治教育来动员壮丁，用三民主义及抗战建国的政治教育来动员壮丁。

（三）有力的宣传：

1. 志愿入伍者对青年现身说法；

2. 志愿入伍之父、母、妻子对壮丁家属现身说法；

3. 前线战士归来现身说法；

4. 动员全体学生长期在固定村庄宣传；

5. 战利品之展览；

6. 抗战话剧、歌咏。

（四）优待出征军人家属兑现：

1. 依法之优待照常进行，不延迟、不减少；

2. 特殊之救济，以解除赤贫及病人之困难；

3. 举行志愿捐，以配合志愿兵役；

4. 指定人员常为出征军人家属服务；

5. 举办合作工厂，使出征军人家属有工可做，自食其力；

6. 尽量帮助赤贫出征军人之子女，得受免费教育。

（五）敬爱志愿应征之壮丁：

1. 应征时开盛大欢迎会；

2. 入伍时开盛大欢送会；

3. 在关庙或岳庙宣誓；

4. 赠“光荣之家”之门牌。

二、加增成功因素，使壮丁志愿应征运动更能成功：

（一）改善点验受训及以后之待遇，使志愿应征之壮丁之疾病、死亡及精神上之痛苦减少，将见志愿应征之壮丁一传十、十传百，源源而来，不怕无兵，也不会有逃兵。

（二）更根本的是建立民意机关，完成地方自治，改善人民生活，使壮丁们更加知道并感觉保卫大中华之意义。

三、地方长官有愿依照征兵之配赋，试办较大规模之志愿兵役，得拟具计划，呈请军政部核准办理。

四、壮丁志愿应征入伍，得依人数自成一排、一连、一营、一团等，集中受训。

五、军政部、政治部、军训部应联合兵役协会及其他推进兵役团体，共同促成壮丁志愿应征入伍运动，以配合征兵之需要，而增加抗战之力量。

以上所述理由及办法，是否有当？尚希公决。

提案人：陶行知

副署者：王幼侨　王葆真　史　良　居励今　陈启天
罗文干　陈绍禹　刘王立明　徐傅霖　张一麐
光　昇　王卓然　杨子毅　罗隆基　王造时
程希孟　张申府　杭立武　张元夫　江　庸

由国民参政会酌派友邦访问团以加强国民外交案*

我国抗战以自力更生为主要原则，但积极运用外交以减少敌人力量、增加自己力量亦属自力更生的重要部分。关于外交方面，除政府外交官之积极努力外，有加强国民外交之必要。国民参政会为中国抗战时期过渡之民意机关，素为各国所重视。由国民参政会酌派友邦访问团，赴有关系之重要国家宣传视察联络，必能引起友邦的特别注意，加强国民外交的功效。同时，亦可搜集实际材料，以供政府外交当局的参考。兹拟具办法如下：

（一）欧战爆发，美、苏在远东增加其重要地位，在事实上对远东已表示其深切的关怀，应先由国民参政会酌派友邦访问团分别赴美、苏活动。

（二）由国民参政会推选适宜于此项任务之参政员5人至7人赴美，5人至7人赴苏。

（三）该访问团在各国应有三个月较长时间之逗留，俾作较充分之工作。

（四）该访问团回国后对本会须作详确的报告。

（五）在战争之中英法各国，如属可观，亦可派员前往。

---

* 本篇系陶行知在国民参政会第一届第四次会议上的提案。原件注明："原则通过。请政府参酌旧案切实执行。"原载《国民参政会第四次大会记录·提案目录》。

提案人：陶行知

连署人：徐傅霖　程希孟　许德珩　李仙根　张君劢
胡景伊　江　庸　秦望山　褚辅成　邵从恩
光　昇　周士观　高惜冰　王卓然　邹韬奋
史　良　刘王立明　韦卓民　傅斯年　张　澜
胡兆祥　王造时　罗隆基　陈豹隐　任鸿隽

谈未来的东亚新秩序*

世界要求新秩序；东亚要求新秩序。近卫[①]所说的东亚新秩序是骗人的，是反动的，是出于少数侵略者之幻想，实在是换汤不换药的变形的旧秩序。我们所要谈的东亚新秩序是写实的，是进一步的，是出于大多数被压迫者及爱好正义者之共同要求，是应运而生，势所必然之新秩序。

这种新秩序是以什么姿势出现？他有怎样的一个阵容，我现在简单的写一写，将来有机会再详谈。

一、中国对于日本帝国主义之全面抗战和持久抗战是会产生两个新生命，一是从半殖民地、半封建脱壳而出的真正自由平等的中华民国。这不但是所有中国人（汉奸除外）的共同信念，而且因为客观主观的要求，若不达到这个崇高的境界，中日战争是不会停止的。这个宝贵的新生命正在产生的过程中，它的母体是流着大量的血把它贡献出来与世人相见。整个世界是等得不耐烦的要看一看它的英姿。但是依我看来，中日战争的大流血所产生的不是一个独生子而是一对双生子。中国军队得了全面的胜利，日本军阀他不能再站起来，日本的反战厌战及一切被压迫的老百姓是会在新的基础上建立起一个日本民国来参加新东亚和新世界的创造。

* 本篇原载1939年11月10日《战时教育》第5卷第1期。

二、完全自主是新印度之目的。这个完全自主的印度也必然的是一个民主共和国。在甘地先生和尼赫鲁先生的正确领导之下，印度以东升的太阳的姿势向人间射出万丈的光芒。我去年在印度亲眼看见那种朝气，至今还觉得全身爽快。它的团结是真正做到精诚的境界。在一个统一的国民党②里面是包含着各宗教、各阶级、各党派之和衷共济。甘地先生在整个的民族解放运动里面好比是一位太上总统，而他所住的只是三间泥屋，所吃的只是山羊奶、水果、清水；所穿的是他自织的一幅土布。新印度在宽大而统一的政策指导之下所收罗的真是人才济济，多数都能刻苦耐劳，富有牺牲精神。最叫我感到兴奋的是他的民众运动。在印度，民众运动可以说是如同潮水一样汹涌而来。当他们举行选举运动的时候，真是整个民族都醒起来了。不说别的，只说一样，尼赫鲁先生在前年一年中，面对面，是对着一千万民众演说过。他有时坐飞机，有时坐轮船，有时坐牛车，有时步行赶着开会，每天对三万五万人说话是成了家常便饭，无线电广播还不在内。这样，英属印度十一省的省政权，已经有了九省都落在印度国民党之手了。甘地先生对我说，倘使精诚团结，不违反指导原则，最后可以达到中央而取得完全自主。

我们因为英国的关系，常常讳谈英印问题。我们中国人何必这样担心而当说不说呢？我一九三六年夏天船过印度时，有一群英国小孩在唱：不列颠，不列颠，不列颠把波浪统治，不列颠人誓不做奴隶。当时有一位英国军官拍拍我的肩膊，问我："英国能永远统治波浪吗？"我说我要把这首歌词详细看了才能答复你。我于是请小朋友抄给我看了一看，又想了一想对军官说：你们誓死不做奴隶，很好，但最要紧的，是不可造奴隶。奴隶造得太多，他们会发出波浪来动摇你们的统治（这是运用Rule the wave和Wave the rule的意思来加强我的说明）。这位军官似乎有点觉悟，他说，我们待印度人的办法是应该改良啊。我对于阿里煞Orisa的农人有这几句速写：

人和牛一样，皮包骨，种得水果，给别人止渴。

这样的老百姓在甘地、尼赫鲁指导之下都团结起来行动了。在非暴力不合作运动的前面，英国买卖在印度是消灭了百分之七十五。以马德拉斯③一城而论，从前英国人有二三千，现在生意冷淡只剩下二三百了。什么统治能抵抗从海底下翻上来的波浪啊！新印度是已经抬头了，完全自主只是时间的问题了。

三、大家都知道，在东亚与东欧是存在着一个伟大的社会主义的国家。三个五年计划把苏联奠定了坚强无比的基础。它的根本政策是扶植弱小民族，促进世界和平，以谋求人类的幸福。关于苏联地位的重要，我想大家都知道，不必我多说。

我所说的东亚新秩序，是以中华民国、民主的日本、完全自主的印度、和平的苏联的合作为基础的新秩序。这是十二万万人的大合作。合作的方式，是军事同盟与经济同盟。军事同盟目的在防止侵略，经济同盟目的在某种限度之自足自给而毋需侵略别人。这种新秩序不排外，要与地球上别的国家建立互助关系，使大家好好的通商往来，但不许侵略。这合作怕是先由两个国家先干起来，再推广到第三国、第四国以及东亚所有的国家。这东亚的新秩序，只是一部分人类发展的一个阶段，它能存在多久却不好预言。这是与整个世界的发展息息相关，我们不能把东亚隔离起来像算命先生那样呆板的说。

注释

① 近卫　即日本人近卫文麿。

② 国民党　全称是“国民大会党”，印度独立后的执政党。

③ 马德拉斯　印度南部的大港，泰米尔纳德邦的首府。

填鸭教育*

厚德福是北碚最道地的北方馆子。我在这里第一次看见填鸭，听到填鸭的道理，自然而然的联想到久已闻名的填鸭教育。

我从厚德福里一位伙计所得到的填鸭的知识是如此：第一步是买鸭皮。先把那些皮儿可能长肥的鸭儿买来。皮儿不可能长肥的鸭就不要。这要靠选择。目光好，选择准确，那么喂它半个月、二十天就会长得很肥，这好像是传统学校的入学考试。

第二步是预备填料，此地用的填料是四分米六分黑面，搓成"食指"大小的小条，填入鸭儿的食道。每天填三餐，每餐填八条，费钱八分光景。这好比是预备现成教材，按照一定钟点上课，全体一律受教，不管个性如何。在教育界里面是有不少的办法和填鸭相仿佛。谁个要在学生需要之外悬立目的，超出学生自愿容量去灌注教材，一心一意指望学生们快快的照他主观的模样长成，使他和他的主顾可以享受，只须如此，他便是在办填鸭教育。

厚德福的朋友还告诉我，北方的填料跟这里有些不同。北方普通用的是面粉、高粱、麸子拌起来用，有时也用玉米。我说四川玉米价钱低，为什么不用玉米呢？他说，这儿鸭子喉咙小，用

* 本篇原载1939年11月25日《战时教育》第5卷第2期。

玉米填下去会把鸭儿胀死；因为填死几只鸭，我们才知道玉米对于四川鸭不合用。我愿意教育者有这样的周到，材料如果用得不对，填鸭可以填死，被人填死的学生有多少啊!

来凤晚饭后*

今年九月底我承沈之万专员之约到永川去演讲，同行有专员公署技士陈幼舟先生。天雨，下午四时，便不好赶路，只得在来凤镇[①]过夜。晚饭刚吃完，有两位流浪儿来到桌边向我们讨没有吃完的菜。我们当然一起奉送了他们。他们把菜拿到门口，就有十几位小孩来共同分吃，不吵不闹，很有秩序。

我看见这现象，很是高兴，便叫他们来两个人和我们谈谈，不必推代表。我们尊重他们的发言权，就在饭桌上摆起龙门阵。我问他们读过书没有。他们说：金元读过书。我指着对门一个招牌问他上面是什么字。金元说："农村饭店。"我再指着右手的大字标语问他。他说："农工商学兵联合起来。"我问联合起来做什么？他说（而且有好几位流浪孩子同声的说）："打日本鬼子!"

这是多么有力的而且坚决的呼声。听到这种呼声，谁能不受感动？这些流浪儿在风霜雨雪当中，靠着自己的小小努力，也得到了这一点宝贵的教育。谁有权利让他们挨饿、受冻？谁能忍心看他们失学？

我接着问下去："金元！你愿意教他们认字吗？""愿意!""你们愿意跟金元学吗？""愿意!""好，金元！你做小先生，不要把学问放在自己的荷包里，要拿出来教大家。你的责任是把你

* 本篇原载1939年11月25日《战时教育》第5卷第2期。

的十几位小朋友都教成个个识字，人人拿出小拳头来打倒小日本!”他说：“我愿意，但是没有书本怎么办?”我迟疑了半分钟，有点像被他问倒似的，但是对门的招牌救了我。我一看见农村饭店四个字就豁然大悟的说：那就是书。你们都可以不化钱的拿出来当作书读。

金元说：“笔呢？没有钱买笔啊。”我指着招牌的指头还没有放下来。我对着指头看看，说：“这就是笔！你们用你们的指头对着农工商学兵联合起来九个字，一个一个的这样画，就是学写字。写了几回再在手掌上默写，手掌便成了你们的纸。有机会在桌上用点水练练字更好。那时，桌也是纸，水成了墨，还有指头永远是不化钱的笔，随身带的自来笔，有书、有笔、有纸、有墨、又有小先生，你们是天天可以上学，处处可以练字了。但是最要紧的是学了字来取得知识，帮助大人打倒日本鬼和一切人中鬼。”我说到这里，不由人一股酸泪从心头涌到眼眶而又用极大的力量把他镇压下去。孩子们！我的法子尽了，不能再简便了，你们努力罢。我们一个一个的个人是不能把鬼子打出去，小朋友必须自己组织起来。你们会排队吗？不会！我教你们。矮的在前，高的在后；依着次序排，不要乱。你们要举一个队长、一个副队长做领队。我们推金元为队长，我们推张老幺为副队长。“好，金元，你把小朋友排了队出去。”好家伙，金元样样会，一会就按着高矮排了起来。他还教小孩子们立正、看齐、向前看，然后再喊向右转，开步走，回到他们露天旅馆里去过夜。我和陈先生拜访联保主任傅伯侯先生，请他照应他们，特别是当晚为他们找一个地方给他们住。他们说明天照办，当晚很难。

注释

① 来凤镇　重庆市璧山县的一个场镇。

宪政运动与国民教育*

国民参政会第四届会议①把七个关于制宪的提案合并通过，而又组织了一个宪政期成会，这是一件值得注意的大事。蒋议长②在开会词中说，这个案子之通过是本届参政会最大之收获，可见得实现宪政是现在中国顶要紧的事了。闭会之后，社会上不久就组织了宪政座谈会和宪政促进会来响应这一议决案，现在是形成了一个宪政运动③，它的发展的前途应该造成一套适合国情而又进步的中国宪法。

我们在表示“抗战必胜，建国必成”的信念的时候，有些人好像是把抗战和建国之间分成一条鸿沟。其实抗战和建国是一件不可分的大事。抗战便是建国的一步，而且是最基本的一步。要把它们分开来看，不但是对于抗战会发生误解，而且对于建国也要发生误解。同样我们对于制宪也不能离开抗战建国去看它。我们是要为抗战而制宪，为建国而制宪。一部有效的进步的宪法能保证抗战的胜利和建国的成功，也就把抗战和建国统一起来了。所以宪政运动——创造一部增加抗战建国的力量而担保抗战胜利建国成功的宪法是空前的一件大事。

大事要大做，不可小做，如果小做了就会变成一件小事。宪政运动怎样才算当作一件大事来做呢？我们从教育的目光看来，

* 本篇于1939年11月16日草成，原载1939年12月10日《战时教育》第5卷第3期。

宪政运动是要用新大学的原理来干，才能把它干成一桩真正救国的大事。怎样叫做新大学呢？大学之道在明大德，在新大众，在止于大众之幸福。新大学是大众之学府，整个的中国是我们的学校。中国的疆界是学校的疆界，中国的领土是学校的校址，凡是中国人都是学生，都是同学，只要他对于某件事是先知先觉便是先生。校长不消说便是蒋委员长，现在的大成至圣先师便是孙中山先生。各国的华侨可算是我们的留学生，世界上一切反侵略之组织是我们的友校，反侵略之战士都是我们的学友。我们的全部课程是抗战建国。宪政运动是我们的一门重要的功课。我们要在制宪上学习制宪，制宪是国家的根本大计，不能草草了事。这门功课必得大家亲自去上，请人代替上课是一切认真的学校所不许。千万不要认为老百姓程度不够，就连宪政教育也不给他们。先知先觉的同胞们要领着后知后觉的同胞们一同把这门重要功课好好的上，使老百姓都明白大众的道德，都能做新时代的大众，都能瞄准着大众的幸福来制成宪法，并且运用宪法来增进大众的幸福，而不使它被减少或受忽视。

大学里最重要的原则是学术自由。这学术自由四个字往往被人误解为自由主义的学术。其实，学术自由只是追求真理的自由，如果追求真理的自由都没有，根本就不能产生学术。宪政教育里所需要的是这种自由。中国的老百姓应该有充分自由去追求制宪的真理。我们要什么宪法？要什么适宜的人去制宪？怎样去制成这种宪法？我们要有自由去追求这些问题里面所包含的真理。

孔子说："温故而知新，可以为师矣。"我想补充一句："知新而温故，可以做学生了。"因此，无论是教导制宪或者是学习制宪的人必得温故又必得知新，然后才能把中华民国的宪法好好的立起来。怎么叫做温故？我们对于创造中华民国的中山先生的指示应该温习，我们应该把他的北上宣言、号召国民会议之演讲和建国大纲再仔仔细细的翻开来看看，看不懂的应该有人讲给他们听。其次，我们对于国民党政纲也要再看看。最后国民大会组织法、选举法和五五宪草也要用锐敏的眼光再来重读一遍。怎样叫做知新呢？抗战后应运而生的中国国民党抗战建国纲领不可不知，世界进步的宪法不可不知，抗战第二阶段以后的新需要及国际形势的新发展不可不知。宪法如何制？先知先觉者温故而知新，后知后觉者知新而温故可以制宪了。

宪政运动是训政的最重要的一课。蒋议长对于训政在参政会里曾有精辟的定义，他说训政的意义不但是官训民，民也训官。的确如果老百姓们都拿他们的美德来帮助官吏向好的路上走，那末世界上就没有坏官了。我们在老百姓的立场上说，如果官长都拿他们的优势来找出老百姓的真正需要，而帮助他们实现这种需要，那末世界上也就没有捣乱的老百姓了。如果我们拿官民互训的意思来上这训政的最重要的一课，那末中国的宪政运动是可以成为一个最有精彩的国民教育运动；也唯独成为国民教育运动，那宪政运动才有充分的意义。全国国民共同认识而又共同学习、共同参加所产生的宪法，是必定成为共同遵守、共同爱护的国宝而垂于久远。

注释

① 国民参政会第四届会议　即1939年9月9日至18日的国民参政会第一届第四次会议。

② 蒋议长　即蒋介石。他是在国民参政会第一任议长汪精卫叛国后才兼任。

③ 宪政运动　全称是“宪政期成运动”。开始于1939年9月9日至18日召开的国民参政会第一届第四次会议。会议前一天，《新华日报》发表了毛泽东、陈绍禹、林祖涵、吴玉章、董必武、秦邦宪、邓颖超7位参政员为反击国民党积极反共所制造的“平江惨案”等一系列反共事件而提出的《我们对过去参政会工作和目前时局的意见》，重点是要求实行民主政治，加强党派合作。在这一《意见》的影响下，国民党以外的民主党派和无党派人士，也在会上先后提出了7个关于制宪的提案。经过讨论，就把这些提案合并为《请政府定期召集国民大会实施宪政案》，并获得通过，还推出包括中共代表吴玉章在内的19人组成宪政期成会。

我的民众教育观*

民众教育是什么？民众教育是民众的教育，民众自己办的教育，为民众的最高利益而办的教育。换句话说：民众教育是给民众以教育，由民众来教育，为民众而教育。给民众以教育是用教育来动员民众。无论是征兵、征工、募捐、募寒衣及一切需要民众做的事，强迫不如说服，命令不如志愿，被动不如自动。说服是教育的方法，志愿是教育的成果，自动是教育所启发的力量。所以教育是动员民众最可靠、最有效的武器。由民众来教育是用民众来动员教育。中国对教育是动员了四五十年，到如今中国教育还没有普遍的动起来。这是什么缘故呢？先生少，学生多。小众的力量不够大，推不动大众的教育。但是民众接受了知识即刻传递给别人，那就容易推动了。前进的民众来教育落后的民众，一起起来动员教育，那末教育就不能不普遍的动起来了。为民众而教育是为民众最高的利益而教育。民众最高的利益是什么呢？中国民众最高的利益，不消说得，是打倒日本帝国主义，建立一个自由平等幸福的中华民国，并和全世界反侵略之战友共同来创造一个合理公道互助的世界。所以由民众来动员教育，用教育来动员民众，以争取这最高之利益和最后之胜利，才可算是真正的民众教育。

---

* 本篇原载1939年12月25日《战时教育》第5卷第4期。

民众教育之发展大概有三个阶段：第一个阶段是要民众。第二个阶段是要教育民众。第三个阶段是民众要教育。要民众是民众教育之基本条件。否则民众且不要，何况乎民众教育。可是单凭我们的主观或是小众的利益而办的民众教育，民众不一定接受，一直等到我们发现民众所以不接受这样“教育”的缘故，并且改变我们的方针、内容、方法，使所办民众教育适合民众的口味，然后民众才要教育。也要等候它办到民众未得它之先是如饥如渴的想念，既得它之后是向前向上的奋发，那时候民众教育才算是办得有几分谱子了。

中国已往的民众教育是害了三种病。一是偏枯病。它或是由于有意的放弃，或是由于无意的忽略以致大部分的民众是不知、不能、不可、不敢跑进民众教育的圈里来。例如老年人、女人、工人、农人、流浪儿，绝大多数是被摈于民众教育之外。我没有篇幅一一举例，只谈一谈老年人吧。假使全国的老太太都能有机会受一点像岫岩县的赵老太太、修仁县的曾大娘、歇马乡的刘太太的教育，那末对于她们的从军的儿子是有多么大的鼓励啊！假使有一点真的教育配献给她们，那末，经过她们的广播，又是有何等扩大的影响啊！然而一般民众教育者则忽视老人之重要，而口口声声的说，我们要赶快培养青年民众，老人家快要进棺材了，有什么用呢？因此，民众教育对于老年人则害了偏枯症，同样，它对于妇女、农人、工人、流浪儿都害了偏枯的症候。二是守株待兔病。民众教育者是坐在民众教育馆里等待民众来：来一个，教一个；来两个，教一双；很少自动的到老百姓的队伍里去找学生。那愿意把教育送上门去的更是凤毛麟角了。民众教育还有一个特有的病，那就是尾巴病。民众教育在已往是成了教育之尾巴，排列是尾巴，经费是尾巴尖。社会既以尾巴看待民众教育，民众教育亦不知不觉的以尾巴自居。反过来说，民众教育抬头，也可见民众之抬头。

前几天，蒋委员长巡视湘北遇见民众教育馆，必去观看，可见民众教育之被最高当局重视。

民众教育是一件大事不可小看，更不可小做。大县一二百万人，小县也一二十万人。一位民众教育馆长假使用民众来动员教育并用教育来动员民众，他和他的同志便能影响而唤起少则一二十万、多则一二百万民众，个个知道为中华民国奋斗，愿意为中华民国奋斗，能够为中华民国奋斗，则中华民国自然会活到万万年了。大家要想民众教育抬头，要想中华民国抬头，是必得认清民众教育是一件大事并且要把它当做一件大事来实践。

民众教育舘的舘字引起了我的注意。舘字从官从舍；官舍是官住的地方，好像是一个衙门。民众教育舘有变成一个衙门的危险，但要想把民众教育当作一件大事做，切不可以在衙门里做老爷。官舍还有一个意思，就是看管房子。办民众教育倘变成只看管民教舘的房子，那也嫌不够。我有意把舘字换个馆字。民众教育馆好一比是一个民众餐馆，前者管民众的文化粮食，后者管民众的身体粮食。民众餐馆要想生意好必须价廉物美招待周到不需久候，民众教育馆要想做得开，在几方面都要跟民众餐馆学学才好。但是馆子也有毛病，官食可作老爷吃饭讲。倘使办民众教育的老爷只顾着自己的饭碗，而不把精神粮食输送给老百姓，那便是大事小做了。

我们的校徽*

育才开学之后，将近两个月，大家觉得还缺少一个东西。一天有几位同志正式提出来要一个校徽。绘画组主任[①]要求我把主要的意思告诉他使他可以设计。我当时觉得很难，似乎比开创学校还要难些。何以呢？我们需要一个符号，可以代表学习，又可以代表工作，又不脱离现在的任务而可以代表战斗。我们学校的基础是集体生活，也必定要在这符号里表现出来。而且我们又不可关起门来干我们的集体生活。我们的集体生活，是必须与全世界以及整个人类的发展联系起来。我们如果用各种符号堆砌起来表现这许多重要的意义，那也不算很难的工作，但是这样的一个杂货铺的校徽，连自己也不容易看明白，别人见了它更要头昏了。我当时觉得校徽之难就难在简单而符合创校的意义。

一连好多天我是不能交卷。九月三十日，我从金刚碑坐船到白沙沱，在船上有点空闲，可以仔细的对这问题想想。忽然在我的脑海中浮出一个圆圈。这圆圈是求学的符号，因为求学要虚心而且要有相当的空闲。它又是工作的符号，因为工作要不断的努力才能成功。它也是战斗的符号，因为抗战要精诚团结才能得到最后的胜利。

但是这一圆圈虽然把学校生活本身的内容包括无遗，但是如

* 本篇原载1939年12月25日《战时教育》第5卷第4期。

何可以表现它与世界及历史发展之关系呢？我想了一下，觉得必定要三个圆圈连锁起来，才能充分发挥这一切的意义：第一个圆圈代表全校一体，第二个圆圈代表世界一体，第三个圆圈代表古往今来一体。

我继续的想下去，愈想愈觉得这三圆圈校徽的意义之丰富。它们所表现出来的意义有：（一）民族、民权、民生；（二）智、仁、勇；（三）真、善、美；（四）工学团；（五）教学做合一[②]；（六）自然、劳动、社会；（七）头脑、双手、机器；（八）迎接困难、分析困难、解决困难；（九）认识社会、适应社会、改造社会；（十）检讨过去、把握现实、创造未来；（十一）肯定、否定、否定之否定……我一时也数不完全。

三个环决定了之后，颜色又成了问题。当初是想采用黑色，因为它表现出钢铁一样的坚强，但是有机体的联系，需要有生命的颜色才能表现出真正的意义。我们的三个环是三个连锁的红血轮，代表着有生命的学校、有生命的世界、有生命的历史都联成一体。

注释

① 绘画组主任　即陈烟桥。

② 教学做合一　陶行知关于生活教育的理论。认为教、学、做是一件事，主张“在做上教，在做上学”；“教的法子要根据学的法子，学的法子要根据做的法子”。

谈生活教育*

——答复一位朋友的信

接读十二月十二日手书，知道我们在重庆相左，不能见面谈一谈，那是很可惜的一件事。承你对于生活教育和生活教育者提出一些意见，我们很感谢。你所勉励我们的话，多半是对的，我们是朝着你所指示的路向不断的努力。但是你批评生活教育是有一些不正确。这不能怪你，因为如你所说，你不能把全部生活教育研究之后再提出意见。为着要答复你的好意，我想把我认为不正确的地方提出来和你谈谈。

第一，你说："生活教育者好像不懂得'真正生活教育的实现，只有在没有人剥削人的制度里存在'。"你仔细想过之后，便知道这样的看法，是机械的看法而不是发展的看法，是静态的看法而不是动态的看法，是等待的看法而不是追求的看法。你心里的理想的社会，不是从天上落下来的，而是人类依着历史发展的趋势努力创造出来的。真正的生活教育，自古以来一直存在到今天，即发展到今天，而且还要一直存在下去，发展下去而达到最高的生活即最高的教育。为着最高的目的而忘了发展的过程和为了发展的过程而忘了最高的目的，都是错误。

第二，你说："生活教育者企图不经过突变而欲达到质变。"

* 本篇原载1940年1月10日《战时教育》第5卷第5期，尾注"二十八年十二月"，指1939年12月。

我们没有这样的企图。除非你所遇到的是没有常识的“生活教育者。”水热到摄氏一百度，突变而为水蒸气。我们不能幻想着水蒸气而忽视了砍柴、挑水、烧锅的工作。

第三，你说：生活教育者之努力……即使能完成任务，那也只限于一部分被……提拔的“天才者”，群众是没有份的。这“天才者”大概是指我们所选之具有特殊才能之儿童吧？他们是从难童中选来，不能说他们与民众无关。我们当然不应该为“天才”而办“天才”教育，但是，为着增加抗战建国的力量而培养特殊才能的幼苗，使他们不致枯萎夭折，也是值得做的工作。我们当然不应该教他们做人上人。但是，为着社会进步，让他们依据各人的才能志愿，学做一群人中人，而且把他们的贡献发挥出来以为民众服务，也是值得干的工作。若只注重“天才”教育而忽略一般教育，那是不可以；但是，生活教育者自始就发动普及教育运动，到近来，才感觉到具有特殊才能之儿童之被忽视而开始唤起社会之注意。我们所希望的是“从民众那里来”的“回到民众那里去”。

第四，你说：“生活教育者没有把革命与教育联系起来。”这要看你心中的革命是一件什么事？你心中的联系是如何联系法？在我们看来，现在的民族解放斗争是革命的行动！我们以一个民众学术团体，对于团结、抗战建国，是用了全副精神参加，不敢有丝毫之懈怠。至于你所说，一个教育者同时应该是一个革命者，我很同意。但我希望补充一句：一个真正革命者，必然是一个真正生活教育者。即使他不承认他是一个生活教育者，按着生活教育的理论说来，他也是一个道地的生活教育者。

第五，你说你的很多朋友，大都不知道生活教育是什么，并且说生活教育的受人忽视的主要原因是，因为缺少革命的联系。生活教育之被一部分人忽视，那的确是事实，但完全归咎于缺少革命的联系，从上面说明看来，也不见得完全对。我想除我们自己力量有限外，生活教育之被人忽视，还有下述之原因：一、过生活而忽视教育的人，必然忽视生活教育。二、受教育或施教育而忽视生活的人，亦必然忽视生活教育。三、忽视民众生活而又忽视民众教育的人，固然不要生活教育而高谈革命理论，而无革命实践的象牙塔里的“革命家”，也无由知道生活教育之宝贵。

末了，你希望我们能够出版一部生活教育大纲。我们正在着手编这样一部集体创作，现在为你参考起见，我把生活教育的理论提出几个要点和你谈谈。

从定义上说，生活教育是给生活以教育，用生活来教育，为生活向前向上的需要而教育。从生活与教育的关系上说，是生活决定教育。从效力上说，教育要通过生活才能发出力量而成为真正的教育。“教学做合一”，是生活法亦即教育法。为要避去瞎做、瞎学、瞎教，所以提出“在劳力上劳心”，以期理论与实践之统一。“社会即学校”这一原则，要把教育从鸟笼里解放出来。“即知即传”这一原则，要把学问从私人的荷包里解放出来。“行是知之始，知是行之成”，是教人从源头上去追求真理。工学团或集体主义之自我教育，是在团体生活里争取自觉之进步。“教育是民族解放、大众解放、人类解放之武器。”这种教育观，是把教育从游戏场、陈列室解放出来，输送到战场上去。时间不许我细说，总之，生活教育理论，是半殖民地半封建的中国争取自由平等的教育理论。我希望你把研究之门大开起来。如果有机会，我想和你谈谈。千万不要因为一时之倒霉，少数人之不忠实，就误断一个运动的命运。

捐结婚喜酒钱 *

读报知道你们对汪逆精卫作英勇的斗争，我们不但钦佩而且要跟你们学习，拿你们的精神和行动来做我们的指南针。我们在去年除夕结了婚，商量想把请酒的钱省下来做几件有意义的事。在我们列举的事情当中第一件就是要对你们表示一点敬意。现在从节约的款项中奉上二十元，不能算是请你们喝喜酒，只能算是请你们饮喜茶。我们的朋友听我们讲得有理，不但原谅我们这样做，而且有好几位将来也愿意自己能够这样做。所以这种喜茶，以后大概还有得喝咧。我们的婚礼是简单而庄严。证婚人赵老太太说我们有点像“游击结婚”，于今和你们的光荣的斗争发生一点小小关系，也就可以算为“反日结婚”了。敬祝反汪胜利并致民族解放敬礼！

* 本篇原载1940年1月14日重庆《新华日报》，这是陶行知响应该报声援香港反汪工友写的一封信。开头是“《新华日报》转香港反汪印刷工友公鉴”，末尾署“陶行知、吴树琴拜启”。

游击区教育*

游击区教育之目的在用“教育”的手段，增加游击的力量，以粉碎敌人“以华制华”、“以战养战”①之阴谋。这“教育”的手段要跟着“游击”而千变万化，我们决不可以把正常的教育方式，刻板的搬到游击区去。“教育”要办成“非教育”，才能在游击区发挥出真正的力量。

所谓“非教育”并不是“非教育”，而是在教育呆子的眼光看来，教育不像教育，所以认为“非教育”，实实在在是千真万真的“真教育”。唯独好像“非教育”而的确是“真教育”，方能存在于游击区而所向无敌。

我不要说得神秘了。这种好像“非教育”而的确是“真教育”要怎样的干呢？

第一，游击教育要把教育变成生活，把生活变成教育，把生活与教育变成战斗，把战斗变成生活与教育。我们要把教育展开到生活所包含之领域，把生活提高到教育所瞄准的水平。

第二，我们不能用笼统的眼光来看游击区，即不能用笼统的方法来办游击教育。以地域论，敌伪据点、敌我交界地、游击队大本营、游击后方的生活情形不尽同，即教育之运用不能尽同。我们对于这不同的地域的教育进攻，一方面要有统盘的政策，而

* 本篇原载1940年1月25日《战时教育》第5卷第6期。

另一方面是必定要有特殊的战略与特殊的战术，以适合不同地域的需要而克服各个的困难。

让我们举几个例子来谈谈吧：教育在游击后方的主要作用，一方面是唤起老百姓输送力量帮助游击队，而另一方面是把力量向整个大后方输送，增加生产、增加建设、增加全面抗战的力量。游击大本营或游击根据地的教育的主要作用，则在促进老百姓与游击队的了解联系，使他们打成一片，成为一体，使敌伪据点连不起来，而受到致命的突击。敌我交界地的教育作用，主要的是使"两面人"变成"一心人"，永远向着我，使他们的人数不可能加多而渐渐减少，使他们的地盘不可能扩大而渐渐缩小，终于完全成为进攻敌伪据点之根据与力量。敌伪据点里的教育作用，主要的在发生对敌不合作与对我通消息的作用，始而达到地失人在，终于成为收复失地时里应外合之力量。

依教育的方式而说，在这些不同的地域里也要灵活的运用。在游击后方的教育，宜以战时学校教育和民众集体教育并重。游击根据地的学校便不能像游击后方那样固定，而有些是要跟着游击队跑，而成为游击学校。民众的集体行动的教育，是要普遍的活跃起来，从这里一直通过敌我交界地而进入敌伪据点，是要把先生的长袍脱下，变成不像先生的样子，才能入虎穴探虎子。

游击后方与游击根据地的教育还不难办，难办的是怎样把教育的力量贯彻到敌我交界地和敌伪据点去。这是需要特殊的研究、特殊的训练、特殊的指导、特殊的组织、特殊的技术，才能有很好的效果。

这些都要靠着精深的探讨去发现正确的路线。而且这种探讨的工作是要在游击区里去体验出来，闭门造车怕是不合实际。我在这里所能提出的只是一点个人的意见。我以为要把教育的力量进攻到敌我交界地和敌伪据点去，干教育的人便是十足的老百姓——穿老百姓的衣服，说老百姓的话语，干老百姓的工作，把民族意识和抗战理论贯彻到老百姓的生活里去。有时文字通不过去，就得用私塾里背书的法子把文件背熟，由脑袋子带进去。宋江智取无为军，是运用一位飞针走线的裁缝。吴用智取生辰纲，是借重一位安乐村的闲汉。对！《水浒传》是一本游击师范的教科书，每一个游击先生都要看得透熟。

但是时代不同，抄袭《水浒》也不行，《水浒》暗示我们许多灵活的游击教育法，但要囫囵吞枣的把它呆板的运用，那是会失败的。一位游击教育者之有效训练，似乎要包含这样的内容：（一）三民主义；（二）抗战建国纲领，蒋委员长言论，近代政治组织原理，游击战术，游击武功纪，生活教育理论，再末，《水浒》是必须看。这样，始而学习梁山泊，终于超脱梁山泊，而梁山泊之灵活的教育原则，乃能以新的姿势出现而帮助争取最后胜利之来到。

注释

①“以战养战” 是日本帝国主义侵华战争中所采用的掠夺中国占领区内的物资，来支持其侵略战争的政策。

儿童保育问题*

自从前年三月十日在汉口成立了战时儿童保育会[1]，在蒋夫人[2]和冯夫人[3]领导之下，已经先后开办了四十八所儿童保育院，收容难童将近二万人。这个中国破天荒之儿童公育运动，是一个伟大的社会运动，也是一个伟大的教育运动。我应当在这里向这一运动之贤明领导者蒋夫人和冯夫人致敬，向这一运动之目光远大之发起人安娥先生致敬，向这一运动之劳苦功高之实行者，全国保育院院长致敬。

在我参观几所保育院的时候，自然而然地发生三种感想。一种是保育院院长和工作人员的热忱和牺牲精神。在今天我们就可以看见证据，从前几位胖胖的院长现在是瘦了一些。一种是儿童的力量之大，超过了我们的估计。一个小孩忽然在重庆不见了，一个月后他在香港出现，再过一些时候又在重庆见面。这种情形谁也没有预料到。一种是问题之丰富令人烦恼，也令人高兴。可是我们对于问题之来是不应该因为它们麻烦而讨厌，倒要高高兴兴的去欢迎它们、研究它们、解决它们。

我遇见保育院的朋友总是向他们要问题，所以我今天谈的问题都是大家共同感觉到的问题。我所提出的解决的意见，不一定

* 本篇原载1940年2月10日《战时教育》第5卷第7期，系陶行知在重庆保育院院长会议上的谈话。

对，还要请大家指教。

我遇到的第一个问题是战时儿童教育怎么办？这些小孩子怎样教？过战时生活才算是受战时教育，对于这个原则，儿童也不能有例外。我们应该教小孩们团起来做追求真理的小学生，团起来做手脑并用的小工人，团起来做即知即传的小先生，团起来做百折不回的小战士。

这“团起来”的意思，就是教小孩们过集体生活。集体生活是怎样过法？要说明集体生活应该怎样过，最好是把假集体生活提出来做反证。一群囚犯被狱卒押着做工作，这不是真的集体生活。因为狱卒的压力一去他们就会散了。他们是手在做工，心在逃走。心不在焉则不是真的集体生活。一群赌博鬼在赌场上赌博，这也不是真的集体生活。因为同床异梦，各有目的，各人想把别人荷包里的钱赢了来。把钱赚到手或输光了，便一个一个的散伙。这里虽没有压力，但不是同心协力要完成一个工作。它是各有各的野心，要把别人的钱都赚来以完成他个人的目的。真正的集体生活要有共同的目的，而且对这共同的目的要有共同的了解。但不是停止在共同的了解，而且对于共同的工作要有共同的参加，没有共同的参加，连那共同的了解也是假的。所以从真正的集体生活中实施集体教育，必定要有共同的目的、共同的认识、共同的参加。而这共同目的、共同认识、共同参加又不可以由单个的团体孤立的树立起来，否则又会变成孤立的生活、孤立的教育，而不能充分发挥集体的精神。孟子说：“先立乎其大者，则其小者不能夺也。”我们中国现在最大的事是什么？团结整个的中华民族以打倒日本帝国主义，而创造一个自由平等幸福的中华民国。每个保育院的小集体，要成了这个大集体的单位才不孤立、才有效力、才有意义。与这个大的集体配合起来，然后一个保育院内共同立法、共同遵守、共同实行，才不致成为乌托邦的幻想。

虽然我们要教小孩过战时生活、受战时教育，但他们所需要的最低的生长条件必须具备，否则小小生命就难免枯萎，甚而至于夭折。所以如何健全小孩们的基础生活，是一个迫切的问题。小孩们营养不够、保温不够，这是不可讳的事实。在这物价飞涨的时候，当然要增加经费。这一点听说总会有酌量增加的准备，那是要向诸位道贺的。我对于这种苦处尝过一点滋味，希望总会在通盘筹划当中能多增加一点经费，使小孩们可以好好地长起来。我想除了增加经费之外，还有两件事要做：一是食物要根据已经有的营养研究的结果来配合。如果配合适当，则花一样的钱而营养价值要高得多。比如把青菜和萝卜配合吃，远不如把青菜和黄豆配合着吃，青菜黄豆糙米饭怕是最经济而合理的营养吧。其次，卫生的管理要周到彻底。平常人只顾到饭厅清洁就算了，以为饭厅里有纱罩就保险了。殊不知厨房的清洁更重要，茅厕的清洁尤其重要。假使茅厕里一只蛆都没有，恐怕连饭厅上的纱罩也可以省掉了。

一般的说来，保育院里身体的营养固然不够，但精神的粮食尤感缺乏。这文化的饥荒宜如何整治？我想一方面要请总会拨款买书救治，一方面要一个大规模的捐书运动。每个保育院要有一万本书不为多，总起来就须五十万册。少到不能再少也需十万册，平均每院二千册。我们知道，不但小孩要精神粮食才能长进，而且教师们也要有精神粮食才能留得住。

每个保育院有一千只手，但是缺少工具不能做工，缺少田地不能种植，这是一个严重的问题。这些手如果有了充分的田地和工具，不但能增加一些后方的生产，而且小孩们可以得到自立的教育。中国有的是地，一定有法子解决。我想每个小孩一分地总不能算太多，每个保育院至少要有五十亩地，才能把小孩们的劳动生活建立起来。

保育院的先生都说太忙，忙不过来。这也是一个要解决的问题。一个茶杯，中间有点空，可以倒茶，因此茶杯乃有了功用。庖丁解牛，运斤成风。倘使他的前后左右上下挤得满满的，则手儿动也不能动，又何能运斤成风呢？先生太忙，便无暇温故知新，依孔子的话，便不可以为师了。解决的办法：一是使工作有计划；二是酌量加几位先生；三是从小朋友当中提拔出干部来，加以训练，使他们分任一部分工作。但是，小朋友也是不可太忙啊！

一个有趣的小问题是我遇到的，因为有普遍性，还有几分钟，也提出来谈谈：吃饭的时候，可不可以讲话。我对于这个问题也曾研究了一些日子，结论是允许小孩在吃饭的时候讲话。第一，因为平常无论什么地方吃饭的时候都讲话；第二，因为吃饭不讲话则吃得太快，反难消化；第三，吃饭能讲话则大家都高兴些。但是，要训练他们轻轻的讲。有时可以举行特别训练，一句话也不讲。和尚吃很热的粥，都没有丝毫声音，静得连绣花针落在地上也听得见响。我们也要有这样的修养，但这只是偶尔一试，如同练习消防一样，不可常常做，常做反而有碍小孩的活泼。

还有一个难以解决的问题，就是你们有些难管的小孩。这些难管的小孩，有时是被称为劣童或者被称为坏蛋。怎样解决呢？（一）难管的孩子多半不是劣童，也不是真正的坏蛋，这一个态度要立定，否则你主观上咬定他是劣童则一切措施都错，便愈管愈难管了。（二）仔细考虑他所以难管的原因，在源头上予以解决。例如发明电灯的爱迪生，是被先生以坏蛋的罪名不容于学校。但他的母亲知道他不是坏蛋，而是欢喜弄那先生不高兴的毒药而玩化学的把戏。（三）体力充足，无法发泄的，有时捣乱，可多给他一些机会劳动或干体育游戏。（四）先生也得检讨自己的功课教法是否合乎学生的需要程度。（五）即使是真正的坏蛋，我想开除出去，无人指导，更要变坏，倒不如运用团体制裁，以纠正其过失。而且团体若有办法，则有少数捣乱分子，可以培养团体中大多数人之抗毒素。（六）此外还有身心上有了缺陷的小孩，那是要医生及心理专家医治。（七）曾经受过特殊折磨而起了对人之反常态度，则先生及同学之同情照顾为不可少。

中国被难的小孩，连抗战将士的小孩在内，最少也不下于二百万。我希望大家从保育院的窗户里向外边再看一看。我们的工作似乎应该放大一百倍来干。可是也不必等待。院门口的无家可归的小孩，不也是我们的责任吗？

保育总会要负起这重大的任务，必须把培养新干部列入整个的计划。为着扩大保育的范围和对现任人员退职之补充，都需要这样一种新干部之培养。再末，为着充实各保育院之精神食粮及有效的新技术，一个得力的研究部和编辑部之设立也似乎是必要的，此外还需要专家时常访问各院，作实地的辅导。有了新的干部，再加上研究部、编辑部和巡回的辅导，我想不但保育院的许多问题可以迎刃而解，而且对于中国儿童公育运动必定有层出无穷的有价值的贡献。

注 释

① 战时儿童保育会　1938年3月10日成立于武汉，后迁至重庆。

② 蒋夫人　即蒋介石的夫人宋美龄。

③ 冯夫人　即冯玉祥的夫人李德全。

小学教师之烦恼*

小学教师在大后方要算是最苦的斗士了。他们不但是肚子吃不饱，而且是感受着文化饥荒之威胁。穆罕默德说：如果他有两块面包，他要用一块面包去换水仙花，因为面包是身体的粮食而水仙花乃是灵魂的粮食。但是，当我们的小学教师是只有一块面包的时候，而又知道水仙花之可爱，他们有什么办法兼顾呢？

川中各县初小教师薪俸最高的怕要算成都和新繁了，每月二十元，月月到期发，而且五十人以上每多五人加一元。这是天字第一号的报酬，只能顾到自己的生活，父母妻子儿女只好不了了之。多数的县份对成都、新繁的景况是望尘莫及。广安、富顺是一百二十元包办一年。大邑、新津一年之包办费是只有一百元。多数的县份是用一百元给一位校长兼教员包办一年。最低的报酬，要算峨眉吧，那里据说只给每月六元，全年是七十二元。

倘使在安定的物价之下，这样低的生活费尚能稍事支配。但是怎样禁得起飞涨的物价？四川省政府建设厅驻渝办事处告诉我们，如果拿二六年上半年之平均数为一百，那么用省的燃料指数到了二七年六月便涨至一四八点六，到了二八年一月便涨至二五八点一；衣料指数到了二七年六月便涨至一四八点六，到了二八年一月便涨至一九八点一。具体一点，让我们拿北碚来做一个例

* 本篇原载1940年3月10日《战时教育》第5卷第9期。

子谈谈吧。煤炭每一百斤二六年下期为七角，二七年下期为一元一角，二八年下期为四元五角。拿指数来算，则煤炭二六年下期为一百，二七年下期为一五七，二八年下期为六四三，两年之间不啻涨了五倍半。北碚的米二十六年大旱价钱高贵为例外，二七年下期米价每大斗二元八角到二八年年底即涨到四元八角，便是从指数一百涨到一七一，几乎加倍。二四寸毛蓝布二六年每尺卖二角，二八年底每尺卖八角，便是从指数一百涨到四百，恰是涨了三倍。猪肉每斤二六年卖二角五分，二八年年底卖五角五分，便是从指数一百涨至二二〇，加了一倍有余。青菜二七年卖二分一斤，二八年年底卖五分，从指数一百涨到二百五十，是涨了一倍半。

当米价几乎加倍，肉价加了一倍有余，菜价加了一倍半，布价加了三倍，煤价加了五倍半的期间，初级小学教师最低级之薪俸是从二六年之每月十元加到二八年之每月十二元，算是加了百分之二十。这样薪金与物价之赛跑，要怎样才能赶上呢？今天有一位朋友说，昆明现在每人每月二十四元的伙食还没有北碚七元五角的好。那儿的小学教师的薪金，是要比这里增加好几倍才能过日子咧。

我曾探听北碚的家庭男工女工的工资，来和教师的薪金作一比较。北碚家庭女工每月净工资（吃家主的饭）二六年为一元，二七年为三元，二八年为六元至八元；男工资，二六年为三元，二七年为五元，二八年为十元至二十元。北碚的木工工资我也打听过。木匠每天最低工资（吃自已的饭）二六年为五角，二七年为七角，二八年为一元至一元二角。最能干的木匠，二八年底每天三元，二八年底平常的伙食每月要费九元。如此推算，北碚家庭女工之工资每月最少是十五元，家庭男工之工资每月最少是十九元，木匠之工资每月最少三十元。二八年底北碚小学教师最低之薪金是十二元，比家庭女工少三元，比家庭男工少七元，比木匠少十八元即是少一倍半。而且木匠可在徒弟头上赚小费，家庭工人三节有酒钱，小学教师则除薪金以外没有别的进款。

小学教师不但薪金低，而且还有欠薪。据熊翥高先生说，大邑、新津每月只能拿到三元四元兼粮票，别的县份有欠薪到一年的。小学教师还有一种痛苦，就是跑远路领薪水。相传有："半个月教书，半个月领薪"之口号。有的地方领薪水就得废去半个月。我知道一县里有一位小学教师每月要跑八十里去领薪，白跑了两个月，到第三个月月底才把三个月薪水领到手，但是在路上遇着土匪，统统被劫去，依旧是两袖清风回到学校。褚慧老视察了川东各县，只看见邻水一县是免除了小学教师领薪之苦。

小学教师待遇太苦，对于整个国民教育之影响是很严重的。例如崇宁全县的教师当中只有一位师范生。我知道有一位小学教师忍不住饥饿，改做生意。有的初级小学每月只有一元办公费，因此，学校里没有报，没有书，没有杂志。有志者虽想自达达人而不可得。

蒋委员长对于小学教师之期望甚大。他说："兹后建国大业唯教育界宜为之先驱，而实现三民主义，完成基层建设尤必赖小学教师诸君出其热诚，献其才识，分布乡村埋头苦干，为广大长久之努力，始克有成功之希望。"将来三位一体之制实行之后，他说："所有组织民众，实行自治之使命，完全以小学为中心，亦即完全付托于小学教师。"最后他对于改善小学教师之待遇是非常注重，他已"下令各省当局，切实筹维，各就当地实情，尽其财力最大可能，统筹酌剂，迅予补救"。我们很希望地方长官都能明了蒋委员长的意旨，对于小学教师之待遇认真改善，使小学教师能负起当前任务，对抗战建国，发挥他们最大的贡献。所谓改善待遇，依我分析，似宜包含下列数点：（一）配合物价之高涨以增高薪金；（二）改十个月为全年；（三）改领薪为发薪；（四）禁止欠薪；（五）假期予以进修机会；（六）供应书报及其他文化粮食；（七）尊重聘约；（八）举行失业残废生命保险；（九）害病时予以公费治疗；（十）为改善生活，共求进步，负担任务，小学教师本身应有组织。

现在大家对于小学教师之苦况，知道得不详细，不周到，不深刻。为了要彻底明了各地小学教师之生活，我们应该来它一个集体创作：

（一）希望各地小学教师写自述；

（二）希望有志经济调查者，把本地二六年、二七年、二八年之主要物价及各种职业之工资增长，详细调查，制成统计；

（三）希望教育行政人员或教师写各地改善小学教师待遇之扼要报告；

（四）希望对教师待遇有实际研究者，根据事实提出改善小学教师待遇之方案。

上面几种材料可以投到本刊，分期披露，然后编成一册集体的创作。这样的一本集体创作，必能使各地小学教师自己、行政者及全国同胞更能了解小学教师之困难，帮助求得一个有效的、适当的解决，使小学教师的伟大力量能充分地发挥出来，形成抗战建国之基本的真实的力量。

生活教育运动十三周年纪念告同志书*

我所敬爱的同志们：

从十二周年纪念到现在，有几件比较重要的事，想先向各位报告：（一）晓庄研究所已经建立起来，而且已有好几个研究报告，印成学术研究专刊以与教育及科学界人士交换意见。（二）育才学校已于去年七月二十日开学。现已成立音乐组、戏剧组、文学组、社会科学组、绘画组、自然科学组。工艺组及农艺组，希望于今年下半年成立。现在已选拔到校之学生有一百二十余名，要陆续增加到五百名。全校教育以集体生活为基础并努力使抗战教育与建国教育合一起来。（三）新安旅行团在伤兵难民及保卫大西南的工作上成绩都很好。他们也建立了适合儿童之集体主义之自我教育。这次敌人进攻西南，一部分团员应政治部之号召，组织了南路工作队，最近才从宾阳突围而出。（四）云和、英山及山西省之数县以县为范围试用生活教育理论进行战时教育，学生比平时增加数倍，可见生活教育理论对于战时有特殊之效用。（五）本社社友五百余人在江南一带工作，据最近报告，在过去一年中已经殉国者有四十余人。这些同志的壮烈牺牲，是树立了我们的表率，我们应当踏着他们的脚迹，负起他们遗下来

* 本篇原载1940年3月15日《生活教育通讯》第8期。又载同月25日《战时教育》第5卷第10期。

而未完成的任务。

在去年的告同志书里我曾提出三个口号：一、学术即力量；二、组织即力量；三、行动即力量。年年今日，我们每一个人，或每一个集体或整个的社，都得对这三种力量清算一下，并继续不断的在这三方面增长我们的力量，以为民族与人类服务。

我提起笔来想写的真是千言万语，但时间不许可，今天特别想说的就是今日中国教育最需要而最忽略的一点——觉悟之启发。启发自觉是包含在我们立社的宗旨里面。社的宗旨是要“探讨最合理最有效之新教育原理与方法，促进自觉性之启发，创造力之培养，教育之普及，及生活之提高”。但是，我们对于启发自觉性并没有充分讨论过。战时教育运动开始的时候，本社提出“集体主义的自我教育”。这“自我”二字若作自觉解是更正确。集体教育要通过“自觉”才成为有效的教育，即集体的自觉教育和自觉的集体教育。

中山先生讲三民主义首先就说这个道理。他讲：“大凡人类对于一件事，研究当中的道理，最先发生思想；思想贯通以后，便起信仰，有了信仰，就生出力量。”这思想贯通便是觉悟，对于觉悟的本人说便是自觉，有了觉悟才起信仰而生出力量。但觉悟又从何而来？从研究而来。研究是追求真理，即是求知之行。那么觉悟是从行而来，从“求知之行”而来。

蒋委员长在行之哲学里面特别指出行与自觉的关系。他说：“凡是真正的行，他必定是有目的、有轨道、有步调、有系统，而且‘反之于心而安’的自觉。”

中国古代教育是一贯的注重觉悟。“大学之道在明明德”。明德即真理。第一个明字便是明白和阐明，明白是自觉，阐明是觉他。这个道理和“先知觉后知”，“先觉觉后觉”是相通的。并且觉悟是智仁勇三达德之康庄大道。“仁者不忧，智者不惑，勇者不惧”。因为不惑，才能不忧，不惧、不惑便是思想贯通而觉悟了。《中庸》①说“不诚无物”。无论是“自诚明”，或是

"自明诚"都离不了诚。不诚便没有觉悟，诚心追求真理，才能自觉觉他。要负起自觉觉他的任务，必定是要忠实于真理。比如一个人必定要忠于追求抗战建国的真理，才能在抗战建国上自觉觉他，才能对抗战建国生出信仰，并发挥出力量来。

人人都可以觉悟而往往到老还不觉悟，反而妨碍别人觉悟，这是由于成见、武断、私心、偶像崇拜、公式主义、教条主义，或是由自己闭了觉悟之门，或是由外力封锁了觉悟之路，客观的真理反映不到头脑里去，或者能到头脑而不能正确的反映出来，以致自己不肯觉悟，不能觉悟，甚至不愿别人觉悟。

当伽利略用风琴管自制望远镜发现了木星的四个月亮，他诚恳地去请佛罗棱萨大学[②]教授来参观。这些教授不但是不愿来看，而且武断他们用不着看。他们说：人有七窍，天有七明（金、木、水、火、土、日、月），哪能再来四个月亮？他们不但拒绝伽利略的邀请参观，并且设法陷害，说伽利略谣言惑众，违背教规大逆不道。伽利略于是饱受折磨。但真理毕竟不能埋没，伽利略之发现，实是千古不朽，那些不肯觉悟的教授当年固然威风十足，现在可有一点贡献遗留下来呢？所以一个教育者的重要任务，是把自己和学生的成见、武断、私心、偶像心理、公式主义、教条主义从头脑里肃清出去，并把客观环境与头脑之间的门户开得好好的，使得真理可以清楚而正确的反映出来。这种反映的收成，便是从大彻大悟中形成信仰而生出力量。

最近教育部颁布十六字的训育方针：自治治事，自信信道，自养养人，自卫卫国。我想倘使把自觉觉他的意思贯彻进去，则不但教育内容更加丰富，而且更能发挥出管教养卫的力量。有自觉的纪律，则自治治事更可严谨。有自觉的信心，则自信信道更可坚定。自觉的做工是斯大汉诺夫运动[③]的灵魂，不但生产激增，而且做工的人个个兴高采烈，只觉做工之乐不觉做工之苦。自觉去当兵，则知为中国死，愿为中国死，与敌人拼命时必可以一当十、以一当百的去打倒日本帝国主义而收复已失的河山。

现在要粉碎敌人“以华制华”的阴谋，自必扩大反汪运动，以毁灭这“以华制华”的工具。但是，想把这个运动做得比以前更有效，也得要把它变成自觉的反汪运动④，使得民族正气充塞天地，连跟他跑的人都反正过来，自必势穷力竭，终归消灭。

民主的宪政是保证精诚团结抗战建国的根本大计。我们必须把宪政运动和国民教育民众教育联起来，使大家对于制宪有共同了解、共同参加、共同信仰。这种共同的了解、参加、信仰，必能发出伟大的力量，来保证精诚团结和由精诚团结而来的最后胜利。换句话说：制宪也要启发人民的自觉。

生活决定教育，教育要通过自觉的生活才能踏进更高的境界。通过自觉的集体生活的教育更能发挥伟大的力量以从事于集体之创造。

这次所提出的这点关于“启发自觉”的意见，只是供大家讨论参考，关于启发自觉之方法，希望大家来一个集体探讨。

注释

①《中庸》　儒家经典之一。原是《礼记》中的一篇，相传为战国时孔子的弟子子思所著。宋儒程颐、朱熹把它和《大学》、《论语》、《孟子》并列为“四书”。

② 佛罗棱萨大学　通译为“佛罗伦萨大学”。校址在意大利中部城市佛罗伦萨。

③ 斯大汉诺夫运动　通译斯达汉诺夫运动。指苏联在第二个五年计划期间开展的运用新技术和改善劳动组织的群众运动，为苏联社会主义竞赛的形式之一。斯达汉诺夫是顿涅茨矿区采煤工人。

④ 反汪运动　声讨以汪精卫为代表的降日叛国运动。

精诚团结　停止摩擦*

中国今天有三件大事：第一是抗战到底；第二是精诚团结；第三是实行民主的宪政。但这三件事是相连环的，要做到这三件事，必须要参政会及全国同胞共同努力才能完成。

关于国内摩擦问题，这是很不幸的，目前必须要立即停止摩擦，不使它再发生。希望社会上进步人士，德高望重的参政员来调解这问题。敌伪怕我们干的事，我们偏要干；敌伪要我们干的，我们偏不干。

宪法上关于教育规定的意见：各国宪法，有规定教育的，也有不规定的；有的规定教育为人民义务，苏联规定为人民权利。中国的宪法，应规定教育为人民的义务和权利。需要人民有受教育的义务，尤其现在，当作权利看是新的事，教育要办成家常便饭，像日常生活中需要的东西一样，这是权利。

我们不希望中国的老百姓吃大菜，但我们希望中国教育办成中国老百姓平日吃的青菜糙饭一样。我已在参政会上提出规定教育为人民义务和权利的问题。

整个的参政会，是一个很好的学校，一个教育机关。各地的参政员都集合在一道讨论问题，表示很愉快!

---

* 本篇原载1940年4月10日重庆《新华日报》。系摘自该报记者于国民参政会第一届第五次会议期间访问参政员陶行知的报道。

育才学校创办旨趣*

我们在普及教育运动实践中，常常发现老百姓中有许多穷苦孩子有特殊才能，因为没有得到培养的机会而枯萎了。这是一件非常可惜的事情，这是民族的损失，人类的憾事，时时在我的心中，提醒我中国有这样一个缺陷要补足。

抗战后，从国外归来，路过长沙汉口时，看到难童中也有一些有特殊才能的小孩，尤其在汉口临时保育院①所发现的使人更高兴。那时我正和音乐家任光先生去参观，难童中有一位害癞痢的小朋友②，但他是一位有音乐才能的孩子，不但指挥唱歌有他与众不同的能力，而他也很聪敏，任光先生给他的指示，他便随即学会。

又有一次，我在重庆临时保育院参观，院长告诉我一件令人愤愤不平的事。他说近来有不少的阔人及教授们来挑选难童去做干儿子，麻子不要、癞痢不要、缺唇不要，不管有无才能，唯有面孔漂亮、身材秀美，才能中选。而且当着孩子的面说，使他们蒙上难堪的侮辱，以至在他们生命中，烙上一个不可磨灭的印象。

以上三个印象，在我的脑子里各各独立存在了很久。有一

* 本篇原载1940年8月1日出版的《战时教育》第6卷第1期《育才学校专号》（期刊尾注出版日期为10月1日）。此系1940年5月1日起草的。

天，忽然这三个意思凝合起来了：几年来普及教育中的遗憾须求得补偿，选干儿子的做法，应变为培养国家民族人才幼苗的办法，不管他有什么缺憾，只要有特殊才能，我们都应该加以特殊之培养，于是我便发生创办育才学校的动机。当时就做了一个计划，由张仲仁先生领导创立董事会，并且得到赈委会许俊人先生之同意而实现，这是去年一月间的事。

创办育才的主要意思在于培养人才之幼苗，使得有特殊才能者的幼苗不致枯萎，而且能够发展，就必须给与适当的阳光、空气、水分和养料，并扫除害虫。我们爱护和培养他们正如园丁一样，日夜辛勤的工作着，希望他们一天天的生长繁荣。我们拿爱迪生的幼年来说吧，他小时在学校求学，因为喜欢动手动脚，常常将毒药带到学校里来玩，先生不理解他，觉得厌恶，便以“坏蛋”之罪名，把仅学了三个月的爱迪生赶出学校。然而他的母亲却不以为然，她说她家的蛋没有坏，她便和她的儿子约好，历史地理由她教他，化学药品由自己保管，将各种瓶子做记号，并且放在地下室里。他欣然的接受了母亲的意见，于是这里那里的找东西，高高兴兴的玩起来。结果，就由化学以至电学，成为世界有名的大发明家。虽然那三个月的学校教育是他一生仅有的形式教育，但是由于他母亲的深切的理解他，终能有此造就。像爱迪生母亲那样了解儿童的精神，是值得我们学习的。假如他的附近有化学家电学家的帮助，设备方面又有使用之便利，则可减少他许多困难。我们这里便想学做爱迪生的母亲，而又想给小朋友这些特殊的便利。

我们这里的教师们，要有爱迪生母亲那样了解儿童及帮助儿童从事特殊的修养，但在这民族解放战争中，单为帮助个人是不够也是不对的，必须要在集体生活中来学习，要为整个民族利益来造就人才。因此，我们要引导学生们团起来做追求真理的小学生；团起来做自觉觉人的小先生；团起来做手脑双挥的小工人；团起来做反抗侵略的小战士。

真的集体生活必须有共同目的，共同认识，共同参加。而这共同目的，共同认识和共同参加，不可由单个的团体孤立的建树起来。否则，又会变成孤立的生活、孤立的教育，而不能充分发挥集体的精神。孟子说："先立乎其大者，则其小者不能夺也。"我们中国现在最大的事是什么？团结整个的中华民族，以打倒日本帝国主义而创造一个自由平等幸福的中华民国。我们的小集体要成了这个大集体的单位才不孤立，才有效力，才有意义。与这个大集体配合起来，然后我们的共同立法、共同遵守、共同实行，才不致成为乌托邦的幻想。

我们的学生要过这样的集体生活，在集体生活中，按照他的特殊才能，给与某种特殊教育，如音乐、戏剧、文学、绘画、社会、自然等。以上均各设组以进行教育，但是小朋友确有聪明，而一时不能发现他的特长，或是各方面都有才能的，我们将要设普通组以教育之。又若进了某一组，中途发现他并不适合那一组，而对另一组更适合，便可以转组。总之，我们要从活生生的可变动的法则来理解这一切。

但是，育才学校有三个不是，须得在此说明：

一、不是培养小专家。有人以为我们要揠苗助长，不顾他的年龄和接受力及其发展的规律，硬要把他养成小专家或小老头子。这种看法是片面的，因为那样的办法也是我们极反对的。我们只是要使他在幼年时期得到营养，让他健全而有效地向前发展。因此，在特殊功课以外，还须给予普通功课，使他获得一般知能，懂得一般做人的道理，同时培养他的特殊才能，根据他的兴趣能力引导他将来能成为专才。

二、不是培养他做人上人。有人误会以为我们要在这里造就一些人出来升官发财，跨在他人之上，这是不对的。我们的孩子们都从老百姓中来，他们还是要回到老百姓中去，以他们所学得的东西贡献给老百姓，为老百姓造福利；他们都是受着国家民族的教养，要以他们学得的东西贡献给整个国家民族，为整个国家民族谋幸福；他们是在世界中呼吸，要以他们学得的东西帮助改造世界，为整个人类谋利益。

三、我们不是丢掉普及教育，而来干这特殊的教育。其实我们不但没有丢掉普及教育，而且正在帮助发展它。现在中国处在伟大的抗战建国中，必须用教育来动员全国民众觉悟起来，在三民主义抗战建国纲领之下，担当这重大的工作，所以普及教育，实为今天所亟需。是继续不断的要协助政府，研究普及教育之最有效之方法，以提高整个民族的意识及文化水准。育才学校之创立，只是生活教育运动中的一件新发展的工作，它是丰富了普及教育原定的计划，决不是专为这特殊教育而产生特殊教育，也不是丢掉普及教育而来做特殊教育。

注释

① 临时保育院　保育院是抗日战争中，为抢救在战争中失掉亲人而成立的中国战时儿童保育会所属的负责收容和教养难童的机构。临时保育院是临时负责收容和教养难童的机构。

② 害癞痢的小朋友　即育才创办时被选为音乐组的学生陈贻鑫。

育才学校教育纲要草案*

一、育才学校之性质及其内容

(1) 育才学校根据中华民国教育宗旨及抗战建国需要，用生活教育之原理与方法，培养难童中之优秀儿童，使成为抗战建国之人才。

(2) 育才学校办的是建国教育，但同时是抗战教育。有人离开抗战教育而提出建国教育，挂建国教育之名，行平时教育之实。我们的看法不同，今天的建国教育必须是抗战教育，而今天真正把握中国抗战全面需要的抗战教育，必然是建国教育。育才学校从某些人的眼光看来，是"建国教育"（因为他们以为它只是培养未来的人才）；但我们认为这并不保证它就是建国教育。保证它是建国教育的是在于它同时就是抗战教育。今天育才学校的儿童必须过战时生活，必须为抗战服务，必须在抗战洪炉中锻炼。否则，我们便没有理由希望他们成为未来的建国人才。育才学校的教育，不是挂名的建国教育，而是抗战与建国的统一教育，抗战建国教育。

(3) 育才学校办的是人才教育，分音乐、戏剧、绘画、文学、社会、自然等组。但和传统的人才教育办法有所不同。传统的人才教育，一般地是先准备普通的基本教育，然后受专门的高

* 本篇原载1940年8月1日《战时教育》第6卷第1期《育才学校专号》。

等教育。我们的办法是不作这样严格的时间上的划分，我们选拔具有特殊才能的儿童，在开始时便同时注意其一般基础教育与特殊基础教育。前者所以使儿童获得一般知能及优良的生活习惯与态度；后者所以给予具特殊才能之儿童以特殊营养，使其特殊才能得以发展而不致枯萎，并培养其获得专门知能之基础。表面上看来，这是一般基础教育与专科基础教育之过早的区分，但根据我们的办法，这是及早防止一般基础学习及专科基础学习之裂痕。我们要及早培养儿童对于世界和人生一元的看法。倘若幼年的达尔文对于生物浓厚的爱好是发展伟大的进化论者达尔文的条件之一，那末今天提早发展儿童之个别优异倾向，实在有其理由。倘若中国近年来文化工作之脱离广泛社会实际生活，和技术专家之缺少正确的认识可以作为殷鉴，那末，今天便在一般基础教育与特殊教育中予以统一，防止那样的分裂倾向，实在有其必要。

（4）育才学校办的是知情意合一的教育。中国数十年的新教育是知识贩卖的教育，有心人曾慨然提倡感情教育，知情意并重的教育。这种主张，基本上是不错的，但遗憾的是没认清知识教育与感情教育并不对立，同时知情意三者并非从割裂的训练中可以获取。书本教育也许可以使儿童迅速获得许多知识，神经质的教师也许可以使儿童迅速地获得丰富的感情，专制的训练也许可以使一个人获得独断的意志，但我们何所取于这样的知识，何所取于这样的感情，何所取于这样的意志？知情意的教育是整个的，统一的。知的教育不是灌输儿童死的知识，而是同时引起儿童的社会兴趣与行动的意志。感情教育不是培养儿童脆弱的感情，而是调节并启发儿童应有的感情，主要的是追求真理的感情；在感情之调节与启发中使儿童了解其意义与方法，便同时是知的教育；使养成追求真理的感情并能努力与奉行，便同时是意志教育。意志教育不是发扬个人盲目的意志，而是培养合于社会及历史发展的意志。合理的意志之培养和正确的知识教育不能分开，坚强的意志之获得和一定情况下的情绪激发与冷淡无从割裂。现在我们要求在统一的教育中培养儿童的知情意，启发其自觉，使其人格获得完备的发展。

（5）育才学校办的是智仁勇合一的教育。智仁勇三者是中国重要的精神遗产，过去它被认为“天下之达德”，今天依然不失为个人完满发展之重要的指标。尤其是目前抗战建国时期，我们需要智仁勇兼修的个人，不智而仁是懦夫之仁；不智而勇是匹夫之勇；不仁而智是狡黠之智；不仁而勇是小器之勇；不勇而智是清谈之智；不勇而仁是口头之仁。中国童子军[①]以智仁勇为其训练之目标，是非常有意义的。育才学校不仅是以智仁勇为其局部训练之目标，而是通过全部生活与课程以达到智仁勇之鹄的。我们要求每一个学生个性上滋润着智慧的心，了解社会与大众的热诚，服务社会与大众自我牺牲的精神。

（6）育才学校是一个具有试验性质的学校。第一，抗战以来，中国破天荒产生了儿童公育的事业，而育才学校是其中特殊的一种。我们希望将具有特殊才能的儿童之公育，予以充分的试验。第二，育才学校以生活教育原理与方法作为一种指导方针，我很希望将这一指导方针予以充分试验，我们深信这种试验会给予生活教育理论一些新的发展。

（7）育才学校全盘教育基础建筑在集体生活上。这里不是一个旧的教育场所，而是一个新的生活场所。这里的问题，不仅在于给儿童以什么样的教育，同时更在于如何使儿童接受那样的教育；这里的问题，不仅在于我们应有一个教育理想与计划，而在于如何通过集体生活达到那样一个理想与计划。所谓集体生活是全盘教育的基础，有三个意义：

第一，集体生活是儿童之自我向社会化道路发展的重要推动力，为儿童心理正常发展所必需。一个不能获得这种正常发展的儿童，可能终其身只是一个悲剧。第二，集体生活可以逐渐培养一个人的集体精神。这是克服个人主义、英雄主义及悲观懦性思想的有效药剂，中华民族正处于历史上空前未有的抗战建国关头，这种集体精神应溶化在每个人的血液里。第三，集体生活是用众人的力量集体地创造合理的生活、进步的生活和丰富的生活，以这种丰富、进步而又合理的生活之血液来滋养儿童，以集体生活之不断的自新创造的过程来教育儿童。具体言之，集体生活之作用是在使儿童团结起来做追求真理的小学生，团结起来做即知即传的小先生，团结起来做手脑并用的小工人，团结起来做反抗侵略的小战士。

(8) 育才学校的集体生活必须保持合理、进步与丰富，而欲保持它的合理、进步与丰富，则有两个重要的条件：（一）与社会发展的联系，与整个世界的沟通。（二）在集体之下，发展民主，着重个性。

(9) 育才学校的集体生活包含着如下几种生活：（一）劳动生活；（二）健康生活；（三）政治生活；（四）文化生活。在传统教育中有所谓劳动教育而忽略劳动生活，有所谓健康教育而忽略健康生活，有所谓政治教育而忽略政治生活，在各种各样的课堂中，讲授文化生活而忽略真正的文化生活。育才学校的生活与教育是统一的，它认定劳动生活即是劳动教育，用劳动生活来教育，给劳动生活以教育；它认定健康生活即是健康教育，用健康生活来教育，给健康生活以教育；它认定政治生活即是政治教育，用政治生活来教育，给政治生活以教育；它认定文化生活即是文化教育，用文化生活来教育，给文化生活以教育。

(10) 育才学校的集体生活虽然在性质上分为劳动生活、健康生活、政治生活和文化生活，但在生活之集体性这一点上，决定了我们的劳动生活、文化生活往往同时就是政治生活。质言之，劳动生活、健康生活、文化生活之解释、动员、组织的过程都是政治生活，也都是政治教育。因此育才学校的集体生活，在其总的意义上来说便是一种政治生活。也就是说育才学校的政治教育笼罩着整个集体生活。

（11）育才学校的集体生活是有计划的，此种有计划的集体生活之集体性决定了全部的集体生活，同时就是政治生活。同样地育才学校的集体之教育性决定了全部的集体生活，同时就是文化生活。质言之，劳动生活、健康生活、政治生活在集体讨论与检查中所有语言文字表达能力之锻炼以及思考推理之应用等等，便同时是文化生活。劳动生活、健康生活、政治生活对于学生精神和品格上之陶冶及锻炼，便同时是文化教育。因此，育才学校的集体生活在其总的意义说来，同时又是文化教育。

（12）育才学校之集体生活在其总的意义上说来，一方面是政治教育，另一方面又是文化教育。此二者与集体生活是互为影响的。集体生活愈丰富，则政治教育愈充实；政治教育愈充实，则集体生活之政治认识的水平愈提高。同样地，集体生活愈丰富，则文化教育愈充实；文化教育愈充实，则集体生活之文化水平愈提高。

（13）育才学校之政治教育、文化教育在集体生活有其总的意义，要求我们确定这两方面的指导方针：（一）今天吾人正处在历史上空前未有的民族解放战争中，纵贯在整个抗战中之最根本问题是全国精诚团结，服从三民主义之领导，这是全国人民的共同要求，毫无疑义地育才学校之政治教育应以精诚团结、服从抗战、实行三民主义为最高原则。

（二）人类历史上的文化遗产浩如瀚海，欲浩如瀚海之文化遗产全部为儿童所接受，匪特不可能，抑且与教育原理不相合。因此，育才学校今日而言文化教育，就其内容而言，必须确定以下诸点：（一）约缩地反应人类历史上重要而有代表性的文化遗产。（二）着眼哲学科学（社会与自然）与艺术之历史的发展及其在社会实践的意义。（三）着重人类进化史及中国历史的认识。

（14）最后，育才学校一般基础教育之是否可以获得成功，特种基础教育是否可以获得较多的学习时间，都要看儿童们是否能迅速地获得文化之工具来决定，这是一个教育上基本建设的问题。一个儿童不能够用适当语言文字清楚地表现他的思想，我们可以说，这个儿童所受的是不完备的教育。所谓文化的工具的教育，包含着这样几项：（一）语言，（二）文字，（三）图画，（四）数学，（五）逻辑。广义地说来，这五项东西同是表达思想的工具。只有这种工具获得了才可以求高深的学问，才可以治繁复的事。传统教育也是非常看重这种工具的，但它有两个根本缺点：第一，偏狭，将读、写、算看做最重要的工具；第二，错误，一味在读、写、算本身上来学习读、写、算。今天我们提出文化的工具教育，并且强调其重要，绝不是将它置于一般基础教育之上，终日来学习语言文字、数学逻辑。倘若这样的话，这正是犯了三R（The three R,s）[②]教育的错误。我们认为工具教育，应该从丰富的集体生活中来吸取培养它自己的血液，用语言文字图画来表达集体生活，用集体生活中统计的事项来作写计算的材料，用集体生活中之事实、论争发展儿童客观的逻辑，代替儿童之虚幻的逻辑。

然而，在另一方面也有一种错误的倾向：那就是设计教学法[③]者，根本忽视工具教育之特性。他们将语文和算术的学习不断联结于各个不甚关联的单元活动上，充满了牵强附会和人工造作。依照我们的办法，一方面是用这些工具来表达集体生活事项，一方面又将语文中之优秀作品以及计数活动之练习给组成一种文化生活，从事学习。儿童获得这种文化的生产工具以后，他便能自动地吸收广泛的知识。

二、育才学校生活、学习与工作制度

（1）育才学校的生活、学习、工作基本上是打成一片的，其中一般活动皆属于一骨干组织的集团生活之组织下。这一个组织统一了生活与学习的组织，统一了集体生活与日常社会服务组织。这一组织系统概略如下：（一）设育才学校儿童生活团；

（二）音乐、戏剧、文学、社会、绘画、自然、工艺、农艺等组各编为一中队，中队下设若干分队；（三）各组同一般教育水准之儿童编为一学级，使共受普通教育；（四）各组之各不同分队的儿童按年龄大小与工作经验之配合，混合组成若干社会服务队，专司附近村落社会服务（详细情形，可参考育才学校公约草案）。

（2）学习活动中之一般学习包含一般生活组织中。

（3）工作与服务之一般的组织亦包含在一般生活组织中，但育才学校为了在抗战洪炉中锻炼儿童，同时为了抗战工作之需要，得相机随时组织战时工作队；倘若在一般生活组织中，有较为固定的生活、工作与学习已经使儿童获得较为刻板的习惯，那末战时工作队便是有意打破这种刻板的习惯，予儿童以一种应有的训练。

（4）以上各项组织尽了纵横交错之作用，使全校儿童能彼此相接触，但在这各组织中，分队是平日生活、工作、学习的基本组织。

（5）育才学校主张教训合一，同时育才学校坚决地反对体罚。体罚是权威制度的残余，在时代的意义上说它已成为死去的东西；它非但不足以使儿童改善行为，相反地，它是将儿童挤下黑暗的深渊。育才教师最大的责任便是引起儿童对于纪律自觉地需要，自觉地遵守；引起儿童对于学习自觉地需要，自动地追求。

（6）育才学校集体生活之组织的原则是民主集中制。民主集中制的运用，一方面可以健全当前的集体生活，另一方面是要培养儿童参与未来民主政治之基础。

（7）育才学校着重分队晚会，凡集体生活中之问题、时事及当天指导员所教的东西务需予以充分的讨论，这除了增加儿童对于学科了解而外，同时更增进了儿童语言表达的能力。

（8）育才学校着重自我批评。自我批评是发展民主的有效手段，自我批评是促进自觉性启发的利器。

(9) 育才学校着重总结能力之培养。总结需要包含学习中各种问题、自我批评及讨论中不相同的意见等，这一方面是扩大了儿童的能力，一方面是练习了逻辑。

(10) 育才学校要养成儿童之自我教育精神。除跟教师学外，还跟伙伴学，跟民众学，走向图书馆去学，走向社会与自然界去学。他可以热烈地参加集团生活，但同时又可以冷静地思考问题。

(11) 育才学校之总的教育过程为：（一）以儿童为行动的主体，在教师之知的领导下，所进行的行与知之不断联锁的过程；（二）以儿童为行动的主体，同时以儿童自身之知为领导，所发展之行与知不断联锁的过程；（三）育才教育目的之一便是从第一种过程慢慢地发展至第二种过程。

(12) 育才学校之一般“教学做”的过程，有三种形式：（一）以工作或问题为中心的教学做过程；（二）以事物之历史发展为中心的教学做过程；（三）各学科、各系统的学习与研究的教学做过程。这三个过程，育才学校参合互用。

(13) 育才学校教师与学生基本上是在集体生活上共学，不但是学生受先生的教育，先生也在受学生的教育。这里我们要反对两种不正确的倾向：一种是将教与学的界限完全泯除，否定了教师领导作用的错误倾向；另一种是只管教，不问学生兴趣，不注意学生所提出的问题之错误倾向。前一种倾向必然是无计划，随着生活打滚；后一种倾向必然是盲目地灌输学生给弄成填鸭。

优良的教育工作者一方面是他根据客观情形订出教育计划，但另一方面是知道如何通过生活与实践，实现这个计划，并且在某种情形下知道修改他的计划，同时发展他的计划。

注释

① 中国童子军　1912年武昌文华书院创办，南京国民政府成立后设中国童

子军总会，并在小学和初中设童子军课程，推行童子军管理。

② 三R（The three R’s） 英语read，recite，review三词的缩写。意为阅读、背诵和温习。

③ 设计教学法 实用主义教育的一种教学制度，为美国克伯屈所创，主张由学生自行决定学习目的和内容，从自行设计、实行的活动中获得有关的知识和能力。

谈海外回国青年之教育*

十一月二日，一位海外青年拿着王启贤先生的介绍信来看我，要我对于他的学习贡献一点意见。我们两个人便对于海外回国青年之整个教育问题畅谈了一回。先是请他给我一些事实，然后我们两个人再对于问题的解决交换了一些意见。

主要的事实是这样：他于八月十日在昆明登记，号数是第二千余名，确定的号数他一时记不清，但总是在二千以外。他到了重庆，恰巧大学考试已过，怕要耽误学业，因此四方托人设法，而人地生疏，困难万分。从这些事实当中，我们感觉如下的问题：

（一）海外侨生忠于祖国，一心要接受抗战中之祖国文化，每年回国求学的青年是很多；（二）国内现有大学容纳不了这么多的人；（三）或者侨生们程度不够而补习的教育机关也不够容纳；（四）国内大学办法呆板，考试既过，连旁听的机会也不给；（五）招待照应的机构不灵活，甚至不负责，坐令人地生疏之侨生自己奔跑设法，冤枉化钱费时耽误学业。

这位青年说话时是有相当失望，他质问我："祖国究竟要不要我们?"我说祖国对于侨胞的教育，在主观上，是非常重视的。二十七年四月国民党临时全国代表大会[①]所通过之战时各级教育

* 本篇写于1940年11月15日，原载1940年12月10日《战时教育》第6卷第2期。

实施方案纲要第十五条规定："督促改进边疆教育与华侨教育，并分别编定教材集，养成其师资，从实际需要入手。"同年七月国民参政会第一期集会通过政府所提出之各级教育实施方案，第十五条第二项规定："海外侨民之回国求学者，应视其需要，予以补习之机会及入学之便利。"国民参政会对于本案还附有意见，建议政府说："侨民教育应特别规定合理办法，责成特设机关，处理其事。"这分明是祖国对海外青年回国求学之重视。但是我们不能否认，办事人对于回国侨生之照应实在不够周到，办法也不具体而彻底。现在的问题是如何把临时全国代表大会的决议、政府的方案、参政会的意见彻底的实行。

在未彻底的实行以前也有几件事可以做而且是必须做的。

（一）在无法中想办法。我曾向垂访的青年朋友提出一个小建议："你们约几位道同志合的侨生在任何一所大学附近村庄住下来，想方托人介绍进图书馆看书，逐渐的你们可以认识几位先生或同学，请他们指教。有些大学你若和他们正式办交涉，则学校当局机械地守着章程，你们就行不通。但是人类总是重感情的，教师说通之后，你们就可以旁听。外国有些地方如此，中国有些地方也如此。"我想这个办法是可以较为扩大的应用。不但这位青年可行，别的青年也可行，最好是由侨务委员会和教育部会商有效办法，正式通知各大学、中学，给回国求学未及投考或考不取之侨生以这样的便利。

（二）各大学或其他学校之师生遇有侨生来校旁听或正式肄业，应有一种组织负招待照应之责，使初回国之侨生觉得是回到家中一样的亲热。

（三）侨生自入国至陪都[②]，各地都要有他们的第二家庭。固然，侨务委员会之招待所是负担了这种责任，但是他们的经费应该增加，而衙门气应该减少。

（四）在侨生众多的地方，如重庆、昆明等处应该有较大规模的招待所。与其让他们各自散开，无聊等考，不如给他们一个较大规模的宿舍，合家庭、学校、俱乐部为一体。最好是有重庆青年会那样设备再加重文化的气候，使得侨生们在这里生活工作学习。投考过期也罢，考不取也罢，过路也罢，长住也罢，都在祖国的文化氛围中呼吸着。最要紧的是当这临时集体生活的时候，常常使他们接触着抗战建国在英勇斗争中所表现出来的真精神，这是祖国能够给他们最好的教育。

注释

① 国民党临时全国代表大会　1938年3月29日在汉口召开，4月1日闭幕。会议通过了《抗战建国纲领》。

② 陪都　当时国民政府所在地重庆。

美国的铁山*

美国南方有一大州，名叫铁可撒死（Texas）[①]，境内有好些奇怪的铁山。这些铁山是忽然来的，忽然而去，有人或者要疑心他们是飞来山，带着无形的翅膀，飞来飞去。

民国二十六年我从墨西哥回到美国，路过好斯顿（Hau-ston）[②]，听说不远有这样的铁山，便想去看看，由海员工会书记客尼第（P. F. Kennedy）先生自驾汽车陪我去。于九月三十日上午，离哥尔维斯敦(GalVeston）[③]海口不远的地方看了这种铁山，大概是四丈高，十丈宽，五里长的一座。这山是人搬来的，也是人把它搬去，我看他搬来，看他搬去，从哥尔维斯敦经过墨西哥湾、加勒比海[④]、巴拿马运河[⑤]、太平洋，而搬到日本。一车一车的搬来，一船一船的搬去，一月一月的搬，一年一年的搬，结果是美国富翁黄金满堂，中国同胞血花遍地。二十七年五月四日我将这事实报告给洛杉矶（Los Angeles）五千人的集会说：日本在中国杀死一百万人的时候，有五十四万五千人，是美国的军火帮助杀死的。在座国会议员司各脱（Scott）[⑥]先生对大众说："请大家记着，日本在中国杀死一百万人的时候，有五十四万五千人是美国帮凶而杀死的，凡不愿做帮凶的人请站起来。"全场一致站起，表示禁运决心。禁运是真是假，铁山的消长可以告诉我们。

---

* 本篇原载1940年12月10日《战时教育》第6卷第2期。

〔注〕二十六年美国输入日本废铁一项值美金四千四百七十五万二千五百四十六元。

全世界输入日本废铁$24407089，美国一国便占$22061212，占全世界输入日本废铁百分之九十.三九。[7]

注释

① 铁可撒死　通译得克萨斯。美国西南部的一个州。

② 好斯顿　通译休斯敦，美国南部重要的海港城市。

③ 哥尔维斯敦　通译加尔维斯顿，美国东南部的海港。

④ 加勒比海　位于北大西洋、中美洲和南美洲之间，南接巴拿马运河，是沟通大西洋和太平洋途程最短的海域。

⑤ 巴拿马运河　位于中美洲巴拿马共和国中部，是沟通太平洋和大西洋的国际运河。

⑥ 司各脱　通译斯科特。

⑦ 这组数字上下有矛盾，原文如此。

清水沙盘*

——献给全国小朋友

一月初在教育部会见顾荫亭先生，谈及中国幼稚园缺乏恩物，他希望能就地取材，用本国的东西，造成一套幼稚园里可以用的设备。教育部注意到幼儿的教育是一个可喜的消息。在这样重视之下，幼稚教育一定是会得到新的贡献。我当时就联想到一年半前的一个小小的发现，现在写出来，供给稚幼园和小学的教师做参考。如果小朋友因此而生活过得快乐些，学习能够丰富些，我就很高兴了。

这个小发现的经过，说来也有趣。前年我到北碚住下，要做一个滤水缸。在江边弄来的沙是含有很多泥土。我们叫工友把泥土洗掉。他洗了三十几盆水之后，叫我来看，还是带着微红的颜色，没有洗干净。我就自己动手来洗。起初不过是想把沙洗干净。后来越洗越觉得有趣起来。水和沙在手上溜来溜去给了我一种快感。我记起幼时玩沙没有这样好玩，玩水也没有这样好玩。我又记起平常幼稚园中的沙盘——只是一个小沙漠，虽然可以点缀些树木、房屋、人物，但除了沙漠生活之外，很难做到逼真的表现。这时在我脑海里浮出了"清水沙盘"四个大字。

根据这个概念的指示，我从"洗沙"跳到"地形之创造"。我能随意的造山、造河、造湖、造海、造平原、造海岛。我连沙

* 本篇原载1941年1月10日《战时教育》第6卷第3期。

带水造成一个山顶湖，在湖边开口，竟造成一个临时的瀑布。照着地图，我很快的在“清水沙盘”里造成一个中国的轮廓，画了扬子江、黄河、珠江、淮水、沽河[①]、黑龙江六大江河，以及渤海、黄海、东海、南海之海岸。我顺手又在中国东边造我们唯一敌人的大本营——日本之轮廓。朝鲜和四十六年前割给日本的台湾，都先后造了起来。这时我很高兴，觉得“清水沙盘”不但是一个好玩的东西，而且是一个非常有意义的东西。它不但是一个玩具，而且是一个千变万化的学习工具。

水与沙之外再加一点竹片、木屑、破纸、碎石，你可以把人类创造的文化在“清水沙盘”里一一表现出来。在河流的两岸搁上一条木片便成了一座桥。做得精巧一点，你可以把芦沟桥表现出来。在湖里海边砌上几块碎石，便成了堤和码头。弄点油纸或蜡纸，摺几只船，在水面上游来游去，可以代表商轮兵舰。我们可以做个游戏，把长江一带的日本军舰炸沉到江底。

同样，我们可以用“清水沙盘”来表现英德海峡炮战。你可以造一个大伦敦、法国之卡勒和英吉利之多佛海峡。我们还可以造南北美洲、大西洋、太平洋和巴拿马运河，在运河上做水闸，使大西洋和太平洋的商轮军舰可以通过水闸而进出。这样可以使小朋友们更具体的知道巴拿马运河的作用。

造两个小舰队。每只船上放一枚针。用两块磁石指挥作战，一队从巴拿马运河里用磁石引出来和另一队在太平洋里作遭遇战。

从美国经过檀香山、关岛、斐利滨[②]而到香港之航空站，也可以由“清水沙盘”而表现出来。

进一步，我们可以运用“清水沙盘”使小朋友得到高一点的科学知识。山顶湖可以造成临时的小瀑布，前面已经说到。现在在瀑布必经之路旁建立两根支柱，用大号针或竹针作轴，串一轻轮搁在支柱上，当小瀑布一泻而下之时则轻轮转动，可使小朋友了解水力推动的意义，进而了解水力磨粉，水力碾米，水力发电。

古人有沧海桑田之说，正合地质学的道理。这现象可以很正确的由“清水沙盘”表现出来。当你把沙压到水底则山变为田、变为海，将沙从水里压出来则海变为田、变为山。倘使你把蚌壳藏在水里的沙中，当沙被压迫上来的时候，则蚌壳上山了。别的，如同河口之三角洲之形成，黄河改道之灾难都可以具体而微的表现出来，给小朋友一个正确的认识。

清水沙盘和干沙盘比较起来有好几个优点：

（一）小孩喜欢玩水，沙盘里有水更能使小孩高兴玩。不过水要清，沙要洗得纯净，没有一点泥土，使小孩玩时，不致把手和衣服弄脏。

（二）干沙盘是静止的，少变化的。清水沙盘是流动的，多变化的，更适合于小孩的性情，更能刺激小孩多方面的活动。

（三）干沙盘恐怕只能用于幼稚园。清水沙盘不但幼稚园的小朋友喜欢玩，而且小学生也喜欢玩，就是大到我们这样年纪也还喜欢玩。清水沙盘的功用随小孩年纪而转移。为幼稚园的小孩，它是玩具的成分多，但同时对于寻常地形及环境之变化也可以帮助他们认识。为低年级以上的学生，它是学习工具的成分多，但也不失掉好玩的意义。

（四）清水沙盘是活地图的原料。它在今日缺乏地图的前方后方之学校中，插上地名的小旗，可以代替地图，代替地图练习。它是立体的，所以在某种功用上说起来是更好的地图。

注 释

① 沽河　又名海河。河北省最大的水系，上游有五大支流，各支流在天津附近汇合，东流到大沽口入渤海。

② 斐利滨　通译菲律宾。

为大家拆个“春”字*

今晚我来为大家拆一字，我所拆的是个“春”字。春者，三横一人，下面一个日字。三横一人合为三人，三人为众。众是许多人的意思，这里面有男的，女的，老的，少的，穷的，富的，各党各派的，这些人聚在一块是表示团结。“日”字是日本帝国主义。总起来就是说：全国团结起来，才能打倒日本帝国主义！我今晚就以这个团结的意义来欢迎大家。

* 本篇原载1941年1月31日重庆《新华日报》，系陶行知在育才学校一次联欢会上的讲话。记录者：丛。原题为《陶行知拆字》。

我是抱着爱人游泳*

由于物价飞涨，反动派的封锁迫害，学校经费已临山穷水尽难以维持之境。但为了人才幼苗之培养，我不怕反动派的恐吓、威胁。除非整个中华民族都没有饭吃了，那时也只有大家饿死。育才一定要办下去，决没有自动停办之理。最近有几位好心朋友对我说，环境如此艰难，丢下育才吧！你何必顶着石臼做戏，抱着石头游泳呢？我想了几天，今天想通了，我不是抱着石头游泳，而是抱着爱人游泳，越游越起劲，要游过急流险滩，达到胜利的彼岸。

四月六日定为“育才兴学节”。育才要办下去，人才幼苗要精心培育。用穷办法来普及穷国穷人教育，以对付反动政府之经济封锁。

我决心要跟武训学，我们要做一个集体的新武训。

* 本篇系1941年4月6日陶行知在育才学校朝会上的讲话。摘自朱泽普：《陶行知年谱》。

新武训*

武训之所以成为普及教育之义人，是因为他抱着兴义学之宗旨，用整个生命来贯彻它：有钱的不肯出钱办学，他便向他下跪，跪到答应出钱办学才起来；有学问的不肯认真教人，他便向他下跪，跪到答应认真教人才起来；青年小朋友不肯用功求学，他也向他下跪，跪到答应用功求学才起来。他自己则挑水做夜工自食其力，丝毫不动用讨来的钱。所以他名为乞丐，实在不是乞丐。现在学生仍旧有不用功的，先生仍旧有不认真的，富人小康之家仍旧有不肯出钱兴学的。让我们大家跟武训先生学吧！学他自食其力，学他贯彻宗旨，学他注意后辈之长进，学他看重先生之负责任，学他苦口婆心劝人有力出力、有钱出钱共兴义学。今日大敌当前，如果武训复生，他所要兴办的不可能是旧日之义学，而一定是抗战建国之义学。倘使刻板去学武训，那又是武训之罪人了，我们所要学的是武训的真精神，配合新时代之需要，普及新义学，以增加抗战建国之力量。这便是我们的责任。怎样叫做新时代的需要呢？中国不能等待数十年出一位武训，我们大家要合起来做集体的武训，孳生千千万万的新武训来扶助贫苦的小朋友，取得求学机会。我更希望有财富的、有学问的、有青春的都做起新武训来督促自己慷慨出钱，督促自己认真教人，督促

* 本篇原载1941年6月1日《战时教育》第6卷第4期、第5期合刊。

自己努力求学，毋须别人来苦劝。这样教育不但容易普及，而真正自由平等幸福的新中国，也可以创造成功了。

合作壁报*

一天接到新安旅行团来信，很受感动，就想把它公开给朋友看，使他们对于新旅多有一些理解，同时也从新旅的信中多得一些力量。但是传递出去，恐怕失掉，怪可惜的。抄信给人看又很费事而且找不着人抄。因为都做不到，就只好把它藏在卷宗里。我想卷宗里的信和我心里的情绪是一样的烦闷吧！不久，吴晓邦先生来信和附在信里的“虎爷”，都是不得已而照样的放进卷宗去。接着就是斐利滨杨静桐先生的信来到我的手中，它的命运也是送进卷宗旅馆去居住。烦闷加上烦闷，时刻不断的要找出路，终于找到了出路。

出路浮于脑际，正是曙光现在眼前：“我们来出一张壁报吧!”和我同房以及住在隔壁房的朋友们被我惊醒，都表示赞同。“我们既住在合作社，就取了名字叫做‘合作壁报’好不好？”“好!”“要得!”我们的壁报便在这几分钟内异口同声、异床同梦中诞生了。

我们的思想好比一块石头投入水中的波纹，八方推进，由小点变小圈，小圈变大圈。三五个人包办合作壁报，意义不够丰富，我们思想的波纹引导我们从小合作跳到大合作。

第一跳是跳进了育才学校圈子。我们的小小努力只是一个发

* 本篇原载1941年6月1日《战时教育》第6卷第4期、第5期合刊。

动，希望这壁报成为全校的非正式的综合性的壁报。我们欢迎育才的先生、同学、工友来投稿并共同把它办好。第二跳又跳出了育才，古圣寺小学①的师生也是我们要欢迎参加的作家。不够，凤凰山上，凤凰山下，凤凰山四周的朋友，都是合作壁报的编者、读者、创造者。所以我们第三跳便是跟着凤凰飞，凤凰飞到那儿，我们便跳到那儿，我们的合作圈便扩大到那儿。凤凰啊！你引导我们向前飞，向上飞，飞过长白山，把日本强盗赶出高句丽②；飞到天尽头，叫全世界被压迫民族都出头。凤凰啊，你知道怎样把自己烧成灰，再从灰里生出新的生命来。你愿意把这个秘诀教给我们吗？

注释

① 古圣寺小学　四川省合川县草街乡办的一所小学。

② 高句丽　朝鲜的旧称。

从一个学校想到别的学校*

这几个月来，遇见朋友问我们忙些什么，我总是回答：“我成了一个体育家，练习田径赛，和米赛跑!”

的确我们开办的时候，二十八年七月二十日，米每老斗卖二元二角，到现在涨到了八十元，比开办的时候是超出了三十六倍半以上。我们的脚步也得放宽这么大才能追上去捞着米吃。倘使脚步不能放宽，那么米价停住休息的时候，你还得使劲向前跑，否则一粒米怕也捞不着。别的学校所在地不同，米价有高有低，但是预算赶不上物价，收入赶不上支出是一件普遍的事实。它的影响是很严重的。校长的精力大部分消耗在全校米粮问题的解决上，对于真正的教育问题反而难以顾到。有家眷的教师因为薪金不够养家，不得不为生存而改行。从前每月六元的伙食可以达到营养标准，现在每月六十元的伙食只够吃三餐稀饭。我听说还有只吃两餐稀饭的，那是断然要阻碍学生的发育了。

为着要叫中华民国的小主人壮大起来，第一就要叫他们吃得饱，可以欣欣向荣的长成；第二就要叫教师们力能养家，可以安心于传道授业；第三就要叫学校当局不为米所困，可以专心准备充分的精神食粮，使全校师生在学术的气候中求长进，并以教育的力量帮助争取最后之胜利。解决的办法是要推行平价米，或超

* 本篇原载1941年6月1日《战时教育》第6卷第4期、第5期合刊。

过平价米所需之款由公家津贴。不问直属或补助的学校学生，同是中华民族的儿女，也同是要吃饭，应该是统盘筹划，求得一个合理而有效的解决。

育才二周岁之前夜*

育才是在中国抗战中产生的一所试验学校，应该是要在磨难里成长为一个英勇的文化作战集团。它的怀孕是在武汉快要失守之前，而诞生则在南岳会议以后，正当国内肃清巨奸之污血，国际唤起正义的声援，我们的整个民族是树立了必胜的信念，而在历史的过程中酝酿着一个蓬蓬勃勃的大转机。这时抗战文化是开放着千紫万红的鲜花，那空前的难童公育运动，也奠定了一个相当规模的初基。育才学校便是这难童公育运动之进一步的、合乎客观需要的发展。这一切回想起来令人不胜黄金时代之感。

但是向前看啊！不可近视懈怠而被目前的磨难俘虏而去，前面有着更大的黄金时代。

说到目前的磨难可算是严重，但是也给了我们空前的机会来创造。敌人的扩大封锁与加紧进攻，要更大的团结力量去克服。世界战争，自从德军开始进攻苏联，把我们的友邦都转入漩涡了。这也可使我们格外警觉，靠着更大的团结来自力更生，同时也可使我们与友邦发生更亲切之合作，并由于我们的努力使英美与苏联的关系加强，四国配合作战，以铲除人类之公敌而创造幸福之世界。目前的文化界无可讳言的是因烦闷而离去了一批工作

* 本篇原载1941年6月1日《战时教育》第6卷第6期、第7期、第8期合刊《育才学校二周年纪念专号》。

者。文化之园里还存在着“无奈朝来寒雨晚来风”之慨。从张文白[①]部长第二次招待文化界的演说词里，我们知道他似乎有惜春之意。这春暮的气象，大家多少有些同感，但是夏天之莲、秋天之菊、冬天之梅、四季常青之松柏，只要园丁负责，不给茅草乱长，哪一样不可以及时欣欣向荣呢？而且春，无论如何也会回到人间。向前看啊！前面有着更大的黄金时代待创造。

育才是在这样的气氛里生长着。它是抱着这样的态度过日子。它快两岁了，长成了一个什么样儿呢？

跟武训学，最近几个月我们是过着别有滋味的日子，终日与米赛跑，老是跑在米的后面。到了四月，草街子米价涨到每老斗五十三元，比开办的时候涨了二十五倍。这时所有的存款都垫到伙食上去了。向本地朋友借来的四十石谷也吃完了，向银行借来的三万元也花光了。怎么办？从前武训先生以一位“乞丐”而创办了三所学校，我们连一所学校也不能维持，岂不愧死？于是我们在四月六日下了决心要跟武训学，我们要做一个“集体的新武训”。我们相信只要我们所办的是民族与人类所需要的教育，总有一天得到“政府”社会之了解帮助，从磨难中生长起来。首先是育才学生们之响应。他们来信说：“我们愿做新武训的学生，不愿做旧武训的学生。”他们的意思是说：我们自动求学，用不着武训向他们下跪才用功。同样，教师们也给了认真教课的保证。有了认真教课的教师和自动求学的学生，新武训是比较容易做了——只须讨饭兴学，对付经济问题。这经济问题固然严重得很！到我写这篇文章的时候，二百张嘴天天所吃的已是每老斗一百一十元的米了，超出开办时五十倍——但是本着立校颠扑不灭的教育理论，抱着武训先生牺牲自我之精神，并信赖着中华民族重视教育爱护真理之无可限量之热诚，我们知道就是比现在更困苦，也必定不是饥饿所能把我们拆散的。中华民族需要我们，世界人类需要我们。磨难只能给我们以锻炼，使我们更强壮的长起来。

初步人才教育之路，育才在过去两年中只是做了一点探路的工作。育才在两周岁之前夜，对于初步人才教育，探到了什么路？怎样在这路上试探？有限得很，只可约略的谈谈：

甲、集体生活

集体生活不仅仅是大家聚在一块过日常生活。我们要想丰富集体生活在教育上之意义，必须使它包含三种要素：（一）为集体自治；（二）为集体探讨；（三）为集体创造。

（一）集体自治的主要目的，是要使大家在实行集体自治上来学习集体自治。集体自治在育才是采用民主集中制。我们在民主与集中之问题上摇摆了一些时候，我们主观上是要实行民主集中，使全校的公意得以充分的发表，并使此发表之公意有效而迅速的实现出来。但是实际上，我们初期似乎过于民主，发生过平均、平行等毛病；后来，要想纠正这些毛病，权力过于集中，整齐严肃是其好处，被动呆板是其弱点。现在仍回到立校之原意，要贯彻民主集中制之真精神，一方面培养自动的力量，一方面培养自觉的纪律，一方面树立宣导这力量及发挥这纪律有效而有条理的机构，使他们向着有目的生活奔赴，如百川之朝海。如果有一方面做得不够或有所偏，多少便会失去民主集中之效用。

（二）集体探讨之目的，在以集体的努力，追求真理。探讨之路有五，即行动、观察、看书、谈论、思考，称之为五路探讨，也可称之为五步探讨。这与《中庸》所说之博学、审问、慎思、明辨、笃行相仿佛，不过次序有些变动。博学相当于观察与看书，审问似乎属于思考又属于谈论，慎思明辨纯属于思考，笃行相当于行动。人类与个人最初都由行动而获得真知，故以行动始，以思考终，再以有思考之行动始，以更高一级融会贯通之思考终，再由此而跃入真理之高峰。说到应用，凡是不必按班级学习之功课，都可采用集体探讨的方式，如社会科学、自然科学、艺术之一大部分，只需文化锁匙略会运用，即可开始从事于集体探讨。例如集体探讨中国抗战或某一战役，教师可于一星期前公布探讨纲目，提示参考图书，并指点探讨之路。地图及数字，须预为择要公布。首先我们要在参加抗战行动上来了解抗战。我们在慰问抗属、制寒衣、义卖、宣传兵役等等行动上来理解它的性质及发展。敌机凌空，轰炸残酷，汉奸挑拨，奸商囤积居奇，军民同赴国难，以及种种战利品随时随地广为观察。有关中国抗战及该战区之地图、书籍、报章杂志，须广为搜集，按程度分别陈列，以备阅览。然后依规定日期，由教师或请专家主讲，由学生参加讨论，当时扼要记录，事后用心整理，并加以批评检讨，以期达到融会贯通之境界。等到融会贯通以后之抗战行动，是跃入更深的必胜信念，并能发出更大的参加力量。这整个过程，我们称之为集体探讨。牛顿养猫，猫生小猫，他在大猫洞旁边开一小洞使小猫可以自由出入。但小猫只是跟随大猫走大洞，小洞等于虚设。集体探讨只是开了一个文化大洞，小孩自然跟着大孩一同进出罢了。

（三）集体创造的目的，在运用有思考的行动来产生新价值。我们虽不能无中生有，但是变更物质的地位，配合组织使价值起质的变化，而便利于我们的运用。这也构成普通功课之一部分，使学生在集体创造上学习创造。我们以前开辟操场、劳动路及普式庚林[②]，并改造课室，已经有了些经验。这次从六月二十到七月二十定为集体创造月，开始作有计划之进行，分举如下：

（子）创造健康之堡垒；

（丑）创造艺术之环境；

（寅）创造生产之园地；

（卯）创造学问之气候。

（子）创造健康之堡垒：我们的集体生活首重健康。创造健康之堡垒，目的在与疾病作战。善战者不战而退敌人之师，故一分预防胜于十个医生。健康之堡垒有三道防线：第一道防线，是制造扑灭病菌绝缘病菌及携带病菌者之工具，如苍蝇拍、捕鼠器、纱罩、蚊帐、烧水锅炉、消毒器械，并采用其他科学方法与侵犯之病菌，及病菌携带体作战。第二道防线，为实施环境卫生，如水井、厕所、厨房、饭厅、阴沟死水、仓库、家畜栏、垃圾堆，都要经常的施以适当的处理，使病菌无法孳生蔓延。第三道防线，是赤裸裸的靠着身体的力量与病菌肉搏。这道防线所包含的是营养、运动、防疫针、生理卫生之认识。至于治疗乃是三道防线都被攻破肉搏又告失败，只好抬入后方医院救治。故治疗不是作战之防线，乃是医伤之处所。最好是努力于三道防线上健康堡垒之创造，使治疗所等于虚设。我们是要朝这方向进行，很希望在集体创造月里立下一个基础，以后继续使它逐渐完成。但是既与病菌作战，无论如何周到，难免没有受伤官兵，故治疗所工作也不敢疏忽，而是要使它有效的执行它的任务。

（丑）创造艺术之环境：我们要叫整个的环境表现出艺术的精神，使形式与内容一致起来。这不是要把古庙装成一座新屋，老太婆敷粉擦胭脂涂嘴唇是怪难看的。但是阵有阵容，校有校容，有其内必形诸外，我们首要重艺术化的校容。甲午[③]之前，中国海军也算是世界第四位，一度开到日本大示威。一位有见识的日本官在岸上看了一看说：这可取而代之。人问其故。他说：“大炮为一舰之主，我看见他们在大炮上晒裤子。所以知道它的末路快到了。”这种眼光多么锐利啊！他是从舰容——大炮上的裤子——看清逊清海军军纪了。我们所要的校容不是浪费的盛装，而是内心的艺术感所求的朴素的表现。我们的校容要井然有条，秩然有序，凛然有不可侵犯之威仪。什么东西应该摆在什么地方或只许摆在那个地方，应该怎样摆也只有那样摆，而不许它不得其所。无论什么东西，一经成群，就得排队：草鞋排队、斗笠排队、扫帚排队、畚箕排队、锄头排队、文具排队、手巾排队、脸盆排队、桌排队、椅排队、凳排队、床排队、被排队、书排队——一切排起队伍来！物也排队；人也排队。静要排队；动要排队。排队而进；排队而出。排队之前，排队之时，排队之后，通身以朴素之艺术精神贯彻之，便成了抗战建国中应有之校容。捣乱这校容的有少爷、小姐、名士派、浪漫派、个人主义、自由主义之遗孽，我们是努力的感化而克服着。

（寅）创造生产之园地：我们要渡过经济难关，是要开源节流，标本兼治。治标的办法，是在节约捐款。根本之计，则在从事有效之生产，以十年树木之手段，贯彻百年树人之大计。现在正进行着“寸土运动”④，先使大家知道“一寸黄土一寸金”之义，而后用集体的力量使地尽其力。进行这工作时候，有数件事颇令人兴奋。晚饭钟已经敲了，我见一位小同学身边放着十根辣椒苗，左近实在没有空地了，只剩下一个小水凹。他把水疏通流到别处去，拾了几块石头连泥做了个小堤，再拿好土把凹地填平，将辣椒苗栽完了才洗手回校吃晚饭。这时，又看见一位同学远远的还在工作，待我走去和他谈谈，他说：“我今天要挖好五百个凹，使山芋秧种完了才放手。”他的技术虽然还有许多地方不能令人满意，但是我们有一些小农人精神，是足以完成我们小范围中的寸土运动的任务。在我们当中，也有一些人懒得动手，或把生产当作玩艺儿干。我希望在创造劳动的洪炉里，他们渐渐的会克服自己的弱点，把自己造成手脑双挥的小工人。

（卯）创造学问之气候：气候是生物生长之必要条件。我们要学问长进，必须创造追求真理所必需的气候。平常所谓气候是空气与热之变化所致，学问之气候也可说是追求真理之热忱与其所需之一定文化养料及其丰富之配合所构成。追求真理之热忱其限度固为先天所赋予，而各人是否得尽其限，则有赖于集体或彼此之鼓励。但所赖以追求真理之文化养料之配合则有待于创造。具体的说，我们除了培养求知之热忱以及大自然大社会之博观约取外，必须有自然科学馆、社会科学馆、艺术馆、图书馆之建立。对于文化养料搜集得愈丰富，配合得愈适宜，则其有助于学问之长进亦愈大。这些，在我们这样的学校，除了集体创造外，便无法实现。从五月二十七日起，我们是分工合作的来采办这些文化食粮。首先是图书馆之彻底改造，简直是等于创造一个新的图书馆，竟以集体的力量而完成了奠基的任务。图书馆之改造证明了集体力量之雄厚，并为一切集体创造树立了一个可以达到的水准，而且于无意中起了模范作用。我们有两个肚，需要两种食粮、两个厨房、两个大司务。自从米价涨上天，精神食粮偏枯，大家好像变成一个大肚小头的动物，其实精神肚子吃不饱，饭桶肚子又何尝吃得饱？为了免掉这种偏枯，我们除了吃“点心”外还要吃“点脑”——还要吃“文化点心”。我们下决心规定“点脑”费或文化点心费，不得小于米价二十分之一，免得头脑长得太小，太不像样。

乙、文化钥匙

活的人才教育，不是灌输知识，而是将开发文化宝库的钥匙，尽我们知道的交给学生。文化钥匙主要的四把：即国文、数学、外国文、科学方法。国文、数学、外国文三样，在初期按程度分班级上课最为经济。数学对于艺术部门之学生，只须达到足够处理其日常生活之程度以后，即可任其自由选择。知识之前哨，丰富之学术多在外国，人才幼苗一经发现即须开始学习外国文。至少一门，与国文同时并进，愈早愈好，风、雨、寒、暑不使间断。若中途发现其不堪深造，则外国文即须停止，以免浪费时间。科学方法不必全部采用班级上课，一部分要使其在行动上获得方为有效。这科学方法似宜包含治学、治事各方面。从前有一个故事提到有一位道人用手一指，点石为金，一位徒弟在旁呆看，道人说：“你把金子搬去可以致富。”徒弟摇摇头。道人问他为何不要金子，徒弟说：“我看中你那个指头。”世上有多少被金子迷惑而忘了点金的指头。文化钥匙虽可分班度人，但要在开锁上指点。若当作死书呆读，上起锈来，又失掉钥匙的效用了。

丙、特殊学习

这是育才立校之一特点。我们设了音乐、戏剧、文学、社会、自然、绘画六组。依据智慧测验和特殊测验，选拔难童加入最适合其才能兴趣之一组学习，以期因材施教，务使各得其所。我们的目的，在使人才幼苗得到及时之培养而免于延误枯萎。特殊才干之幼苗，一经发现，即从小教起，不但是合于世界学问家之幼年史实，即我们这短短两年的试验，也证明了路线之正确。将来，倘能照预定计划加设工艺组和农艺组，更为容易见效而适合需要。一位来校视察的朋友，看见这办法合理而主张普遍推行。这是需要慎重考虑的。我想每省先设一所以资试验，却是有益而无害。将来随办学人才之增加，则每一行政督察专员区设立一所，亦属可行。

丁、自动力之培养

生活、工作、学习倘使都能自动，则教育之收效定能事半功倍。所以我们特别注重自动力之培养，使它贯彻于全部的生活工作学习之中。自动是自觉的行动，而不是自发的行动。自发的行动是自然而然的原始行动，可以不学而能。自觉的行动，需要适当的培养而后可以实现。故自动不与培养对立，相反的自动有待于正确的培养。怎样才算是正确的培养呢？在自动上培养自动，才是正确的培养。若目的为了自动，而却用了被动的方法，那只能产生被动而不能产生自动。有人好像是无须培养便能自动，那是因他会自觉的锻炼了自己培养了自己，其实他是运用了更高的培养，即自我的培养。我们的音乐指导委员会，委员都在重庆，每月有一位下乡指导数日。当他不在乡下的时候，学生竟能自动的完成每一个月的学习进程，这是很令人高兴的一件事。最近改造图书馆，一开始便着手培养十几位幼年管理员，在改造图书馆上培养他们管理图书馆。现在整个图书馆都由他们主持了，而且有了优越的成绩。二周岁纪念要发出将近三百封信，我们把握住这个机会培养了二十几位幼年的秘书。写得不及格的摔进字纸篓里，顶多摔进去三次便及格了。这写信之及格不就等于一门书法考试及格了吗？所不同的是三百封信出去了，等于一位书记五十天的成绩。而且书法考试及格，写信未必适用；但是写信已经合用，书法必定及格。现在要完成幼年会计、幼年护士之培养，并开始幼年生产干事、幼年烹饪干事之培养。我们的根本方针，是要在自动上培养自动力。每人学治一事，不使重复而均劳逸。寻常治学之人与治事之人常常相轻，现在治学之人学治一事，则治事亦治学了。再则一般治事之人，为治事而治事，不免流于事务主义。倘从小即养成其为治学而治事之态度，则两受其益了。

两个问题之再考虑

一、普修课与特修课之关系：育才初办的时候，假定普修课与特修课之时间各占二分之一。普修课依部章所定内容进程实施。特修课则因无前例，则根据各组学术性质而定其课程。后来因研究结果而改订时间，使普修课约占三分之二，特修课约占三分之一，并给各组以伸缩机会，再依各组进程需要逐年酌量增加特修课之时间。我们时常遇到的问题是：你们学生几年毕业？我们回答问题不像普通学校那样简单。特修课我们是希望学生一直学上去，到学成了才告一段落；普修课则大约和别的学校同年限毕业。接着就是第二个问题：你们花了三分之一的时间在特修课上面，又如何能同别的学校同年限毕业？因为有四个条件使它成为可能：

（一）我们这里几乎是个全年学校或四季学校，在寒假生活和暑假生活里，名字虽是不同，但多少还得天天上些课。比较起来，我们全年上课是可能多十几个星期。（二）特修课之一部分，在学力上是可移转到普修课上面去。（三）如果集体探讨及集体创造，特别是学问气候之创造，有效的实现起来，学生潜修其中，自然而然的是随时随地的吸收很多，相当于普修课之内容。（四）为着要预防及纠正特修课教育之狭隘性格，我们多方引导学生在各组之立场与观点，尽量对于普修课各部门找出他们与本组学术之关联。担任普修课之导师，随时尽可能扼要指出他的功课与特修课之联系；同时，担任特修课之导师乃至比较深造的学生，提出各该组当前学习之精华，使之深入浅出，公诸全校，以丰富全校之普修课内容。这样，普修课与特修课之鸿沟打通，乃能达到一般的特殊与特殊的一般之境界。

二、集体检讨可能之流弊：集体生活必须有自我检讨而后能克服自身之弱点，发扬本身之优点。这种检讨晚会之原意是要教工作做得好些，学问求得正确些，生活过得丰富而合理些，进一步是要时常提醒我们所过的生活，所求的学问，所做的工作是否合乎抗战建国之需要，及如何使我们的生活学习工作，更能配合抗战建国之大计。它要提醒我们是否为着近处而忘记远处，为着小我而忘了大我。这样，晚会才能开得有教育意义，才能教人有参加之乐而无参加之苦。但是检讨晚会有一个危险，就是一不小心，它往往会变成集体裁判，为着一点小事而浪费多数人之时间。久而久之，会在同学之间结下难解之私仇，被检讨之人是弱者吞声屈服，强者怀恨报复，既伤团体和气，亦无益于个人，甚至乐园变成苦海，实误用集体检讨有以致之。古语说："杀鸡焉用牛刀。"何况拿牛刀杀虱？若是老用来杀鸡杀虱，则到了杀牛的时候，怕要杀不动了。集体检讨是一个团体最锋利的公器，不可小用，小用则钝。纠正之方在民主立法；有司执法，网开一面，庶有自新之路；十目所视，不容秽垢藏匿之所；而根本之图，是先立乎其大者，则其小者不能夺。改弦更张，为时不久，但和气有加无已，进一步可以达到同志同学均在友谊上合一起来之境界，是其有助于全校之精诚团结，可以预卜了。

迎接维系努！婆罗门教[⑤]有三个大神：一是创造之神，名叫百乐妈；一是破坏之神，名叫洗伐；一是保存之神，名叫维系努(Vishnu)。我们生活教育运动，包含育才学校，仔细检讨，便发觉我们缺少保存之神。让我们欢迎维系努加入我们的集团吧。我们不为保存而保存，是为着更高的创造而保存。正如印度故事所说，让更真、更善、更美的创造，从维系努手中之莲花里生出来吧。

注释

① 张文白　即张治中。

② 普式庚林　亦称普希金林。是育才文学组师生在古圣寺山坡上一个松林内学习的地方，以俄国著名诗人普希金命名。

③ 甲午　指1894年（即甲午年）清政府和日本之间发生的甲午战争。

④ 寸土运动　为了克服经济困难，陶行知校长号召育才师生在学校内外开荒生产粮食和蔬菜。

⑤ 婆罗门教　印度古代宗教之一。后改称印度教。

雷醴泉的墓碑文*

雷同志负责治事，认真求学，人所共钦。念九年四月念日[1]民用轮失事遇难，时年念四岁[2]。痛哉！会计英雄雷君醴泉之墓。

黄山陶行知拜书

中华民国三十年七月二十日育才学校二周年立

注释

① 念九年四月念日　即中华民国二十九年四月二十日，公元1940年4月20日。

② 念四岁　即24岁。

* 本篇系育才学校会计雷醴泉乘轮船遇难后，陶行知手书的碑文。

谷子在仓里叫*

记得一次看电影，影片名字想不出，但是情节还是历历如在眼前——几个人在雪漠里，绝了粮，饿得要命。是卓别灵①扮的一角色，幻想着吃鸡。分明是一位同伴，怎么在饿鬼的眼睛里变成了一只鸡，一只有两脚而有羽的动物（不再是两脚无羽的人），他便提着刀要杀鸡吃。我没有这样挨饿的经验，不敢断定是不是心理变态的写实。但年来与米赛跑，常常为着二百人大家庭的米粮焦虑。一晚做梦，谷子在仓里喊叫，又做梦写了一首谷子的长诗，醒来只记得“谷子在仓里叫”一句，其余都完全没有留下一点影子。第二天，我就拿这句话做题目，写成三首小诗。埋伏在潜意识中的情感告诉我说，这诗远不如梦里的诗，因为我在梦里是一面写，一面朗诵，朗诵复朗诵，竟大受感动而惊醒。醒时写的这诗尚无如此力量，但是梦中诗既不可回忆，姑且就把醒时诗献出来吧。最少，这里面有一句是千真万确从梦里来的——谷子在仓里叫!

一

谷子在仓里叫；
日寇在战场笑。
我们要给兵士吃下去，

* 本篇原载1942年3月10日《战时教育》第6卷第10期、第11期、第12期合刊。

化为战斗的血，
把国耻来昭雪！
为什么把我们关在这里，
给老鼠偷窃？

二

谷子在仓里叫；
汉奸在沙发上笑。
我们要给老百姓吃下去，
化为做工的力，
为同胞谋福利！
为什么把我们关在这里，
给奸商居奇？

三

谷子在仓里叫，
苦孩子在肚子里叫。
我们要给难童吃下去，
长得又壮又高，
化为智慧的笑。
为什么把我们关在这里，
耽误了年少？

三十年十月二十日

注释

① 卓别灵　通译卓别麟，也译卓别林。英国著名的电影艺术家。

正式承认自由韩国临时政府及独立阿比西尼亚王国案*

兴灭继绝，为我民族之传统精神；济弱扶倾，为我国父[①]之伟大政策。在我国促进及领导国际反侵略阵线之运动中，吾人固当联合强国，同时尤不可遗忘弱小。弱小民族之中其处境最惨，奋斗最勇者，无过韩、阿二国，且一与我国特殊关系，一则奋斗已得初步之成功。查中韩二国，同文同种，唇齿相倚，韩国[②]沦亡之日，即我国难开始之时。韩国志士爰在我国设立独立政府，奋斗二十余年，近日组织光复军助我抗战，虽力量尚甚微薄，然援助而扶育之，责在吾国。而援助之第一步，即系由事实之承认，进而为法律之承认，我国承认之后，其它民主国家亦将继我承认，然后名正言顺，其奋斗之意志将更坚决，力量亦更加集中，三千万韩人将永为我之盟邦，而我领导东亚大业，亦将以此为嚆矢。又阿国[③]虽远在东非，固世界文明古国之一，东非战争之时，我国民众无不佩其英勇，而我国政府迄不承认法西斯蒂之武力兼并，亦得阿人及全世界之感激敬佩。今阿皇亲率三军，光

---

* 本篇原载《国民参政会第二届第二次大会记录·提案目录》，为陶行知、胡秋原在该次大会（1941年11月17日~26日）上提出，连署的19人，编号为31号。大会决议："扶助韩国完成复国运动，并于适当时期正式承认自由韩国政府。至阿比西尼亚于其领土为意大利占据时，我国并未取消其承认，自应仍认其为合法政府。"

《国民参政会组织条例》第三条丁项规定："由曾在各重要文化团体或经济团体服务三年以上，著有信望，或努力国事，信望久著之人员中，遴选118名。"这与陶行知任第一届参政员的遴选办法有别。

现将发给陶的选任状附后。

复故国，实足为弱小民族吐气。吾国由事实承认进为法律承认，不仅为贯彻我国之道义精神，且在意大利承认伪满、伪汪之后，此亦应为我国之应有答复。且阿国地在红海，当地亦有我国侨民，为沟通未来中西交通，此举犹有远大意义。我国对自由捷克政府承认以后，国际反响甚佳。如我国进而承认自由韩人政府及独立阿人王国，必能益得东亚及世界之同情也。

根据以上理由，同人等主张：

一、立即正式承认自由韩国政府；并照会各友邦，同时希望各友邦在适当时期，亦予承认。

此外，当即与自由韩国政府订立基本友好条约，对两国相互援助及未来经济合作，作原则之规定。

二、立即承认阿比西尼亚王国，使节问题可于以后办理。

注释

① 国父　国人对孙中山的尊称。

② 韩国　即朝鲜。

③ 阿国　即阿比西尼亚。现通译埃塞俄比亚。

附：国民参政会参政员选任状

陶行知经依法选定为国民参政会第二届参政员。此状。

国民政府主席		林　森	行政院	院长	蒋中正
立法院	院长	孙　科	司法院	院长	居　正
考试院	院长	戴传贤	监察院	院长	于右任

中华民国二十九年十二月二十三日

监印　陈光远

校对　胡建磐

设立中央儿童学园以倡导幼年社会教育案*

近来有十几位关心儿童幸福的朋友，举行了一个非正式的谈话会，希望我为小朋友在参政会里提一个建议案。首先是想建立一个儿童剧场，后来越谈越起劲，觉得我们应该为小朋友来它一个较大的建筑，包含：一剧场、二音乐馆、三美术馆、四科学实验馆、五历史地理博物馆、六工艺室、七图书室、八俱乐部、九体育场、十宿舍。这个建设一切都是要根据儿童的需要设计。名称拟了好几个，例如儿童之家、儿童之宫、儿童世界、儿童乐园，各有优点与缺点。最后提出儿童学园的名称似乎更为恰切，因为学有长进之义，园有欣欣向荣之意，故暂用此名。但也不拘泥，倘有更好的名称，尤为欢迎。我们所注重的是中国需要有这样一个建设，以丰富儿童之学习与生活。

理由

（一）一般小学及初中之教育偏重书本，要有儿童学园来补其不足。

（二）一般之展览会为期甚短。最近举行之国防科学展览甚佳，但匆匆数日，参观者多数走马看花，不能详细领略，若动手

* 本篇原载《国民参政会第二届第二次大会记录·提案目录》，编号为80号。大会决议："本案修正通过送请政府从速筹办。"增加："（三）各省市应参照此办法逐渐设置儿童学园。"

体验，机会更无。儿童学园对于有系统之展览，可以长期举行，并设实验，俾儿童手脑并用，以资体验。

（三）失学儿童可在学园中自由探讨，仍能长进。

（四）儿童各有所好，学园多方设备，可依性之所近，展其所长。

（五）近来已有热心儿童幸福之团体创办儿童之家，但因经费有限，供不应求，故儿童学园应以中央政府之力为之倡导。

（六）重庆为战时首都，各省人士来往，络绎不绝，一经观摩，便可推广，以为全国儿童造福。

（七）爱护儿童之国，前途必是远大。陪都为中外观瞻所系，倘能搜集陈列儿童对于抗战所发挥的贡献，尤能使侨胞友邦加强对中国之认识。

办法

（一）请政府组织中央儿童学园筹备委员会，聘请专家设计筹备。

（二）一部分应于三十一年四月四日儿童节前完成。

提案人　陶行知

连署人　陈希豪　程希孟　马宗荣　余家菊
常乃悳　梁实秋　许德珩　沈钧儒
王家桢　刘蘅静　陶　玄　黄炎培
江　庸　陶百川　冷　遹　金曾澄
江恒源　李永新　张其昀　陈裕光
李中襄　杭立武　吴贻芳　傅斯年
何联奎

化除青年烦闷发挥青年精神以保全民族元气而增加抗战建国力量案*

理由

（一）青年烦闷，在中国是成了严重的问题，而且是相当的普遍。

（二）造成这烦闷的主要原因，不是青年本身，而是环境影响。故改变环境的影响，可能将它化除。

（三）倘若让这现象深刻化并发展下去，将使青年身体更衰弱，学问更肤浅，精神更消沉萎靡，甚至于堕落颓废，浪费民族的元气，将来难胜抗战建国之艰巨，故必须争取时间，对症下药，及早挽救。

办法

（一）三民主义开首就指出“思想贯通"之重要，说：“大凡人类对于一件事，研究当中的道理，最先发生思想；思想贯通以后便起信仰；有了信仰就生出力量。”这“思想贯通”便是信仰力量的泉源。达到“思想贯通”的境界，其主要的途径是观察、听讲、讨论、看书、体验。我们应该在这五方面给青年充分的机会，以造成学术的气候，使他们对于国事、世事有思想贯通

* 本篇原载《国民参政会第二届第二次大会记录·提案目录》，编号为92号。大会决议：“本案修正通过。送请政府切实注意。”并附有李璜、陈裕光签名的“修正之点”。

之可能。具体的说，例如图书杂志报纸，除中央政府公开禁售者外，青年皆得阅览，学校亦应广为搜集，以丰富青年之精神食粮。禁止非法扣留书报，并解决交通困难，以便文化食粮之运输。

（二）中国为民主国，亦为世界民主阵线之一员，应该用民主的方法来训练青年。在学校及团体中，应该使青年在团体自治上学习团体自治。培养集体自觉的纪律，是青年训练最基本的工作。

（三）禁止教职员兼任秘密警察，以保持师生合理之关系，并保持师道之尊严。

（四）禁止学生充当秘密警察，以保持同学间友爱之关系，并保持学风的纯洁。

（五）禁止师生私带武器，以防少数人造成特殊势力，而免全校陷入恐怖状态。

（六）禁止任何团体强迫他人参加，以尊重本人信仰自由。

（七）实行“诬告反坐”以保障人权。

（八）依人才为标准，选聘校长、教师、职员，使青年心悦诚服。

（九）根据抗战建国纲领，加强战时教程，并根据蒋议长指示，厉行战时生活，动员青年依性之所近，各展所长。以为抗战建国服务。

上述理由办法是否有当，尚希公决。

提案人　陶行知

连署人　江　庸　沈钧儒　黄炎培　王家桢
江恒源　马宗荣　吴贻芳　金曾澄
余家菊　王云五　傅斯年　冷　遹
常乃悳　张志广　梁实秋　王造时
张其昀　罗隆基　许德珩　程希孟
李　璜　陈裕光

在生活教育运动十五周年纪念会上的讲话*

本社能存在十五年，完全是由于社会人士援助的力量。固然本社同仁是尽了自己的本份，然今后更要格外努力，以不辜负社会人士的赞助。

生活教育的特点：（一）外行办的——免除过去那种酸溜溜的作风；（二）穷办法——中国是穷国家、穷社会，但是要以穷办法办内容丰富的教育；（三）丘八[①]作风——实行丘八教育，教育丘八学生，丘八教育的意义就是把教育当作武器以求民族解放和人类解放；（四）工人的手段；（五）科学的头脑。

十五年从事生活教育事业的经验，即是手脑作用并重的发现；小孩教小孩的自动学习的发生；生活教育在自然科学中的具体运用；小先生制的产生等当时在生活教育事业中的创建。

生活教育除本身是武器外，并是一种粗茶淡饭，使人吃了能生长一种力量，去为民族解放、人类解放事业而战斗。目前我国是处在一个非常严重时期，要渡过这个难关就要动员一切力量，生活教育社应为贡献出自己的一切力量而努力。

生活教育是有而一向未曾公开的朋友，一个是贫穷，一个是患难。十五年来的生活教育社同人是忍受了一切困苦与阻难，但

---

* 本篇系1942年3月15日在重庆管家巷28号举行生活教育运动15周年纪念会上的讲话。摘自1942年3月16日重庆《新华日报》的报道。

是为了生活教育事业的推行，都能为生活教育事业而牺牲。

注释

① 丘八 旧中国对士兵的蔑称。陶行知提的丘八作风、丘八教育，是要学习士兵的战斗精神。

每天四问*

今天是本校三周年纪念，我有一些意见提出来和大家谈谈，作为先生、同学和工友们的参考。

本校从去年的二周年纪念到今年的三周年纪念，能在这样艰难困苦中支持了一年，几乎是一个奇迹。这一个奇迹，不是一个人的力量所能够做得出来的，而是全体先生、同学、工友共同坚持，共同进步，共同创造，以及社会关心我们人士的尽力赞助所得来的。

本校在这一年中，好像是我们先生、同学、工友二百人坐在一只船上，放在嘉陵江中漂流，大的漏洞危险虽然没有，但是小的漏洞是出了一些，这些小漏洞也可以变成大漏洞，使我们的船沉没下去的！然而我们的船没有因为这些小漏洞沉没，竟因为我

---

* 本篇系陶行知在育才学校三周年纪念晚会上的演讲纪录。记录者：方与严。方在1947年7月25日育才学校校庆会上介绍此文时说："这是陶校长在育才学校三周年纪念晚会上的讲演词。我当时坐在台下听讲，把它默记着，第二天即把它默写下来，送给陶校长改正。他一直忙着，搁置了四年还没动笔修改，去年七月，七周年校庆后五日，陶校长在沪病逝的消息传来，全校震悼。我刚出院不久，即奉派来上海，继续筹备迁校事宜。临行时，在陶校长房内看见了这篇记录原稿，顺便带在手边，现在八周年校庆来到，不能再听到陶校长的殷勤致词了，这是一个难以形容的怆痛！但是温习遗教，发扬遗教，是我们大家的责任。'每天四问'，是我们每天做人做事的警钟，也是一切有血性、有志气、有正义感的人，做人做事的宝筏，能把我们的人生渡上更高境界的宝筏！将以此来纪念育才学校八周年的成长，以及将来之发扬光大，并以此来祝颂中华民族共同登上光辉灿烂的历史更高境界。"原载1951年8月新北京出版社出版的《大众教育丛书·每日四问》。

们这些同船的人，一见有小漏洞，即想尽方法用力去堵塞，有时用手去堵，有时用脚去堵，甚至有时用头用全身的力量去堵，终于把这只船上这些小漏洞堵塞住，而平稳地渡过这一年，达到了目的地。这是一个奇迹，一个共同努力、共同创造的奇迹。

“一切为纪念”，刚才主席说的这一个口号，当然提出的意义是有他的作用的。大家用力对着这一个目的来创造，是很好的。但是我对于这一个口号有点骇怕，骇怕费钱太多，骇怕费力太多，以致精疲力尽，恐怕得不偿失。所以我主张明年四周年纪念，要改变方针。我们的成绩，要从明天起，即开始筹备，日积月累，“水到渠成”的成绩。不要再在短期内来多费钱和多费力量，只要到了明年七月一日，开始把平日的成绩装潢一下，便有很丰富的成绩，再不像今年和去年这样忙了。大家也可以很从容很清闲而有余裕的过着四周年纪念。

现在我提出四个问题，叫做“每天四问”：

第一问：我的身体有没有进步？

第二问：我的学问有没有进步？

第三问：我的工作有没有进步？

第四问：我的道德有没有进步？

第一问：“我的身体有没有进步？”

首先，我们每天应该要问的是：“自己的身体有没有进步？有，进步了多少？”为什么要这样问？因为“健康第一”。没有了身体，一切都完了！不禁使我想到了去年二周年纪念前九日邹秉权同学之死！与今年三周年纪念前九日魏国光同学之死！二人之死的日子是恰恰一周年，不过时间上相差八九个钟点罢了。因这两位同学的死，使我联想到，我们必须继续建立“健康堡垒”。要建立健康堡垒，必须注意几点：

（一）“科学的观察与诊断”。科学是教我们仔细观察与分析，譬如邹秉权、魏国光两同学之死，尤其是魏国光同学这一次的死，不能不说是我们先生、同学的科学的观察力不够。魏国光同学患的是“蛔虫”症候，他在学校寝室内吐过蛔虫，有同房的同学见到没有报告，先生也没有仔细查看，到了医院又在痰盂中吐过蛔虫，又没有留心注意到，这就是科学重证据的“敏感”，而成为一种不科学的“钝感”了！医生又复大意，则在这种钝感之下据之而误断为“盲肠炎”。虽然他腹痛的部位是盲肠炎的部位，但既称为“炎”，就必得发“热”；今既无热，就可以断定不是盲肠炎了。何以需要开刀割治?! 其实魏国光同学的病症是蛔虫积结在肠胃内作怪，不能下达，而向上冲，吐了出来！如果，把这吐过蛔虫的证据提出来，医生一定不致遽断为盲肠炎，而开刀，而发炎，而致命！因为魏国光同学之死，我们必须提高“科学的警觉性”。以后遇病，必要拿出科学上铁一般的证据来，才不致有错误的诊断，而损害了身体。否则，都有追踪邹秉权、魏国光两同学之死的危险！所以提高科学的警觉性，是保卫生命的起码条件。最重要还是要用科学的卫生方法，好好的调节自己的身体，不使生病！科学能教我们好好的生活，生存！我们今后应该多提高科学的知能，向着科学努力，努力建立科学的健康堡垒，以保证我们大家的健康和生命。

（二）“饮食的调节与改进”。我这次去重庆，因事到南岸，会到杨耿光（杰）先生。杨先生是我们这一年来，经济助力最多最出力的一位热心赞助者。顺便谈到儿童和青年的营养问题，杨先生提到德国对于儿童和青年的营养问题，是无微不至的。德国有一位大学教授，对于自己儿子的营养，说过这样一段话：“我为什么有这样好的身体，可以担任这样繁重的事情？就是我的父母把我从小起的营养就调节配备得好，所以身体建筑得像钢骨水泥做的一样。身体建筑最好的材料是牛肉，所以我决定每天要给我的儿子吃半斤牛肉，一直到二十五岁，就能够把他的身体建筑成为钢骨水泥做成的一样，可以和我一样担任繁重的大事了。”纳粹德国政府，对于全国儿童及青年身体健康的营养，是无微不至，我们今天关于营养的问题提到德国，并不是要像纳粹德国一样，把儿童和青年的身体培养得坚实强健，然后逼送他们到前线上去当侵略者的炮灰！但是这种注重新生一代的儿童和青年营养问题的办法，是值得注意的。苏联是社会主义的国家，对于儿童和青年的营养问题，也是无微不至的，所以它在一切建设上，在抵抗侵略上，到处都表现着活跃的民族青春的活力。其他许多国家政令中亦多注意到儿童和青年的营养问题。我们在今天提出营养问题来，就是为着现在和将来人人能够出任艰巨。悬此为的，以备改进我们的膳食，为国家民族而珍重着每一个人的身体的健康。

（三）“预防疲劳的休息”。“饱食终日，无所用心”，固然不对，但是过分的用功，过分的紧张劳苦工作，也于一个人身体的健康有妨害。妨害着脑力的贫弱，妨害着体力的匮乏，甚至于大病，不但耽误了学习和工作，而且减损及于全生命的期限！所以我在去年早已提出“预防疲劳的休息”问题，今天重新提出，希望大家时时提示警觉，预防疲劳，不致使身体过分疲劳。天天能在兴致勃勃中工作学习，健康必然在愉快中进步了。至于已经有人过分疲劳了，要快快作“恢复疲劳的休息”。适当的休息，是健身的主要秘诀之一，万不可忽略。忽略健康的人，就是等于在与自己的生命开玩笑。

（四）“用卫生教育代替医生”。卫生的首要在预防疾病。卫生教育就在于教人预防疾病，减少疾病。卫生教育做得好，虽不能说可以做到百分之百不生病的效果，但至少是可以减少百分之九十的病痛。其余在预防意料之外而发生的只有百分之十的病痛，可是已经是占着很少成分，足以见出卫生教育效力之大了。以现在学校的经济状况说来，是难以支出两三千块钱来请一个医生。我们的学校是穷学校，中国的村庄是穷村庄。我们学校是二百人，若以五口之家计算，是等于一个四十户人家的村庄。若以这个比例来计算，全中国约有一百万个村庄，每村需要请一个医生，便需要有一百万个医生。现在中国的人力和经济力都不允许这样做，不能够这样做，所以我们学校也就决定不这样做，决定不请医生。我们要以决心推进卫生教育的效力来代替医生，以保证健康的胜利，以卫生教育代替医生。在两月前，我已有信来学校，提出十几条具体事实来，希望照行，现在想来，还是不够，需要补充。待补充之后，提交校务会议商决进行。但是，今天在此先提出来告诉大家，希望大家多多准备意见，贡献意见。在建立“科学的健康堡垒”上多尽一份力量，便是在卫生教育施行上多一份力量，卫生教育胜利上多一份保证。大家都成为建立“科学的健康堡垒”的主要的成员之一，健将之一，共同来保证“健康第一”的胜利。

第二问：“我的学问有没有进步？”

其次，我们每天应该问的是：“自己的学问有没有进步？有，进步了多少？”为什么要这样问？因为“学问是一切前进的活力的源泉”。学问怎样能够进步？重要在有方法的研究。现在我想到有五个字，可以帮助我们学问易于进步。哪五个字呢？

第一个，是“一”字。一是“专一”的一。荀子说：“好一则博。”这句话是很有精义的。因为有了一个专一的问题做中心，从事研究，便可旁搜广引，自然而然的广博起来了。我看世界名人学者对于治学的解释，尚少如此精约的。治学必须“专一”的“一”，这是天经地义的了。“专一”在英文为concentrated，我们对于一件事物能够专心一意的研究下去，必然能够有一旦豁然贯通之时。所以我希望有能力研究的先生和同学，必须择定一个题目从事研究，即使是一个很小的问题，也可以研究出很深刻很渊博的大道理来，于人于己都可得到切实的益处，而且可能有大的贡献。

第二个，是“集”字。集是“搜集”的集。集照篆字的写法，是这样“雧”，好像许多钩钩一样。我们研究学问有了中心题目，便要多多搜集材料，像“集”的篆写一样，用许多钩钩到处去钩，上下古今，左右中外的钩，前前后后，四面八方的钩，钩集在一起来，好细细研究。“集”字在英文为Collection，我们有了丰富的材料，便可以源源本本的彻头彻尾的来研究它一个明明白白，才能够真正理解这个问题的症结所在，才能够“迎刃而解”，才能够收得“水到渠成”的效力。所以我希望大家对于每一个问题，都必须多多搜集材料，以便精深的精益求精的研究。在研究上发生力量，在研究上加强创造力量，集体创造、共同创造，在创造上建立起我们事业的新生命，树立起我们事业的新生机，稳定我们事业的新基础。

第三个，是“钻”字。钻是钻进去的钻，就是深入的意思。钻是要费很大的力量，才能够钻得进去，深入到里面去，看得清清楚楚，取得了最宝贵的宝贝。做学问虽不能像钻东西那么钻，但是能够用最好的方法，也可以很快钻进去。我在×国，参观一个金矿，他们开采的机器，是运用大气的压力来发生动力的。我见到他们开采的速度，是比现代所称的“电化”的电力，还不知要增加若干倍咧。我们做学问也是一样，如果我们能够在学术气氛中的大气压力下，发生动力去钻，一定能够深入到里面去，探获学问的根源奥妙与诀窍，而必有很好的收获。“钻”字在英文为Penetration，所以我希望大家对于一个问题拿定了，便要尽力向里面钻，钻出一大套道理来，使我们学术气氛有着飞跃的进步。

第四个，是“剖”字。剖是“解剖”的剖，就是“分析”的意思。有些材料钻进去还不够，必须解剖出来看它的真伪，是有用的还是有毒素的？以便取舍，消化运用。“剖”字在英文为Analyzation，所以我希望大家对于每一个问题搜集得来的材料，除了钻进、深入之外，必须更加着意做一番解剖的工夫，分析入微，如同在解剖刀下，在显微镜下，看得明明白白，分析得清清楚楚，真的有用的没有毒素的就拿来运用，如果是假的有毒素的就舍去抛掉不用。如此，鉴别材料，慎选材料，自然因应适宜了。

第五个，是“韧”字。韧是坚韧，即是鲁迅先生所主张的“韧性战斗”的韧。做学问是一种长期的战斗工作，所以必须有韧性战斗的精神，才能够在长期战斗中，战胜许许多多困难，化除种种障碍，开辟出一条新的道路，走入新的境界。“韧”字在英文中尚难找得一个适当的字来翻译，勉强可以译为Toughness所以我希望大家在做学问上，要用韧性战斗的精神，历久不衰的、始终不懈的坚持下去，终可达到“柳暗花明又一村”的境界。

我想我们每一个人，能把“一”、“集”、“钻”、“剖”、“韧”五个字做到了，在做学问上一定有豁然贯通之日，于己于人于社会都有贡献。

第三问：“我的工作有没有进步?”

再次，我们每天要问:“自己担任的工作有没有进步？有，进步了多少?”为什么要这样问？因为工作的好坏影响我们的生活、学习都是很大的。我对于工作也提出几点意见，以供大家参考。

第一点最要紧的，是要“站岗位”。各人所负的责任不同，各人有各人的岗位，各人应该站在各人自己的岗位上，守牢自己的岗位，在本岗位上努力，把本岗位的职务做得好，这是尽责任的第一步。我最近在想，人人应该有“站岗位”的教育。站牢在自己的工作岗位上，教育自己知责任、明责任、负责任——教育着自己进步。

第二点最要紧的，是要“敏捷正确”。人常说，做事要“敏捷”，这是对的。但我觉得做事只是做到敏捷还不够，敏捷是敏捷了，因敏捷而做错了怎么办？所以敏捷之下必须加上“正确”二字，工作敏捷而正确才有效力。一件工作在别人做起来需要四小时，你只要二小时或三小时就做好了，而且做得很正确，这才算是工作的效力。工作怎样能够做得敏捷正确呢？这就要靠熟练与精细。粗心大意，是最易弄错弄坏事情的。做事要像做算术的演算草一样，要演得快演得正确。

第三点最要紧的，是要“做好为止”。有些人做事，有起头无煞尾，做东丢西，做西丢东，忙过不了，不是一事无成，就是半途而废。我们做事要按照计划，依限完成，就必须毅力坚持，一直到做好为止。

第四问：“我的道德有没有进步?”

最后，我们每天要问的是：“自己的道德有没有进步？有，进步了多少?”为什么要这样问？因为道德是做人的根本。根本一坏，纵然使你有一些学问和本领，也无甚用处。并且，没有道德的人，学问和本领愈大，就能为非作恶愈大。所以我在不久以前，就提出“人格防”来，要我们大家“建筑人格长城”。建筑人格长城的基础，就是道德。现在分“公德”和“私德”两方面来说。

先说“公德”。一个集体能不能稳固，是否可以兴盛起来，就要看每一个集体的组成分子能不能顾到公德、卫护公德，来衡量它。如果一个集体的组成分子，人人以公德为前提，注意着每一个行动，则这一个集体，必然是日益稳固、日益兴盛起来。否则，多数人只顾个人私利、不顾集体利益，则这个集体的基础必然动摇，并且一定是要衰败下去！要不然，就只有把这些不顾公德的分子清除出这个集体，这个集体才有转向新生机的希望。所以我们在每一个行动上，都要问一问是否妨碍了公德？是否有助于公德？妨碍公德的，没有做的即打定决心不做，已经开始做的，立刻停止不做。若是有助于公德的，大家齐心全力来助他成功。

再说“私德”。私德不讲究的人，每每就是成为妨害公德的人，所以一个人私德更是要紧，私德更是公德的根本。私德最重要的是“廉洁”，一切坏心术坏行为，都由不廉洁而起，所以我在讲“建筑人格长城”的时候，提到了杨震的“四知”①，甘地的漏夜“还金”，华盛顿的勇敢承认错误和冯焕章先生所讲的平老静“还金镯”的故事。这些，都是我们大家私德上的好榜样。我们每一个人都可以效法这些榜样，把自己的私德建立起来，建筑起“人格长城”来。由私德的健全而扩大公德的效用，来为集体谋利益，则我们的学校必然的到了四周年，是有一种高贵的品德成绩表现出来。

我今天所讲的“每天四问”，提供大家作为进德修业的参考。如果灵活的运用、行到做到，明年今日四周年纪念的时候，必然可以见出每一个人身体健康上有着大的进步、学问进修上有着大的进步、工作效能上有着大的进步、道德品格上有着大的进步，显出“水到渠成”的进步，而有着大大的进步。

注释

①“四知” 杨震当大官时，昌邑令王密黑夜怀金10斤送他。杨不受。王说：“暮夜无知者。”杨说：“天知，神知，我知，子知。何谓无知?”

写在《植物小世界》创刊号之后*

《植物小世界》是七位小朋友合力编成，今天与大家初次见面，是值得称赞的一件事。不久以前，一位先生谈及本校缺少生物学教师，这个需要应待解决。我听见这话，觉得生物学教师未到校前，我们也应该充分运用自然环境来教育我们自己和小朋友。我于是非正式的和几位顶小的孩子闲谈，问问他们南瓜是怎样长出来的，绿叶对于南瓜之长大有什么关系，两种南瓜花有什么作用。这时南瓜的雌花特别少，有几位小朋友自动去找，居然找着了。找着讨论观察，更觉得切实而有趣了。于是小同志就由一二人而增加到七位了。我对于植物学的根底最浅而且完全是书本的，对于实物认识很少。所以我和小朋友只可以说是共学而不能说是教导。我们立了几条共学的原则：

一、从生物到书本；

二、从实践到原理；

三、从具体到抽象；

四、从个体到系统；

五、从近处到远处；

六、从用手到用脑；

---

* 本篇系陶行知为育才学校自然科学组7位同学办的壁报《植物小世界》创刊号所写。曾载1951年教育书店版《育才学校》（生活教育丛书之四）。

七、从肉眼到显微镜；

八、从好玩到学习；

九、从不用钱到不得不用钱，

十、从不轻采摘到不得不采摘。

上述原则，着重点虽分先后，但实际是分不清，大部分是交流，是相互发展。我现在要举两个例子来说明我们的方法。

一天我说要看看双子叶植物的发芽，请王治平去弄南瓜来培养。王治平问西瓜子是不是好替代？我说可以，他说西瓜子发芽是现成的。三周年纪念时吃西瓜摔的西瓜子正在发芽咧。他说着就出去拔了一根来——最好的双子叶标本!

昨天我想到，既有双子叶标本，最好还得有单子叶标本来比较。谷子发芽要等好多天，如何可以快些办到？江贵和走来，我问他，我们要看谷子发芽，你有办法吗？他说：有，买点谷种来，摆在水里。我一个钟头之内就要看谷子发芽，你能想出办法来，就算你本事好。他想了一想，向门外一看，说：田里有，割稻时掉下的谷子都发芽了。我说，好，请你拿个碗去把大的小的拔十几根来。五分钟内，他拿了回来，我看了很高兴，因为这就是不花钱的不费时不用等待的单子叶植物发芽标本。这一碗里的谷芽是缺少顶小的一种，仇玉良自告奋勇再去采来补足，经郭富昌整理陈列，构成谷子发芽的活动影片。

小孩们干得很高兴，有的提议要出壁报。野心真大，学了一个星期的植物学就要出壁报，我虽然觉得他们没有把握，但是相信出壁报发表，可以增加他们努力学习的兴趣，所以也赞成。这就是《植物小世界》的发芽的小史，希望大家帮助指点，踊跃参加，使它长成一个植物大世界，那就更庆幸了。

1942 年 8 月 18 日

为创造而歌*

今天的音乐夜会，在大家的掌声中、欢呼中已把“创造之神”迎接回来了！我想大家一定通过，是允许他们去重庆，可以作为告别会了。我们知道他们这一次去，是比较长期的，一时是难以听到这样的音乐会，是舍不得放他们去的。但是为了他们的学习，为了他们的就师，为了他们的进步，为了他们的创造，也只好让他们去了。他们这次去的地方，是重庆江北香国寺观音桥。观音桥这个地名很好。我们晓得观音菩萨是大慈大悲、普度众生的。希望他们和她们都成为观音菩萨，以大慈大悲为怀，除了自己学习追求进步之外，多创作一些适合儿童的歌曲，适合民众的歌曲。在“为真理而歌，为老百姓而歌”中，把众生普度上彼岸来！

* 本篇系陶行知在重庆育才学校音乐组1942年10月16日举行的音乐会上的讲话。摘自教育书店1951年版《创造风》中《创造之神迎接回来了》一文（方与严写于1942年10月17日）。

火的故事*

我很高兴在这里见到我的学生和学生的学生，不，是见到我的老师和老师的老师。为什么这样说呢？根据我主张的“生活教育”理论，教师要教学生，先要拜学生为师，向学生学习。“教人民进步者，拜人民为师”嘛！所以，我今天来是向你们——我的老师们学习的。

你们知道人类是怎么发现火和利用火的吗？古代希腊神话说火是普洛米修士从上帝那里偷来送给人类的；中国则传说远古有个燧人氏钻木取火，是他教会人们用火的。其实这些说法都不对，是不可信的。在亿万年前，地球上满布着一片又一片森林，森林里有野兽。原始人天天拿着木棍、石块，集队到森林里去打猎。那时人们不知道火是什么玩意儿，更不用火烧煮东西，就茹毛饮血，生吃野兽的肉，以致引起消化不良，常常闹肠胃病，人们的健康情况很不好。但是那时的气候同现在差不多，一年也分四季，到了夏天常有雷雨，一声霹雳，森林触电起火了，很快烧成一片火海，烧毁了不少树木，也烧死了许多的野兽。后来暴雨终于把大火扑灭。雨过天晴，原始人又来这里打猎，他们发现这儿躺着一只野猪，那儿睡着一只黑熊，便像往常那样围捕野兽，

* 本篇是陶行知1942年在重庆北温泉出席中央大学学生营火晚会的演讲。记录人：帅士熙。摘自1984年9月25日版《北碚文史资料》第一期《陶行知在北碚专辑》。

先攻击那只野猪。奇怪，野猪为什么不跑也不动呢？用木棍戳它，身上还起窟窿，放出香气来。原来是只烤熟了的野猪。于是，大家高兴地坐下来分吃猪肉。哈哈！美极了，这肉真好吃。原始人就是在这样的实践中发现了火，发现了火的作用。这是个了不起的伟大发现！是人的行动产生的知识，说明“行是知之始”。

原始人得到火的知识，便想利用火为自己服务。能把火带回部落去多好啊！他们有了新的行动要求，要有所创造了。一天，森林又着火了，为了给伙伴们带来幸福，有一位勇者伸手到树上去取火，呵呀！不好了，五个指头不见了。怎么办？血的教训迫使人们动脑筋、想办法。这时从人群中走出一位聪明人，把一根折断的树枝伸到火里去，树枝立即燃了起来，火便到了他的手里。呵呵！人群中爆发出震天的欢呼声，大家围着聪明人和火唱歌、跳舞，簇拥着他把火带回部落去了。从此，人类开始用火烧煮食物，御防野兽，取暖避寒，减少了疾病，增进了健康，保卫了自己的安全。

火帮助人类进入了文明时代，由火引出的发明创造，真是千千万万，千千万万！这说明人从行动中得到知识，又用知识指导新的行动，即进行创造。“做”是在“劳力上劳心”的“做",行是知之始，知是行之成。行动是老子，知识是儿子，创造是孙子。

关于诗的谈话*

我要把育才办成一个诗的学校，盼望大家帮助我。我要以诗的真、善、美来办教育。我并不是要学生每个都成为诗人，那太困难了。但我却要由我们学校做起，使每个同学、先生、工友都过着诗的生活，渐渐的扩大出去，使每个中国的人民、世界的人民，都过着诗的生活!

诗和歌是有分别的。我不知道自己写的到底是诗或是歌。不论歌或诗，只要人民能接受，听得进耳、背得上口，都是好的。

做一个农民的诗人，首先得生活在农人中间，和他们一起耕地、锄草、唱山歌，不要还抱着为写诗而去，而要真正做一个农民，对吗?

* 本篇系陶行知在育才学校文学组举行诗歌朗诵会上的讲话。摘自高嘉:《诗人陶行知》，载1951年4月新北京出版社大众教育丛书《爱满天下》。

要把学习的门打开*

一个文人，不能像过去那样，长头发，衣服脏得很，烂了也不补，爱说点风凉话，这是不对的。不要像旧文人那么酸溜溜、文绉绉的样子，更不该钻牛角尖。当我看托尔斯泰的《安娜·卡列尼娜》时，我真佩服他的博学，他在描写列文和农人收割的时候，一草一木，他却写得出名字和样子。所以，你们要把学习的门打开。

* 本篇系陶行知对育才学校文学组的谈话记录。摘自《陶校长与文学组》一文，载1951年4月新北京出版社大众教育丛书《爱满天下》。

学习外国文*

学习外国文好比是配一副万里眼镜。这种眼镜，每一位追求真理的青年都应该戴，而且应该自己磨。怎样磨呢？要风雨无阻，行住不停，天天磨，月月磨。磨它五年十载，总会成功。倘一曝十寒，时学时辍，到老无成。

* 本篇系陶行知书赠陈洪韬的题词。字幅上还有“敬赠育才之友洪韬先生纪念”字样。陈洪韬后去美国。1980年6月，他将题词复制于美国加州寓次，并作了如下说明：“1943年余为育才学校募集基金一百万元，陶师欣慰之余，书赠此件墨宝为酬，并以育才之友——先生呼之，深愧不敢当。”

为新中国做生辰*

今天许多朋友到这里来庆祝沈先生的七十寿辰，这不是平常的祝寿。因为沈先生毕生的奋斗、主张、生活，都不是为他自己，而是为了国家、为了民族、为了人类。我们来此开庆祝的茶会，是为了庆祝他的主张。沈先生的主张是什么？有三项：一、抗战，二、团结，三、民主。当日本帝国主义开始向中国侵略的时候，沈先生便坚决主张抗战，为了要使抗战胜利，坚决主张团结，为了要使团结巩固，又坚决主张要实行民主。这三项便是沈先生的救国主张，也是全中国人民的主张。记得沈先生曾经写过一首诗，第一句是“我是中国人”，第二句还是“我是中国人”，第三句是“要争取中国之自由与平等”。这里说明了他生平的抱负。因此，我们今天庆贺他的生辰，意义并不寻常，还有为新中国做生辰的意义在内。

今天在座的，有沈先生的老朋友，有青年朋友，也有儿童朋友。因为沈先生人老心不老，乐于和青年儿童做朋友。所谓老人乐为少年友，老人没有少年愁，儿童园里无老翁，老翁个个是儿童。这虽然是小孩子们的歌声，但是从这歌声中，我们可以认识今天的沈翁。

* 本篇原载1943年12月22日重庆《新华日报》，摘自该报记者陆诒写的关于沈钧儒70寿诞的本报特写。

创造的儿童教育*

创造的儿童教育，不是说教育可以创造儿童。儿童的创造力是千千万万祖先，至少经过五十万年与环境适应斗争所获得而传下来之才能之精华。发挥或阻碍、加强或削弱、培养或摧残这创造力的是环境。教育是要在儿童自身的基础上，过滤并运用环境的影响，以培养加强发挥这创造力，使他长得更有力量，以贡献于民族与人类。教育不能创造什么，但他能启发解放儿童创造力以从事于创造之工作。

我们晓得特别是中国小孩，是在苦海中成长。我们应该把儿童苦海创造成一个儿童乐园。这个乐园不是由成人创造出来交给小孩子，也不是要小孩子自己单身匹马去创造。我们造一个乐园交给小孩子，也许不久就会变为苦海；单由小孩子自己去创造，也许就创造出一个苦海。所以应该成人加入小孩子的队伍里去，陪着小孩子一起创造。

一、把我们摆在儿童队伍里，成为孩子当中的一员

我们加入到儿童队伍里去成为一员，不是敷衍的，不是假冒的，而是要真诚的，在情感方面和小孩子站在一条战线上。我曾

* 本篇原载1945年4月1日重庆《战时教育》第9卷第1期，系1944年9月20日下午在儿童福利工作人员会议上的专题演讲。

经写过一首小诗，描写过我们在小孩队中应有和不应有的态度：

儿童园内无老翁，
老翁个个变儿童。
变儿童，
莫学孙悟空！
他在狮驮洞，
也曾变过小钻风；
小钻风，
脸儿模样般般像，
拖着一条尾巴两股红。

我们要加入儿童队伍里，第一步要做到不失其赤子之心，做成小孩子队伍里的一分子。

二、认识小孩子有力量

我们加入儿童生活中，便发现小孩子有力量，不但有力量，而且有创造力。我们要钻进小孩子队伍里才能有这个新认识与新发现。

从前当晓庄学校停办的时候，晓庄的教师和师范生不能回晓庄小学任职，私塾先生又被小孩拒绝，农人不好勉强聘请，不得已，小孩自己组织起来，推举同学做校长当教员，自己教，自己学，自己办，并自称自动学校。这是中国破天荒的小创造。我听见了这个消息以后，就写了一首诗去恭贺他们：

有个学校真奇怪：
大孩自动教小孩。
七十二行皆先生，
先生不在学如在。

写好之后，交给几位大学生，请他们指教，他们说尽善尽美，于是用快信寄去。

第三天，他们回一封信，向我道谢之外，说这首诗有一个字要改，大孩教小孩，难道小孩不能教大孩吗？大孩能够自动，难道小孩不能自动吗？而且大孩教小孩有什么奇怪呀？这一串炸弹把个大字炸得粉碎，我马上把他改为“小孩自动教小孩”，这样一来，是更好了。黄泥腿的农村小孩改留学生的诗，又是破天荒的证明，证明小孩有创造力。

又有一次我到南通州去推广“小先生”，写了一篇一分钟演讲词，内中有一段：“读了书，不教人。甚么人？不是人。”我讲过后有一个小孩子马上来说，陶先生，你的演讲最好把“不是人”改为“木头人”，“木头人”比“不是人”更好了。因为“不是人”三个字不具体，桌子不是人，椅子也不是人，而“木头人”是给了我们一个具体的印象。这也证明小孩子有创造力。我们要真正承认小孩子有创造力，才可以不被成见所蒙蔽。小孩子多少都有其创造的能力。

三、解放儿童的创造力

我们发现了儿童有创造力，认识了儿童有创造力，就须进一步把儿童的创造力解放出来。

（一）解放小孩子的头脑。儿童的创造力被固有的迷信、成见、曲解、幻想层层裹头布包缠了起来。我们要发展儿童的创造力，先要把儿童的头脑从迷信、成见、曲解、幻想中解放出来。迷信要不得，成见要不得，曲解要不得，幻想更要不得，幻想是反对现实的。这种种要不得的包头布，要把他一块一块撕下来，如同中国女子勇敢的撕下了裹脚布一样。

自从有了裹脚布，从前中国妇女是被人今天裹，明天裹，今年裹，明年裹，骨髓裹断，肉裹烂，裹成一双三寸金莲。

自从有了裹头布，中国的儿童、青年、成人也是被人今天裹，明天裹，今年裹，明年裹，似乎非把个个人都裹成一个三寸金头不可。如果中华民族不想以三寸金头出现于国际舞台，唱三花脸，就要把裹头布一齐解开，使中华民族的创造力可以突围而出。三民主义开宗明义就说：大凡人类对于一件事，研究其中的道理，首先发生思想，思想贯通，以后才生信仰，有了信仰，才生力量。思想贯通，便等于头脑解放。唯独从头脑里解放出来的创造力，才能打退日本鬼，建立新中国。

（二）解放小孩子的双手。人类自从腰骨竖起，前脚变成一双可以自由活动的手，进步便一天千里，超越一切动物。自从这个划时代的解放以后，人类乃能创造工具、武器、文字，并用以从事于更高之创造。假使人类把双手束缚起来，就不能执行头脑的命令。我们要在头脑指挥之下用手使用机器制造，使用武器打仗，使用仪器从事发明。中国对于小孩子一直是不许动手，动手要打手心，往往因此摧残了儿童的创造力。一个朋友的太太，因为小孩子把她的一个新买来的金表拆坏了，在大怒之下，把小孩子结结实实打了一顿。后来她到我家里来说："今天我做了一件极痛快的事，我的小孩子把金表拆坏了，我给了他一顿打。"我对她说恐怕中国的爱迪生被你枪毙掉了。我和她仔细一谈，她方恍然大悟，她的小孩子这种行动原是有出息的可能，就向我们请教补救的办法。我说："你可以把孩子和金表一块送到钟表铺，请钟表师傅修理，他要多少钱，你就给多少钱，但附带的条件是要你的小孩子在旁边看他如何修理。这样修表铺成了课堂，修表匠成了先生，令郎成了速成学生，修理费成了学费，你的孩子好奇心就可得到满足，或者他还可以学会修理咧。"小孩子的双手是要这样解放出来。中国在这方面最为落后，直到现在才开始讨论解放双手。在爱迪生时代，美国学校的先生也是非常的顽固，因为爱迪生喜欢玩化学药品，不到三个月就把他开除！幸而他有一位贤明的母亲，了解他，把家里的地下室让给他做实验。爱迪生得到了母亲的理解，才一步步的把自己造成发明之王。那时美国小学的先生，不免也阻碍学生的创造力的发展。我们希望保育员或先生跟爱迪生的母亲学，让小孩子有动手的机会。

（三）解放小孩子的嘴。小孩子有问题要准许他们问。从问题的解答里，可以增进他们的知识。孔子入太庙，每事问。我从前写过一首诗，是发挥这个道理："发明千千万，起点是一问。禽兽不如人，过在不会问。智者问得巧，愚者问得笨。人力胜天工，只在每事问。"但中国一般习惯是不许多说话。小孩子得到言论自由，特别是问的自由，才能充分发挥他的创造力。

（四）解放小孩子的空间。从前的学校完全是一只鸟笼，改良的学校是放大的鸟笼。要把小孩子从鸟笼中解放出来。放大的鸟笼比鸟笼大些，有一棵树，有假山，有猴子陪着玩，但仍然是个放大的模范鸟笼，不是鸟的家乡，不是鸟的世界。鸟的世界是森林，是海阔天空。现在鸟笼式的学校，培养小孩用的是干腌菜的教科书。我们小孩子的精神营养非常贫乏，这还不如填鸭，填鸭用的还是滋养料让鸭儿长得肥胖的。我们要解放小孩子的空间，让他们去接触大自然中的花草、树木、青山、绿水、日月、星辰以及大社会中之士、农、工、商、三教九流，自由的对宇宙发问，与万物为友，并且向中外古今三百六十行学习。创造需要广博的基础。解放了空间，才能搜集丰富的资料，扩大认识的眼界，以发挥其内在之创造力。

（五）解放儿童的时间。现在一般学校把儿童的时间排得太紧。一个茶杯要有空位方可盛水。现在中学校有月考、学期考、毕业考、会考、升学考，一连考几个学校。有的只好在鬼门关去看榜。连小学的儿童都要受着双重夹攻，日间由先生督课，晚上由家长督课，为的都是准备赶考，拼命赶考，还有多少时间去接受大自然和大社会的宝贵知识呢？赶考和赶路一样，赶路的人把路旁风景赶掉了，把一路应该做的有意义的事赶掉了。除非请医生，救人，路是不宜赶的。考试没有这样的重要，更不宜赶。赶考首先赶走了脸上的血色，赶走了健康，赶走了对父母之关怀，赶走了对民族人类的责任，甚至于连抗战之本身责任都赶走了。最要不得的，还是赶考把时间赶跑了。我个人反对过分的考试制度的存在。一般学校把儿童全部时间占据，使儿童失去学习人生的机会，养成无意创造的倾向，到成人时，即使有时间，也不知道怎样下手去发挥他的创造力了。创造的儿童教育，首先要为儿童争取时间之解放。

四、培养创造力

把小孩子的头脑、双手、嘴、空间、时间都解放出来，我们就要对小孩子的创造力予以适当之培养。

（一）需要充分的营养。小孩的体力与心理都需要适当的营养。有了适当的营养，才能发生高度的创造力，否则创造力就会被削弱，甚而至于夭折。

（二）需要建立下层的良好习惯，以解放上层的性能，俾能从事于高级的思虑追求。否则必定要困于日用破碎，而不能够向上飞跃。

（三）需要因材施教。松树和牡丹花所需要的肥料不同，你用松树的肥料培养牡丹，牡丹会瘦死；反之，你用牡丹的肥料培养松树，松树受不了，会被烧死。培养儿童的创造力要同园丁一样，首先要认识他们，发现他们的特点，而予以适宜之肥料、水分、太阳光，并须除害虫。这样，他们才能欣欣向荣，否则不能免于枯萎。

最后，我要提醒大家注意创造力最能发挥的条件是民主。当然在不民主的环境下，创造力也有表现。那仅是限于少数，而且不能充分发挥其天才。但如果要大量开发创造力，大量开发人矿中之创造力，只有民主才能办到，只有民主的目的、民主的方法才能完成这样的大事。美国杜威先生（不是候选总统之杜威，而是哲学家、教育家之杜威）最近给我信说："现在世界是联系得这样密切，如果民主的目的与方法不能在全世界每一个角落里都普遍的树立起来，我怕它们在美国也难持久繁荣。”民主应用在教育上有三个最要点：

（一）教育机会均等，即是教育为公，文化为公。我们要求贫富的机会均等，男女的机会均等，老幼的机会均等，各民族各阶层的机会均等。

（二）宽容和了解。教育者要像爱迪生母亲那样宽容爱迪生，在爱迪生被开除回家的时候，把地下室让给他去做实验。我们要像利波老板宽容法拉第。法拉第在利波的铺子里作徒弟，订书订得最慢，但是利波了解他是一面订书一面读书，终于让法拉第在电学上造成辉煌的功绩。

（三）在民主生活中学民主。专制生活中可以培养奴才和奴隶，但不能培养人民做主人。民主生活并非乱杂得没有纪律。民主要有自觉的纪律，人民只可以在民主的自觉纪律中学习做主人翁。在民主动员号召之下，每一个人之创造力都得到机会出头，而且每一个人的创造力都能充分解放出来。只有民主才能解放最大多数人的创造力，并且使最大多数人之创造力发挥到最高峰。

青年教育与思想问题*

（一）民主政治下的教育，应当具备下列条件：

甲、天下为公，教育为公，不以教育为一党一派及任何小集团谋利益；乙、尊师重道，不以侦探作教员，不使教员兼侦探，丙、使师生之间没有隔阂；丁、使学生打开眼睛看事实；戊、关于政治社会经济问题，学生有阅读自由，讨论自由，批评自由；己、学校内团体生活，要有民主的组织使学生在民主生活中学习更进步之民主；庚、动员广大民众，在真正民主的组织生活中学习真正的民主。

（二）三民主义一开始就说："大凡人类对于一件事，研究其中的道理，首先是发生思想，思想贯通以后方生信仰，有了信仰方生力量。"我首先指出："思想统制"与"思想贯通"是不能相容的。其次可以分两方面说，那不得已而受统制的人是越弄越没有追求真理的兴趣，结果不是思想统一而是思想消灭，统一于愚；那不甘心受统制的人，一部分倒会突破千磨万击，而发展出更高的思想与更大的智慧。

（三）领导一二人，可用豆油灯；领导一二十人，可用火把；领导一国之众及全世界就要太阳，至少要月亮那样大的光明。统

* 本篇原载1944年6月25日重庆《新华日报·青年生活》第84期《青年教育与思想问题特辑》。

而言之，无论领导多少人，总是要拿着真理之光，照着人向那正确的道路走去。如果领导的人把火熄了，或把跟随的人的眼睛闭了看不见光，或者甚至把他们的嘴也封起来了，连路上遇着危险也不能喊，那领导的人们不但是费力不讨好，而且大家在半途上难免会出岔子。

从五周年看五十周年*

育才学校在千灾万难中居然活了五年，可以算是一个奇迹。这个奇迹是校董、育才之友、教师、工友、同学最可纪念之集体创造。

我们纪念这个奇迹之最好的方式，是爱护它、保护它、发展它、繁殖它，使它在新中国和新世界之创造中，发挥出它的力量与贡献。

让我们克服自己的弱点，抱着我们的优良传统向前进吧。明天就是六周年的第一天。开步走的一刹那，就决定了我们的前途。弱点是最重的担子，肃清弱点才走得动，否则会使我们半途而废。弱点是最大的敌人，肃清内奸才能无后顾之忧，否则，会使自己打败自己。远征的战士，首先要有勇气对着自己的弱点开刀。每一个人都要有这种勇气，才能展开光明的前途，走上十万八千里之长程。

什么是我们的优良传统？我们所带在身边的武装是什么？检查自己这武装配备得够不够。

第一，奉头脑作总司令。人之高下，大致可以依他所奉的总司令为判断的标准，有的人奉肚子为总司令；也有人奉生殖器为

* 本篇写于1944年6月，系未完稿，载1951年4月方与严编、教育书店版《育才学校》。

总司令。我们育才则坚决的要推头脑作为总司令，指挥我们追求真理，贯通真理，为真理作战。这样说法，并不是叫我们把肚皮像个葫芦一样挂起来，也不是叫我们把生殖器像一个太监那样割掉去，只是不许把它们顶在头上走路，不许它们喧宾夺主来指挥我们行动。我们的统帅只有一个，就是我们的头脑。它永远不曾引导我们走错路，打败仗。

第二，止于大众之幸福。我们求学，所为何事？为着升官发财吗？为着自己的小圈子的利益吗？不是！《大学》说："大学之道，在明明德，在新民，在止于至善。"我们想说得更清楚些："大学之道：在明民德，在亲民，在止于人民的幸福。"大德不能小于"天下为公"。人民是我们的亲人，我们是人民的亲人，是必须亲近，打成一片，并肩作战。"止"是表示瞄准的意思，一切所教所学所做所探讨，为的都是人民的幸福。人说育才好比是一个"小大学"，即使育才长成了——一个十足的大学，也是一贯的要根据这个道理去办。

第三，全校团结成一个巨人。开校后三个月，保育会院长来校参观，曾称本校师生为家人子弟。去年部视学①来校视察，也称本校雍雍穆穆，精诚团结。我们自问，是希望到而没有做到这个境界；虽然没有做到，但是大家自觉的都要同心协力，把这境界创造起来。因为有了这个团结的心理，虽然偶然发现小组小磨擦，只要一提醒，便能冰消云散，更形团结。大而言之，全世界民主团结才能战胜法西斯；全国团结才能战胜日本帝国主义；我们学校师生工友团结，才能完成人才幼苗之培植之实验，及参天大树之森林之繁殖。我们需要保持团结的优良传统，需要更高更坚固更自觉的团结，以保证进一步的创造之成功。

第四，虚心，虚心，虚心，承认一无所知，一无所能；学习，学习，学习，学到人所不知，人所不能。虚心学习这四个字，在文字上是我们的优良传统，在实际上是我们的最大弱点。许多人是犯了眼高手低的毛病，虚心的成了虚伪。我们今后的任务，是要使文字宣传与实际生活统一起来，做到名副其实之“虚心”学习，将“骄”字从我们态度里拔掉。这骄字是阻碍我们进步的最大的敌人。我们要虚心的跟一切人学：跟先生学，跟大众学，跟小孩学，跟朋友学，也跟敌人学，跟大自然学，也跟大社会学，要学得专，也学得博。

第五，建立起健康之堡垒。这身体不属于自己，我们的生活是为整个民族乃至新人类所有，我们要以卫生教育与环境卫生来代替医生，造成健康的堡垒，使得一点一滴的生活力与创造力都不致浪费。尤其是每一个人自己要爱惜他的身体。这身体要留着、锻炼着，与民族和新人类的敌人拼。浪费自己的精力以至于夭折，便等于敌人之帮凶而成为民族与新人类之罪人。

大时代早已来到。我们除了特修科要继续探讨外，应该要加强几样大的学问，以应大时代之需要。

第一，在战时，每一个学校应该不止是一个学问的组织，而且是一个战斗体。因为中国在战时仍旧办平时教育，故有些学校，甚至于大学，一遇敌人来到，仓皇失措，弄得这个跳井，那个上吊。三百年前的甲申，有上吊的皇帝[②]，是他自作自受。现在的甲申，有上吊的学生，教育政策及教育当局却不能辞其责。每个学校和所在地的人民应当构成一个战斗体，能有拼死的学生，不能有上吊的学生。当月明星稀，铁鸟[③]西来，谁能说敌人的降落伞不会落在凤凰山上？如果降落下来，应该不是我们上吊的时候，而是敌人送上门来挨打的机会。为着要加重这目的，我们加重军训。军训不能武八股，军训要教真武艺。

第二，在平时，尤其在战时，每一个学校应该不止是一个消费的组织，而且是一个生产体。我们要伸出双手来作生产劳动，我们要学习自食其力。我们每一组，拿出力量来建立本组之经济基础，合起来建立全校的经济基础。在可能范围之内，我们要做到：吃菜自己种，穿衣自己纺、自己织、自己制。我们把青春送给了光铁坡[④]的荒野，光铁坡会把青春送回给我们。

第三，学习科学，帮助创造科学的新中国。现在的世界是一个科学的世界。整个中国必须受科学的洗礼，方能适于生存。抗战建国的大业，都要靠科学的力量完成。我们首先要把自然组充实起来，并以自然组为服务中心普及科学于全校——普及科学的生活、科学的学习。科学的意义应该包括社会科学，还要社会组负责任，引导全校以科学的眼光观察世界，观察人生。探讨它，分析它，以求得正确之了解，合理之处理。时机早已来到，刻不容缓，我们必须培养科学的幼苗，撒播科学的种子，使全中国遍开科学之花，丰收科学之果。

第四，学习民主，帮助创造民主的新中国。民主的洪流，浪头已经到来，没有力量可以抵抗它。我们必须在民主的生活中学习民主，并帮助老百姓在民主的组织中学习民主，学习管理众人的事，学习怎样做中华民国的主人。

注释

① 部视学　指当时国民政府教育部的学官，专管视察所属学校和教育行政机构的工作。

② 上吊的皇帝　指明朝末代皇帝崇祯朱由检。

③ 铁鸟　称当时日本侵略者的轰炸机。

④ 光铁坡　当时育才师生进行开荒生产的荒山，离育才学校约5千米。

《武训先生画传》再版跋*

武训先生于公元一八三八年十二月五日诞生在山东堂邑县，死于公元一八九七年五月二十四日。他五岁死父亲，跟着母亲讨饭。七岁母亲又死了，跟着伯母过生活。小时几次想进学房读书，都因穷苦不能如愿，甚至有一次在一个学房里留恋，竟被先生赶了出来。稍长，不愿拖累伯母，先后三次为人家做工，不但工钱被人赖掉，而且还受冤屈，受人毒打。最后一次，因气愤而病倒在床，思量数日，忽然大悟，知道以前受人欺侮，是因为不识字，而像他一样因失学而受苦的人是很多很多。于是跳出自己的小圈，想到别人的痛苦，便立下志愿，要修义学院，照现在说来，便是要兴办学校，开通民智。从此，他便用种种方法讨饭，讨了三十年，积了几千两银子，捐了基地，买了田园，建了校舍。敦聘崔隼为校长，不答应，跪求到答应为止。亲自劝穷父母送子弟入学，不答应，跪求到答应为止。开学后，教员睡懒觉，跪求教员早起，要到答应为止。学生好顽皮，跪求学生改过，也到答应为止。“先生睡觉，学生胡闹，我来跪求，一了百了。”他自己唱的歌是代表了他的方法。于是大家都受到了他的精诚感

* 本篇写于1944年4月21日。原载《武训先生画传》再版本。该书印有精绘画图100幅。是为1944年12月5日武训兴学节及1945年元旦、2月13日春节选送给儿童、民众的礼物。

动，造成优良之校风。在他去世之前，建立了柳林、临清、馆陶三所义塾[①]。

我常说武训先生的精神，可以用三个无、四个有来表现它。他一无钱，二无靠山，三无学校教育。但他所以能办三个学校，是因为他的四个有：一、他有合于大众需要的宏愿；二、他有合于自己能力的办法，三、他有公私分明的廉洁；四、他有尽其在我坚持到底的决心。因为他有这四个法宝，他不但以一个乞丐办了三个学校，而且他的三个学校经过千灾万难还一直存在到现在，而且还会存在于无限之将来，而且还会于不知不觉之中影响改变千千万万有志之士，跳出自己之小圈而致力于大群之幸福。

段公绳武便是受他的影响而改变的一位志士。自从他驻军泰安，听到武训行乞兴学的事迹，大受感动，自称“退赃赎罪”，将房屋车马变卖，建立包头新村，依耕地农有之原则，实行集体生产，以期造成共同劳动平等享受之社会；而且实施生活教育以期创造新乡村，建立新文化。芦沟桥变起，以自己原系军人，应在战场服务，与村民告别从戎。后任后方勤务部政治部主任之职，创立伤兵招待所、伤兵实验医院、伤兵教育委员会，并发起荣誉军人协导会，虽在病危，还是念念不忘伤兵福利，终至心力交瘁，竟以身殉。他有合于大家需要的宏愿，他有合于自己能力的办法，他有公私分明的廉洁，他有尽其在我坚持到底的决心。他是以不同的时代、不同的地位、不同的修养，发扬光大了武训的精神。

段绳武先生给了后一代一件重要的遗产。他费了十年的心血编成了一本武训先生画传。原书初版是已经发完。生活教育社以武训先生之所倡导，合于普及教育之旨趣，而段绳武先生又是身体力行生活教育之同志，今承段夫人王赓尧先生惠借锌版，特将此书再版，以纪念先贤悲天悯人之盛德，并供各地人士翻印参考，以广流传。依我看来中国还需要武训，需要绳武，需要千千万万武训与绳武之化身，以完成抗战建国之大业。

注释

① 义塾　在旧中国私人办的免费学校。

以与患难搏斗为乐*

非干到底不可，有困难努力克服。你还记得“育才十字诀”第九、第十两条吗？九九难关，人生是患难与欢乐所织成，追求真理的人是要以与患难搏斗为乐。……困难给有志者以战斗之情绪与斗胜之智慧，十（誓）必克服（第十条），有了情绪、智慧还不够，必须有战斗到底之意志，才能克服大的困难。……你应该拿出你干的精神来，翻书、求师、访友，再自己去体验，更重要的是教大家同去做，再加上一个“恒”字，我想你一定成功。

* 本篇系陶行知1944年10月下旬与吕长春的谈话记录。摘自吕著《以与患难搏斗为乐》一文。原载1951年4月新北京出版社版大众教育丛书《爱满天下》。

谈武训精神*

抗战后努力伤兵服务到死的段绳武先生及二次受伤残废而仍努力伤兵工作的陈根度先生，皆为武训精神的发扬者。

武训精神可以三无与四有来回答。一无钱，二无靠山，三无学校教育。有此三无，照一般想法，那能做什么事？可是他有四有，即是：一有合乎大众需要的宏愿，二有合乎自己能力的办法，三有公私分明的廉洁，四有尽其在我、坚持到底的决心。所以，他结果是成功了。

中华民族需要千千万万个武训一样的人，去继续为穷人的教育事业奋斗。

* 本篇系陶行知1944年12月5日在育才学校武训诞辰纪念会上的讲话。摘自12月6日重庆《新华日报》的报道。

敲碎儿童的地狱 创造儿童的乐园*

儿童是应该快乐的，而现在中国的儿童是非常痛苦。固然有许多人才是从痛苦中长大起来，但是成人的责任是应该把社会改造得好一点，使未成熟的儿童少吃点苦，多享点福。我们应该负起责任来，敲碎儿童的地狱，建立儿童的天堂。不够，我们应该引导儿童把地狱敲碎，让他们自己创造出天堂来。

要怎么样除苦造福

第一，我们应该承认儿童的人权。儿童的人权从怀胎的时候开始。打胎虽有法律禁止，但是社会上还是流行着。为着恐怕私生子为人轻视，便从源头上取消了他的生存权。也有因为贫穷不能教养而出此残忍手段，使已得生命之胎儿不能见天日。我们只须读一读孔子、耶稣的故事，便知道剥削儿童生存权是何等的罪恶。每逢饥荒便听得见“易子而食”，这虽然说是被迫得无法才出此下策，但也是把小孩的生命当作次一等所致。我们要解除儿童痛苦增进儿童福利，首先要尊重儿童的人权。

---

* 本篇写于儿童福利协会成立前夕。原载1944年12月16日重庆《大公报》。中国儿童福利协会于1944年12月15日举行成立大会，陶行知为大会主席之一。

第二，我们应该了解儿童的能力需要。儿童有许多痛苦是由于父兄师长之不了解。不了解则有力无处用，有苦无处说。我们要知道儿童的能力需要，必须走进小孩的队伍里去体验而后才能为小孩除苦造福。我们必须重生为小孩，不失其赤子之心，才能为儿童谋福利。

第三，承认了儿童的人权并了解了儿童的能力需要，才有可能谈儿童福利，否则难免隔靴搔痒、劳而无功。我们在尊重儿童人权及了解儿童能力和需要两条原则下，来提出几件具体的建议。

提出十点具体建议

（一）解除儿童的恐怖

中国的儿童在心理上是处在一个恐怖的世界里。老婆婆、老妈子一到夜晚没有事便讲鬼说怪，小孩们连在梦里都要惊醒。我们应该使小孩与这些鬼怪故事隔绝，以保持其精神之安宁。

（二）打破重男轻女之风尚

这重男轻女的风尚连在文化界还是难免。男的受过分栽培，女的受偏枯的待遇；表面虽然似乎是一乐一苦，但在长大的过程中两者都难免受伤。

（三）提倡儿童卫生

儿童卫生是民族健康之基础，这基础必须用水泥钢骨打得稳固。但是平常做父母的多不注意。儿童卫生有一百件具体的事要做，我只举一件。把食物嚼碎给儿童吃，是害了许多儿童，使家庭的肺病一代代的传下去。革除这一坏习惯，是使许多儿童得到终身的幸福。至于营养要充足，环境要卫生，那是不消说了。

（四）拯救文化饥荒

成千成万的孩子对于学校是不得其门而入，那些已经进学校的是在吃干腌菜的课文。我们一方面要求教育之普及，一方面还要改造学校教育，使教育与生活密切的联系起来，使每个人都能享受文化的精华，并且要革除体罚，改良赶考，注重启发，使小孩接受教育的时候，有求学之乐趣，而无不必要之恐怖与烦恼。

（五）培养人才幼苗

人才的幼苗要从小培养，如果家庭里、学校里、铺子里的孩子，在小的时候，已被发现有特殊的才干，那么，立刻就应该给他以适当之肥料、水分、阳光，使他欣欣向荣。十二岁的爱迪生因为醉心于科学把戏，三个月便被冬烘先生开除了，那对于爱迪生的小心灵是多么大的打击。爱迪生的母亲却了解他，给他在地下室做实验，那对于爱迪生又是多么大的幸福啊。

（六）提倡儿童娱乐

现在流行的戏剧电影，有好些是给了儿童不好的影响。许多父母因为影响不好便因噎废食，绝对不许子女看书看电影。假使我们有好的儿童剧、儿童电影，可以寓教育于娱乐，那儿童又是多么高兴啊!

（七）开展托儿所运动

女工、农妇及职业妇女，要顾到工作便顾不得小孩，顾到小孩便顾不到工作! 其实她们是必得双方兼顾，不顾工作便没有饭吃，小孩是自己的亲血肉，那能不顾。于是他们为着两样都舍不下的工作和小孩，是一面牺牲了自己，又一面使小孩吃了许多苦。唯一的办法是多设工厂托儿所、农村托儿所和一般的托儿所。

（八）建立儿童工学团

流浪儿、低能儿、聋盲儿、社会问题儿童等特殊儿童，一概用工学团方式培养，不冠以流浪儿教养院或低能儿训练所一类违反心理之名称。每种小孩就其性之所近，并依“工以养生，学以明生，团以保生”之原则，把他们培养成自助长进有用之人。

（九）培养合理之教师父母

儿童痛苦之完全消灭及儿童福利之完全实现，是有待于天下为公。在这过渡时代与儿童幸福痛苦息息相关的，是父母与教师（包括艺徒之师傅）。我们要培养新父母和新教师，以培养更有福的后一代。旧父母和旧教师，凭主观以责儿童之服从；新父母和新教师，客观的根据儿童的需要能力，以宣导他们的欲望而启发他们的自觉的活动。新父母与新教师，要跟儿童学，教儿童启示自己如何把儿童教得更合理。这种对儿童有了解有办法的新父母、新教师不是从天上落下来。我们需要新的普通学校、新的师范学校和新的父母学校，来培养后一代之新教师与新父母，这是过渡时代之儿童福利之泉源。

（十）抢救战区儿童

抢救难童，在武汉失守前后达到了最高峰。许多英勇青年投身抢救工作及保育事业，当我回国之初，到处所见的，几乎尽是救苦救难的观音大士。以后，随着团结之松懈、民主之退隐，战区难童就好像没有人管了。自湘桂战①起，全国儿童福利工作人员开代表大会于陪都，提出紧急动议，组织急救战区儿童联合委员会，加紧抢救工作，这是值得庆幸的好消息。当千千万万难童伸出手来等待援助的时候，在陪都是举行着中国儿童福利协会之成立大会。我希望以后协会的任务是抢救抢教双管齐下，才对得起后一代之期望与整个民族之付托。我曾经听过两种被救的难童的经验谈：一种是官僚化的抢救，领队者刚愎自用，剥削难童，先难童之乐而乐，后难童之忧而忧，弄成乌合之众，害得许多小孩死于饿、死于冻、死于病、死于非命！一种是民主式的抢救，领队者虚心听取民意，与难童共休戚、共甘苦，有组织、有计划、有纪律，分工合作，一路学习玩耍奋斗而来，使得大家有远征之乐，没有逃难之苦。为难童服务的人们，是应当革除官僚的习气而采取民主的精神。

两种心理有害儿童

我们对于儿童有两种极端的心理，都于儿童有害。一是忽视；二是期望太切。忽视则任其像茅草样自生自灭，期望太切难免揠苗助长，反而促其夭折。所以合理的辅导是解除儿童痛苦、增进儿童幸福之正确路线。我们必须沿这路线进行，才能使儿童脱离苦海进入乐园。

注释

① 湘桂战　1944年日本侵略者为打通从中国东北到越南的大陆交通线而发动的战争。4月7日晚日军开始豫中会战，于22日攻占郑州。接着南下，于6月18日攻占长沙，8月7日攻占衡阳。然后攻占桂林、柳州、南宁。这是国民党领导的抗日军队第二次大溃败，丧失国土20余万平方千米，城市146座。

移用赙仪建造奎杓纪念堂缘起*

沈天灵先生之封翁，奎杓公痛于 月 日弃世，玉祥等闻耗之下，不胜哀悼。窃思奎杓公，经商则负责有恒；治家则以身作则；失学则提倡教育；待人则爱人如己，一团和气；爱国则高年跋涉，追取自由，命子赞襄，节约献金，不遗余力；迹其生平言行，多能树之风声，为后起模楷。是宜集合群力，作一有意义之纪念，以永思慕之忱。查陶行知先生主办之育才学校，旨在培养人才之幼苗，而所选拔十九为十五省区无家可归之难童。而奎杓公之爱孙冠一等，亦在少数自费生之列。去岁校舍一部分，因邻居失慎延烧，迄今无力恢复。众议拟在其渝校废墟建立奎杓堂，充该校阅书室、实验室、教室、礼堂之用，俾能增加新生以宏就造，而建筑费则以其亲友之赙仪充之。诸生朝斯夕斯，受其嘉言善行之薰陶，如受春风时雨之化，则奎杓公之精神可渗透弥满于诸生生活之中，他年发荣滋长，不啻化身百千万，"一树梅花一放翁"矣。

* 本篇为作者手迹，写于1944年，是替冯玉祥起草的。

创造的社会教育*

“创造”与“改造”或“翻造”不同。

大清帝国的教育与中华民国的教育的区别：大清时代，人才即奴才教育，国民教育即奴隶教育。今天，时代不同了，因此，我们办理教育——社会教育，要用新的眼光和新的精神。这就是说，今天我们的“大学之道”，不是“在明明德，在新民，在止于至善”；而是“在明大德，在亲大众，在止于大众之幸福”。

所谓“大德”，就是“大公无私”。

所谓“亲民”者也，只是过去知识分子的优越感，好像是给老百姓洗把澡，洗后又远远地离开了他们。文化天使哪里会有工夫常常来替老百姓洗澡呢？（哄堂大笑）因此，我们是主张“亲大众”的，要文化天使思凡，思凡后即下凡。换言之，即要“文化、精神、学术下凡”。

要亲大众，必须实行文化下凡四部曲：一、钻进老百姓的队伍中去，与老百姓站在一条战线上，同甘苦、共患难；二、熟悉

---

* 本篇系1945年1月28日在四川璧山县国立社会教育学院的演讲，摘自邹大彤的笔记。邹在陶行知逝世3周年之际抄送给生活教育社。文前，抄录者注云：“此系旧日记中片断，当时随听随写，事后未予整理，以致中途脱略之处，无法补正。所幸全文俱在，固无损于先生之真知灼见也。”《衡备忘》1945年1月27日的笔记中载有同题演讲的详细提纲。又载《中国学生导报》1945年2月第9期。

老百姓，要说出老百姓心中所要说的话；三、教老百姓；四、与老百姓共同创造。

“大众之幸福”包括“福、禄、寿、喜”四个字。一、“福”——老百姓需要和平、安全、乐业，不让少数人专有福气。二、“禄”——吃得饱，穿得暖，不啼饥号寒。三、“寿”——卫生，健康……四、“喜”——要和科学、学术等等结婚，皆大欢喜。一切均是自愿的，不是压迫的，也不是“埋头苦干”。要是埋着头，一干就干得不高兴，而是挺着胸膛，高高兴兴、快快乐乐地做去。

要“止于大众之幸福”，就必须解放老百姓的创造力。创造力是我们千千万万的祖宗在至少五十万年以来与环境不断奋斗的结果。“北京人”[①]在周口店的发现者是一位工人，可惜却做了“无名英雄”。因此，我们要解放老百姓的创造力。要：

一、解放老百姓的双手。所谓思想、语言、文字等等，都是由双手劳动、工作而发展起来的。

二、解放老百姓的双眼。不要戴有色眼镜，近视的可配上远视的镜子（鼓掌）。

三、解放老百姓的嘴。防民之口，甚于防川（大鼓掌）。所谓“舆论”者，就是大众的意见，抬滑竿的（舆者）意见。

四、解放老百姓的头脑。内在的要除去听天由命、迷信、成见和幻想等等；外在的要除去那些“裹脚布”、“缠头布”（鼓掌）。我自入川以来，看到裹头布甚为流行。拿布来裹头固然要不得，可是还不打紧，而非布的（非物质的）裹头布呢，大概是传自意大利或者是日耳曼的[②]（鼓掌，哄堂大笑），却一天紧过一天，如果人人都是“三寸金头”立在国际之间，似乎是太不体面的事吧（大鼓掌）!

五、解放我们的空间。我国年来在各地设了许多民众教育舘，就“舘”字解释，将民众教育——社会教育关在一间房子里，不是“官舍”，便是“舍”中坐了一个“官”而已。如果将

"舘"字写成"馆",那也不过成了所谓"文化食堂"、"精神食堂"而已。我们办教育,应该力争做到让所有的老百姓都能各教所知、各学所好、各尽所能,为社会服务而将教育送到大自然、大社会、大森林中去。

六、解放我们的时间。赶考和赶路是同样要不得的。我们应该慢慢地走,然后才能吸收沿途中所接触的事物、所欣赏的风景。不致像学生赶考一样,结果是面黄肌瘦、腰驼背曲,恢复了我们老祖宗五十万年前伛偻状况的老样子,四肢伏地。

真正的创造的社会教育,是要培养老百姓的创造力。由于时间关系,已无法详讲,只提四点供参考:一、在普及教育中提高老百姓的水准;二、……[③]三、因材施教;四、要有深刻的讲解。

最后,还应着重指出:专制时代的创造是顺乎皇帝的意旨的,是仅限于少数人的。而今天,民主时代的创造,是给每个人以同等的创造的机会,是动员整个民族力量以创造民众的福禄寿喜的。民主的程度愈高,则创造愈开放、愈好。

注释

① "北京人" 全称是"北京猿人"。北京猿人的发现,证明在中国这块大地上,最少也在69万年前就有人类的祖先居住。

②"传自意大利或者是日耳曼的" 指从意大利的法西斯头子墨索里尼和德国法西斯头子希特勒传到中国来的法西斯思想统治。

③ …… 原来的纪录就是这样,并紧接着注明:"(笔者遗漏)"。

民主的儿童节*

儿童的生活，是一面社会的镜子。

一个国家的政治经济是不是民主的，用不着争论，只须拿这一面镜子照一照，就明白了。因为儿童真是人微言轻，政治经济在儿童身上的反映是最彻底而难以隐藏的。如果“月到中秋分外明”这句话是正确的，那么，您在儿童节的儿童生活的反映上更可以看得清清楚楚。

幸运的儿童是一年三百六十五天，天天过儿童节，四月四日[①]，不过是加强的儿童节罢了。不幸的儿童，就连四月四日也与他们无关，他们在儿童节仍旧是擦皮鞋、拾狗屎、做苦工、挨饿、挨冻、挨打。饿、冻、打，便是他们所受的礼物。听戏、看电影、吃糖果、参加游艺会，没有他们的份。

民主没有深奥的意思，通俗点说：就是“大家有份”。在倒霉的时候是“有祸同当”，在幸运的时候是“有福大家享”，在平常的时候是“大家的事大家谈、大家想、大家干”。

儿童节是全国儿童的儿童节，决不是少数儿童的儿童节。我们对于儿童幸福要做到全体儿童人人有份，才算是民主的儿童节。所谓儿童的幸福究竟是些什么？这可以拿老百姓所爱好的“福、禄、寿、喜”四个字来说明。

---

* 本篇原载1945年4月4日重庆《新华日报》儿童节特刊。

（一）福　有母爱，有书读，有东西玩，有六大解放[②]，有学当其才之培养，有小小创造的机会，有广大的爱护后代的同情。

（二）禄　吃得饱，穿得暖。

（三）寿　不受恐怖，不被剥削，不受伤，不害病，不夭折。

（四）喜　过年过节，皆大欢喜。

要想实现这四大幸福，我觉得要使小孩们得到四种东西：

（一）玩具　团体娱乐的玩具。

（二）学具　进修学问之学具。

（三）用具　日常生活之用具。

（四）工具　手脑双挥之工具。

儿童节是觉悟的大人为全体儿童争取幸福的节日。我们不但是要为儿童争取一日之快乐，而且要为儿童争取长期之幸福。至少从今年儿童节起，要为不幸的儿童争取一年之学习材料。假使每一个学校或团体为其附近之不幸儿童，发动这样一种运动，使他们在儿童节能过一天快乐而有意义的生活，并得到一年之长进资料，总是有益处的。但是，要知道民主的儿童节之先决条件，是政治经济的民主。倘使政治经济不民主，小孩子的幸福是必然限于很少数的少爷小姐。但是如果政治经济一民主，那自由神必定是立刻飞到他所关心的最不幸的小孩子当中，而把他们抱在温暖的怀抱里。故真正爱护小孩的朋友，必须是民主的战士。让我们促成民主的政治经济，以实现民主的儿童节。

注释

① 四月四日　这是解放前我国的儿童节。

② 六大解放　即：1. 解放儿童的头脑，使之能想，2. 解放儿童的双手，使之能干；3. 解放儿童的眼睛，使之能看；4. 解放儿童的嘴，使之能说；5. 解放儿童的空间，使之能接触大自然和大社会；6. 解放儿童的时间，不逼迫他们赶考，使之能学习自己渴望学习的东西。

希望郭沫若筹办民主研究院*

今天中国的文化有二个方向，一是提高，一是普及。我们希望郭先生来筹备一个民主的研究院，或办一个新世界研究院。郭先生如能出国，就可在国外筹备；如出国不成，就设在重庆。希望政府能让其成立。如果再做不成，那么去西北我也不反对；假如西北又去不成，青木关过不了，那怎么办？还是回来办新世界研究院，就是在监狱里，也要办新世界研究院（又是一阵狂烈掌声）。至于普及方面，我有“文化下凡”的四部曲，一是跑进民众队伍中去，二是跟老百姓学习，三是把优点好处教给老百姓，四是跟老百姓一起创造新中国、新世界。简单说，即是欢迎文化下乡。

---

* 本篇原载1945年4月9日重庆《新华日报》，这是1945年4月8日在重庆各党派及文化界人士慰问郭沫若及其领导的文化工作委员会委员的宴会上的讲话。陶行知当时是文化工作委员会的委员.这次宴会是为抗议国民党强行解散文化工作委员会而举行的，到会一百几十人，是当时重庆文化界一大盛会。

实施民主教育的提纲*

今天只是提出一些问题作为日后讨论的提纲，希望大家予以修正补充和指教。

一、旧民主与新民主

旧民主，是少数资产阶级作主，为少数人服务。新民主，是人民大众作主，为人民大众服务。

二、创造的民主与庸俗的民主

庸俗的民主是形式主义、平均主义，只是在形式上做到如投票等等。创造的民主是动员全体的创造力，使每个人的创造力得到均等的机会，充分的发挥，并且发挥到最高峰，所以创造的民主必然与我以前所讲的民主的创造有关联。民主的创造，是要使多数人的创造力能够发挥。在专制时代，少数人也能创造，但多数人的创造的天才被埋没，或因穷困忙碌而不能发挥，即使发挥也会受千磨万折，受到极大的阻碍。民主的创造，是为大多数人的创造，承认每一个人都有得到创造的机会，这是与专制的创造

* 本篇原载1945年5月《战时教育》第9卷第2期，系讲话记录，记录者微林、元直。发表时，第一段“旧民主与新民主”标题下有“(遵检)”字样。此次收入这篇文章时，删去了“遵检”二字；按方与严编的民主教育丛书第一集《实施民主教育提纲》一书补上了第一段原来被删去的部分。

不同的地方。

三、民主运用到教育方面来

民主运用到教育方面，有双重意义：

第一，民主的教育是民有、民治、民享的教育。“民有”的意义，是教育属于老百姓自己的。“民治”的意义，是教育由老百姓自己办的。例如从前山海工学团时代，宜兴有一个西桥工学团①，是老百姓自己办的。农民自己的孩子把附近几个村子的教育办起来，校董是老百姓，校长也是老百姓。又如晓庄学校封闭后，晓庄学生不能回晓庄办教育，而老百姓又不要私塾，所以小孩子自己办了一个佘儿岗自动小学。又如陕北方面提倡的民办小学，也都是这意思。“民享”的意义，是教育为老百姓的需要而办的，并非如统治者为了使老百姓能看布告，便于管理，就使老百姓认识几个字。由此可见，有民有、民治、民享的政治，才有民有、民治、民享的教育。

第二，民主的教育，必须办到各尽所能，各学所需，各教所知。各尽所能，就是使老百姓的能力都能发挥。各取所需，因为经济条件没有具备，所以办不到。但各学所需是可以做到的。在民主政治下，特别是中国有许多人没有受教育，需要多少教员才能把各地教育办起来？如一人能教四十人，二百万教师才能教八千万小孩。这些教师是师范所不能训练出来的，所以还必须每人各教所知。各尽所能、各学所需、各教所知三点都办到了，民有、民治、民享的教育也就成功了。

四、教育的对象或教育的目的

“文化为公”、“教育为公”是教育的目的，但又不妨因材施教。国民教育，与人才教育略有不同。国民教育，是人人应当免费受教育；但如有特殊才能的，也应加以特殊的教育，使其才能能充分发挥，这就是人才教育。但人才教育并不是教他们升官发财，而是要他们将学得的东西贡献给大众，所以这也是“文化为公”。

男女也应有平等受教育的机会。目前有些地方，例如南充[2]男女界限分得很严，男女学生不能互相说话。这种地方，女子教育一定不发达。

无论贫富，也应该有均等受教育的机会。前次社会组在草街乡调查失学儿童，占学龄的儿童百分之七十四。能来中心小学读书的儿童，大多是小地主的孩子，佃农恐怕很少。民主教育要使穷人也有受教育的机会。

无论老少，也应该受教育。生活教育很早就提出活到老、学到老。最近听说回教也是如此。生活教育运动中最老的学生为八十三岁之王老太太，她说：“我也快进棺材了，还读什么书？”但经她的孙儿曾孙的鼓舞，她的热情也燃炽起来了。因为她的缘故，她的媳妇也得读书了。

还有资格的问题：现在是有资格就能上进，没有资格就该赶出大门外。但民主教育是只问能力，不问资格的。本来资格是有能力的证明，既有直接的证明，又何须资格。只要证明是有能力的就可以上进。

民族教育现在也成一个问题。过去把少数民族取名为边民，不承认他们为民族。我们对于回族、苗族等小民族的教育，强迫他们学汉文，还要用汉人教师去教他们。但民主教育是让他们学习他们自己的文字，没有文字的，就帮助他们制造文字，让他们自己办学校，训练各民族的人才来教育他们自己的人民。过去蒙古人受教育时，是雇人来上课的。这种教育又有什么用？

还有一点，无论什么阶级，都要有受教育的机会。受教育的机会被剥夺最多的是农工及子弟。农工阶级忙碌一天，还陷入吃不饱饿不死的状态，当然更谈不到受教育。民主教育是要力求农工劳苦阶级有机会受教育。

总结起来，“教育为公”就是机会均等：入学时求学的机会均等，长进的机会均等；离校时复学的机会均等，失学时补习机会均等，而且老百姓有办学管教育的机会。

五、民主教育的方法

民主的教育方法，要使学生自动，而且要启发学生使能自觉，要客观，要科学，不限于一种，要多种多样，因材施教，要生活与教育联系起来。并且在中国要会用穷办法，没钱买教科书，用尽种种办法来找代用品，招牌可以作课本、树枝可以作笔、桌面可以当纸张。八路军行军时，带着一套文化工具，即是一支木笔，行军停下来时，就在地面上画字认字。新民主主义既是要农工领导，就必须用穷办法使老百姓受教育。单是草街子，如每人买一支铅笔就要化去四十万元，因此只有不用铅笔另想穷办法，才能做到教育为公。

另外还有一个办法，学生不能来上课的可以送去教，“来者不拒，不能来者送上门去”，看牛的送到牛背上去，拾柴的送到柴山上去。这样“教育为公”才有办法。最后，我们必须重提要着重创造，让学生自动的时候，不是让他们乱动，而是要他们走上创造之路，手脑并用，在劳力上劳心。这需要六大解放：(一) 解放眼睛——不要带上封建的有色眼镜，使眼睛能看事实。(二) 解放双手。(三) 解放头脑——使头脑从迷信、成见、命定、法西斯细菌中解放出来。(四) 解放嘴——儿童应当有言论自由，有话直接和先生说，并且高兴心甘情愿和先生说，首先让先生知道儿童们一切的痛苦。(五) 解放空间——不要把学生关在笼中，在民主教育中的学校应当大得多，要把大自然、大社会作他们的世界；空间放大了，才能各学所需；扩大了空间，才能各教所知；扩大了空间，才能各尽所能。(六) 解放时间——育才是以此标榜，然而并未完全做到；师生工友都应当有一点空闲的时间，可以从容消化所学、从容思考所学，并且干较有意义的工作。

六、民主的教师

民主的教师，必须具有：（一）虚心；（二）宽容；（三）与学生共甘苦；（四）跟民众学习；（五）跟小孩子学习——这听来是很奇怪的，其实先生必须跟小孩子学，他才能了解小孩子的需要，和小孩子共甘苦，并不是说完全跟小孩子学，而是说只有跟小孩子学，才能完成做民主教师的资格，否则即是专制教师；现在民主国家的领袖，都是跟老百姓学，否则即成专制魔王；（六）消极方面，肃清形式、教条、先生架子，师生的严格界限。

七、民主教育的教材

民主教育的教材，应从丰富中求精华，教科书以外求课外的东西，并且要从学校以外到大自然、大社会中求得活的教材。

八、民主教育的课程

（一）内容。现在人民所以大部分在贫穷中过生活，因为贫富不均，所以了解社会是很重要的。另外科学不发达，不能造富，所以应该有科学的生产、科学的劳动。抗战如不能胜利，整个中国就完了！因此教育要拿出一切力量来争取胜利，要启发民众，用一切力量来为抗战、为反攻而努力。

（二）课程组织。组织应敷成多轨，即普及与提高并重，使老百姓都能受教育，并且有特殊才干的也能发挥。

（三）课程要有系统，但也要有弹性，要在课程上争取时间的解放。

九、民主教育的学制

民主教育的学制，包含三原则：单轨出发。学制在世界上各国分成几种，如德国的学制是双轨制，穷苦的人民受国民教育，再受职业教育。有钱的人，则由中学而直升大学。民主教育开始是单轨，不分贫富以单轨出发，以后依才能分成多轨。各人所走路线虽不同，但都将力量贡献给抗战，贡献给国家，这叫多轨同归。并且还要换轨便利，让他们在才干改变时有调换轨道的便利。

旧时的学校，学生忙于赶考，赶考是缩小学生时间的一原因，并且使学生没有时间思考。民主教育也是要考的，但不要赶考，而是考成。也不鼓励个人的等第，只注意集体的成绩。而成绩也不以分数定高下。

民主也不是绝对的自由。民主有民主的纪律，与专制纪律不同。专制纪律是盲从。民主纪律是自觉的、集体的，不但要人服从纪律，还要人懂得为什么。

此外应当广泛的设立托儿所，农村的、工厂的、公务员的，可以将妇女从家庭中解放出来。在大学里，要做到下列几点：（一）入学考试不应过分着重文凭，应增加同等学力的录取比例；（二）研究学术自由，读书自由，讨论自由；（三）增设补习大学及夜大学。这应该跟日本学，在日本夜大学很多。我们要帮助工厂里的技术工人、合作农场中的技术农人得到受大学教育的机会。至于留学政策，凡是在中国可以学到的应在中国学，请外国教授来中国教；如设备不可能在中国设置的学科，才能派大学毕业有研究能力的研究生出外留学。

十、民主教育的行政

（一）鼓励人民办学校，当然人民自己所办的，并不能像美国私立学校那样宣传某种宗教的偏见，而是为民主服务。

（二）鼓励学生自己管自己的事。

（三）肃清官僚气的查案，以及摆资格的作风。视察员及督学有三个作用：（1）鼓励老百姓办学；（2）考察学校是否合乎民主道理；（3）不是去查案，而是积极指导学校如何办得好。

老百姓的学校，大概粗糙简陋，所以视学员到时，不是带来恐怖，而是带来春风。

民主的校长，也有四种任务：（1）培养在职的教师，师是从各处来的，校长应负有责任使教师进步；（2）通过教员使学生进步，并且有丰富的进步；（3）在学校中提拔为老百姓服务的人，如小先生之类；（4）应当将校门打开，运用社会的力量，使学校进步，动员学校的力量，帮助社会进步。他应当有社会即学校的观点，整个社会是学校，学校不过是一课堂。这样，才能尽校长的责任，并且对于大的社会，才能有民主的贡献，而学校本身就可以成为民主的温床，培养出人才的幼苗。

十一、民主的民众教育

有人民的地方，就是民主教育到的地方。家庭、店铺、茶馆、轮船码头，都是课堂。甚至防空洞中，也可以进行教育。博物馆、图书馆、电影院，都是进行有系统的教育地方。应当请专家讲演，深入浅出。没有专家的地方，也应有好的办法，使老百姓无师自通。

十二、民主教育的文字

要老百姓认二千个字，好比要他们画二千幅画。有人说汉字太难，应当打倒；有人主张，不用拉丁化，而用注音字母。我主张汉字、新文字、注音字母三管齐下。（一）认得汉字的人，照估计有八千万人，假使最低估计有五百万人可能教汉字，这是一股很大的力量，我们不但不用推倒他，而要运用他。（二）运用新文字教老百姓，我们在上海试过，教起来非常方便，一个月就可以使老百姓看懂信件，学过英文的人，三个钟头就可以学会。（三）醉心注音字母也好，就用注音字母来帮助老百姓。我希望文字也像政党似的来一个民主联合，汉字好比是板车、木车，注音字母好比是汽车，新文字好比是飞机。各种文字的提倡人联合起来，做到多样的统一。

注释

① 西桥工学团　全称是西桥儿童工学团。陶行知在1933年底，派陆静山和侣朋到江苏省宜兴县协助小先生承国英创办的。

② 南充　即四川省南充市，位于嘉陵江中游。

还教育于民*

我们假如要想知道战后中国教育发展的趋向，必须先把抗战以后我国教育的发展作一个总结。抗战以来，我国教育发展可分两个时期。第一时期是自从抗战开始到武汉撤退，这是中国教育史上最光辉的一页。教育真正对国家有了贡献。一切知识分子，无论他是从事什么工作的，都直接或间接地在为战争服务。但是这种情形持续不多久，便因武汉撤退、政治局势恶化而中止了。

扑克代替了抗战　恋爱代替了团结

从那时起中国教育界便蒙上了一层阴影。一般意志薄弱的学生在大的方面既然没有出路，于是便只有喝酒、赌钱、做生意，用扑克代替了抗战，恋爱代替了团结。在抗战初期一般青年学生所组织的很多工作团体，也陆续遭到解散。学校里面无论先生学生中间，都有特务混匿其中，做着摧残教育文化的工作。于是，大后方的教育便慢慢脱离了抗战，脱离了人民，变成了一件危害民主的工具了。

大家来上民主第一课

关于今后中国的教育，由于这次反法西斯战争的彻底胜利，

* 本篇原载1945年9月20日《中国学生导报》第22期，系该报记者T.M采访记录。

中国将来是非民主不可的，中国的教育也是非民主不可的。中国自有现代化的教育以来，人民从来还没有受到过民主的教育。所以今后不但没有受过教育的人要来上民主第一课，就是受过教育的人也需要受教育，也应该来上民主第一课。但是，要做到这一步，必先要教育是属于人民的，才办得到。因此，我主张政府应该还教育于民!

穷办法办“好”教育

中国是穷的，只有用穷办法去办教育。但是用穷办法办穷教育还是不成的，我们必须用穷办法去办出好的教育来。因此，小先生制今后仍然是极值得采用的。晓庄时代和今天育才学校利用小先生制，曾经获得惊人的成绩。假使全国中等以上的学校如能实行小先生，每年就可以教育一万万五千多万人。

教育复员的问题

一切复员的计划，都决定于当前的政治情势。中国假如不能民主化，那末一切的打算都不能实现。因此为了光明的未来，我们更要加紧今天的努力。目前我们就应该配合着一切的力量，争取民主，实现民主!

范旭东先生之死*

追思死去的范先生
爱护活着的范先生

范旭东先生死了。中国新兴工业的一颗光辉的巨星落下来了。

旭东先生是一位最优秀的企业家，他是新兴工业之创造的天才，他在千灾万难中百折不回的树起他的伟大的事业。真的民主来到时，假使我也有资格投一票，我会举他为中国工业五个五年计划的总司令。

现在他是死了。死者不可复生。他的死是整个中华民族的巨大的损失。我们要追问他死的原因，为什么他会这样忽然而死？

据医生说他是死于“胆化脓”。但是根据“社会的医生”①的诊断，他是害了血压高——“精神的血压高”。在不合理的经济管制之高压下，他从美国带来的新计划被压得不能抬头。他还缺少他所需要的“甲种维他命”②。民主第一！整个中华民族需要民主来救命。他和他的伟业同样需要民主，需要这“政治的和经济的甲种维他命”来滋养，支持发挥他的生命。这个救命的万灵丹他没有得着，于是闷在肚里的天才燃烧自己，精神的血管破裂。于是胆化脓、生变死、一代的创业天才被迫着关进棺材。

* 本篇原载1945年10月13日《民主星期刊》第3期。该刊主编为邓初民。

当他被关进棺材之后，人们开始发现他，说他伟大。这证明中国人还是停留在轻生贵死的阶段。在今天，赞美他的人群中存在着昨天紧扼他的喉咙的人，猫哭老鼠狼哭人。假使中国还有多余的废铁，应该留几千斤铸几个铁像跪在范先生坟前。

可以放手了，扼死一个范先生足够了。对于无数的活着的范先生和他所爱的新兴工业放松一点吧。放下屠刀，立地成佛。老百姓当然不咎既往，会为你们造铜像，永垂不朽。

前天得有机会在青年馆看《清明前后》③。那剧里所说的话不是他心里要说的话吗？那是工业界的总起诉，那是大众天天为他开的追思会。假使他还在世，我会想到他，免不了要买张票请他来看这一出大戏，听一听工业界的吼声。可惜这是成了一个永远不能实现的遗憾了。

我写到这里，想起四年前，正当我们只剩了一个鼻孔浮现于水面上的时候，范先生派人送来了一笔捐款给我们的难童，要我开三张收条，给他的三位小朋友：一张发给幼幼，一张发给友幼，一张发给幼友。这三个名字给了我最深刻的影响：幼幼是幼吾幼以及人之幼；友幼是和小孩子做朋友；幼友是小孩真正把我们当作他们的真朋友。从这里我们知道他的家教，教小孩们跳出自己的小圈子，而为广大的更不幸的小孩们服务。我们还知道他为小孩服务的路线，不能以单存幼幼之念为已足，而且要友幼以至于成为幼友，才算圆满。我们从这里更知道范先生是一位不失其赤子之心的大人。基督说小孩在天国中为最大，我们相信这样爱护下一代的范先生在人间也是最大的了。

注释

①“社会的医生”　用来比喻当时的政治活动家。

②甲种维他命　即维生素A。此处用来喻指“民主”。

③《清明前后》　茅盾1945年发表的著名剧本，当时正在重庆上演。

民主*

民主的意义还是在发展，因为它的内容还是在发展。照我看来，真正的民主必须包涵：一、政治民主；二、经济民主；三、文化民主；四、社会民主；五、国际民主。林肯总统在葛梯斯堡[①]所说的“民有民治民享之政府不致从大地上消灭掉”一语，是指政治民主。中山先生所说之民生主义，罗斯福总统所说之无不足之自由，是指经济民主。山海工学团所主张之教育为公，和陕甘宁边区所实行之民办学校，是指文化民主。中国五四运动在社会关系上所发动之种种改革，例如男女平等，是走向社会民主。威尔逊总统所提出之民族自决，中山先生所倡导之民族主义，是走向国际民主，然而从英国对印度，对希腊，对安南，对南洋，和美国对日本管制，对原子弹管制的态度行动看来，我们离国际民主之实现简直是十万八千里之远。从总的方面说，古人所讲的话而现在还有引导作用的，莫过于“大道之行也，天下为公”。近人毛泽东先生写的《新民主主义论》，和中国民主同盟临时全国代表大会所通过的纲领，都系实现真正民主的路线。民主是中国之起命仙丹。民主能叫四万万五千万老百姓团结成一个巨人。民主能给我们和平，永远消除内战之危机。民主好比是政治的盘尼西林，肃清一切中国病。民主又好比是精神的维他命，给我们新

* 本篇原载1945年11月1日《民主教育》创刊号。

的力量，来创造一个自由独立进步的新中国和一个富足平等幸福的新世界。民主第一！人民万岁！

注释

①葛梯斯堡　通译“葛底斯堡”，美国宾夕法尼亚南部的一个自治村镇，是美国南北战争中“葛底斯堡战役”（1863年7月1~3日）的战场。当时的美国总统林肯曾在该地发表具有历史意义的演说，提出“民有、民治、民享”的口号。

民主教育*

民主教育是教人做主人，做自己的主人，做国家的主人，做世界的主人。把林肯总统的话引申到教育方面来说，民主教育是民有、民治、民享之教育。说得通俗些，民主教育是人民的教育，人民办的教育，为人民自己的幸福而办的教育。现在把这样教育的内容和方法，扼要的提出几点，供给从事举办民主教育的朋友参考。

（一）教育为公，以达到天下为公；全民教育，以实现全民政治。积极方面，我们要求教育机会均等，对人说，无论男、女、老、少、贫、富、阶级、信仰，以地方说，无论远近、城乡都应有同等机会享受教育之权利。消极方面，我们反对党化教育①，反对党有党办党享的教育，因为党化教育是把国家的公器变做一党一派的工具。

（二）教人民肃清法西斯细菌，以实现真正的民主。

（三）启发觉悟性。教人民进行自觉的学习，遵守自觉的纪律，从事自觉的工作与奋斗。

（四）培养创造力，以实现创造的民主和民主的创造。解放眼睛，敲碎有色眼镜，教大家看事实。解放头脑，撕掉精神的裹头布，使大家想得通。解放双手，剪去指甲，摔掉无形的手套，

* 本篇原载1945年11月1日《民主教育》创刊号。

使大家可以执行头脑的命令，动手向前开辟。解放嘴，使大家可以享受言论自由，摆龙门阵、谈天、谈心、谈出真理来。解放空间，把人民与小孩从文化鸟笼里解放出来，飞进大自然、大社会去寻觅丰富的食粮。解放时间，把人民与小孩从劳碌中解放出来，使大家有点空闲，想想问题，谈谈国事，看看书，干点于老百姓有益的事，还要有空玩玩，才算是有点做人的味道。有了这六大解放，创造力才可以尽量发挥出来。

（五）各尽所能，各学所需，各教所知，使大家各得其所。

（六）在民主的生活中学习民主、在争取民主的生活中学习争取民主，在创造民主的新中国的生活中学习创造民主的新中国。

（七）尽量采用简笔汉字、拉丁字母，双管齐下，以减少识字困难，使人民特别是边民易于接受教育。

（八）充分运用无线电及其他近代交通工具，以缩短距离，使边远地方之人民、小孩可以加速的享受教育。

（九）民主教育应该是整个生活的教育。他应该要工以养生，学以明生，团以保生。他应该是健康、科学、艺术、劳动与民主织成之和谐的生活，即和谐的教育。

（十）承认中国是从农业文明开始渡到工业文明，经济是极端贫穷。我们必须发现穷办法，看重穷办法，运用穷办法，以办成丰富的教育。开始的时候，唯独这样办才能使绝大多数之劳苦大众及其小孩得以享受教育，否则只有少数少爷小姐享受教育，不能算是真正的民主教育。

注释

① 党化教育　指1927年“四一二”反革命事变后到解放前以蒋介石为首的国民政府，为培养替自己服务的“忠臣”和“顺民”而推行的封建法西斯教育。

民主教育之普及*

民主教育一方面是教人争取民主，一方面是教人发展民主。在反民主的时代或是民主不够的时代，民主教育的任务是教人争取民主；到了政治走上民主之路，民主教育的任务是配合整个国家之创造计划，教人依着民主的原则，发挥各人及集体的创造力，以为全民造幸福。

无论是争取民主或是发展民主，都要靠广大人民的群策群力才会成功。这广大人民在数量上是愈广大愈有力量，在认识上是认识得愈深刻愈有力量。因此民主教育需要普及。我们所要普及的是救命的民主教育，要全国老百姓无论男女老少贫富都能很快的得到救命的民主教育。

但是，中国现在还是一个农业国，大家靠着一双手和锄头斧头生产，所以生活是穷苦得很，尤其是经过一百年的帝国主义侵略，三十多年的内战和八年的抗战，弄得万分穷苦。我们要在穷社会里找出穷办法来教一切穷人都得到教育，得到丰富的教育，得到民主的教育，才算是达到了我们普及教育的目的。

大概是六年前，我在成渝公路上的来凤驿住了一晚。吃晚饭的时候，有一群苦孩子来到面前讨饭，我们就把吃不完的饭菜统统给了他们。他们高兴地吃完之后，还是站在门口玩耍闲谈。我

* 本篇原载1945年12月1日《民主教育》第2期。

乘这个机会，点着他们好学的火焰。我问："你们如果愿意读书，我很愿意帮你们的忙。""愿意，我们没有书。"我指着对门一块招牌"中华餐馆"说："这就是书。"又指着另一块招牌"民国饭店"说："那也是书。"我便引导他们开始读书：

"中华餐馆，民国饭店；

中华民国，中华国民；

中国，国民；

（我是）中华国民，（我爱）中华民国。"

读完，我又看见一个标语"有力出力，有钱出钱。"于是又开始引导他们读第二课。

"有力出力，有钱出钱。"

"有力出力（又）出钱，有钱（不）出钱（又）（不）出力"。

读完了，我问："要不要学写字？"一个小孩子说："没有笔。"我拿出我的右手的第二个指头说："这就是笔。"又一个小孩子说："没有纸。"我拿出左手的手掌说："这就是纸。"于是我就教大家学写字。对着招牌和标语学写，写了四五次，我又叫他们围在一张八仙桌的周围，看我在桌上写字，然后让他们自己在桌上学写。每人都用指头，沾点清水在桌上写，读的字都会写了。后来，我想把这工作继续下去，就教他们组织起来，推举了一个聪明而能干的小孩做队长，带领着别的小孩每天在街上学习，并恭请我住的旅馆老板做先生。这组织与推举也可算是一点民主教育。这办法算是顶穷的办法了，但是来凤驿的十几位苦孩子便因此而受了民主教育的洗礼，并因此而立下继续求学的原始组织。只要知识分子念头一转，肯帮助人好学，不须花费一个钱，便可以帮助老百姓识字，受到民主的教育。如果全国八千万识字的人都肯这样做，都肯即知即传，而且跟他们学的人也即知即传，那四万万五千万人的普及民主教育不是有了办法吗？因此，动员这八千万识字的人来进行普及民主教育是一件顶大的事，也是一件可能做到的事。教人、好学，都是传染的，等到大家都传染了教人、好学的习惯，使教人、好学成了瘾，整个中华民族便成了一个教人、好学的民族，万万年的进步是得到了保证。古人云：学然后知不足。一个人感到不足，他便要向高处追，向深处追，是不会有止境了。因此，民主教育不但可能做到全面普及，并且可能做到立体的普及。

把武训先生解放出来 *

——为武训先生诞辰一百零七周年纪念而写

武训先生已经被人画进小圈子了。让我们把他解放出来，把他从小圈子里解放出来。当心不要再蹈覆辙，把他关进“我们的小圈子”里去。他在别人的小圈子里和在我们的小圈子里是一样的不得其所。

张默生先生是武训先生的好朋友，为他写了一篇顶好的传。可惜张先生把武训传编入《异行传》，这就等于把武训先生送进异行的小圈子里面去了。人家在异行传里看见武训先生，不免要以为他是一个奇怪的人，说的是奇怪的话，做的是奇怪的事，于我们的日常生活难以发生关系。武训传成了今古奇观中之一篇，供人茶余酒后谈话之资料，最多不过是谈了之后赞叹几声罢了。

武训先生不是异人，不是异行人。他是一个平常的人，他是一个平常的老百姓。他一生只做了一件平常的事：兴学，兴学，兴学。在一个教育不发达的国家内，文盲竟占了人口百分之八十，兴学这件事是每一个平常人的责任。大家都忘了这个责任，而武训先生却将这责任负了起来。讨饭三十年，开办了三个学校，因此大家看看，有点奇怪。于是平常的责任变成异行，武训先生变成异行的人。我们要把武训先生从异行的小圈子里解放出来，还他一个老百姓尽其在我的本来面目。等到兴学的“异行”

* 本篇原载 1945 年 12 月 1 日《民主星期刊》第 10 期。

变为每个老百姓的日常生活，然后全民教育、教育为公才可实现。

有些进步的朋友觉得武训先生是一种刻苦修行的人，在这革命的大时代，刻苦修行是分散了革命的力量。他们认错了武训先生，画了一个“苦行”的圈子，让武训先生站在里面，使一切进步的青年望而生畏，连武训先生对于启蒙运动的宝贵贡献也一同封锁在“苦行”圈里，拒人于千里之外。

武训先生不是一个苦行者。他是抱着一件大事，高高兴兴的干，把一些私人的小小的痛苦都忘掉了。看他一面讨饭，一面做工，一面唱歌，朝朝暮暮，快快乐乐，三十年如一日，只是为着要完成他心目中的一件兴学的大事。他何曾是一个苦行者。现在革命教育最新而最有效的组织当推“民办学校”。武训先生实在可算是“民办学校”之开山祖师。我不是说他办的学校有今天的民办学校内容的丰富而进步。内容是时代所决定，武训先生的时代和他的修养决不能办到这样丰富与进步。但是顾名思义，他所办的三所学校实在是老百姓自己办的学校。我们要把武训先生从“苦行”的小圈子里解放出来，使大家知道武训先生是一个快乐的人，是一个以兴学为无上快乐的人。倘使大家都以兴学为大快乐，不是在兴学中追寻大快乐，而是以兴学本身为大快乐，以不能兴学、不敢兴学为大痛苦，我想民办学校——民有民办民享的学校，必定会如雨后春笋、千千万万的普遍全中国而办起来了。

最近有一位朋友为武训先生写纪念文，我一看标题“武训——现代的圣人”，大吃一惊。这位朋友是把武训先生画进“圣人圈”了。圣人是五百年才产生一位，这位朋友虽是崇拜武训先生，但是他这一举动是不知不觉的把武训先生画入更小的圈子里去了。我苦口向我的朋友建议，换一个题目，想把武训先生从圣人圈里救出来。武训先生不是圣人，他做梦也没有想到他会得到这个封号，他只是一位老百姓，平凡而伟大的老百姓。他所想的，老百姓都想得到。他所说的，老百姓都说得出。他所干的，老百姓都干得了。只要肯学习武训先生的尽其在我，每一个老百姓都可以成为武训先生，四万万五千万老百姓都可以成为千千万万不同样的武训先生。中国需要一百万位武训先生来完成普及教育的任务。假使我们要等候五百年才出一位武训先生，那么要等候五万万年才能产生一百万位，不但是普及教育干不成功，一切的一切都没有希望了。假使四万万五千万人，人人都有成为武训先生之可能，那末不但是普及教育干得成功，而且在二三十年内创造出一个独立自由平等幸福进步的新中国也并不太难。

最后，我听人说，武训诞辰是我们的纪念节；又听一种人说，纪念武训是陶派的把戏。这两种人，一种是我们自己把武训先生画入我们的小圈子；另一种是别人把武训先生推进我们的小圈子，好像和他们漠不相关。无论是主动的把武训先生画入我们的小圈子，或是被动的让人家把武训先生向我们的小圈子里推，都是因为我们有了小圈子所以连累了武训先生也被封锁。我要声明：武训先生不属于我们的小圈子。他不属于一党一派，他是属于各党各派、无党无派。他是属于整个中华民族。他是属于四万万五千万人中之每一个人。让我们把武训先生从我们的小圈子里解放出来吧。让武训先生从我们的圈子里飞出去，飞到四万万五千万人每一个人的头脑里去，使每一个人都自动的去兴学，都自动的去好学，都自动的去帮助人好学，以造成一个好学的中华民族，保证整个中华民族向前进、向上进、进步到万万年。

十二月五日为武训先生诞辰一百〇七周年纪念日。是日在七星岗江苏同乡会举行纪念会，有舞蹈音乐演讲节目。上午九时至十二时欢迎小孩参加；下午二时至五时欢迎成人参加。入场券请向和平路管家巷二八号、生活教育社索取，发完为止。陶附记。

出发参加“一二·一”死难烈士祭礼前的讲话*

今天是陪都公祭昆明“一二·一”①死难烈士的日子，我要去参加祭礼的。我于昨晚就把我的破布烂棉花的诗稿整理好，马上可以把一份交给郭富昌同学拿到他父亲主持的安庆书店去印行了。其余几份，可以寄到各处托友人保存。我是可以交代了，无顾虑的去参加祭礼了。也不阻止大家去参加，可以自愿的去参加。去参加是可能有牺牲的！是危险的！参加是危险的！我是要去参加的。只要是有正义感、有爱国热忱的人都应该去参加。我是校长，我不强迫大家去参加，希望大家慎重考虑后决定。

注释

①“一二·一”　通称“一二·一”惨案。1945年11月25日，昆明4所大学和5所中学以西南联大学生自治会名义举行反内战晚会。国民党派军队包围会场，鸣枪恫吓，并在学校附近戒严，禁止师生通行。26日全市学生开始总罢课，以示抗议。12月1日，国民党派出大批军警特务到各校镇压，打死教员1人、学生3人，重伤25人、轻伤100余人，制造了骇人听闻的“一二·一”惨案。

* 本篇系1945年12月9日在育才学校朝会上的讲话。摘自方与严《教育文集》（下）第1137页。

大众的艺术*

我们生活教育运动自从订了四大方针，即民主的、大众的、科学的、创造的方针，即于去冬在育才学校里开始实行。那时我首先感觉到育才学校的艺术各组是和大众脱节，我便对这个问题加以深刻的考虑。因为筹款的关系，我在城里的时候比较的多，因此对于绘画组的学习方法、作品、对象都时加以留意。老实说，我对于绘画完全是外行；我只是拿大众的尺度来量。我为自己配了一副大众的眼镜来观察。我的观察和分析，在一次朝会的演讲上结了晶。当天，彭松同志把我的讲词记录下来，拿给我看，并且对我说，校长今天的讲词简直是一篇诗。我听了很高兴，但是觉得我自己的讲词还遗漏掉一些意思没有包括进去，总想抽空补充使成完璧，再为发表。只因事忙，一直到两星期前才补充好，代他投入《民主星期刊》，当时未经登出。后来觉得还是登在《民主教育》上更为适合，而《民主星期刊》编者遍索不得，想是失落了，甚为遗憾。幸而诗里的要点是自己观察深思的结晶，常常浮出脑海，今日黎明前在梦中又得了三四句，醒过来，怕忘掉，即刻把它留在纸上，是比较完整了。彭稿有五段，这里只有一段，将来彭稿找出时，当再发表。我在这里要向彭松同志致谢，因为没有他的诗化的记录，我根本没有想到那天的讲

* 本篇原载1946年1月1日《民主教育》第3期。

演是一篇诗。最后，力扬先生当时说，我所讲的不但是为绘画组说法，而且对于音乐组、戏剧组、舞蹈组、文学组皆同样地指出了应该走的路。这话我细想之后，也有道理。

为老百姓而画

为老百姓而画，
到老百姓的队伍里去画，
跟老百姓学画，
教老百姓学画。
画老百姓，
画老百姓的爸爸，
画老百姓的妈妈，
画老百姓的小娃娃；
画出老百姓的好恶悲欢、作息奋斗，
画出老百姓之平凡而伟大。
希望有一天老百姓都喜欢挂我们的画，
尤其欢喜挂他们自己画的画。
把画送进每一个劳苦的人家，
使乡村美化，
使都市美化，
使中国美化，
使全世界美化。
给老百姓一个安慰，
将老百姓的智慧启发，
刺激每一个老百姓的创造力，
创造出老百姓所愿意有的新天下。

谈新闻*

我们要扫除文盲，不只是扫除文字盲，更重要的是扫除文化盲——那就必须办一张真正属于老百姓的报纸，把天下的大事向老百姓报告，也让老百姓发表主张。

我正在打算办一张《老百姓日报》，有真实的报道，公正的论调，还要有正确的专稿。编排了然，印刷清楚，出得早，送得早。每个老百姓，把它当至宝。

我不大懂新闻，但却很有志于新闻事业，因为老百姓要穿衣吃饭，同样也要精神粮食。

我们的学习方式，是要把：

报纸当教材，
座谈好讨论。
新闻有真假，
是非必须分。
专读一家报，

---

* 本篇摘自1951年4月新北京出版社版《爱满天下》一书中尤在的文章：《报人陶行知》。这是尤在记录的陶行知的两次谈话。一次是在育才学校的朝会上，另一次是1946年1月16日在社会大学新闻系开学时的讲课记录。当时，主讲《新闻学概论》的陈翰伯因事未能来上课便改由陶行知代上。

难免要孤陋寡闻。
彼此比一比，
真假是非可以分。
前后比一比，
事态发展认得真。

只有这样，才能求得真正的活用的学问，将来处理题材，才不会有错误。

如果要办一张老百姓的报纸，每个新闻从业员就得“跟人民学习”，“代人民呼号”；报纸的内容，那就必须：

访的是大众的心事，
写的是大众的诗文，
说的是大众的话语，
介绍的是大众的学问，
讨论指导的是大众的生活、工作、斗争。

对政协代表的两点希望*

今天，这七个团体合在一起招待政治协商会议代表，是因为这七个文化团体的生活、工作、困难和希望都大致相同。我曾写过四句诗来说明文化界共同遭遇到的命运。这四句诗是这样的：

人人呼我老夫子，
生活不如老妈子，
同样是带小孩子，
吃不饱来饿不死。

过去文化工作者的手脚是被绑起来的，眼是闭着的，口是被封着的，就是因为没有民主，使作家不能创造出艺术品来，处处受限制，即使作家被左删右改曲曲折折的写出一些残缺的东西来，作品与老百姓之间还有一道墙隔着。读者买书看，还要受到

---

* 本篇原载1946年1月10日重庆《新华日报》。这是该报特写中的一段记载。1月9日重庆文化界出版学术工作联谊会、杂志联谊会、中国电影戏剧界人士等7团体500多人假白象街西南实业大厅，招待出席政治协商会议的代表，陶行知参加了茶话会的主席团并被选出主持茶话会。会后成立“全国人民政治协商会议协进会”的筹备组织。1月11日晚该会筹备人与民主建国会、中国人民建国会（即前救国会）商讨有关事宜，会议推举陶行知、章乃器、胡厥文、施复亮、李德全、茅盾、曹孟君、孙起孟、罗叔章等35人组成主席团主持会务。1月12日晚，在临江路合作大会堂举行第一次集会。主席团的名称改为理事会，大会名称改为“政治协商会议陪都各界协进会”。

恐吓。

对政治协商会议代表的两点希望：

第一，盼望代表站在人民立场为人民说话，拨开成见，找出大家可以生活的路来。

第二，把人民的力量拿出来，做代表的后盾，代表倾听人民的意见，这样政治协商会议才能开得好。

在生活教育社新年叙餐会上的讲话*

一

我晓得今天大家都要去赶第二个会①。我简短的报告两点：一、本社理事会决定今年扩大征求社员，已由本社办公室主任方先生②拟定计划，敬请全体社员指教协助。二、促进普及教育运动，试验省力省钱的普及方法，以供政府采择和期望社会人士共同努力、普遍推行，以提高全民文化水准。

二

时代在进步，社会在进步，偶一停留，就要落伍！所以必须及时好学。但好学必先虚心，才能够学得进去，才能够容得下更多更好更实际更有用的学问。最近我提出一个再教育的问题，过去大家是一切集中于抗战建国，消灭法西斯；现在是要一切集中于民主、团结、和平、建国，以及建立民主世界大家庭，所以必须有每人个别进行和集体进行再教育的必要！尤其是在过去每个人都或多或少沾染着法西斯细菌流毒，必须加以清洗。这清洗法西斯细菌的教育工作，是相当艰巨的、相当痛苦的，但我们必须忍住最大的痛苦，尽最大的努力，来完成这艰巨的清洗工作，

---

* 1946年1月20日中午，生活教育社举行新年叙餐会，有社员40余人参加。这里记载的两段话，是陶行知的开场白和结束语。摘自1946年2月1日《民主教育》第4期方与严的文章：《新年叙餐会上》。

才能获得新生命的降临，发生新力量，担当起新任务。同时，我并提出领袖再教育问题，便有人问我："我们最高领袖要不要再教育?"我毅然决然的答复是需要再教育。最高当局受了再教育，各方面多看得清楚些，广泛的容纳各方意见，必能把国事领导得更好些。提上更高的境界，把国际地位提得更隆重起来，岂不是更好吗？当然，最高当局的再教育应有些不同，但是有许多优越的条件，可以获得再教育。我的主张是最高当局能够争取机会出国去看看，尤其要到英美去看看他们的民主作风。英国的海德公园，是一个民主作风言论自由场所，各党各派都可公开自由在内演说，警察只在维持秩序，干涉破坏秩序的人，并不干涉言论自由。有机会出国的人，都应该去看看。我去过四次，最后一次我写了一首诗纪实。试读给大家听听（朗诵《海德公园》诗)。

外国的民主作风，是如何尊重言论自由啊。我把这首诗背出来，希望大家指教，对言论自由加以维护。现在陪都各界政治协商会议协进会，每晚在沧白纪念堂举办的公开演讲会，请政治协商会议代表出席报告，并请当代名人讲演，这是民主作风的瑰宝，我们要好好的努力来维护它、发扬它。生活教育同志赵叔愚先生，在他去世之前，他把人生的精义约成一句话："人生在世三大事：做工、求知、管政治。"的确，人生的真义如此。借此提出，愿与大家共勉。这是生活教育者当前的明晰的指标，也是每一个生活教育社同志应该负起的当前的使命。

注释

① 第二个会　指参加叙餐的社员冯玉祥、沈钧儒、邵力子、李德全、曹孟君等要去赶下午2时的陪都各界庆祝和平大会，他们都是主席团成员。

② 方先生　即方与严。

创办社会大学*

社会大学分夜大学、函授大学、新闻大学、旅行大学、广播大学等五部。其中夜大学已于一月十五日开学，共学生百余。内百分之九十为职业青年，因工作关系，多在晚间学习。该校宗旨在于为人民服务。目前分有政经、文学、新闻、教育、民间艺术五系，即拟分文、理及政经三院。以四个月为一学期，一年三学期。八个学期，即两年零八个月毕业。不放寒暑假，毕业后再实习一学期。每晚上四节课，课后并开讨论会，同学们可提出和先生不同的意见。学校管理采民主自治制度。教职员如校长陶行知、政经系教授邓初民、文学系教授茅盾等，均为学生自治会所提出者。学校经费则为学生自筹。一学期出学费二万元，但贫苦学生可免交或因成绩好而得奖学金。学校设备虽较差，但均为学生自己设法装备。如教室里的电灯就是我们学校的学生自己装的，他们是电力厂的工人。

* 本篇原载1946年2月8日延安《解放日报》，系新华社记者走访陶行知的报道。

追思民主大将李公烈钧*

李公协和[1]逝世，是中华民族一个不可补偿之巨大损失。他在辛亥革命，癸丑讨袁，推翻洪宪[2]，以及北伐前后所立功勋，凡是中国人都应该记在心里。在讨袁檄中，他说的“宁为共和之鬼，不作专制之奴”的名言，是我们民主斗争永远的指南针。廿五年孙、廖二夫人[3]提议恢复三大政策[4]时，他毅然副署，使革命的三民主义重新抬起头来。所以冯玉祥先生称他为“国民党的革命的民主的将军”。他在病中听到政治协商会议[5]成立，面有喜色。二月十日又听到较场口惨案[6]，很为民主前途担忧。当此一代元勋倒下之时，让我们服膺他的精神，继续努力奋斗吧!

注释

① 李公协和　即李烈钧。

② 洪宪　1915年12月，袁世凯阴谋复辟帝制，宣布改次年为洪宪元年。

③ 孙、廖二夫人　即孙中山的夫人宋庆龄和廖仲恺的夫人何香凝。

④ 三大政策　指孙中山的联俄、联共和扶助农工的三大政策。

⑤ 政治协商会议　指1946年1月国民党在全国人民要求和平民主的压力下，被迫召开了有中国共产党和其他民主党派参加的政治协商会议，通过了一系列

* 本篇原载1946年2月22日《民主报》。

有利于和平、民主的决议。以后称为“旧政协”，以区别于1949年6月在北平(今北京）召开的中国人民政治协商会议。

⑥ 较场口惨案　亦称较场口事件。指1946年2月重庆各界人民在较场口举行庆祝政治协商会议成功大会，国民党派特务捣毁会场，打伤了郭沫若、李公朴等60多人的事件。

在中国人民救国会第五次大会上的报告*

（一）自新华报被打后[①]，马歇尔曾招待各报负责人，要点如下：① 打报馆之事，为民主国家所未见，只有中国看到。② 学生游行动机或为纯洁[②]，但据报告有第三者操纵指导。③ 北平调处执行部被所谓难民捣乱[③]，亦显为第三者所鼓动。④ 以上三事为吾人所不能原恕。此种事件，显系一部人士破坏政协之阴谋。⑤ 美国目前助华中心为遣送日侨及日俘。⑥ 马表示个人任务为助中国和平统一，团结民主，如余失败，则美国没有他人可代余执行任务。最后嘱各报勿披露渠之谈话。又较场口事件发生后我曾会过马特使，渠称类似较场口事，美国初期亦间或有之，在中国恐需长时教育始可避免。渠认治标办法，可使用有效的警察，但需民主政治为前提条件。根本办法，则应从教育上解决。对复原交通问题，美船只现有百艘可予协助，但管理人才太少。三人小组会系仿欧洲办法，已收到效果，且不久可生效力于东北。

（二）[④]

（三）人民自由保障委员会进行筹备情形：按照规定，地方人民团体应约其参加，本市是否约有侵犯人民自由之团体参加，昨天曾引起辩论。结果推定六人组——特别小组委员会，研讨此问题。

---

* 原载《近代史资料》第105期，中国社会科学出版社2003年5月版。

注释

① 指国民党当局指使暴徒捣毁中共在重庆主办的《新华日报》营业部。

② 指国民党煽动重庆不明真相的学生举行反苏反共游行。

③ 指国民党特务指使暴徒捣毁北平军事调停执行部。

④ 史良插话发言，这里已删去。

领导者再教育*

平常人对于教育有一种不够正确的了解，以为只有成人教育小孩，上司教育下属，老板教育徒弟，知识分子教育文盲。其实，反过来的教育的行动影响作用，不但是可能，而且是普遍习见的现象，不过很少的人承认它罢了；至于承认它而又能运用它来互相教育，使学问交流起来，以丰富彼此之经验，纠正彼此之看法，推动彼此之进步，那是更少了。但是，一个民主的国家，实在是要看重这种互相教育之现象，并扩大学问交流的效果，加速度的走向共同创造之大道。

中国人受了二千年之专制政治之压迫，几乎每个人一当了权便会仗权凌人。好像受了婆婆压迫的媳妇，一旦自己做了婆婆便会更加压迫她的媳妇。在中国，几乎每一个有权的人都是一个独裁，有大权的是大独裁，有小权的是小独裁。自主席以至于保甲长，都免不了有独裁的作风。就是我这个区区的校长，也不是例外，常常不知不觉的独断独行，违反了民主的精神。一经别人提醒，才豁然大悟。在一个民主国家里面，做一个独裁校长，是千不该万不该的事情。但江山易改，本性难移，过不了多少时候，病又复发了。那只有再接再厉的多方想法，以克服这与民主精神不相容的作风。

---

* 本篇原载1946年3月9日《民主星期刊》第24期。

民主的时代已经来到。民主是一种新的生活方式，我们对于民主的生活还不习惯。但春天已来，我们必须脱去棉衣，穿上春装。我们必须在民主的新生活中学习民主，不但老百姓要学习民主，大大小小的领袖们都得学习民主。领袖们是已经毕过业了，还要学习吗？不错，还要学习，只有进了棺材才不要学习。他们虽然有些学问，但是他们从来没有学过民主，所以还要学习，还要学习民主。他们虽然受过教育，但是没有受过民主教育，所以还要再受教育，再受民主教育，把受过不合民主的教育从生活中肃清掉。

这种再教育应该怎样进行呢？

第一，自己觉得需要再教育。自己觉得既往的习惯不足以应付民主的要求，自己承认在民主的社会里做领袖和在专制的社会里做领袖是有了根本之不同，那么在本人的生活上也必须起根本的变化，才能适应客观之变化。从前，白健生先生有一次和我闲谈“以不变应万变”的道理。我提议在不字下面加一横，意思是“以丕变应万变”丕变即是大变，我们要在生活上起大的变化，才能应付民主政治所起的大变化。民主政治所起的变化是很大的。例如承认个人之尊严，便不能随便侵犯别人的基本自由；采用协商批评之方法，便须放弃“我即是”，“朕即真理”；要使人了解你，同时又要使你了解人，便须放弃“民可使由之，不可使知之”，又必须虚心下问，集思广益；实行共同创造，便须放弃少数人包办之倾向。我们若深刻的感觉到旧习惯不足以应付这种大变化，而又不愿被淘汰，那就一定觉得有再受教育之必要了。

第二，多方学习。自己既已感觉到有再受教育之必要，那就好办了。地位无论大小，只要对于民主的生活感觉到如饥似渴之需要，那不啻是走了一半的路程了。学习方法虽多，总靠自己虚心。随时随地愿听逆耳之言，和颜悦色地欢迎干部和别人的批评，有事先商量而后行，都很重要。民主先贤的传记著作如林肯、哲斐孙、汤佩恩的都能给我们有力的指示。国外民主国之游历，国内民主政治比较进步的地方的参观，都能帮助我们进步。但是，最重要的是在“做”上学，在实行民主上、在发挥民主作风上，学习民主。

第三，我们最伟大的老师。我们最伟大的老师是老百姓，我们最要紧的是跟老百姓学习。我们要叫老百姓教导我们如何为他们服务。我们要钻进老百姓的队伍里去和老百姓共患难，彻底知道老百姓所要除的是什么痛苦，所要造的是什么幸福。

我前些日子写的一首小诗，可供领导人自我再教育之参考：

民之所好好之，
民之所恶恶之；
为人民领导者，
拜人民为老师。

领导者再教育之三部曲是：第一部跟老百姓学习；第二部教老百姓进步，第三部引导老百姓共同创造。也只有肯跟老百姓学习的人，才能做老百姓的真正领导者。

在育才学校同学会成立大会上的讲话*

为了较场口挨打反作了被告，今天过了半天有意味的法院生活……同学会今天成立我很高兴，使我想起冯先生①的一个很好的比喻：他说我们每一个人好像是一块石头，如果彼此凝固得很紧，便成了一座堤，水由堤上流下去，冲动了水轮，便可发电，产生热、产生光、产生力量！若果其中有一块石头凝结得不紧，别人便可以用它来击溃整个的水堤！

注释

① 冯先生　即冯玉祥。

* 本篇讲话的时间是1946年3月15日。摘自1946年版《陶行知先生纪念集》中郭富昌文《回忆我们的陶校长》。

募集儿童节礼物信*

我们的朋友，小孩们的朋友：

儿童节四月四日快到了。城里少数的小孩子不消说大概是很热闹的准备过节了。乡下的小孩从来没有人想到，也不知道什么是儿童节。我们去年把儿童节介绍给乡下的小孩，特别是抗战军人的小孩，看牛的、割草的、捡狗屎的、挑煤炭的、做徒弟的、没有父母的、吃不饱、穿不暖、受人歧视的小孩子，使他们至少能享一天的快乐和一年的学习工具。承各位朋友乐助代金二十三万四百六十二元和丰富的礼物，结果是举行了一个一千二百多人的盛会，七百多个苦孩子得到了礼物，并且建立了三十八个识字班，为一千余人进行经常的教育。今年我们预备继续这个运动，给乡下小孩一天的快乐，一年的教育。希望各位朋友踊跃捐助，共成盛举。

朋友们：这是很值得参加的一件事，让我们大家各尽所能，来共同完成一件虽小而大的事——使乡下的小孩得到真正的快乐。倘蒙赞同，实物或代金，多少都听尊便。时间太迫促了，希望各位朋友将实物或代金于四月一日十二时前交到重庆和平路管家巷二十八号。外省的朋友如能捐物捐款，各向附近乡村小孩送礼，以扩大区域，为全国小孩送礼，尤为盼祷。

---

* 本篇原载1946年3月26日《新华日报》。

谈社会大学*

根据国民政府三十二年年鉴的统计有六万大学生，八十四万中学生。再根据这个数目字，平均起来，十万高中毕业生就只有一万能进大学。其余十分之九的高中毕业生，至少九万人，是被摒弃在正规大学之外的。再以年龄计算，应受高等教育失学之人，由十六岁至四十岁这二十几年当中，失学青年以每年十万计，就该有二百万人。这二百万人，应当有高等教育给他们。他们需要，也有能力接受大学教育的。此外，在社会上还有很多的青年，他们也有同样的知识水准、有同样的接受能力，那么算少点罢，加上一倍罢，就该有四百万人，需要受大学教育。收复区还未列入。这么多人要受高等教育，但正规大学教量不多，无法容纳，且大多数都无力进正规大学。因此，解决他们的教育问题，的确是件大事。国家应对他们负责，社会也应对他们负起责任来。社会大学就是在这种客观要求之下产生的。

要真正把社会大学办起来，真正适应这八百多万人的需要，它的条件就必须“简单”，只有简单才易实行，普遍起来。所谓“简单”的办法，他又包含着三个因素：第一个是要有热心的教

* 本篇原载1946年3月30日《民主星期刊》第27期，摘自郭方仑的访问记《陶行知谈社会大学》。

授，第二个是要有好学而有大学力的失学青年，第三个要有大学之道。房屋我们是不把它包括在内的，但若没有大学之道，两种人物（学生与教授）是不会联在一道儿的。

孔子是校长兼教授，他的学生有七十二贤，或者“冠者五六人，童子六七人”。他的大学之道“在明明德，在新民，在止于至善”。有了这三种东西，简单的大学就办起来了。

苏格拉底，也做校长也做教授，他的学生是雅典青年（柏拉图也是他的学生之一），街头市场就是课堂。他在市场上走来走去，与雅典青年辩问。他的大学之道是“自明”（know themselves）。他是虽有大学之实而不大喜欢承认他有门徒的。

因为他简单就容易行，有了学者做先生，有了学力够的好学的学生，有了大学之道，于是就构成了社会大学。特别是在中国，他是不需要弄一些不必要的东西来阻挠大学之发展的，什么洋房哪，基金哪，立案哪……有了这些就不可能顾到这么多的广大青年求学，唯其易行，就容易普遍。

我们这个大学（指社会大学）有热心教授，热情的学生，也有我们的新的大学之道：“在明民德，在亲民，在止于人民之幸福。”我们没有洋房子，可以借，可以佃；书不够，整个重庆市的图书馆我们都可以去看，朋友的书，彼此间也可以交换着来读。现在没有基金，将来也不会有基金，一切弄来的款子都花在书籍工具上。开创虽简单，必然跟时间的发展而增长，而从社会科学发展到自然科学。

社会大学的创办是独特的，他可以有三种方式出现，都是很方便的。

第一种：重庆社会大学的方式：好学的青年团结起来，自己发起，自己筹备、筹款，自己推董事、选校长，开出聘请教授名单。

第二种：这将在别的地方可被采用，热心的在野在朝的教授团结起来，找好学的学生，自己的朋友，合力创办。

第三种：是社会贤达团结起来，找热心的教授，好学的学生，共同来创办。

三种办法都是可以的。

重庆社会大学，一月一日筹备，一月十五日就开学了。因为他简单，很快就办了起来。他是四个月一个学期，每天四堂课，每堂课四十五分钟，一年三个学期，二年零八个月就可以结业。重庆这里是会继续办下去，别的地方，我们很希望用这种简单的办法广泛办起来，以应这广大青年群的需要。

较场口的事件二月十日发生，听说二月十六日教育部就训令教育局来视察社会大学。三月十九日，教育局来视察，要社大筹基金，履行立案手续，并且有“设备简陋”的批语。“简单”，社大学人是承认的，他的方法就要简单，简单才易行。“陋”就要有一种不同的看法了，《陋室铭》[①]的君子居之，“何陋之有?”是作了我们的辩护。有学问的人当教授，好学的青年做学生，又有新的大学之道来贯彻作指针，可以说得是“君子办之，何陋之有”?

究竟以后社会大学前途的估计怎么样呢?

假如政治民主了，政府就一定会顾虑到这一些青年，给他们以受大学教育的机会，办大学来普及这一类的高等教育的。将来还不止是一个社会大学，而遍地都会办起来的。我这个计划是已经有了十年，从前未提出来，是因为在那么一个政治的环境里不可能。现在，政协会[②]成功了，而且这一计划也正符合了政协决议中的要求，才试办，其试办出来之方法及经验，可供给政府及社会人士参考，大规模的办起来的。

如果是法西斯政治，这一个学校是不可能存在。所以社会大学之前途，将来是决定于政治是否走上民主之路，或停留在法西斯主义，或真假不明的阶段。

注释

①《陋室铭》 唐代文学家、哲学家刘禹锡的作品。

② 政协会 指1946年1月召开的旧政治协商会。

值得我们学习的一件事*

本月二十日利他聚餐会[1]开会时，张雪岩先生报告了一位美国小孩向罗斯福总统请愿的事。在场的人，听了都受感动。散会时，我向张先生要原文，志在获得正确的材料，乘儿童佳节向中国的长官、家长、教师和小朋友报告，并希望大家改变作风，真正为小朋友作点有益的事。多谢张先生，他今天竟从美国大使馆文化专员Fairgank夫人那里得了一本杨庆堃先生所著留美手册Meet the USA来送我。我在这本好书里，找着了这封信和这事的经过，先让我把信的内容翻译出来：

"亲爱的罗斯福总统：我的姓名叫做革尔[2]克里司梯安Ann Gilcreast。十岁，在六年级上学。因为你是美国的总统和元首，我恳切地希望你把西班牙小狗平平价。我们渴望得到一只，但是照现在这样的价钱，我们不可能花这样多的钱去买。你是否预备平价，请你给我一封回信。我的父亲是在海军里服务，现驻在非洲。因此你可以想见在寒冷的冬夜我们是多么需要这样一个伴侣。倘蒙你平价，至为感谢。

安

* 本篇原载1946年4月1日《民主教育》第6期。

〔附注〕请不要忘记回我一封信，并且要告诉我你是否对西班牙小狗预备平价。

安[3]小姐是麻省[4]的一位幼女。这封信是一九四四年二月写的。罗总统接信后即交与物价管理局（opa）处理。这时恰巧有一位公务员要离开华盛顿，正预备要出卖这样的小狗。物价管理局即刻执行。安小姐免费而得着她所要的小犬。

著者说："安小姐虽然没有读过宪法，但是她知道政府之存在，是为了她的幸福，并且是为了执行人民的公意。"

不久，三十五年的儿童节[5]又到了，中华民国的官吏、教师、家长及一切与小孩子接触的人都应该反省再反省，最少要承认小孩的四大自由[6]，包括告诉的自由，言论的自由，并且要承认自己有倾听的义务——把耳朵低低地倾下来听取小孩子的意见的义务。不但如此，大家还要跟罗斯福和他的官吏学习，承认政府的职务不是对小孩和老百姓摆威风，而是要为小孩和老百姓谋幸福。

注释

① 利他聚餐会　利他社的活动形式之一，利他社是冯玉祥所倡导的民间组织。

② 革尔　即英文Girl，女孩的意思。

③ 安　即克里司梯安。

④ 麻省　美国马萨诸塞州的简译。

⑤ 三十五年的儿童节　即1946年4月4日。

⑥ 四大自由　指富兰克林·罗斯福任美国总统期间提出的"四大自由"，即言论自由、信仰自由、免于恐怖的自由和免于匮乏的自由。

恢复山海*

同你们分别真正有整整的十年了!

在民国二十五年四月二十三日离开上海，今天恰巧三十五年四月二十三日，在这里和大家相见。

这十年之中的时间，我到外国去兜了一个大圈子，游过世界二十六个国，路程约有二十三万六千余里。游过许多国，经过许多路，我没有大钱带出国去，也没有大钱带回国来。我不是大财翁般的到外国去游玩散心的浪费钱，也不是大商业家一般的到外国去做生意，生大利息，发大洋财。我的出国周游世界的事情，都是为了教育的事情，都是为了大家的事情。所以大家的事，大家干；自己的事，自己干。

你们上次来信给我，说是要恢复“山海”①的事。现在所以要你们大家来共同商量设法，我只能来帮助帮助。

注释

① 山海　“山海工学团”的简称。

---

* 本篇系1946年4月23日原山海工学团及各分团所在村庄的15个代表拜访陶行知时的谈话记录。摘自1951年4月新北京出版社大众教育丛书《爱满天下》中孟根根文《陶行知精神不死》。

小学教师与民主运动*

我这次到上海，在一个小宴会上，听了几句令人深思的话。我的朋友说：抗战八年来，五位教师之中，有一位逃难去了，一位做生意去了，一位变节了，一位死了，只剩了一位仍旧还在这里做教师，我们是多么寂寞啊！我说剩下的这一位，头上是裹着裹头布，嘴上是上了封条，肚子是饿瘪了，被迫得只有干腌菜喂后一代。我们接着谈论胜利后的他们，逃难的难得回乡，做生意的倒胜利霉，变节的无法戴罪立功，死者不可复生，站在岗位上的，头上的裹头布仍旧裹着，嘴上的封条仍旧封得很紧，肚子是饿得更瘪了，除了干腌菜还没有别的精神粮食给学生吃。这谈话指示我们，如果我们要为民主奋斗，我们得加强自己、改变自己、武装自己，而且要为教育招兵，为民主募马。

首先我们自己需要再教育，再受民主教育。中华民国虽然成立了三十五年，我们只上了很少的民主功课。细算起来，民国初立的几个月[①]，推翻袁世凯的几个月，五四运动后的一两年，推翻复辟后的几个月[②]，五卅惨案以及北伐前后的一二年[③]，一二九到抗战开始后一年[④]，算是断断续续的上了几课，但是一曝十寒，胜不过二千年传下来的专制毒和这十余年来的有系统的、反民主的、变相的法西斯蒂训政[⑤]。特别是我们做教师的人，需要

* 本篇原载1946年5月10日《教师生活》第4期，上海教师生活社出版。

再教育来肃清一切不民主甚至反民主的习惯与态度，并且积极的树立真正的民主作风。校长对于我们，我们对于学生，多少都存在着一些要不得的独裁作风。中国现在，自主席以至于校长教师，有意无意的，难免是一个独裁。因为大家都是在专制的气氛中长大，为独裁作风所熏陶，没有学习过民主作风。我们所要学习的民主作风，至少应该包含这些：

（一）民为贵。人民第一，一切为人民。

（二）天下为公。文化为公，不存心包办，或征为私有。

（三）虚心学习，集思广益，以建立自己的主张。

（四）自己要说话，也让别人说话，最好是大家商量。自己要做事，也让别人做事，最好是大家合作。自己要吃饭，也让别人吃饭，最好是大家有饭吃。自己要安全，也让别人安全，最好是大家平安。自己要长进，也让别人长进，最好是大家共同长进。

（五）民主未得到之前，联合起来以争取民主为己任；人民基本自由得到之后，依据民主原则共同创造，创造新自己，创造新家庭、新学校、新中国、新世界。

这是一种全新的生活方式，我们必须天天在实际的生活中学习，学习，再学习，才能习惯成自然，造成民主的作风。

个人学习不如集体学习，偶尔学习不如经常学习。为着进行经常的集体学习，最好是联合起来组织社会大学、星期研究会，以实施共同之进修。这些新的学习组织，在重庆已经施行有效，应该在各地举办起来，以应好学的教师与好学的青年的需要。孔子说："学而不厌，诲人不倦。"我看出这两句话有因果的关系。唯其学而不厌才能诲人不倦；如果天天卖旧货，索然无味，要想教师生活不感觉到疲倦是很困难了。所以我们做教师的人，必须天天学习，天天进行再教育，才能有教学之乐而无教学之苦。自己在民主作风上精进不已，才能以身作则，宏收教化流行之效。我们在民主作风之外，要学习的东西很多，应该按着自己的兴趣、才能和工作岗位的需要继续不断的学习，活到老，学到老。但是最重要的不能忘了社会科学。每一位现代的教师，必须把基本的政治问题、经济问题、世界大势、社会的历史的发展和正确思想方法弄清楚，最好是要参加教师进修的组织，如社会大学、星期研究会，凭着集体的力量督促自己长进。在没有社会大学或星期研究会的地方，小学教师们应该主动发起创办。这是如同吃饭一样的急不容缓、不可等待。

我们进行自我再教育，不能没有先生，我们要三顾茅庐请出第一流的教授来帮助我们进行各项学习。第一流的教授具有两种要素：一、有真知灼见；二、肯说真话，敢驳假话，不说谎话。我们必须拿着这两个尺度来衡量我们的先生。合于此者是吾师，立志求之，终身敬之。

在各位大师之中，我要介绍两位最伟大的老师。

一位就是老百姓。我们要跟老百姓学习，学习人民的语言、人民的情感、人民的美德。努力发现老百姓的问题、困苦和他们心中所希望达到的目的，并认识他们就是中华民国真正的主人，要他们告诉我们怎样为他们服务才算满意。我愿把我写的一首小诗献给每一位小学教师，共同勉励：

民之所好好之，
民之所恶恶之。
教人民进步者，
拜人民为老师。

还有一位最伟大的先生要介绍，那就是小孩子——我们所教的小学生。我们要跟小孩子学习，不愿向小孩学习的人，不配做小孩的先生。一个人不懂小孩的心理，小孩的问题，小孩的困难，小孩的愿望，小孩的脾气，如何能救小孩？如何能知道小孩的力量？而让他们发挥出小小的创造力？

唯独肯拜人民与小孩为老师的人，才能把自己造成民主的教师，也只有肯拜人民与小孩为老师的，那民主作风才自然而然的获得了。

其次，就是运用民主作风教学生，并与同事共同过民主生活，以造成民主的学校。教育方法要采用自动的方法、启发的方法、手脑并用的方法、教学做合一的方法，并且要使学生注重全面教育以克服片面教育；注重养成终身好学之习惯以克服短命教育。在现状下，尤须进行六大解放，把学习的基本自由还给学生：一、解放他的头脑，使他能想；二，解放他的双手，使他能干；三、解放他的眼睛，使他能看；四、解放他的嘴，使他能谈；五、解放他的空间，使他能到大自然大社会里去取得更丰富的学问；六、解放他的时间，不把他的功课表填满，不逼迫他赶考，不和家长联合起来在功课上夹攻，要给他一些空闲时间消化所学，并且学一点他自己渴望要学的学问，干一点他自己高兴干的事情。还要把工友当做平等的人，和他们平等合作。只有校长、教师、学生、工友团结起来共同努力，才能造成一个民主的学校。

再其次，要教学生为民主的小先生。我们不能把小孩单单当作学生教。最重要的教育是“给的教育”，教小孩拿出小小的力量来为社会服务。人生以服务为目的，不是毕业后才服务，在校时，就要在服务上学习服务。学生最好的服务是做小先生，拿学得的知识教给人。中华民国是一个公司，四万万五千万人联合起来做老板。男人是男老板，女人是女老板，大人是大老板，小孩是小老板，大家都是中华民国的老板，大家都是中华民国的主人。拿这种浅显而重要的意思，由学生一面学，一面教给不能进学校的老百姓，他们变成了民主的小先生。一位先生教四十位学生，照老法子，他只是四十个学生的先生。如今把这四十个学生变成小先生，每位小先生平均帮助五个人，便能帮助二百人，连原来的四十人，便是一位二百四十人的先生，力量与贡献大得多了。这样，学校变成了发电机，学生变成了四十根电线，通到每一个家庭里去，使四十家、乃至二百四十家都发出民主的光辉来，这不能算是小学教师的重要任务吗？

再其次，要教民众自己成为民主的干部。小学教师应该是民主的酵母，使凡与他接触的人都发起酵来，发起民主的酵来。农人、工人、商人、军人、官吏、学生家属只要一接触便或多或少起一点变化，顶少要对民主运动减少一点阻碍，顶好是一经提醒便成了民主的斗士，乃至成为民主的干部。大家起来创造一个名副其实的中华民国。去年中秋，当我亲眼在四川看见一位老农拿出插在腰带背后的旱烟管来，指挥他的七位学生，一连合唱了八个歌曲，我好像是看见了新中国的前途。这样可贵的，从人民中产生出来的民主干部，将来是要几十万几百万的产生出来。发现他们、培养他们，是小学教师不可放弃的天职。

最后，争取民主以保障生存权利与教学自由。小学教师值得几文钱？是我这次到上海来看见从前乃英先生写的一首感动人的歌曲：

“小学教师值几钱？五元钱一天。教一天，算一天。请假一天扣工钱。不管你喊哑喉咙，不管你绞尽脑汁，不管你坐弯背腰，不管你饿瘪肚皮，预支不可以。小学教师值几钱？要求提高待遇，还没有这种福气。”

这首歌的末一句，我提议修改为“争民主奋斗到底”。提高待遇，只有民主才有保障。现在的尊师运动，必须包含争取民主，才能将一时救急的办法，变成经常安定的办法。如不争取民主，使真正的民主政治、民主经济、民主文化全盘兑现，我们必定是一辈子陷在“吃不饱来饿不死”的地狱里。所以为着提高生活的待遇，我们必须参加在整个国家民主斗争里面去。实现天下为公，有我们自己的一份在内。

教师的职务是“千教万教，教人求真”，学生的职务是“千学万学，学做真人”。这教人求真和学做真人的教学自由，也只有真正的民主实现了才有可能。在不民主的政治下，说真话做真事的人是会打破饭碗，关进集中营，甚至于失掉生命。因此这教学自由，也是要在整个的人民基本自由中全盘解决。让我们和人民站在一条战线上，争取真正民主的实现。共同创造一个独立、自由、平等、进步、幸福的新中国。

注 释

① 民国初立的几个月　指1911年10月10日武昌起义胜利后，17省推选孙中山就任临时大总统。到1912年2月13日在军阀袁世凯的暴力压迫下，孙中山被迫辞职为止。

② 推翻复辟后的几个月　指1917年军阀张勋为清室复辟被击败后的几个月。

③ 五卅惨案以及北伐前后一二年　指1924年初到1927年蒋介石发动四一二反革命政变前这段时期内。

④ 一二九到抗战开始后一年　指从1935年12月9日，由中国共产党所领导的一二九运动掀起全国性的抗日救亡运动新高潮开始，到1938年10月武汉沦陷。

⑤ 训政　孙中山《建国大纲》一书，把建国程序分为军政(武装革命)、训政（教育人民运用民主)、宪政（让人民当家作主）三个时期。原定头两个时期都很短，但蒋介石却把训政时期延长了十余年，并实行独裁专权，妄图把人民训练成为“顺民”。

生活教育的创立与成长*

一、晓庄师范之成长

“生活教育”第一次的发现，是民国七年在南京高等师范演讲。中国的教育太重书本，和生活没有联系。教育不通过生活是没有用的，需要生活的教育，用生活来教育，为生活而教育。为生活需要而办教育，教育与生活是分不开的。我们应以前进的生活提高落后的生活，以合理的生活提高不合理的生活，以有计划的生活，克服无秩序的生活。民国八年是生活教育思想上的萌芽。民国十五年，有五六个教师下了决心，丢掉了传统教育下乡去。民国十六年三月十五日在南京的一角，才出现生活教育的具体机构——晓庄师范，也就是生活教育从理论到实践开始的一天。

二、阳光下的诗意生活

民国十六年三月十四日晚上到乡下去筹备开学，一个狭小的房子，住五个人，还有第六个是一匹老牛，它却占了一半多地方。第二天早晨，江苏教育厅厅长江问渔来了，我们也在那屋子里欢迎他。后来，我们到会场上去布置了，没有人招待江厅长，

---

* 本篇系1946年5月初在生活教育社上海分社筹备会上的讲话。摘自1946年8月2日上海《文汇报》辉子的报道《永远留在人间的声音—陶先生讲〈生活教育创造史〉》。

以劳苦功高的老牛陪他。

开学礼是生活教育的开学礼。到的人数据陈鹤琴先生说有一千多。

没有房子而开学校，这是首创。我们以青天为顶，地球为地，日光照着工作，日光下休息和唱歌，过着富有诗意的生活。

学生男的以开荒挑粪、女的倒马桶作为考试，洗菜、烧饭、打杂都得学生自己动手，因此，有一首："书呆子烧饭，一锅烧四样：生、焦、硬、烂"。挑水挑粪的比赛作为运动。学校没有围墙，农民随时可到学校里去。每家农家住有一二个学生，帮着扫地抹桌等操作，跟农民生活在一起，相互学习。学生和农民熟悉交流后，学生重新发现自己也有一双手，农民发现自己还有一个头脑。

后来，晓庄被封，封条没处贴，贴在黑板上。

三、普及教育的小先锋

我从日本回国后，在大场孟家木桥建立了山海工学团。学生来一个收一个，来两个收一双……来者不拒。学生人数由二三十个，而七八十个，而一二百个，不断地迅速地增加着。四个先生教得累死了，还坚持做到不来读书的要送上门去。

在客观情势的要求下，发明了"小先生制"。读书的小学生回去后做小先生，去教自己的姊姊和母亲等读书。

宝山县教育局长冯国华先生，他也是生活教育社的社员，打算普及宝山县的教育，请我作了一个计划。呈到省政府里去，受了撤职查办的处分。山海工学团为了普及教育，也要查封？终于因查无实据而打消。

四、培养老百姓做主人

之后，成立了国难教育社，流浪儿童工学团、报童、女工工学团相继产生，运用生活教育的力量，号召全国人民起来抗日。

当前最大的任务，是普及民主教育，培养老百姓做主人，造成自由平等幸福的新中国。我们必须同心合力来展开，为推动普及民主教育的工作而努力。

为成立生活教育社上海分社的呈文

窃属社同人，本协助政府推行普及教育、服务社会之旨，于民国二十七年十二月十五日在桂林创立生活教育社总社，并蒙社会部以社字（113）号证书准予立案在案。同人等顷复鉴于上海为中国第一都市，普及教育之研究及推行更属殷切，于上月在本市虬江路瑞和里二弄十七号进行筹备。兹者筹备工作业已就绪，定于本月十二日下午二时假本市新闸路新闸小学礼堂召开本社上海分社成立会，理合备文呈请备案，并请届时派员莅临指导。谨呈

上海特别市社会局局长吴

生活教育社理事长陶行知呈

中华民国三十五年五月四日

附一：社会局金专员关于生活教育社上海分社成立大会情况的报告

（1946年8月12日）

奉派出席生活教育社上海分社社员大会，当曾携带应填表格面交该社负责人补办发起手续。查是日到会演讲者有黄任之、陶行知、田汉、郭沫若等，宣传“民主”言论，语多讽刺政府，讲毕即行散会，并未举行选举。时隔二月，一切手续均未遵办，特此报告，签请鉴核。

专员　金□日呈

查该分会未依法选举，事前亦未办任何发起手续，不得认为成立，拟批复知照。

附二：社会局给生活教育社批复稿

（1946年8月24日）

全衔批市社（35）组一字第17767号

批生活教育社

卅五年五月七日呈一件为成立上海分社请派员出席由。

呈悉。查该社所请成立上海分社，事前未经依法申请组织，而召开大会时亦未依法选举，该分社未便认为成立，仰即知照。

此批

局长　吴○○

副局长　李○○

生活教育社上海分社成立大会邀请信

先生大鉴：

敝社宗旨在探讨推行最合理最有效之新教育原理与方法，并促进自觉性之启发，创造力之培养，教育之普及，生活之提高。素仰：

先生提倡教育不遗余力，同人欢迎。

先生入社共同努力，并请介绍同志集思广益，共观厥成。兹奉上《教师生活》一份，入社书五份，以便应用。十二日下午二时上海分社在新闸路小学举行成立典礼，亦希约集入社新友莅临，不胜盼祷。敬颂

康健

生活教育社理事长陶行知

〔五月〕

虚心　学习　贡献*

生活教育社有一套理论，也有一套实施的办法。这套穷办法，是从多灾难的环境里压出来的。

我在推进生活教育中，得到一个经验：当民国十八年南京大旱时，和平村①的村民，因为吃水而召开了一次村民大会。主席是一个十三岁的孩子。十三岁的孩子，怎能有被选举权呢？可是他也要吃水呵！大会上第一个提议的，是一个五十岁的老太婆。她说："人要睡觉，第二天才能工作。井不睡觉怎么行呢？"她提议夜里叫井休息八个钟头。通过了，继又决议推举夜间监察员。我隔天早上问这位监察员："昨夜成绩如何？"他的答复是连半个偷水的也没有。

在这次"民主生活教育"的实验中，证明了中国的老百姓能立法、守法，能在这种民主的生活中，学做中华民国的主人。

愿大家都能活一百岁。怎样生活着呢？虚心，虚心，虚心服从人民，服务人民；学习，学习，学习到人所不能，人所不及；贡献，贡献，贡献于文化为公、天下为公。

---

* 本篇系陶行知1946年5月12日在生活教育社上海分社成立大会上的讲词。原载1946年5月14日《神州日报》，摘自该报记者阿凤的特写。据5月13日上海《申报》对这次讲话的报道："陶行知致词，对于黄炎培、施剑翘等献身教育界表示钦佩。郭沫若等主张生活教育应改作生活学习；田汉主张生活教育之生活应是民主生活，尤觉适应时代，表示接受。最后以虚心，虚心服从人民；学习，学习人所不及；贡献，贡献于文化为公、天下为公相勗勉。"

注释

① 和平村　位于南京和平门外。

第一件大事*

现在中华国民应该努力的一件大事是停止内战，全面停止内战，无条件地停止内战。

把内战停下来，再谈别的事。

如果内战停不下来，经济必然崩溃，教育必然破产，国格必然一落千丈，整个民族，包括教师在内，是没有前途了。要想整个民族有前途，我们必须披发撄冠，急起直追，联合起来，停止内战。在这千钧一发的时候，我们不应该再把自己沉沦在教死书、死教书、教书死的泥沟里，赶快跳出教书匠的小圈子，面对着悲惨的命运，拿出并团结每一个人的力量来停止内战。

我们有所学，学的是停止内战；有所教，教的是停止内战。在我们的岗位上，动员一切力量来停止内战。这是我们当前不可放松的第一件大事。

* 本篇原载1946年5月23日《时事新报·教师生活》周刊第14期。

民主教育*

我今天讲的题目是“民主教育”。

我们现在的教育，不是以不变应万变的时候，而是以丕变应万变的时期，中华民国的教育，应与大清帝国不同。从前是一个人的主人教育与四万万人的奴隶教育，和文武百官的奴才教育，而今要四万万人民的主人教育、文武百官的人才教育。但是现在的奴隶教育太多，主人教育太少。“中华民国”的招牌，顾名思义，奴隶教育应除尽，整个社会需要的是全民组织起来的民主教育，没有一个人可以失去民主教育的机会。

在这万变的社会中，我们还要保住一种好学求进步的精神，我们从小曾学过民主，所以上自握权的人，下至保甲长、校长，都不是因袭旧的独裁作风，我们以往所学的，现在都不足以再来教学生，我们需要自我再教育。自我再教育就是我们再受民主教育。

民主的教育，包括四点：

一、民为贵——大家说“教育第一”，其实更重要的是“人民第一”，只有重视人民的教育，才能第一。

二、“天下为公”——教育为公，文化为公，不可由任何人据为己有。

---

* 本篇原载1946年5月25日《文汇报·教育阵地》第2期。记录者：陈嬗帨。

三、建立民主的主张——应该集思广益、虚心学习，用民主方法，从各阶层多方面结合而成的主张。

四、自己要说话——也让别人说话，最好是大家商量。自己要做事，也让别人做事，最好是大家合作。自己要吃饭，也让别人吃饭，最好是大家有饭吃。自己要安全，也让别人安全，最好是大家平安。自己要长进，也让别人长进，最好大家共同长进。

这些都是我们以前所没有学过的，不但要再学习，而且要将所学贡献给人民，为人民大众而服务。

进行自我再教育，不能没有先生，配做我们的先生的人要具有两种资格：

一、有真知灼见而无偏见。

二、敢说真话，不说诳话。

此外，我们应该拜两种素来没有想到过的老师：

一、我们应该跟我们的学生学习，不拜儿童做先生，就做不好先生。我可以举一个例：当晓庄师范被封的时候，我们的教员不能去上课，小孩们没有了先生，他们不接受被派来的老先生，于是大家想出了温习的办法！他们聚在一个庙里，一块儿温习，自称为自动学校，而且举了一个十五岁的孩子胡同炳做校长。我那时在上海，听了这消息很高兴，就做了一首诗给他们："有个学校真奇怪，大孩自动教小孩，七十二行皆先生，先生不在学如在。"我把诗给几个大学生看，大家都认为很好，于是我就快信寄到晓庄去。三天之后，胡同炳来信了，他说诗应该修改。"大孩自动"，难道小孩不能自动吗？你说"大孩教小孩"，我们这里小孩也教大孩。你说有个学校真奇怪，大孩教小孩，有什么奇怪呢？这三大炮，把我那个"大"字炸得粉碎，从此我便依他的建议，改作"小孩自动教小孩"。诸位看看，不是更好么？还有一个例：南通张孝若的女儿，才十三岁，一次我在那里讲演，一分钟讲四个题目的讲演：

一、做工——只吃饭，不做工，什么人？寄生虫。二、读书——吃饱饭，不读书，什么人？老母猪。三、教人——读死书，不教人，什么人？不是人。四、打倒帝国主义——这题目，现在已改作“怕民主”了。——教死书，怕民主，什么人？小老鼠。

那位张小姐听完站起来说，第三题的不是人，不好。茶杯不是人，桌子也不是人，不是人的东西太多了，她想改作“木头人”。我接受了，诸位看，不是比原来的好多了吗？

所以我要学生做先生，了解学生，才能教学生，而且常和学生在一起，可以青春不老。

二、还有一位最伟大老师，就是老百姓。老百姓知道的，比我们知道的多，我们应和他们作知识上的交流，十九年前我在晓庄时，许多东南大学的学生，常常来玩，有一天一个大学生说：“农友，你种这许多韭菜，卖得完吗？”那农人说：“先生，这是麦子!”我在旁边看见那大学生，装满了知识学问的大头脑似乎缩小了一些。

还有一点，我们应向老百姓学的，他们教我们用手。我们知识分子，常常不会用手。从前我们学校开荒考试，男生先考挑粪，女生先考倒马桶，若是考得不高兴，就不必再考别的。农人的刻苦勤俭，都是我们应学习的美德。这次抗战，农人出力最多，虽然胜利的果实，他们没有享到。要了解农人的痛苦、需要和他们心中的愿望，去学习，才能帮助他们，并为他们服务。办民众学校，若只凭他们所想的去学，学生是必定每天减少，终至跑光了。我有一首诗：“民之所好好之，民之所恶恶之，教人民进步者，拜人民为师。”我们不能将他们当鸭子填，更何况我们所填给他们的东西，一点也不滋补，他们怎能欢迎？我们都有小独裁的作风，若没有人民的力量，仅仅自己有决心还是做不了的，总之，我们要虚心向人民学习。

三、要建立组织——一个社会大学，大家天天在一起，一同求进步。应该受社会大学教育的，是职业青年与教员。上海有四万人需要受这种教育。

办社会大学，亦应有普通大学的种种困难与限制，只需三个条件：

（一）有学问的教师；（二）能听讲做笔记，而好学不倦的学生；（三）还要有一个大学之道，即师生共同走的路线，如孔子的大学之道和苏格拉底之自明，都是例子。

重庆的社会大学，是学生自己发起，自己筹款，自己举校长，自己开教授名单，也有一个大学之道，是修改儒家之大学之道的。

（一）在明民德（而非明德）——民德有四：（1）觉悟（非民可使由之，不可使知之）——要使学生知道自己是中国的老板。（2）联合——联合起来做老板。（3）解放——头、手、嘴、眼、时、空六大解放。（4）创造——要创造新的自己、新的中国、新的社会。

（二）在亲民（而非新民），亲民有三部曲：（1）钻进百姓队伍与老百姓亲近。（2）成为他们的亲人。（3要老百姓承认你的确是他们的亲人。还有一个三部曲：（1）为人民服务。（2）跟老百姓学习。（3）和老百姓共同创造。

（三）止于人民之幸福——与人民共同造福除苦，所谓幸福有四：（1）福——安居乐业，有自由，有读书机会。（2）禄——丰衣足食。（3）寿——健康有保障，生病有医药。（4）喜——结婚、生儿育女、经济能力，都能如愿以偿。

希望大家创造社会大学，以进行有系统之自我学习，武装自己，以争取民主，而不断地为老百姓服务。

谈接收主权*

——和小学教师谈话之二

中央①进兵东北，始而是要接收了长春，才肯开始谈判，现在好像是要接收了东北的主权之后，才肯进行协商。

接收主权是个好名词，使反对进兵的人不好措辞；因为你若反对进兵，要求停止内战，就好像是反对接收主权。

其实苏军完全撤去东北之照会到达国民政府之日，即东北主权完全恢复之时。主权在民国是属于人民全体，不属于任何一党。

如果还要履行接收仪式的话，那是要足以代表人民全体之机构去接收，不宜由一党去接收，更不宜由一党用党军的武力去接收。

因为由一党去接收，它会在东北遇到别的党而引起党与党间之纠纷；由一党的军队去接收，它会在东北遇着别党的军队，而引起党军与党军的冲突；你胜我不服，我胜你不服，终至于两败俱伤，民不聊生。万一照着黩武派的梦想，国民党武力接收一旦成功，那也只可以算是国民党在东北恢复了一党专政，不好说是人民全体接收了主权。

因此，我们主张：

一、用和平的方式去接收，不用打仗的方式去接收；

---

* 本篇原载1946年5月30日《时事新报·教师生活》周刊第15期。

二、由各党各派及社会贤达合组之代表团，包含东北人民的代表在内去接收，不由一党一派去接收。

这样，属于人民全体的主权，才不会转变为一党的党权，乃至党权高于一切。这样才可实现执政党之天下为公；这样才可以把东北的内战，乃至全国的内战停下来，使整个中华民族透一口气，共同负起建国的责任；这样才可以把五强之一的光荣国格，免于沉沦，而且还能发扬光大，与友邦合作，创造出一个和平幸福的新世界。

注释

① 中央 指国民党当局。

教师自动进修*

——和小学教师谈话之三

近来上海小学教师有一个极重要的运动，这运动是自动求学、自动进修、自动追求进步。有些人一做了教师，便专门教人而忘记自己也是一个永久不会毕业的学生。因此很容易停止长进，甚而至于未老先衰。只有好学，才是终身进步之保险，也就是长青不老之保证。

孔子说："学而不厌；诲人不倦。"有些人做了几年教师便有倦意，原因固然很多，但主要的还是因为不好学，天天开留声机，唱旧片子，所以难免觉得疲倦起来。唯独学而不厌的人，才可以诲人不倦。要想做教师的人把岗位站得长久，必须使他们有机会一面教、一面学，教到老、学到老。当然，一位进步的教师，一定是越教越要学，越学越快乐。

但在不民主的社会里，教育官不但不鼓励教师进修，而且见着教师看书、看报、同学生座谈，还要怀疑他别有作用。所以教师们要想得到充分的进修自由、研究自由，必得和老百姓站在一条战线，争取民主的实现。在民主没有实现以前，教育官不会顾到我们真正需要的进修。那么我们自己组织起来，依地域学科进行学习，是再好没有的一件事，我想教师的进修，应该包括下列

* 本篇原载1946年6月6日《时事新报·教师生活》周刊第16期。

几种要素：

（一）社会科学，如政治问题，经济问题以及世界史、本国史必须弄清楚；

（二）教育本身的理论与技术，必须精益求精；

（三）每星期有两晚或三晚的系统讲习，可分区分科举行；

（四）星期日早晨的讲演大会，务必继续不断的举行；

（五）程度较高者，宜从事专题研究，每人在一个专题上继续不断探讨，到本题解决或有系统详尽之报告……才告一段落；

（六）寒暑假运用旅行修学；

（七）联合组织一教师流通图书馆，以便利大家参考。

好学是传染的。如果教师们以集体力量鼓励彼此进修，影响所及，决不会让上海专美，将见全国闻风兴起。各地教师自动组织起来，学习再学习，其结果不但是能造成好学之教师，好学之学生，而且一人传十，十人染百，将会造成一个好学之民族，那么中华民国亿万年之进步，亦于此得到有力的保证了。

谈扫除文盲*

——和小学教师谈话之四

据六月十一日《世界晨报》说，上海教育当局预备在今年暑假运用高中以上学生和在校教师，实施强迫教育，开办二千班，每班收五十人，扫除十万个文盲。

用寻常的眼光看来，在两个月之内，扫除十万个文盲，不能不算是一件有价值的事。的确，如果中国在这短短的两个月之中，真能增加十万个识字的人，总是可喜的消息!

但是仔细考虑之后，这里面是包含了一些疑问：

（一）学习好比吃饭，肚子饿了要吃饭，何用强迫？学习要强迫，可见强迫者和受强迫者之需要有些不同。而且所要学习的东西是不合学习者的口味才要强迫。因此，我觉得扫除文盲，要做到不必强迫就能做到适合老百姓的口味。我们应该研究怎样改良我们的教材教法，使他们适合老百姓的需要。让我们跟厨子学习，使凡吃过我们烧的菜的人，越吃越要吃。人家不要吃我们烧的菜，而要拉人来吃，拉也不来，还要罚他，这样的厨子是难免有问题。

（二）吃饭是每天三餐，最少也得每天两餐稀饭。除非是有大灾荒，就是树皮草根也要每天吃三顿。如果说，一个人每年十二个月中只有暑假两个月有饭吃，其余十个月都没有饭吃，我不

* 本篇原载1946年6月13日《时事新报·教师生活》周刊第17期。

知道那个人如何活得下去？每年只预备暑假两个月给老百姓学习，我也不知道他如何学得下去？如果所学不是人生所需，那一天也不必学。如果所学是人生所需，那是要一年学到头，一世学到老，决不是两个月的短命学习所能满足。

（三）上海人口号称四百五十万人，除了五十万很小的小孩，有四百万人要学习，不识字的固要学习，识字的也要再学习。一年十万人要四十年才得普及。这是令人不能忍耐的漫漫长夜呵！因此我希望主管教育的朋友要想个法子，使文化瞎子快一点得到眼药，可以睁开眼睛看看真实的世界。现在虎列拉来了，当然要打预防针，可是听说，每天只来得及注射一万人，几乎要一年半才能完成。我希望扫除文盲和预防虎疫，要同样的有一个更正确更迅速有计划的预算。

我说这些话，不是反对扫除文盲，不是反对暑期扫除十万文盲，而是觉得不够，觉得上海要有更好的、更迅速的、更有效的、更适合国情的方法来推行普及教育，使上海不但可以扫除文盲，并且可以令整个上海的人得到学习的嗜好，保证终身的长进。这个方法希望大学研究出来，我将愿意就我所知道的下次再和大家闲谈并请指正。

怎样可以得到和平*

怎样可以得到和平？让我来拆一个字吧。和字从禾从口，要大家有饭吃，而又平等相待，才是和平之道。所以天下为公，立刻可以得到和平；天下为私，是永远得不到和平，一直到那个私字化为公字才行。

邱吉尔批评苏联说他不懂西方的民主。就美国近来在中国的行动来说，我也难免要批评一句，美国到现在还不懂得中国的民主。如果懂得中国的民主，是不必费这样多的力气而中国的和平是久已实现了。

国民党当局在中国执政了十九年之久，到如今还不懂得中国的人民，不懂得中国人民的要求。从教育的眼光看来，实在是学习得太慢了。如果学习得稍微快一点，和平是早已来到了。

币原实在可以算是一位有远见的人。当日本军阀要想并吞东三省的时候，只有他说他们是吞了一颗炸弹。中国和美国关于东北的策划者，到如今还没有这样高的智慧。从今以后，企图独吞东北，不是吞下一颗炸弹而是吞下一颗原子弹。如果东北战事之

---

* 本篇原载1946年6月15日《周报》第41期。系该刊《十五天后能和平吗?》笔谈会的稿件。又载6月22日《民主》第39期。这年6月6日，周恩来和蒋介石分别代表共产党和国民党各方，宣布自1946年6月7日中午12时开始，东北战场休战15天。《周报》从第41期起辟专栏讨论，发表了周建人、茅盾、郭沫若、柳湜、丁玲、石挥、张伐、马叙伦、胡绳、田汉、陶行知等共42位知识界名流的笔谈稿。

策动者协助者有这一点智慧，和平可以立刻降临。

华莱士从苏联带来过斯大林的愿望：边界希望有了解苏联的人，中苏边境三千多哩，两国官吏都互相了解总比互相反对要好些。

东方的和平乃至世界的和平，有赖于中苏边境军政人民之互相了解。

前次停战协定，将东北划在停战之外是一个漏洞。这次停战条款，只谈军事不谈政治也是一个大漏洞。我们所需要的是真的和平，是有内容的和平。和平与民主不可分，我们要有和平的民主，民主的和平。为什么只谈军事而不谈四项诺言和政治纲领之实现？只有基本自由之兑现，和平才有真价值。否则，在奴隶的和平下做和平的奴隶，有什么意义？因此我们需要和平，同时需要民主。和平与民主都不是从天上落下来的，也不完全靠着代表商谈出来，要靠全国人民，万众一心，拼命争取，才能得到和平，同时得到民主。因此我们希望谈判公开，军事与政治，和平与民主的谈判都公开，使老百姓皆得与闻，而作最后之裁定。

人民的呼声*

八天的和平太短了，我们需要永久和平!
假装的民主太丑了，我们需要真正的民主!
我们要用人民的力量，制止内战，争取永久的和平!
我们要用人民的力量，反对独裁，争取真正的民主!

* 这是1946年6月23日在上海北站10万群众欢送人民代表赴南京请愿的大会上的演讲。15天停战满期后，国共双方又达成延长8天的休战。原载《陶行知先生四周年祭》扉页。

美国应停止援助国民党*

我是上海五十四个反内战团体的发言人。这些团体包括十万人。这些团体要求美军立即撤离中国，美国停止对国民党政府的一切援助，直到停战及联合政府之实现。如果美国停止援助国民党，和平的机会当更大。国民党现在所享有对共产党的优势一旦消除，则双方分歧当更易求得解决。

* 本篇是1946年6月25日民主同盟负责人之一的陶行知在举行记者招待会上的讲话。摘自新华社6月26日据外国通讯社报道的延安电讯稿，载1946年6月28日《新华日报》。

和平民主如不实现进京代表决不回来*

我们确实知道在南京对和平代表有组织的殴打，是政府中一种团体所主使，这种人只有藉着战争才能保留势力，民主运动及和平运动正与他们的野心对立。

这次的殴打是与在昆明、重庆、成都以及其它地方对待学生的办法是一贯的、相同的，反动的力量是逐渐将三民主义变为法西斯的组织。CC①对此事实责无旁贷②。

这联合团体是产生在五月一日，其中包含五十四个单位，目的是为推进民主而组织。因无民主，中国人民即无法前进。和平运动是在五月发起，在六月廿三召开大会正式成立。会员有十万人，与会者五万人。

联合会派遣十个代表赴南京要求和平。当他们抵镇江时，有装扮难民者想打他们未得逞。抵南京时他们即被所谓“难民”所包围。

一些宪警们，想将四个代表放入一室，其他的再放一室，警

* 本篇摘自1946年7月3日延安《解放日报》，系新华电讯稿，标题前有“陶行知博士对记者称”字样，电讯导语：“据上海《字林西报》6月26日载：‘陶行知博士为下关事件等问题向外国记者发表谈话，兹转载如下。’”稿末注有“（陈译）”。下关事件，指1946年发生在南京下关车站国民党特务殴打马叙伦、盛丕华等11位和平代表的事件。

察当时未动武。但警察走后，这群人即开始动武。

动武者不会是真正的难民，这有三个理由：第一，他们无从得到代表的消息，并且组织即时的殴打；第二，在南京并无难民的收容所；第三，我们的目的是为和平，这是有益于难民的，因为只要和平协议一签署，他们即可返乡。

这联合会是要真正的和平与民主，需要有民主有正义的和平。不管这次殴打，我们要坚持到民主和平降临中国，我们要为民主斗争，因为没有民主谈不到和平。

在中央政府中有好战的政治集团，这是法西斯团体，CC不能对此事卸责[③]。

如“美军离开中国”等……与联合会有关。只要美军留在中国，还能惹起更多的麻烦。

我们感谢美国在日本侵略中国时给与的协助，但海军陆战队竟在日本投降以后留在中国。我们希望美国对华援助，能展期到团结民主的政府在中国成立之后。我们不希望主战派被鼓励作内战，我们相信，如果他们不被这样鼓励，内战一定就会停止[④]。

问：和平代表何时回上海？

答：他们是为和平去请愿，大会令他们必须成功，不准失败。如不争取到和平，他们决不回来。假若他们失败了，其他的人要派去代替他们，直到永远的和平得到时。

何：蒋主席[⑤]是否需要和平？

答：蒋主席有心理上的错综。一种错综使他相信，每个想要和平和民主的人都是共产党。

有六家中文报纸同情和平运动。

在最近几天内，这协会要发表一宣言送给美国人民，其中要求美国人不要促进中国内战的爆发。[⑥]这宣言亦责难中国反动势力破坏马歇尔将军的工作，变三民主义成为法西斯制度。

在这宣言中将要指出中国在建设上需要帮忙，但不需要在破坏上帮助，美国继续不断地支持国民党，只能鼓励法西斯分子打内战，并要求美国人民对于铲除中国法西斯的斗争中加以援助。

注释

① CC　指国民党CC派陈果夫、陈立夫及其所控制的特务组织国民党中央调查统计局（简称“中统”）。

② 记录者在上两段话后写有如后文字：“上面这两段直言无讳的责难，是上海和平运动领导者陶行知先生在国际饭店外国记者的招待会上的谈话。和平运动是由上海市民联合会、民主促进会以及上海争取和平会所发起。”

③ 这段话是在答复一个问题时所说的。

④ 这段话是在答复问墙上有反美的标语时说的。

⑤ 蒋主席　指蒋介石，时任国民政府主席。

⑥ 新华社加有按语：“实际上是继续扩大和延长。”

“走向殖民地”*

四十年的国民革命[1]为的什么？八年的抗战，又为的什么？无疑的是：“其目的在求中国之自由平等。”[2]古语说：“履霜坚冰至。”路上已经有霜，河里快要结冰了。中国走向何处去呢？

（一）日寇已经投降十个月，美军还驻在中国，而且在有些地方，据说，还有中美两军联防的阵容。

（二）海关好比是新工业的山海关，又落在外国人的手里了。

（三）买办的财政经济政策，使外国货充满市场，打碎了本国的民族工业。

（四）外国轮船又可以自由驶入内港了。

（五）国共谈判，原是内政，友邦调解，固可欢迎，但以最后决定权给予外国人，是失了国家的体统。我想，如果马歇尔将军真正尊重中国的国格，是难以接受这样的殊荣的。

一串事实，证明中国是走向殖民地。

我们做教师的应该严重考虑，我们吃不饱饿不死，抱着牺牲精神，为后一代服务，唯一的希望为要把千千万万的小孩子培养成中华民国的小主人，并且要帮助全国的人民好学，使大家都变成中华民国真正的主人翁。倘真正的主人翁和小主人没有培养成功之前，中国已经从五大强国之一沦为殖民地，大家连我们自己

---

* 本篇原载1946年6月30日上海《文汇报·教育阵地》第7期。

在内都变成奴隶和小奴隶，那我们便算是一生白费心血，整个失败，全军覆没。前面是万丈深坑，前面是死路一条，前面是地狱。让我们发出紧急信号，唤起民众，制止盲目领导，以期赶快临崖勒马。

追本推源，中国之所以走向这样严重的错误，还是因为反民主好战分子想借外援，以取得在内战中之优势。所以根本救国之道，还是要停止内战，实现民主。只有永远停止内战，真正实现民主，才能免于殖民地之厄运。

注释

① 四十年的国民革命　指孙中山所领导的国民革命，是开始于他领导兴中会、华兴会、光华会组成同盟会的1905年。

② “其目的在求中国之自由平等”　这是孙中山临终时的遗嘱。

欢送费正清*

希望费博士快快的回到中国来!

希望美国政府慢慢的援助中国!

等中国成立了民主的联合政府之后再大量援助!

* 本篇是1946年7月6日晚，陶行知与郭沫若、茅盾三人发起，上海文化界30多人参加，为美国国务院文化代表费正清举行饯别宴会时陶行知的发言。原载1946年7月8日上海《文汇报》。

社会大学运动*

社会大学有两种：一是有形的社会大学；二是无形的社会大学。社会大学运动是要把有形的社会大学普及出去，并且要给无形的社会大学一个正式的承认，使每一个人都承认这无形的社会大学之存在，随时随地随事进行学习。

无形的社会大学，是只有社会而没有“大学”之名。它是以青天为顶，大地为底，二十八宿为围墙，人类都是同学。依“会的教人，不会的跟人学”之原则说来，人类都是先生，而且都是学生。新世界之创造，是我们的主要的功课。无形的社会大学，虽无社会大学之名，实实在在它是一个最伟大的大学，最自由的大学，最合乎穷人需要的大学。我们穷人一无所有，有则只有这

---

* 本篇原载1946年7月16日上海教师生活社出版的《教师生活》第6期。1946年5月22日上海《文汇报》曾刊载蓝依写的陶行知在上海沪江大学演讲的专稿，题为《社会大学之道》，内容与这篇文章的后一部分基本相同。演讲开始蓝依还记载了下面一段话：

“可能进入社会大学的人数，有216万人，这是一个庞大的数目，这么许多人因为社会大学的门没有开而彷徨在知识之宫外了。这批青年中有没有进入大学之门的高尔基，有没有进过中学的茅盾……但是，社会大学虽然重要，而要使上海的4万知识青年入校确是很为难的。

要办社会大学，最重要的必需有一个大学之道。

孔子办大学，兼办附属中学，先生兼校长，他也有一个大学之道。而孔子的大学之道，当然不适合于今日，孔子当然是没有男女同学的。虽然如此，孔子的社会大学，要在今日立案，可也不是一件容易的事呢！重庆的社会大学又是如何的创办起来呢？一句话，百姓的要求以及时代的潮流的推动，我用不着三顾茅庐，便请出了第一流的教授！”

样一个社会大学。这无形的社会大学既然是我们的，我们就应该承认它、认识它，把它当作我们自己的宝贝，运用它来教育我们自己，使自己和同伴近邻养成好学的习惯，活到老、学到老、进步到老。把这个意思打进每一个人的心里，是社会大学运动的第一个任务。

当黄齐生先生参加中华职业教育社的一个会议的时候，他在名单上列为第一名。有些青年干部不服气质问主席说，黄先生是哪个大学毕业的？江问渔先生回答："黄先生是社会大学毕业生。"大家才没有话说。江先生所说的社会大学，便是我所指的无形的社会大学。黄齐生先生既因这无形的社会大学而有所成就，让我们大家都紧紧的把握着这个大学来进行学习，追求真理，以为老百姓服务。

有形的社会大学是夜大学，早晨大学，函授大学，新闻大学，旅行大学，电播大学。

重庆开办的社会大学，是夜大学，纯粹由职业青年自动创办的。有些地方的职业青年，早晨要到九点钟才上工。早晨可以进行二三小时的学习，便可以开办早晨大学，以应这种青年之需要。

可能进夜大学、早晨大学的青年，依我估计中国足足有四百万人。每年高中毕业生有十一万人，能考取正式大学者只有一万多人，那末每年就是九万多人不得其门而入。人生从十六岁到四十岁，至少应该努力学习。这样算来便有二百一十六万人，除去死亡害病十六万，应有二百万高中毕业生，要求社会大学予以进修的机会。

此外还有大学一年级、二年级、三年级删下来，而不得不找工作养活自己的青年。还有受过大学四年教育的人，而觉得时代已经变动需要再学习。还有大群的自学青年，倘使得到社会大学的便利，进步可能更为迅速。只要能听讲而又能记笔记，便有入学资格。这样估计起来，至少再加二百万人。因此，我估计中国全国有四百万职业青年需要社会大学帮助他们进修。我们应该在全国展开社会大学运动，在各大都市建立夜大学和早晨大学，来应济这广大的需要。正统大学能附设夜大学、早晨大学固然可以，但是单独设立尤有必要。它们可以由职业青年、进步学者或热心社会人士分头或合力发起组织。一切要简而易行，不要让自己的幻想野心把办法弄得太困难，而阻碍了发展与普及。普及与发展夜大学、早晨大学，是社会大学运动的第二个任务。

至于函授大学、电播大学，是要集中的办。旅行大学，包括海陆空三方面。新闻大学，是以好报为中心，辅以好杂志，并助以经常的座谈会。把这几种事业有效的办起来，是社会大学运动的第三个任务。

社会大学，无论有形的无形的，要有一个共同的大学之道。孔子的大学之道是："在明明德，在新民，在止于至善。"现在时代不同了，我们提议修改几个字，成为："大学之道：在明民德，在亲民，在止于人民之幸福。"

社会大学之道，首先要明白人民的大德。人民的大德有四：（一）是觉悟。人民要觉悟，中华民国是一个大公司，个个国民都是老板：男的是男老板，女的是女老板，大人是大老板，小孩是小老板。（二）是联合。做老板要有力量，力量从联合而来，不联合没有力量，凶恶的伙计是不会理睬我们的！所以要联合，四万万五千万人要联合起来做老板才行。（三）是解放。有了力量便需进行解放，我们要联合起来，在进行解放的斗争中增长我们的力量。我们要学习争取六大解放：（1）头脑解放；（2）双手解放；（3）眼睛解放；（4）嘴解放；（5）空间解放；（6）时间解放。（四）是创造。解放出来的力量要好好的用，用在创造上，创造新自己、创造新中国、创造新世界。

社会大学之道，要亲近老百姓。我们认为亲民的道理，比新民的道理来得切实。我们要钻进老百姓的队伍里去和老百姓亲近，变成老百姓的亲人，并且要做到老百姓承认我们的确是他们的亲人。

社会大学之道，是要为人民造幸福。一切的学问，都要努力向着人民的幸福瞄准。所谓人民的幸福，用老百姓自己的话说便是福禄寿喜。照着人民所愿望的福禄寿喜四大幸福进行，我们的学习才于人民有益，才配称为社会大学。也只有社会大学与人民幸福打成一片，而后社会大学运动才成为人人应该参加的富有意义的大运动。

附　录

我们对于推行新文字的意见*

中国已经到了生死关头，我们必须教育大众组织起来解决国难。但是这教育大众的工作，一开始就遇着一个绝大的难关。这个难关就是方块汉字。方块汉字难认难写难学。每一个人必得花费几年功夫，几十几百块钱才能学得一点皮毛。一个每天做十二三点钟苦工的大众是没有这些空闲时间，也花不起这许多钱来玩这套把戏。手头字简字是方块汉字的化身不是根本的解决。注音字母是为方块汉字注音的工具，不过是方块汉字的附属品。国语罗马字崇奉北平话为国语，名为提倡国语统一，实际上是来它一个北平话独裁。在有闲有钱的人看来，学了一口北平话再用罗马字母读读写写，是不费什么事。但是叫一个上海的、福州的或广州的苦人，同时学北平话又学罗马字，那几乎是和学外国语一样的难。国语罗马字又注重声调的符号，把初学的人弄得头昏脑黑。简单的说，中国大众所需要的新文字是拼音的新文字，是没有四声符号麻烦的新文字，是解脱一地方方言的独裁的新文字。这种新文字，现在是已经出现了。当初是在海参崴的华侨制造了拉丁化新文字，实验结果很好。他们的经验学理的结晶，便是北方话新文字方案。但是我们不要误会。海参崴的华侨也是中国人。所以这个方案虽是在外国产生，但还是中国人的作品，是和

* 原载1936年5月1日《生活教育》第3卷第5期。

别的中国留学生华侨的作品一样的不容歧视。现在上海话新文字方案也已经由上海的专家造成发表出来，征求大家批评。厦门和客话方案已经编成正在这儿审查。广州、福州、徽州各处方案也正在编制。这些工作是由中国新文字研究会主持进行。

根据上海话新文字方案实验结果，平常人每天费一小时只须半个月功夫，即可写新文字的信，看新文字的报，读新文字的书。聪明些的人两个星期就行；笨一点的人，只须一个月，成绩也不错了。每人所花的，只要三分钱。义务教育培养一个小孩，每年平均要花八块九毛钱。民众教育培养一个成人，要一块八毛钱。上海一带运用小先生教汉字，每人也要花三毛钱；三万万人的普及最粗浅的初步汉字教育至少就得九千万元。去年教育部筹款办义务教育，努尽了力只筹得三百多万，相差是太大了。倘若推行新文字，每人三分钱，连黄包车夫也出得起。所以就时间金钱两方面来看，新文字是普及大众教育的最经济的文字工具。

有人怕各地方言新文字起来之后会阻碍中国统一。我们详细的把它考察一下，知道这是一种过虑。第一，中国各地方言之不同，不像我们平常所想的那样厉害。因为国内各地方言是汉话与各处土话互相同化克服的结果。它们的不同是有规律的。我们只须把它们彼此不同的规律指出来，大部分是很容易相通的。第二，汉字在名义上是中国统一的文字，但是认得汉字的只是少数人，而多数人是没有文字。多数人没有文字，除了谈话之外，便不能彼此相通也不能与认识汉字的小众相通。如果各区的方言新文字传给了各该区的大众，那么区以内的大众便可以彼此相通；该区的知识分子精通几区新文字甚至于几国文字的总能找出好几位来，搭一个桥，使各区的大众彼此相通并与全国的知识分子相通，与现代世界文化相通。各区的小事只用本区的新文字记载，至于关系国家的大事都可以由知识分子翻译广播出去。所谓知识分子并不限定是读书人。大众得到了新文字的培养，也必然的会在自己的队伍里产生出知识分子，并且运用各区新文字对照的读物也可以把自己造成沟通各区文化的铁桥。这样一来，新文字不但不至于阻碍中国的统一而且有力量促进文化的沟通，帮助中国的统一。第三，我们所需要的统一不是抽象的统一，不是幻想的统一，不是制造的统一，而是从实际生活酝酿出来的统一。我们所要的是各区不同生活的血脉流通，而不是勉强各区过同一的生活，说同一的话语，写同一的文字。同一文字的范围是跟着同一生活需要而扩大，决不可以心急。提倡国语的先生们往往幻想出一个公共的需要来推进北平话。他们说："到了需要的公共场合就自然非学国语不可。"我们知道这个公共场合是幻想起来的。在上海大众的公共场合是要用上海话才来得有效。同样的，福州大众的公共场合要用福州话，广州大众的公共场合要用广州话，否则，你就得请人翻译，或者是听众听不懂，等于没有说。可见这"公共场合"四个字只适用于少数的知识分子，只适用于有钱有闲学它几年北平话的小众。要想把小众的公共场合的需要当作大众的公共场合的需要，勉强的要把它们赶快统一起来，并且把这种统一看成天经地义，这只是提倡者的偏爱的幻想。拥护汉字统一的先生们，对于这同样的幻想更是强烈得很。这种幻想，自然用不着新文字来阻碍它，就会叫他们失望。第四，现在中国是遇着空前的国难，只有大家一齐起来抵抗，才有生路。中国文化界现阶段最重要的工作是普及民族自救的教育，我们要动员一切工具来进行这个工作。但是在选择工具的时候，我们是必得指出新文字的特大效力。文字好一比是交通媒介：汉字好比独轮车，国语罗马字好比是火轮船，新文字好比是飞机。坐上新文字的飞机来传布民族自救的教育的时候，就可以知道新文字是不但不阻碍中国统一而且确有力量帮助唤起大众挽救我们的垂危的祖国。

照以上观点看来，我们觉得这种新文字是值得向全国介绍了。我们深望大家一齐来研究它、推行它，使它成为推进大众文化和民族解放运动的重要工具。以下是我们所要建议的具体办法：

（一）每一个方言的新文字方案成立后，我们首先要根据这方案编辑最廉价的课本、指导书。

（二）课本编成后即着手运用各级学校、民众学校、识字学校、夜学校、补习学校、讲习会培养新文字教师，凡学会新文字的人都有教人的义务。

（三）为着要使学过新文字的人继续学习起见，我们要出：高级课本、报纸、杂志、小说、诗歌、各科小丛书、新文字连环画、新文字字典、北方话与其他方言对照读物。

（四）根据新文字方案，创制速写，并把它搬上打字机。

（五）对于用汉字编印的书报，我们主张：

1. 文字大众化；2. 横排；3. 采用新文字报头；4. 新文字汉字对照的读物另辟一栏。

（六）除了现在已经发表的北方话和上海话新文字方案之外，我们要继续进行其他各区及少数民族方言的调查，以着手其他各区及少数民族方案之建立。

蔡元培　孙科　李任仁　沈钧儒　陶行知等六百零六人。

凡是对这个意见书，表示赞同的同胞，请签名并共同提倡，以资普及。

上海各界救国联合会对五月纪念节宣言*

战斗的五月又摆在我们的面前了!

在一九三六年是帝国主义者所谓危机之年，是帝国主义者以危机为借口准备正式大屠杀之年，是帝国主义者用飞机、大炮、毒气、死光向弱小民族加紧进攻之年。像中国这只遍体鳞伤的羔羊，无论怎么哀诉、怎样求饶，总逃不掉帝国主义的血口；而且四五年来在不断的哀诉与求饶之中，授日本帝国主义以“狼吞虎咽”的机会。现在已走进最后的生死关头，假使我们再不起来战斗，那就只有等待宰割，等待死灭! 所以在今年，特别是在战斗的五月，凡是不愿等待宰割与等待死灭的人，应该加紧我们战斗的任务。

战斗的五月，从第一天起到最后一天止，有许多血迹淋漓的纪念日，有许多值得悲感泣血的纪念日，有许多使人兴奋使人狂跃的纪念日。在这样伟大的五月之前，尤其是在一九三六年的五月之前，只要他有血性、有良心，或者干脆些说，只要他不愿意做汉奸，不甘心做“猪仔”，都应该更热情一点、更勇敢一点、更坚决一点，参加日益开展的救国运动，扩大神圣的民族阵线，巩固神圣的民族阵线，以突破最严重的生死关头。

大家总还记得吧! “五一”是国际劳动节，这是全世界劳动

* 原载1936年6月1日《生活教育》第3卷第7期。

者——连中国的劳动者在内——团结起来争取胜利的一天。我们在推翻帝国主义的战斗中，一方面以国内劳动者为主力，另一方面又希望得到国际劳动者的支持，所以这一个纪念日对于被压迫的中华民族是应该特别重视的。至于“五一”以外的各纪念日，则有两方面的意义：一是帝国主义——尤其日本帝国主义——压迫中华民族的表现，一是中华民族反抗帝国主义的表现。“五三”是日本帝国主义在济南屠杀中国民众与外交官的纪念日。“五四”是北京学生打倒卖国贼与扩大新文化运动的纪念日。“五五”是“一·二八”抗战以后签订上海停战协定的纪念日。“五七”与“五九”是国贼袁世凯签订二十一条纪念日。“五二九”是断送平津的《何梅协定》提出的纪念日，“五卅”是上海南京路血案的纪念日，同时，是中国一九二五——二七年大革命的信号。“五三一”是长城抗战以后签订《塘沽协定》的纪念日。所有这些残酷的侵略与英勇的反抗，在我们的脑海中，永远留着深刻的印象，当目前国难的严重时期，不，当我们四万万五千万人的生死关头，无论是谁，都不会忘记这些国耻，都不会忘记这一大串卖国的条约。

在过去，我们到了五月，是开会纪念国耻的，现在不是开会纪念国耻的时候，而是大家奋起洗国耻的时候。

在过去，我们纪念国耻，惯作声泪俱下的演说。现在不是声泪俱下的时候，而是大家流血抗争的时候。

在过去，我们听到许多的演说，不是劝我们“准备”，就是劝我们“团结”，现在不是空谈准备空谈团结的时候，而是大家冲上前线，与敌人拼个你死我活的时候。

战斗的五月，给我们的任务是什么？正确的回答，第一是战斗，第二是战斗，第三还是战斗。我们只有战斗才能维持民族生存，只有战斗才能打倒侵略我们的日本帝国主义。

怎样才可以战斗呢？这自然不是少数人所能负担，也不是一党一派所能包办的。我们要把四万万五千万同胞，结成一条民族阵线！不管是北方人或南方人，不管是男子或女子，不管是耶稣教徒或回教徒，甚至不管是左派或右派，只问中国人，是不是愿意他自己以及自己的兄弟姊妹都做日本帝国主义的奴隶？如果是中国人，如果不愿做日本帝国主义的奴隶，那就应该立刻参加民族阵线。我们趁着战斗的五月，要把全中国团结得如一人，要把民族阵线巩固得如万里长城。

我们应该向谁战斗呢？我们要单刀直入与日本帝国主义肉搏。它四五年来，吞并了满洲，吞并了热河，吞并了冀东，吞并了察北。现在更企图吞并华北的五省，与华南的福建。日本帝国主义是中华民族的死对头，我们如果让它继续猖獗下去，那么，我们只有死路没有生路。所以日本帝国主义是我们战斗的最大目标。其次，在日本帝国主义侵略中国的过程中，各种各样的汉奸替他做先锋，这些汉奸的利益已与日本帝国主义的利益融成一片了。我们要打倒日本帝国主义，不可把这些汉奸撇开。老实讲，我们的枪弹应该穿过这些汉奸的胸膛去射击日本帝国主义，因为民族阵线，是与汉奸阵线对立的。

战斗的五月，是我们总检阅的时期，是我们总动员的时期，是我们总进攻的时期。我们要在“五一”团结以劳动者为基础的力量，要在“五四”与“五卅”发扬传统的革命精神，要把过去五月所订的一切卖国条约——如二十一条，上海停战协定，塘沽停战协定，以及何梅协定——扯得粉碎！

总括起来说：战斗的五月给与我们的任务是战斗。我们战斗的力量是民族阵线，我们战斗的目标是日本帝国主义与依附日本帝国主义的汉奸。

我们要从战斗的五月，走到胜利的五月！

全国各界救国联合会成立大会宣言*

(1936年6月1日，全国各界救国联合会成立大会通过)

从“九一八”到现在，中华民族遭受了四年八个月的长期磨难！在这四年八个月中间，日本帝国主义一面以建立军事根据地进攻苏联的烟幕，蒙蔽欧美列强；一面以联合反共的圈套，诱诈我们的当局，乘机并吞了我们六省一百六十八万方公里的土地，奴役六千万的同胞，内中被屠杀的，数在三十万人以上。

在这四年八个月中间，我们当局虽然没有整个的抗敌计划，甚至相反的是陷于无抵抗的错误，然而在辽宁，我们一部分的东北军将士，在“九一八”事变中曾经自动的孤军抗敌；在黑龙江，我们马占山的部队，曾有英勇的嫩江桥之战，其后邓文的部队，且继续抗战达二年之久；在淞沪，我们十九路军和第五军将士，曾有伟大的“一·二八”抗战；在华北，我们二十九军将士暨中央第二师及二十五师以及东北军将士，曾有光荣的长城战役。大军退却以后，冯玉祥、方振武、吉鸿昌领导下的抗日同盟军继续抗战，争取胜利。尤其，我们关外的义勇军，在李杜、王德林、苏炳文诸领袖的指挥之下，有过长时期的抗战；到现在，十五万以上的关外义勇军，依然在杨靖宇诸领袖的指挥之下和敌人作殊死战。这种种一切，表示中国人民决计不愿容忍日本帝国主义的侵略，而且表示中华民族有力量反抗一切的侵略，争取民

* 原载1936年6月14日《救亡情报》第6期。

族解放的最后胜利。所可叹息的，就是我们过去都只有一隅之战，而没有举国之战，致令敌人可以逐个的击破我们!

日本帝国主义从去年十一月开始，进一步的企图并吞华北五省。为了华北在国防资源上的极端重要，为了日本帝国主义得寸进尺的侵略和我们当局的节节退却，要造成亡国灭种的趋势，北平学生在敌人的飞机大炮的威吓之下，发动了历史上顶悲壮的“一二·九”和“一二一六”大示威。以后，救国运动弥漫到全国各地，救国阵线扩大到社会的各阶层。华北局势能够一时的和缓下去，各地的汉奸活动和投降舆论到现在不敢公然的抬头，便是救国阵线不断抗争的结果。

救国阵线在过去的五个月中间，不断的指出：日本大陆政策的主要作用在灭亡全中国，我们唯一救亡图存的要道，在立刻全国团结一致以全力抗敌。救国阵线曾经一再的主张：全国各实力派即日停止一切自相残杀消耗国力的内战，从速团结起来一致对外；主张废弃一切教导人民亲敌、堕落民族气节的所谓“合作”、“亲善”、“敦睦邦交”等可耻口号，同时给与人民以抗敌的组织和言论的自由；主张联合利害相同、能以平等待我的民族，重新建立起来正确的国际关系。

五个月来事态的发展，证明我们的估计完全正确，证明我们的主张完全合理。到目下，日本帝国主义是更进一步的推进以浪人为前驱、以纪律最不堪的陆军为前卫的一贯的侵略政策，运用历史上罕有、国际上罕闻的最无耻的一贯的侵略手段。它在华北，甚至要超过了我们认为是奇耻大辱的《塘沽协定》而增加驻兵。它的海陆军公然的不顾国家体面而保护走私。它以走私利益扩大汉奸队伍的发展，使正当商人和民族工业陷于破产。它的军事交通网已经开始建筑沧石铁路和延长胶济铁路，已经公然在华北增修公路，已经以武力占据北宁、平绥、平汉、津浦四路的总站，而且正在计划推广到郑州和徐州，以便随时可以控制汉口和南京。它的文化侵略，已经用智力测验的名义，企图勒令华北学生填写愿作汉奸顺民的供状；以纪律训练的名义，实施华北奴化教育!

我们一想到东北和华北同胞正在受着敌人的任意屠杀、拘捕、拷打、奸淫和侮辱，一想到国内的各实力派依然是在敌人的刀锋底下自相残杀，以消耗民族的力量，是如何的焦急，如何的痛心！倘使我们没有四年八个月来的继续内战，我们何至到现在还要再言准备？倘使我们能跟着外侮日趋急迫而赶紧的巩固内部的团结，也许敌人早已经在发抖。不幸得很，我们国内的实力派在冰山上面还是不断的努力从事于政权的夺取，在断头台前面还要充分发挥领袖欲。民族前途是如何的危险，敌人是怎样在匿笑，人民是怎样的在愤怒，他们都给忽略了!

事实是太显明了！在四年八个月中间，西方列强在赞助日本帝国主义进攻苏联的错误政策之下，已经使它们在远东的利益受到致命的威胁。我们的亲日派官僚，在容忍日本帝国主义在东北建立进攻苏联的根据地；在梦想和日本建立国际反共同盟的错误政策之下，已经几乎要断送了整个国家命脉！让不明了世界大势、不顾惜民族利害、不认识国际友敌的人们去乱撞、盲动，国家前途真太危险了!

四年八个月血的教训，和五个月来救国阵线的奔走呼号，不但使大多数的人民一致觉悟，而且使各实力派中有良心的分子也同时觉悟。比较开明的许多政治上重要人物，都已认识：埋头内争不可能取得敌人的谅解；埋头内争消耗国力之后，反而只有增长敌人的气焰。最近日本帝国主义防共协定的公然提出，更充分的使我们看清楚敌人一贯的促成中国内争的毒计，更充分的证明过去的内争是替什么人卖力!

不幸得很！在大多数人都已经了若观火的时候，少数别具肝肠的人们，依然认为苏联和共产党是中国民族的主要敌人，依然认为中日纠纷可以用外交手段和平解决。他们甚至把仅有七百万人口和六架飞机的阿比西尼亚，和中国民族力量对比，而同时很武断认定依然在抗战中的阿比西尼亚已经完全失败，以图消灭全国人民的抗敌勇气。他们的用心所在，已经是够得明白了！

在这敌寇日深而内部纠纷依然严重的时候，天良未泯的人民，都渴望着有一个广大的团结，能有一个全国统一的联合救国阵线。为了这种要求，全国各地各界的救国团体代表们，在上海开成了全国各界救国联合会成立大会，建立起来一个统一的人民救国阵线。

在大会当中，我们很公开的批评各党各派过去的错误，同时也很坦白的批评救国阵线过去的错误。批评的目的，在纠正这种错误，使它不会在将来重演，而决不是在攻击任何势力以至推翻任何势力。我们愿以赤诚告诉全国：除了汉奸势力以外，我们决不忍见国内任何的势力，再在相互冲突中遭受一丝一毫的损失；我们要把他们好好的维护起来，统一起来，巩固起来，作为反抗日本帝国主义的巨力。

大会认为在最近的华北事件当中，抗议日鲜浪人走私和日本增兵文件的公布，《塘沽协定》的全文发表，可算是最近外交上差强人意的举动。但是，抗议无效之后又怎样对付呢？此外，防共协定是依然在进行，敌人军事交通网不断在扩大，增兵已经在实行，奴化教育已经在开始。这种种亡国灭种的退让，如果不同时给以有效的制止，外交文书的发表，便只成为敷衍人民的手段。大会认为：目下的危局，已经不是几件动听的外交文书所能收效；目下的主要问题，是问我们有没有整个的全国一致抗敌的决心。

大会认为，在现代国家意义之下，中央政府不应该只图谋政权统一的权利，而忽略政权统一的义务——主要的是国防的任务；地方政府也不应该只在平时坐享土地的报酬与人民的汗血，而不负临事保护领土与人民生命财产的义务。在敌寇侵入的时候，地方政府应该认定抵抗侵略与正式宣战不同，应该认定敌来即拼是天经地义的守土之责，而决不能以听命中央为苟且偷安的粉饰。中央政府在那时，更应该通筹全局，不分畛域，动员全国应敌，而决不能诿为地方事件，视若秦越。在过去，孤军一隅之战太多了！中央政府显然已经忽略了国防的任务。尤其，地方的抗敌战士在英勇牺牲之后，中央亲日派官僚接着就提出“亲善”、“妥洽”的主张，以打消他们的功绩，那不但使人民痛心疾首，而且使死难的将士饮恨九泉！因此，我们要坚决的提出，华北当局在此千钧一发的时候，应该一面抱与土地人民共存亡的决心，一面督促中央全力对外；中央当局更应该立下决心，与民更始。

因此，对于最近华北事件，我们主张：

一、以发动一个“举国之战”的决心去应付华北事件；

二、立刻发动全国对日经济绝交，根本消灭走私，同时表示抗战决心。

大会对于中央当局精诚团结共赴国难主张，在原则上完全赞同。但是，大会认为，一面主张精诚团结，而一面又主张暂置外侮于不顾，先以内战手段排除异己，不独在理论上自陷于矛盾，在事实上也已经成为不可能。尤其，中央最近颁布宪法草案及国民大会组织法，不但丝毫没有表示在训政期间久已届满之后放弃一党的专政，反而想进一步一面在立法上巩固一党专政的基础，一面加紧对异己势力的压迫。这种褊狭的、意气用事的见解和带有权术意味的手段，和精诚二字正是背道而驰。大会认为，在这国家存亡间不容发的时候，任何党派的一意孤行，不顾大局，结果都是徒然招人民的反感。

大会认为，目下国内的各党各派，事实上谁都不可能在短时期内很轻易的消灭谁。“一·二八”事变以后，中央当局曾有六个月内消灭共产党的表示，结果呢？历时四年有余，双方牺牲了数十万可以抗日的英勇的战士和无量数的枪弹，到现在依然是存在着一个相持的僵局，而整个民族却已经陷于无以抗敌的苦境！这种事实证明：国内各实力派的斗争，徒便于敌人的侵略；任何实力派想用全力去消灭其他的实力派，即使能成功，结果也要因为自身实力的消耗而变成日本帝国主义的俘虏。

大会认为，以往各实力派，至少在行动上多少都犯了若干的错误。这种错误，只有在推诚合作一致抗敌的行动当中，能加以自然的纠正。大会认为，政治领导权之谁属，在平时要看谁能适应人民的要求，在目下要看谁能切实领导抗日战争。放弃了当前的大敌，对敌人作无限止的让步，而想用武力征服敌党敌派，用权威排除异己，用权术巩固政权，那结果反只有使人心离散，而自陷于覆亡！大会认为，在经济力量和武装力量上面，中央都占着高度的优势，同时在政治上，中央负着最重大的责任，自然也应该接受人民最严厉的批评和最迫切的希望。大会认为，中央已往的错误，是在政治上放弃了民族革命的任务，而只在武力上企图征服全国；中央目前的错误，是对外放弃了民族共同的大敌，而只对内在消灭异己上面把国防力量作孤注之一掷。我们为整个民族打算，不忍再见任何力量在内部冲突中消耗，尤其不愿意中央在错误政策之下，消耗了它高度优势的实力。只要中央能够纠正过去的错误，能够重新负起民族革命的任务，尤其能够赶紧切实领导起来一个抗日战争，它在军事和政治上的领导地位，是不必顾虑的；也只有这样，才可能很自然的取得领导地位。

大会认为，在目前，全国团结一致的实现，已经有了更大的光明。李宗仁氏最近已经表示焦土抗日的决心；冯玉祥氏最近主张停止内战，亲善苏联，合力抗日；共产党也已经修改了一部分的政治主张，表示愿和各党各派诚意合作抗日。同时，大会认为在理论上，中国需要一个争取独立自由的民族革命，原为各方一致的主张。已往所争执的，只有应该采取手段的问题。然而这个问题，现在又刚好的在抗日第一的原则之下，很自然的得着解决了。

大会认为，过去相互间曾经发生政治争夺的各党各派，互相猜疑和互相警戒，是必然的。但是就因为互相猜疑和互相警戒的缘故，内争便要依然继续，而一致对外便依然不可能。这种僵局的存在，要使每一个关心国事的人民感觉到忧虑与苦闷，要使民族永远陷在自相残杀的深坑里面，以至于消灭！大会认为，这种危险僵局的打破，是人民救国阵线当前最迫切的主要任务；也只有人民救国阵线的力量，才能打破这种僵局，才能促成各党各派一致抗敌的联合战线，以树立民族的生机。因此，大会很郑重的向各党各派建议：

一、各党各派立刻停止军事冲突；

二、各党各派立刻释放政治犯；

三、各党各派立刻派遣正式代表，人民救国阵线愿为介绍，进行谈判，以便制定共同抗敌纲领，建立一个统一的抗敌政权；

四、人民救国阵线愿以全部力量保证各党各派对于共同抗敌纲领的忠实履行；

五、人民救国阵线愿以全部力量制裁任何党派违背共同抗敌纲领，以及种种一切足以削弱抗敌力量的行动。

大会认为，救国阵线现阶段的主要任务——促成全国各实力派合作抗敌的任务，有历史上的重要性。为要完成这种重大的任务，救国阵线本身力量的扩大和巩固，是极端必须的。大会认为新的政治道德的培养，是革命势力的武器。我们应该运用新的政治道德规条，一面扩大而且巩固我们自己的势力，一面很有效的完成我们的主要任务。“推诚合作”不是我们的宣传资料，而是我们的纯洁动机，而是我们的基本信条。中国人民只有在抗日的前提之下，大家相亲相爱的推诚合作，然后可以建立伟大的人民救国阵线，然后可以用这个伟大的势力促成各党各派的合作，保证各党各派的合作和制裁任何党派不忠实履行共同抗敌纲领。

大会很郑重、很坦白的声明：人民救国阵线没有任何的政治野心，没有争夺政权的企图，而不过是要尽一分人民救亡的天职。我们不帮助任何党派争取领导权，不替任何党派争取正统，而只是要促成一个统一的抗敌政权。我们要努力保持高度的超然性和独立性，而决不愿帮助任何党派去攻击任何党派。自然，对于任何当局对敌人的妥协，我们是要反对的，是要严重抗争的。但是，这完全是为着挽救民族的危亡，而决计没有丝毫的恶意。这是一个政策之争，而不是政权之争。有良心有手段的政治当局，正应该运用这种反对和抗争作为外交的利器，而不能加以摧残。

大会再郑重的声明：救国阵线以后对各地救国运动的开展，愿意和当地当局作诚意的磋商；我们对于在适当限度内允许我们进行救国运动的当局，愿意捐弃前嫌，推诚合作；我们很诚意的保证我们的群众，能够切实遵守磋商妥定的范围。

无疑的，我们这种主张的提出和这种任务的负担，要使敌人惊心动魄；敌人要用全力来破坏，是没有问题的。因此大会很诚意的忠告各党各派：不要听信敌人的造谣中伤，随便拿反动的罪名，很武断的诬蔑人民救国阵线。这种手段，徒然增加民族力量的消耗，中了敌人的阴谋，使敌人快意。同时，大会保证：以后救国阵线在言论方面，除了反对任何当局向敌人妥协，反对他们压迫民众，摧残言论自由以及反对他们用错误的理论麻醉人心，用开倒车的手段阻碍民族进化之外，决不向他们下恶意的攻击。我们认为造谣中伤以及武断宣传的手段，是只有在没落中的反动的敌人才需要的。

大会认为，中华民族向日本帝国主义抗战，足以振奋全世界的人心，刷新全世界的耳目。日本帝国主义的存在，不但是人类和平的重大威胁，而且是人类道德的恶魔。全世界一切为和平、人道、公理、正义而奋斗的大众，自然会认定中国的抗日战争，不但在求自身的生存，而更重要的在扫除人类的公敌。这是一个国际合作驱除人类恶魔的战争，而不过是由中华民族担任了前锋的任务。全世界良心未死的大众，不但应该给我们以热烈的同情，而且要很英勇的参加到这个国际战线上来，共同抗敌。大会知悉：在过去，各国的人民团体，有许多已经和中国人民救国阵线取得联络，而予以很大的援助。大会再向全世界的大众——连日本国内有理性的大多数人民在内——提议：过去还没有和中国人民救国阵线取得联络的各种势力，立刻和我们建立关系；技术家、军事家、作家以及新闻记者，愿意参加这个国际战线的，立刻和我们通信，我们愿以热诚欢迎你们参加；你们在国外或者到中国来，都同样的可能发挥你们的伟大力量。

大会再开诚布公的通告全世界各国：一切善意援助中国抗日的国家，人民救国阵线愿竭诚加以欢迎，而且愿意永远认为友邦。中国在抗日战争胜利以后，自然要成为一个独立的新国家。新国家对于各国的在华权益，除含有侵略意味之部分应完全撤销外，其余的一律加以尊重。新国家将来在建设上面，需要各国的协助是非常之多的；各国在中国独立之后，在和平基础上所能开展的投资和贸易，只有比现在增加，而且只有比现在更有保障。大会吁请各国：不要再相信日本帝国主义的花言巧语，希望在这不顾信义、不讲公理的国际恶魔的保护之下，保持或者发展在中国的权益；你们过去所受的欺骗已经很多了。这种用分赃手段取得的权益，即使真能得到，也徒然招致中国人民的反对，而遭受更大的损失。大会再吁请各国：不要再听信日本帝国主义的花言巧语，企图以中国为牺牲，在远东发动反苏联战事；也不要再鼓励中国的内战，以图坐收渔人之利。这种种错误政策运用的结果，已经从事实上证明：是徒然帮助日本帝国主义消灭你们在远东的利益，而同时丧失了中国人民的感情。只有中国内部彻底团结，一致抗日，才能奠定东亚的永久和平；也只有在永久的和平基础上面，你们才能保持以至开发合理的利益。

大会认为这种光明磊落、公平忠直的态度，能使救国阵线成为现阶段最伟大的一种人民力量，而必然可以完成目下全国人民一致渴望的精诚团结共赴国难的历史功业。这种正确态度的建立，不但可以博取大众的共信，而且可以坚定内部的互信。一切外来的谣言、蜚语，都可以自然消释；一切自觉的惶惑、苦闷，都可以豁然开朗。大会很热烈的希望全体同志，都能在精神上得着一种新的鼓励，在行动上得着一种新的生机，勇往直前的完成我们促成团结的主要任务，替救国阵线开展一个新的时代，替中华民族建立一个新的基础。救国阵线有最纯洁的动机，救国工作是最光荣的努力。全体同志在这个新的指示之下，应该用最坦白、最恳挚的态度，毫不犹豫、毫不顾虑的向任何人提出，理直气壮、大声疾呼的在大众前面争取最大的胜利。

中华民族团结万岁!

反日战争胜利万岁!

中华民族解放万岁!

广西小先生救国会两通电*

（一）

全国小先生普及教育团钧鉴：

日本帝国主义要想实行它的大陆政策，向我们中华民族步步侵略，先把我们东北夺去，再来占据我们华北，现在又正闹着福建伪自治运动。只要是不愿意做亡国奴的同胞，也不想做汉奸，谁都要救国。救国是人人当然的责任，大人要救国，小孩也要救国。现在我们已经组织了广西省会小先生救国会，不久我们要组织广西省小先生救国会，我们也想组织全国小先生救国会。全国的小先生，携起手来，一致总动员，唤起民众，发动抗日救国的民族解放斗争，现在，我们是等着你们的好音。广西省会小先生救国会，世叩。

（二）

南京中央党部，国民政府广州西南执行部，政务委员会，各省市党部，各省市政府，各军司令部，各机关，各学校，各民众团体，各报馆钧鉴：

报上载日本帝国主义借口辛丑条约和防共保侨名义，要增兵到华北，又想来侵夺我们的土地，我们要反对。我们反对日本增

---

* 原载1936年6月16日《生活教育》第3卷第8期。

兵华北，也反对华北修改我们小朋友读的教科书。我们看到西南执行部宥电，很是高兴，我们拥护西南执行部宥电，希望全国人民也一致拥护。我们要反对日本增兵，我们还希望全国的人民，一致武装起来，收回失地，救救失地的大人，救救失地的小孩。广西省会小先生救国会，世呈叩。

组织小先生救国会的办法*

（一）为什么要组织救国会

（甲）日本帝国主义来侵略我们，一天利害一天，我们的领土、主权，也一天天的消失。现在已经到了最危急的时候，全国的民众，应当一致起来反抗，才能够生存，所以我们要组织救国会。

（乙）我们中华民国的劳苦大众，无时无刻不受到帝国主义，尤其是日本帝国主义的压迫，过着苦痛的生活。但是大家受了痛苦，不知道这痛苦是从哪里来的？现在我们应当明白的告诉大家。所以我们要组织救国会。

（丙）在这个时候，如果小先生只是教人认识几个字，那么这种小先生，对于中华民族是没有多大帮助的。我们应当唤起大众，一齐起来参加救国抗日工作，所以我们要组织救国会。

（丁）一般人认为在现在民族危亡的时候，只有成人才能负起这个救亡的责任，小孩是没有能力的。这一点，我们不能承认，因为大人有大力量，小人有小力量。现在我们应当表现出我们的力量来，把大小的力量都凝结在一起，变成更大的力量，干这一种伟大的救亡运动，所以我们要组织救国会。

* 原载1936年6月16日《生活教育》第3卷第8期。

（二）怎样组织救国会

（甲）由省会小先生团成立一个广西小先生救国会总会，各县小先生团组织一个县分会；在县分会下面，组织镇乡分会；在镇乡分会下面，组织村街分会。

（乙）由省会小先生救国会，通电本省各县、镇、乡、村，基础学校小先生团限期组织。

（三）救国会做些什么事

（甲）每一个小先生救国会，都要做下面的活动：

一、时事讨论会——讨论国内国外每天发生的大事，并且追求他发生的原因和推测将来的结果。

二、演讲会——举行时事演讲、国难演讲，使得大家能够进一步的认识，同时熟练对大众宣传的技能。

三、出版壁报——用文字、图画，宣传日本帝国主义的凶恶面目和侵略我们的事实，讨论解除困难和打倒日本帝国主义的方法等。

四、游艺会——利用歌曲、戏剧等，来宣传国难，激发民众救国抗日的情绪。

五、唤醒大众——组织到救国会来。

（乙）每一个小先生都应该有下面的准备：

一、每天要规定时间看报、杂志及正确的刊物。

二、学习新文字，推广新文字。

三、想法去接近学生大众。

四、共同计划会内的工作。

广西省会小先生救国会简章*

（一）总则

（1）本会叫做广西省会小先生救国会。

（2）这个会是小先生全体动员起来，唤起大众，向敌人进攻，争取中华民族的自由平等。

（3）本会设在邕宁县教育会。

（二）会员

（1）凡是省会小先生团的团员都是本会会员。

（2）本会会员，都要努力去做救国的工作。

（3）本会会员，应当依照会里面议决的事情，努力去做。

（4）会员中如有工作不努力的，或有破坏本会团体的，由大家共同制裁。

（三）组织

（1）全体会员大会，是本会的最高机关，每半年开会一次。

（2）在会员大会上，选举委员十九人、候补委员十九人，组织执行委员会。大会散会后，会里的事，就交执行委员会去做。执行委员会每月开常会一次。

---

* 原载1936年6月16日《生活教育》第3卷第8期。

(3) 在执行委员会，第一次开会的时候，选出五个人来做常务委员，处理日常的事务，常务委员会每两个星期开会一次。

(4) 上面的各种会议，如果有特别重要的事情，可以召集开临时会。

(5) 常务委员会下面，有总务、宣传、组织、编辑四部，每部都有一个正部长，一个副部长，再有几个干事。

(6) 各部担任的事情：

总务部——凡是文书事务和别种不属于各部的事情都是本部的工作。

宣传部——担任本会一切的宣传工作，像演讲、游艺等事情。

组织部——担任本会一切组织工作，如调查、登记、联络等各种工作。

出版部——担任本会一切编辑工作，如编辑、出版、发行等事情。

(7) 各校分会的组织办法，另行订定。

(四) 会费

(1) 本会的会员，要交会费，有钱的多出一些，没有钱的少出一些，各会员自己认定，每个会员每月至少要交二个铜仙，最多一毫。

(2) 用本会的名义，向各校的导师和热心救国运动的人募捐。

(五) 附则

(1) 这个简章，在大会上公认通过，就要依照着去做。

(2) 倘使有不妥当的地方，可以随时请常务委员会讨论修改。

全国各界救国联合会对二中全会宣言*

摆在我们的前面，是历史上一个最严重的关头：它可能是中华民族的一个空前危机，然而也可能是中华民族的一个莫大转机。究竟是危机还是转机？这便靠人民的努力，而二中全会，却是一个很重要的关键。

在中国的政治舞台上，目下有两种不同的努力。一种是少数汉奸的活动：他们一面向地方当局进行分离运动，一面向中央当局请求讨伐运动；他们的目的在挑拨内战，消灭抗日。另一种是多数人民的呼声：他们赞同地方当局督促中央抗日，然而反对向外投降的分离运动；他们要求中央当局以抗日来统一，反对以内战求统一，他们的目的在消弭内战，促成抗日。

在华北、在华南，我们都可以看出这两种势力的搏斗，然而，到现在为止人民的势力都还占着优胜——华北和华南地方当局所表现出来的，都没有超过消弭内战促成抗日的限度。只要二中全会能够接受人民的要求，能够决定下来有抗日求统一的国策，那么，中华民族就可以得着一个莫大的转机，国内政权就可以在人民的欢呼中得着自然的统一。否则，倘使二中全会接受了少数汉奸的游说，因循着过去的不抵抗主义，决定下来以内战求

---

* 原载1936年8月1日《生活教育》第3卷第11期。

统一的国策，那么，中华民族就要遭遇着一个空前的危机；不但统一以后便要无以抗敌，而且恐怕一开始就先要放弃华北，对民族残酷若此！将使人民增加愤懑，将士愈感不平，而内忧将更要层出不穷。

各国历史的教训，尤其过去五年间我们自己的历史教训都告诉我们：只要对外能够发动抗日战争，对内就可以根本消灭一切的纠纷。我们试想一旦中央决心领导抗日，那时人心振奋，万众欢腾，任何的仇怨，都涣然冰释，大家都心印心、手拉手向敌人拼一个死活，还用得着什么猜疑和惶惧呢？

因此我们做人民的，应该发动一切的力量，使二中全会能够接受人民的要求，督促中央立即对日宣战。并实行：

一、停止内战一致对外！

二、释放政治犯！

三、给人民以抗日救国的言论出版集会结社的自由！

四、以武力制止日本在华北增兵！

五、以武力制止日本武装走私！

六、罢免并惩办亲日派官僚政客！

二五年七月九日

旅美华侨告海外同胞书*

海外各界父老兄弟姐妹鉴：

据中外报纸消息，民国二十五年十一月二十三日，全国各界救国联合会领袖沈钧儒、章乃器、王造时、邹韬奋、史良、李公朴、沙千里七先生在上海公共租界及法租界被捕，即引渡上海市政府。据沪市政府二十五日发出正式谈话，谓沈、章诸先生被捕原因，系“肆意造谣，勾结‘赤匪’妄倡人民战线，煽动阶级斗争，密谋总罢工，倾覆政府”云云。旋九八老人马相伯先生亦被迫入京。

全国救国联合会系全国各界爱国团体之联合组织，沈、章诸先生奔走呼号，目的纯在抗日救国；不仅得全国人民之敬佩，且得全世界之同情。抗日救国不仅我全国同胞之公意，亦我全国人民之天职。若谓沈、章诸先生有罪，是我四万万同胞均为有罪也。

吾人久读救国联合会及沈、章诸先生之文字，他等主张民族解放斗争则有之，煽动阶级斗争则无有；主张督促政府抗日则有之，主张推翻政府则无有；主张援助上海日纱厂工友罢工则有之，煽动总罢工则绝对无有。上海市政府必以莫须有之罪状，逮捕爱国领袖入狱，实使吾人大惑不解。至所谓“勾结赤匪，煽动阶级斗争”云云，均系上海市政府恶意之宣传。救国会及沈、章

* 载1937年1月9日纽约《先锋报》。

诸先生主张民族联合战线，主张各党各派联合，主张停止一切内战，主张停止剿共内战，均为全国人民之公意，亦复兴民族之大道。今日非抗日无以救亡，非联合无以抗日，其理至明。上海市政府谓诸先生“削弱人民对政府之信仰”，救国会及诸先生主张团结御侮，目的实在促进政府与人民合作，一致救国。今上海市政府在日寇进攻绥东、举国呼号团结御侮之际，逮捕抗日救国领袖，此种自毁长城之行为，正破坏人民与政府之合作，固使日寇快意，实使国民痛心。政府真意何在？不能不使我人民疑骇万状!

吾人深信全国救国联合会及沈、章诸先生团结御侮联合抗日之主张，乃全国不愿亡国之同胞一致之主张。对上海市政府逮捕七人并累及九八老人马相伯先生事件，引为莫大之憾事。若沈、章诸先生救国有罪，全国救国同胞谁不自危？吾人虽不知此种不幸事件之由来，究系政府之政策，抑系少数亲日分子播弄所引起，但吾人必须向我政府为赤诚之呼吁：如政府有爱护国家爱护人民之诚意，在此国难严重之日，即应改变外交政策，对内保护爱国运动，而首先须释放沈、章七领袖及马相伯先生。

自此不幸事件发生后，海内外同胞无不惶骇，世界舆论及我中国之伟大友人，如美国杜威、英国罗素诸先生，亦发起营救。同人不忍爱国志士竟在铁窗之中，尤不忍政府与人民长此隔阂，特发起援救爱国七领袖及马相伯先生运动，一致向我政府要求：

一、请政府立即释放沈、章、王、邹、史、李、沙七先生，并立即允许马相伯先生返沪；

二、请政府确认日本为全国之公敌，救国为国民之权利及义务；

三、请政府立刻对日抗战，切实保障人民救国运动。

凡我侨胞赞成上述者，即请签名于后，共本良心之主张，促进团结抗日之实现，祖国前途实利赖之。

发起人（以姓名笔画为序）

王德崇　伍锐勋　吕超然　余辛日　李俊龙

李圣策　李信慧　周之廉　胡秋原　胡家健

柳无垢　徐永英　陶行知　陆　璀　陈其瑗

陈东原　陈光润　陈光耀　陈星南　陈庆云

陈耀槐　曾炳钧　曹松涛　黄玉莲　梅翊强

盛　芳　杨西孟　刘维炽　雷家捷　潘楚基

齐津林　苏　廷　冀朝鼎（尚有签名要求释放救国领袖者三百余人，姓名从略）

1937年初发

陶行知等被通缉*

（本市消息）沈钧儒、章乃器、李公朴、邹韬奋、王造时、沙千里、史良等七人，于去岁十一月二十三日在沪被捕，史良保出回籍疗病，沈等六人则移送苏州高等法院羁押侦查，嗣史良病愈，亦自动前往投案，经高院一并收押，迄今已逾五月（曾延长羁押期限）。兹悉苏高院检查处，业已将侦查手续办理完毕，前日正式提起公诉，是项起诉书已于前晚送达各被告，并在侦查期中，查得陶行知、罗青、顾留馨、任仲高、张仲勉、陈道弘、陈卓等七人，亦有同样罪嫌，故除沈等七人外，陶行知等七人亦被一并提起公诉。其起诉书称："各被告共同以危害民国为目的而组织团体，并宣传与三民主义不相容之主义，依刑法第十一条、第二十八条，系共犯危害民国紧急治罪法第六条之罪，除陶行知、张仲勉、陈道弘、陈卓等所在不明已予通缉外，合依刑事诉讼法第二百三十条、第二四三条提起公诉，按危害民国紧急治罪法第六条规定，被告应判处五年以上十五年以下之徒刑。"另悉任仲高、顾留馨、罗青等本系该案证人，前次亦由高院谕知交保，顾、任业已保出，罗青则因无保被押。闻沈等奉到起诉书后，均不承认有罪，已分别草拟诉状，准备呈请刑庭审判长宣告无罪，沈等家属闻讯，亦已延请律师（张

* 原载1937年4月5日上海《大公报》。

以藩、陈以皋等）研究法律救济方法。苏高院刑庭审判长接到该院检察官对于沈等十四人起诉后，有定于本周内开庭审判之说。至被通缉之陶行知，现在美国哥伦比亚大学讲学云。

教育部关于撤销对陶行知通缉的档案材料

教育部训令　廿六年发　密字第2195号

令国立中央大学

案奉

行政院二十六年九月二十八日第柒——五五三四号密令开：

案奉

国民政府本年九月二十一日密字第九五号训令开，“奉中央执行委员会二十六年九月十七日孝字第一二〇五五号密函开，‘查徐谦陶知行前以政治关系，经政府通缉有案。兹经本会常务委员会第五十三次会议决议，徐谦陶知行应予取销通缉’在案。又准 中央政治委员会函开，‘国防最高会议常务委员会第十二次会议决定取消陈友仁通缉等由，相应并案函达，即希查照办理等因到府，应即照办。除函复并分行外，合行令仰该院知照。并转饬所属一体知照’等因。奉此，除分令外，合行令仰知照，并转饬所属一体知照。此令。”

等因；奉此，除分令外，合即令行知照，此令。

取消对陶行知的通缉*

大众教育家陶行知先生于去年11月与沈钧儒先生等同案被通缉，当时他正在美国讲学。最近我们得到沈先生由南京来电，据说陶先生的通缉已取消，这是共赴国难中的一个好消息。陶先生在海外为中国做国际宣传，非常努力，九月底可由墨西哥回纽约，大约十月底可由纽约到欧洲，先到英国，再经法国、苏联，今冬可以回国。上海已有朋友打电报去请他提早回来。

---

* 原载1937年9月29日《抗战》三月刊第13号。

为创办晓庄学院校董会请予立案呈文

张一麐　呈

事由：为创办晓庄学院校董会请予立案由

为呈请校董会立案事窃一麐等鉴于国家需要人才之殷切爰集有志培植人才者九人发起创办私立晓庄学院业于二十七年九月十三日举行校董会成立会并依据大学规程拟订校董会章程选举职员认定开办费等理合填具校董会立案表格呈请钧部准予立案以利进行实为公感谨呈

国民政府教育部

董事长张一麐（印章）

副董事长许世英（印章）

常务董事吴涵真（印章）

董事

李　晋（印）

陶行知（印）

何艾龄（印）

崔载扬（印）

陶对廷（印）

张宗麟（印）

校董履历表

姓名	字	年发	籍贯	经　　历	住　　址
张一麐	仲仁	72	江苏吴县	国民参政院参政员	香港九龙渼口道九号四楼
许世英	俊人	66	安徽至德	赈济委员会代理委员长	香港九龙雅息士道二十号
吴涵真		45	浙江绍兴	新知出版社常务理事	香港九龙太子道二〇八号
李　晋	组绅		浙江镇海	六河沟制铁公司经理	香港坚尼地道一三六号
陶行知		45	安徽歙县	生活教育社理事长	香港九龙太子道二〇八号
何艾龄		30	广东宝安	香港儿童保育院院长	香港德辅道四号A生记
崔载扬		45	广东增城	中山大学教育研究所主任	广州文明路中山大学
陶对廷			广东宝安	芳泉汽水公司总经理	安南堤岸总督芳街芳泉汽水公司
张宗麟		40	浙江绍兴	卫华出版股份有限公司秘书长	上海巨赖达路一七四号

晓庄研究所章程 *

一、定名：本所定名为晓庄研究所。

二、宗旨：本所宗旨，在研究问题，追求知识，以增加抗战建国之力量。

三、所长：本所由晓庄研究所董事会公推所长一人，专司本所一切行政事宜。

四、职员：本所职员分行政与研究两种，其系统如下：所长之下设办事处主任（干事、艺友），并设研究员，及研究兼指导员（辅导员、研究生、艺友）。

五、用人标准：本所聘请研究员，及录取研究生标准，以研究力之表现为主。表现根据，以著作、创制、发明为证。学校资格有无是其次要条件。

六、研究地点：（一）对象所在地。（二）设备充分地。（三）自设研究地。（四）合作研究地。（五）特约研究地。

七、办事处：总办事处设在重庆，另设驻桂驻港办事处。

八、中心试验：本所得设试验工厂、农场、学校及其他试验场所为研究之中心。

九、经费，本所经费来源如下：（一）委托研究费。（二）政府补助费。（三）出品收入。（四）特别捐款。

---

* 原载1939年1月28日香港《立报》增刊。

晓庄研究所初步计划之研究问题*

一、兵役（开发兵源，征兵募兵，志愿兵）；
二、伤兵教育；
三、难民教育；
四、难童教育；
五、壮丁教育；
六、民众教育；
七、游击区教育；
八、回族教育；
九、蒙族教育；
十、藏族教育；
十一、夷苗族教育；
十二、华侨教育；
十三、天才儿童教育；
十四、生活教育；
十五、普及教育；
十六、最有效之宣传；
十七、民众儿童音乐；
十八、民众儿童戏剧；

* 原载1939年1月30日香港《立报》增刊。

十九、民众儿童史地；
二十、民众儿童文学；
廿一、民众儿童科学；
廿二、正规学校应有之改革；
廿三、服务进级标准；
廿四、游击战术；
廿五、军用干粮；
廿六、中国药品；
廿七、电影；
廿八、无线电。

晓庄研究所创办育才学校意见计划书*

一、晓庄研究所为研究天才教育、难童教育，创立育才学校。

二、育才学校为研究天才教育之最合理最有效之方法而设，在可能范围之内，得变通寻常学校之正规方式与办法。

三、育才学校之学生以选拔难童中之天才生为主，但名额选拔不足时，或扩充名额时，得酌取难童以外的天才生。

四、难童天才生名额暂定为五百名，由本校聘请专家到难童教养院、保育院及被难区选拔。选拔方法以心理测验及实际才能之表现为根据。

五、本校教育内容分两类：（一）公共必修课程，遵照部定章程斟酌损益；（二）选修课程，依据学生之特殊天才，准备特殊环境，延聘专门导师，采办特殊工具，加以从容的特殊培养，约分下列各组：1. 科学组；2. 艺术组；3. 文学组；4. 社会组。

六、本校先设幼稚园、小学、初中程度之各级，但经费扩充时，得设高中以上之课程。

七、本校初办之五百名经费及开办费，拟请赈济委员会补助，以后扩充经费或请赈济委员会补助，或筹其他款项充之，容后再议。

八、外间自动捐款，本校随时可以接受，以资扩充而谋改进。

---

* 原载1939年1月31日香港《立报》增刊。

（一）开办费：88000元（可减至48000元）

1. 图书费：5000元。

2. 仪器工具：23000元（艺术2000元，科学10000元，工具1000元，农具1000元）。

3. 生活设备：10000元

4. 建筑费：50000元。倘能得到相当庙宇祠堂，则建筑费可省，修理改造费可定为10000元。

（二）经常费：以五百人计算每月9000元。

1. 生活费：每人8元，每月共4000元。

2. 教育费：每月4000元。

3. 行政费：每月1000元。

育才学校校董会一览表

<table>
<tr><td>名　　称</td><td colspan="2">育才学校</td></tr>
<tr><td>目　　的</td><td colspan="2">研究天才教育培养被难天才儿童俾能成为国家有用之材</td></tr>
<tr><td>事务所所在地</td><td colspan="2">北碚</td></tr>
<tr><td>董事会章程</td><td colspan="2">另附</td></tr>
<tr><td rowspan="2">资产资金或其他收入详细项目及其确实证明</td><td>资产</td><td></td></tr>
<tr><td>资金</td><td>五万一千元整存重庆新街口新华银行</td></tr>
</table>

抗战教育与小学教员*

毛泽东

(一九三九年八月二十九日)

第一，抗战教育的地位

抗战的文化教育，一部分是文化。例如鲁迅艺术学院的吹吹打打，唱唱跳跳，画画写写，他们搞的东西是帮助中国打日本、反对日本打中国的，这就是抗战文化。另一部分是教育，就是办学校，办小学、中学、大学；再有是社会教育，设立夜校，推行识字运动等等。你们搞的是什么？搞的是学校教育，同时也有社会教育。你们办一个小学，学生三十多个，这样的教育就是学校教育。学生的父母、兄弟、姊妹、七亲八眷，没有到你们的小学校里读书，但是你们教了学生，经过学生把知识传达给他们，这也是进行教育，而这就是社会教育的一种。另一方面，老百姓来找你们的时候，或者你们到老百姓家里的时候，跟他们谈，他们问长问短，你们就要一五一十地告诉他们。这个也是社会教育。另外，还可以叫老百姓晚上来小学校读书，不管老太婆、中年妇女、年轻媳妇，男女老少，每天都读几个钟头书。这叫夜校，也是社会教育。上述一切社会性的教育，都是小学教员的任务，每

* 这是毛泽东同志在陕甘宁边区小学教员暑期训练班毕业典礼上讲话的记录稿。第一部分、第二部分转引自中华人民共和国教育部、中共中央文献编辑室编《毛泽东 邓小平 江泽民论教育》第25~30页。第三部分转引自中国陶行知研究、基金会编《会讯》2004年第8期（总第135期）。这篇文献是毛泽东第一次直接面对小学教师谈抗战教育，也是他第一次在演讲中提到教育家陶行知及其生活教育，并由此将生活教育引进陕甘宁边区，1942年边区开展学陶活动，直到1950年。

个小学教员都应该担负起来。这样看来，全国都办起小学来，全国所有的老百姓，就都归你们教了。你们用各种方式去进行，完成你们的任务。

现在，小学教育与社会教育要紧不要紧呢？很要紧。因为抗战要全中国的老百姓来抗，你们教育了老百姓，他们都懂得了抗战，就会起来抗战。执行这种教育的意义何等重要，是不言而喻的。那末，全国的小学教育，包括陕甘宁边区的小学教育也在内，在抗战中的地位到底是高还是低呢？假使说高到了高于一切，国民党、共产党、中央政府、边区政府都可以不要，中央军、八路军仗也可以不打，而统统去办小学教育，这样好不好呢？这是不好的。敌人来了就糟糕了，没有人打仗了，没有人办政府的事了，小学教育也就办不成了。假使在抗战中，把小学教育的地位看得很低，低得看不起，什么人都看不起小学教育，这也是不对的。看不起抗战教育，说抗战教育是马马虎虎，这是狗屁不通。

我们陕甘宁边区的小学教员的任务和功劳是很大的，你们教育了边区的儿童，教育了边区的老百姓，发挥了抗战教育的作用，发展了边区教育事业，谁说是马马虎虎？哪个敢看不起？抗战教育在抗战中是占着一个重要的地位的。同志们！认清自己的地位，守住自己的岗位，不容人家看不起自己，也千万不能自己看轻自己。抗战教育是为抗战而努力，肩负起这个任务，认定这个目标，为实现这个目标而奋斗。

第二，边区小学教员的学习问题

同志们！下面讲一讲边区小学教员的学习与工作问题。你们是陕甘宁边区的教育工作者，你们有一大群，有一千多个人，你们做了很多的工作。你们一共办了一千多个小学校，而学生多得很，直接的学生有两万多，间接的学生有两百万。你们使边区的教育发展到今天这样，这是值得欣慰的。我们边区的教育是发展了，不但比革命前发展了，而且比两三年前也是发展了的。这一切都是同志们做的工作，都是同志们的功劳。

关于你们的学习，到什么地方去学习呢？要到工作中去学习。你们大都是中年、青年，年纪不过二十来岁到三十岁，有的是不满二十岁的小同志，你们是太阳初出山，前程远大，要加紧学习，努力增加自己的经验，增加自己的知识，这是非常重要的。怎样在工作中学习呢？要向学生学，你们要知道儿童心理学，就要从儿童那里学。你们在乡下，除向学生学习外，还要向老百姓学习，跟他们谈话，把他们的话总结起来，作为你们的经验。你们现在还年轻，知识还不很丰富，就应该在工作中增加经验，丰富知识。现在你们不但在工作中可以学习，而且有训练班帮助你们学习，学习了教育法，也学习了政治，这是非常好的。现在要让你们提意见，你们肯定对于学习都是非常赞成的。你们也许会说：是的，学习很好，那末让我们进抗大，进党校，进马列学院，出国留学吧！这个事情就办不到了，因为一则没有经费给你们出洋；二则工作需要，不能让你们离开工作去进学校。不进学校是不是就不能学习了呢？绝不是的。你们要知道，世界上在工作中学习的人多得很，而且很多都是杰出人物。有的连小学也没有进过，比方世界闻名的大文豪高尔基，他小学、中学都没有进过，更谈不上进大学，就是在社会上做事，在工作中学习的，成了世界闻名的文学家，文章写得蛮漂亮。

今天我讲这一点，并不是说反对进学校学习，如果是反对进学校学习，那末抗大、马列学院、党校、鲁艺都可以不要办了。不是反对进学校学习，我们要办这些学校。今天所讲的不过是要说明一个道理，就是并不是不在学校里就学不到东西的。同时，也说明并不是一进了马列学院，学了点把子学问，能讲一些马克思的原理原则，就以为通今博古，老子天下第一了。如果这样，那就是大错再加上特错。学会了一些马克思的原理原则，还不算是真正完全学到了学问，主要的还是要到工作中去学习。

除了高尔基以外，我还可以再举几个例子。在中国，比方孙中山先生，他的三民主义是从哪里学来的呢？孙中山先生进学堂，学的是孔夫子之类；又进过外国的学堂，就是帝国主义的学校，学的也不是三民主义的东西。后来他提出了三民主义，这是出了学堂，自己在工作中学习得来的。在外国，还有一个马克思，他的马克思主义也不是在学校里学来的，相反的，在学校里学的也不是马克思主义的东西，是资本家的道理，是黑格尔、费尔巴哈那一套。但是，他出了学校门，认真研究，知道先生的不对，创立了马克思主义。就是我，在学堂里起初学些孔夫子的东西，后来，学些资本家的道理，而这些东西，现在我就用得不多，因为它的基本精神就要不得。我在学校里，虽然也学到一些三民主义，但是大部分是在学校外面学的；至于马克思主义，那更不必说了，完全是在学校门外学到的。所以，我希望同志们还是在工作中学习的好，只要努力，没有学不到的东西。

同志们在训练班毕业以后，出去工作，要继续学习。你们有没有希望呢？有希望的，不要以为自己不过是一个学校教员而已。同志们回去后，做小学教员，是可以继续学习的，可以不断地前进。“长江后浪逐前浪，世上新人赶旧人。”这是中国的老话。一切旧的东西，都要以新的东西取而代之，任何人的意志都不能阻挡，这是社会发展的规律。你们都是新人，将代替旧人。而你们旧了，那就有更新一代的人来代替的。比如你们的学生，他们现在都是娃娃，但是他们比你们更新。年纪越小的前途越是远大，正在产生着与发展着的东西，才是不可征服的，这是宇宙发展的铁则。

你们是新人，都有新气象，正像抗大、陕公的同学一样。这种气象是民族的新生，是革命的生动力量，这是非常宝贵的。只要你们努力，在工作中学习，你们中间一定可以出尖子，出道理懂得多的人。你们是不是将永远做小学教员呢？那也不是。你们办学校，可以研究教育方法，可以创造道理，创造新的教育法，变成一个教育专家。我看，你们当了十年八年的小学教员，把经验积累下来，一定可以在教育工作的方法上创造出一些新东西来。这是我对同志们的一点希望，也是一点鼓励。

第三，抗战教育的“知行合一”

这个问题就是讲教科书与生活的统一问题。教科书这件事是值得研究的。我也是当过半年教员，在师范里教过书，那时候看见的教科书，实在有许多不高明，不适合实际。比方：里面讲的是大总统，又讲些轮船、火车、有线电、无线电之类，但是没有讲到小米、大米。住在乡下的老百姓就一辈子没有看见过大总统、火车、轮船、有线电、无线电，这些东西老百姓也是终生罕见的，而他们天天碰面的小米大米却没有提到，这就不合实际。另外有一种是讲了不做的。就是书本上讲的民主政治、三民主义、民生主义等等，但是没有人做，而且做的是相反的事。这些都是知行不合一。在抗战教育中，“知行合一”是一件大事，教育家陶行知先生就是搞这一套的，他提倡生活教育，把教的学的做的都统一起来。这在马克思主义讲来，就是“理论与实践”的统一，理论就是“知”，实践就是“行”。现在有些讲的同行的是不统一的。比方：口讲民族主义，行的是向帝国主义投降；口讲民权主义，却来压迫老百姓；口讲民生主义，而实行剥削老百姓。讲的同做的完全不对。讲什么中国要独立解放，要民主政治，要改善民生，而实行的恰恰相反。你们要大大的改变这个毛病，要做到讲的就是行的。

这一切，在我们边区里是已经做到了。民族主义，讲抗战，萧劲光、高司令，他们在后方守备，准备随时打击敌人，而且已经打走了要渡黄河的日本兵。朱总司令在前方抗战，老百姓也抗战，书上讲的都是做了的，我们是讲了就行。陕甘宁边区不是半殖民地，没有帝国主义的势力，不跟帝国主义订条约，洋货进口，就由我们做主，这就是独立自主。这不是切切实实的实行了民族主义吗？民主政治，讲了也做了。林伯渠同志、高自立同志是边区政府的主席，是老百姓选举出来的，高岗同志是边区参议会的议长，也是民选的。有证有据，决不是欺骗老百姓。陕甘宁边区是抗日的民主政治，不是半封建的，这同全国比起来也是不同。讲到民生主义，在边区，土地早已分给老百姓了，已经实现了“耕者有其田”。

在边区，是实现了三民主义，我们讲了的已经做到了。

现在我们教科书上还缺乏一部分，就是生活教育，就是讲怎样吃饭，怎样生活，讲大米、小米、养牛喂猪等等。我们的教科书就要讲这些东西，这一套就是马克思主义，按照马克思主义的讲法，天下是经济第一，其他东西第二，而这些小米大米养牛喂猪等等却正是社会的经济基础。吃饱了饭可以开会上课，不穿衣服冬天就要冻死，一切的东西就是从经济上发生的。不管是资本主义、社会主义、三民主义，统统要以大米小米养牛喂猪作为基础，这就是说：有了这个基础，才可以在上面造房子；有了经济基础，其他法律，政治、艺术教育等等，才能建筑起来。我们的教科书中就要把这一部分补进去，怎样补法，同志们在工作中可以研究研究。

书上讲的大米小米要与实际的大米小米对照一下，要互相配合起来，这样做才是真正的老百姓的知识。小米怎样种法？小米有各种各样的种法，天时的好坏，山地的阳面阴面，有各种的道理在里头，这一些都应研究研究，得出结论，载在书上，使大家都能知道。从前一部分人说：农民是没有知识的，这个话等于放屁。农民也有他们的学问，他们会种大米小米，会喂羊喂猪，我们就不会。大司务能做饭煮菜，油盐酱醋放得却好，我们就不会搞。马夫同志也有他的学问，我有没有学问？也有。我虽不会种小米大米烧饭煮菜，可是也会讲一些马克思牛克思的。你们教书也是学问，而这些东西，农民老爷就讲不来。朱总司令他有打仗的学问。所以各有所长，各有各的学问，谁说农民是没有知识的？

我们教科书里要有抗战，还要把生活加进去，真正的做到理论与实际联合起来，这就是抗战教育的“知行合一”。

同志们要回去了，去教你们的学生与老百姓，所以讲了最后一点关于抗战教育的知行合一。这是历来的老问题，可是，从前都没有讲好，所以，我今天再来讲一讲。

根据中央档案馆保存的讲话记录稿刊印

私立育才学校校董会章程

第一条 本校遵照中华民国私立学校规程第三章之规定设立校董会。

第二条 本校聘请九人至十五人为校董。第一任校董由发起人筹备会推聘之，校董任期三年，但满一年后抽签改选三分之一，第二年再递行抽签改选三分之一，第二任及以后校董由校董会推聘之。校董互选董事长、副董事长、常务校董各一人，任期均为三年。抽签改选时，董事长、副董事长，常务校董不在此限。

第三条 校董会得聘请名誉校董。

第四条 校董会职权如下：

（1）主持本校教育方针；

（2）筹划经费；

（3）审核预算及决算；

（4）决定重要规程；

（5）聘请校长。

第五条 校董会每半年举行常会一次，由董事长召集之，遇必要时得召开临时会议。

第六条 校董会设办事处于本校。

第七条 校董会设秘书一人，常川驻校。

第八条 本章程自校董会成立会通过之日起实施之，如有修改，经校董二人之提议，出席校董三分之二以上之同意，得修改之。

育才学校一年计划

二九年七月一日至卅年六月一日。

（一）正确认识并实践育才之教育旨趣

1. 育才之教育在培养特殊才能之幼苗

2. 普通与特修课并重，使二者起统一的作用以奠定儿童深造之基础，加强普通科学习上之考核以克服忽视普通课之畸形现象。

3. 建立丰富进步的集体，加强辅导工作。

（二）建立集体生活领导机构

1. 实行公约：

a. 将公约油印分发全校教师及各中小队长。

b. 八月一日开全校教师学生大会，总表决通过公约。

c. 于通过公约后一周内产生公约上所规定一切机构。

2. 建立工作检讨制及自我批评制：

a. 一切工作须事先拟定计划，事后严密检查。

b. 根据工作进行自我批评。

（三）改进教材及教育方法

1. 由指导委员会产生编审委员会编审教材。

2. 编审教材应依据下列各原则：

a. 有现存教材可用者应尽量使用，现存教材中如缺少必需之教材，编新教材补充之。

b. 出版界缺乏之教材可自编新教材。

c. 有新的编辑计划者可编新教材。

d. 多备杂志选取补充教材。

3. 编选计划及编选之教材，须交编审委员会审定。

4. 教育方法由指导委员会研究并计划改进之。

（四）改进艺友制度

1. 艺友之工作与学习时间以各半为原则，由指导委员会会同艺友代表二人商定之。必要时得请指导员出席参加。

2. 艺友之专（业）学习计划由艺友与各该部组主任会同指导员商定之。

3. 艺友之一般学习指导部主持之。

4. 艺友须定期向指导部作工作与学习报告，并由指导委员会考核之。

5. 艺友在校时间以一年为度，必要时得由校长决定延长或缩短之。

6. 艺友待遇依学校经济情形予以改善，医药费由学校酌量津贴。

（五）设立普通组

招收学生六十名至一百名。

（六）招收自费生

1. 音乐组五名（限于男性）

2. 戏剧组七名

3. 文学组十五名

4. 社会组十名

5. 绘画组二十名

6. 自然组二十名

（七）聘请教师

1. 各组指导员

a. 自然组指导员二人（数理一人、农艺生物一人）

b. 音乐组指导员一人

c. 社会组指导员一人

d. 绘画组指导员一人

e. 文学组指导员一人

2. 普通课指导员（学力、经验均须丰富）

a. 体育指导员一人

b. 英语指导员二人

c. 史地指导员一人

d. 国语指导员二人

e. 数学指导员二人

（八）调整工作人员明定职责并给聘书

1. 根据工作要求及工作人员之旨趣与能力调整之。

2. 确定工作人员之职责。

3. 工作人员一律给聘书确定其工作及待遇。

4. 七月底以前办理完竣以上三点之规定。

（九）扩充学舍增加设备

1. 建疗养院一座。

2. 建男女生宿舍各一座。

3. 建练琴室六间。

4. 建自然组实验室三间。

5. 建普通组综教室四间。

6. 建大食堂（包括厨房）一座。

7. 建教员宿舍一座。

8. 建图书馆一座。

9. 建科学馆一座。

10. 建艺术馆一座。

11. 购收音机一座。

12. 装设电话。

13. 建大规模防空洞一个。

14. 建筑运动场一个（并有露天舞台）。

15. 建设学校园。

16. 建筑蓄水池及吸水塔。

17. 建游泳池一个。

18. 设置石印铅印。

19. 增加图书杂志及报纸。

20. 添置二百人应用之床桌等用具。

21. 增设运动器具玩具。

22. 增加科学仪器标本。

23. 增加医药设备。

24. 增加绘画组设备。

25. 增加生产工具。

26. 收买校舍基地。

（十）开源节流增加生产

1. 开源：（1）募捐。（2）公演筹款。

2. 由指导委员会筹划并督促节流。

3. 运用全校师生劳力减少学校开支。

4. 实行寸土运动。

5. 经营与学校用利之经济事业。

（十一）改善工人生活提高工人教育

1. 调整工人工作。

2. 增加工人。

3. 改善工人待遇。

4. 加强工人教育。

（十二）附则

本计划依据筹款多少分别缓急进行，务期于一年内完成之。

育才学校公约草案*

第一章　总则

第一条　育才学校的教育基础为集体生活，在集体生活中，参加分子相师共学，力求进步，探讨真理，服务社会。

第二条　育才学校集体生活，基本上由指导员艺友及学生组成之。

第三条　育才学校指导员艺友及学生的基本结合关系为真理；指导员为真理的启发者，学生为真理的学习者，艺友为真理的学习及传递者。传统师生间的权威关系，一律予以废除。

第四条　育才学校启发与学习的真理，其判别的一般准则为是否合于科学与人生，其判别最后的准则为是否合于人类的历史的实践及要求。

第五条　育才学校的集体生活，应不断追求丰富与进步，而欲保持丰富与进步，必须：

第一，和广大的社会实践接触，消除学校与社会的隔阂；

第二，与世界进步的学术沟通，铲除闭关自守的成见；

第三，批判地接受并发扬中国固有的民族精神及人类文化遗产。

第六条　育才学校根据最高权力机关所订之方针，分为若干组，各组得充分发展其特殊性，惟不得与本约法第一条之学校根

* 原载1940年8月1日《战时教育》第6卷第1期《育才学校专号》。

本精神抵触。

第七条 育才学校由指导员、艺友与学生共同组成集体生活的管理体系，领导全校的集体生活。

第八条 育才学校在统一的集体生活管理体系之下，按指导员、艺友及学生在集体生活中的作用，分为指导与自治二体系，指导员与艺友为指导体系的组成者，学生为自治体系的组成者。

第九条 育才学校的自治体系在运用学生的集体与组织的力量训练学生的自治能力（治事与治学的能力）。指导体系的作用，一方面即在于指导学生获得各种知能，并日益扩大其自治范围，另一方面则在运用指导员艺友的集体与组织的力量，实行自我教育，实行“学而不厌，诲人不倦”的古训。

第十条 育才学校集体生活的领导组织，以校、组、自治小组之有机的划分为经，指导与自治二体系之有机的划分为纬组成之。

第二章 参加集体生活分子的基本权利义务

第十一条 参加育才学校集体生活的指导员、艺友、学生、校工及“育才之友”，在校法上是一律平等的同志，彼此间不得以智力的高下、体力的大小、学校工作地位或社会地位的“尊卑”而有歧视压迫等情事。

第十二条 参加育才学校集体生活分子的一般基本权利与义务：

甲、追求真理，服从真理，传达真理的权利与义务。

乙、维持良好校风，创造良好校风的权利与义务。

丙、发展友爱、互助的权利与义务。

丁、批判他人，接受他人批判的权利与义务。

戊、服务学校，服务社会，服务抗战建国的权利与义务。

己、在不违背真理的前提下，服从多数，服从学校纪律的权利与义务。

庚、在不违反真理与时代精神的前提下，尊重此时此地的社会道德标准的权利与义务。

第十三条 参加育才学校集体生活各分子的权利与义务：

甲、属于指导员的：

一、商得学校行政组织的同意，运用学校设备自由研究的权利。

二、商得学校行政组织的同意，作教育与心理试验的权利。

三、学而不厌，诲人不倦的权利与义务。

四、指导学生生活之权利与义务。

五、不偏爱学生的义务。

乙、属于艺友的：

一、学习的权利与义务。

二、指导学生生活之权利与义务。

三、以所学之知能传达学生之义务。

四、辅助指导员研究的权利与义务。

五、兼理学校行政工作，取得工作上及经济上报酬之优先的权利。

丙、属于学生的：

一、学做中华民国公民的权利与义务。

二、不受任何人体罚之权利。

三、选举与被选举的权利。

四、在合理的前提下，执行社会道德标准，对人表示谦虚礼貌之义务。

五、在不违背育才学校教育精神及基本原则上，有学习的权利与义务。

丁、属于校工的：

一、努力工作的校工，得享受工作保障权。

二、努力工作的校工，得按年加俸。

三、受教育的权利与义务。

四、组织教工互助会，推派代表出席学校集体生活最高权力机关的权利。

五、取得适当休息的权利。

戊、属于“育才之友”的：

一、同本条甲项一、二两目之权利。

二、以所长服务学校，取得免费膳宿之权利，在特种情况下，得考虑个别分子过去生活习惯及当前健康情形，膳宿予以优待。

三、经校方特约者，得出席学校集体生活之权利机关及行政机关，有发言权而无表决权。

第三章　学校最高权力机关及校长

第十四条　育才学校最高权力机关为学校董事会。

第十五条　董事会之职权：

甲、对外代表本校；

乙、任命校长；

丙、核准基本法规；

丁、核准预算；

戊、筹备经费。

第十六条　校长之职权：

甲、为董事会之经常代表，并于董事会闭幕期内代表董事会执行职权；

乙、依约主持学校各部各组主任指导员进退之权；

丙、核准学校各部及各组聘请之艺友；

丁、与校外各文化团体、社会团体及学者取得联络；

戊、核准指导委员会开除学生之决议。

第四章　学校集体生活最高权力机关

第十七条　育才学校集体生活之最高权力机关为校务会议。

第十八条　校务会议之职权如下：

甲、创造集体生活与工作之法规；

乙、核准全校工作之总的定期计划；

丙、检讨全校工作学习及日常生活；

丁、稽核全校经济；

戊、产生全校监察与裁判机关。

第十九条　校务会议由下列人员组成之：

甲、全校集体生活行政组织的组成分子；

乙、与甲项等数由全校指导员及艺友选出之代表；

丙、与甲乙二项之和等数的学生代表；

丁、校工互助会之代表二人。

第二十条　校务会议之学生代表，由全校学生自治权力机关选举之。

第二十一条　第十九条乙丙丁三项之代表任期为半年，连选得连任。

第二十二条　校务会议每月召开一次，由校长召集之，必要时召开临时会议。

第五章　全校学生自治权力机关

第二十三条　全校学生自治之权力机关为学生自治会议。

第二十四条　全校学生自治会议的职权：

甲、对外代表本校学生；

乙、创制学生生活法规，由出席校务会议的代表提出，校务会议通过之；

丙、推选第十九条丙项所规定之代表；

丁、产生全校学生自治行政机关，并推定其总负责人；

戊、检讨全校学生自治行政机关之工作；

己、对学生自治行政机关传达校务会议之决议事项。

第二十五条 全校学生自治会议之代表，以各组为选举单位，每学生十人选举一人共同组织之（十五人以上选举二人，二十五人以上选三人，余类推）。人数不满十人者，亦得选举代表一人。代表之任期为半年，连选得连任。代表不称职时，其所属之选举得罢免之。

第二十六条 全校学生自治会议代表之选举，须俟每学期集体生活开始两周以内举行之。

第二十七条 全校学生自治会议设正副主席各一，其职权如下：

甲、每月至少召集会议一次；

乙、为校务会议中学生之当然代表；

丙、执行第二十四条甲项之日常工作及乙项任务。

第六章 全校集体生活行政组织

第二十八条 育才学校全校集体生活之行政组织为指导委员会。

第二十九条 指导委员会的职权：

甲、指导全校之学生自治体系；

乙、指导全校之指导体系执行学生自治指导事宜；

丙、指导全校之指导体系执行集体自我教育；

丁、制订课程；

戊、进行教育实验；

己、设法保护参加集体生活分子的权利，并督促使各尽义务；

庚、设法使参加集体生活分子取得健康的各种必要的物质条件；

辛、决定学校工程并大宗购置；

壬、办理学校经济出纳；

癸、办理与国家行政机关、社会团体、国内国际文化团体的联络及来宾接待事宜。

第三十条　全校指导委员会由下列人员组成之。

甲、校长；

乙、各部主任；

丙、各组主任；

丁、常设委员会（指导体系中之属于全校性质的）专任主席；

戊、参与学校集体生活，经校长指定之分子，但其人数不得超过上列人数总和之四分之一。

第三十一条　指导委员会设指导部，掌理第二十九条甲乙戊三项职权；设全校集体自我教育委员会，掌理同条丙项之职权；其他各项职权得视具体情形分设若干部会（委员会）管理之。

第三十二条　指导委员会为统一各部会之集体领导组织，各部会对指导委员会负责。

第三十三条　指导委员会设正副主席各一，由校长及指导部主任分任之。

第七章　全校学生自治行政机关

第三十四条　全校学生自治的行政机关为全校学生生活委员会。

第三十五条　全校学生生活委员会的职权：

甲、在指导部指导之下，领导全校学生从事：

一、体育活动；

二、卫生活动；

三、娱乐活动；

四、文化活动；

五、社会活动；

乙、应学校行政需要，派遣学生从事服务；

丙、其他指导部指导事宜。

第三十六条 全校学生自治委员会设总干事一人，副总干事一人，干事若干人，总理职掌全盘事宜。

第三十七条 全校学生生活之总干事、副总干事，同时为学生生活团（全校学生组织）的正团长与副团长。

第三十八条 全校学生生活委员会之各干事得直接指挥各组同一名称之干事。

第三十九条 全校学生生活委员会不称职时，自治会议得罢免之。

第八章 组行政组织

第四十条 各组行政组织为冠以各组名称之指导会。

第四十一条 组指导会由组主任及属于该组之指导员、艺友组织之。

第四十二条 组主任为组指导会之主席。

第四十三条 组指导会之职权：

甲、在指导委员会领导之下，指导本组学生的自治工作。

乙、在指导委员会领导之下，执行本组指导员、艺友一般性质之自我教育事项。

丙、制订本组的专科课程及定期学习计划，提交校指导委员会通过之。

丁、培养学生之专科知能。

戊、执行组织指导员、艺友属于本组专科性质之自我教育。

第四十四条 组设组辅导教师一人，及自治小组辅导教师若干人，执行第四十三条甲项事宜。

第四十五条 组主任之职权：

甲、代表全校指导委员会，领导组指导会并力谋校与组、组与组间之沟通；

乙、征求参加本组之专科艺友，并提请校长核准之，

丙、核准学生转组事宜；

丁、对本组在性质上相同之校外文化团体、工作团体及学者取得联络。

第九章 组学生自治行政机关

第四十六条 各组学生自治行政组织为组学生生活委员会。

第四十七条 组学生生活委员会之职权：

甲、在组指导会指导之下，领导各组学生从事：

一、体育活动；

二、卫生活动；

三、娱乐活动；

四、文化活动；

五、社会活动；

乙、应学校行政需求，派遣本组学生从事学校服务；

丙、其他组指导会之指定事项。

第四十八条 组学生生活委员会设总干事一人，副总干事一人，并视具体情况设干事若干人，分掌第四十七条所订事宜，由委员互相推举之。

第四十九条 组学生生活委员会由全组学生选举之，组学生生活委员不称职时，所属之单位得罢免之。

第五十条 组学生生活委员会受组指导会及组辅导教师之指导及全校学生生活委员会之领导，如遇双方意见不同时，由指导部处决之。

第五十一条 组生活委员会之总干事、副总干事，同时为生活团之中队长与中队副。受正团长与副团长之指挥。

第十章 自我教育小组

第五十二条 育才学校指导体系之基本组织为自我教育小组。

第五十三条 自我教育小组结合方式有二，一为同工作者之结合，二为同兴趣与志愿者之结合。

第五十四条 自我教育小组之划分、结合及其内容，由校自我教育委员会商定之。

第十一章 自治小组

第五十五条 育才学校学生自治体系之基本组织为自治小组。

第五十六条 自治小组之划分标准及其人数，由各组之指导会订定之。

第五十七条 自治小组执行第三十五条及第四十七条所规定之活动与服务而外，尤须注意参加分子之自我教育，增进参加分子合作互助之关系。

第五十八条 自治小组用不记名投票选举正副干事二人，领导小组之日常事宜。正副干事同时为生活团之分队长与分队副。

第五十九条　自治小组受小组辅导教师之指导及组学生生活委员会之领导。如遇双方意见不同时，由组指导会处决之。

第六十条　自治小组辅导教师不仅指导学生自治之行政，尤须注意指导下列事项：

甲、使参加分子获得集体意识；

乙、用集体的力量保障学生之一般与特殊权利，并厉行学生之一般与特殊的义务；

丙、建立并发扬小组内之友爱互助精神；

丁、保持每个分子生理与心理之健康；

戊、确立每个分子之良好的语言习惯；

己、负责指导每个分子学习时事及工具科目；

庚、帮助每个分子订定学习计划。

第十二章　监察及裁判机关

第六十一条　育才学校之日常监察及裁判机关为校风纪委员会。

第六十二条　育才学校之最高裁判机关为校务会议，及于必要时所组成之裁判委员会。

第六十三条　校风纪委员会职权如下：

甲、监察集体生活参加分子违背本约法及学校纪律之一切不法行为；

乙、向当事人提出警告；

丙、裁判参加集体生活分子间之纠纷；

丁、遇参加集体生活分子犯重大过失时，以监察者之资格向最高裁判机关提出控诉。

第六十四条　最高裁判机关之职权：

甲、受理校风纪委员会之控诉。

乙、受理不服校风纪委员会裁判之集体生活分子之上诉。

第六十五条 校风纪委员会之主席由校务会议就代表中推选之，其任期为半年。

第六十六条 校风纪委员会之委员由各组学生代表，每组一人，全校工友代表一人，再由指导员艺友选出与学生工友代表总和同等数之代表经校务会议核准后充任之。

第十三章 校徽校旗

第六十七条 育才学校的校徽为等边三角形，白底，边饰蓝色的粗阔线条，中绘三等径的圆圈，并于其上书育才二字。圆圈之意义有三：一示求学须虚心并有空暇，二示工作须继续不断，三示抗战胜利须精诚团结。三圈相联示全校一体，世界一体，古今来一体。红圈为血轮，示有生命之联系。

第六十八条 育才学校之校旗为方形白底蓝边中加三圈构成之，其含义与校徽同。

第十四章 附则

第六十九条 本约法所列之各项组织，得另订详细组织法，按照其性质分别提请董事会及校务会议通过之。

第七十条 本约法经全校大会通过，校长批准后有效，倘欲修改，须有组成校务会议人员十人以上或参加集体生活分子三十人以上之提议，全校大会三分之二以上之多数通过方能成立。

第七十一条 解释本公约之权，属于校务会议。

生活教育社晓庄研究所三十年度工作计划大纲*

一　关于国产特效药之研究：

（一）继续治疟疾特效药之研究。

甲、广制药样分发各战区试用，并以技术助其制造。

乙、开始试治恶性疟疾。

丙、研究止疟丸之预防作用。

丁、继续淘汰不必需之成分。

（二）开始选择各方研究治痢特效药。

（三）筹措指定捐款专为完成上项工作。

（四）编印治疟特效药研究报告，于四月底以前出版，俾有关人士充分明了此药之确实效力，以资提倡而减少军民痛苦。

二　关于应用科学之研究：

（一）继续小单位炼钢之研究。

甲、复式再生炼钢炉之进一步改良，准备作第三次试验。试验之集中点为再生箱与瓦斯箱之加长，风力之加大。烟囱之移远与加高。

乙、试造环形复式重生炼钢炉。

丙、编印复式再生炼钢炉研究报告。

* 原载1940年8月10日《战时教育》第6卷第1期。

丁、炼钢研究经费改为补助性质。

（二）补助生物化学之研究。

（三）补助无线电之研究。

三 关于战时教育之研究：

（一）研究辅导自学制度以适应战时之需要。

（二）研究教学做合一之具体运用。

（三）研究集体自我教育之实施。

（四）研究战时儿童教育，并编著战时儿童读物五种，包括国语、音乐、戏剧、史地、图画等。

（五）继续研究特才难童教育。

（六）继续研究战时民众教育，并编著战时民众读物五种。

（七）继续研究伤兵教育。

（八）继续研究游击教育。

（九）主编《战时教育》月刊。

凤凰山夜话*

戴伯韬

一九四〇年的冬初，因为反动派到处禁止抗日活动，国家前途越来越险恶，反动派到处向人民的抗日军队进攻，南北都发生了为亲者所痛仇者所快的摩擦。我打算投奔八路军，到敌后去直接抗日。

在我们住所的一间小房里，点着一盏摇晃着的豆油灯，陶氏很恳切的问我是否愿意担任育才副校长，以便他可以无后顾之忧，专心在外边募集款项，我把上面的打算告诉他。

他考虑了很久，才说：对，到敌后游击区去，才可以最大限度的发挥我们的力量。生活教育者应该到群众最多的地方去，站到斗争的前线去。何况，光明是在那里，我们要把希望放到那里去。

“就是艰苦一点，也不要紧，青年人爬山越岭是不怕的。”他似乎有无限感触似的谈着，声音有些暗哑。我们两人默默的对着暗淡的灯光，他的夫人不知什么时候已经回到他们的房间去了。

良久，他又继续说道，我是时常想念着那个地方的，国民党反动派不容我们，就让我们都到敌后游击区从事群众抗日教育吧。那里虽有千山万水，虽有敌人的封锁清剿，但比呆在这儿总痛快些。

* 出自戴伯韬著《陶行知生平及其学说》。

“我这个身体，”陶氏低沉的说，“不能让我自由啊！游击区的军民虽然会给我一匹马代步，也许会有一个人照料我，但我对革命又有什么大贡献，能接受得起这样的优待！”因陶氏患血压高病症多年，不能爬山和奔跑，而且随时有爆发脑溢血的危险。

“就只怕反动派不许你去啊！”我对他这样说。

“是呀，国民参政会中代表汪派的廿一位教授，曾不断发出污蔑共产党和八路军的谣言，许多国民党反动派也无赖的诋毁共产党，明明是他们在华北联合敌人进攻八路军，他们却含血喷人说八路军制造摩擦。又假造了许多文件，印刷了许多宣传小册子，暗地里又颁发了限共灭共的几十条办法。

“这是制造分裂，准备投降！”陶氏瞪大眼睛，语气很严肃的说着。“我们相信共产党提出的坚持抗日、坚持团结、坚持进步的方针，是目前救国家民族的唯一方针。他们也是实际上坚决执行这一方针的人，许多中间派人士听到反动派在参政会上无耻的造谣和叫嚣，都不相信。他们提出，让我们真正无党派的中间人士，亲自去调查真相吧。立刻就点破了造谣者的真相，反动派自然不允许通过这个提议。后来，中间人士又提出让我们到延安去看看他们是否真正抗日。反动派造谣的丑陋面目，又一次被揭穿，又是一个不许可。

“我那时想，如果这个议案通过了，我便可以有机会到延安和抗日民主根据地去。现在，只有一个办法，再出国一次，先到英法或美国，然后绕道国外去抗日民主根据地。”

那晚，我们谈到深夜，他娓娓不绝的谈论着，我们在这方面谈得很多，他曾提到，他为人民解放和民族独立，奋斗了几十年，一直到现在还是无党无派，如果我想入党的话，可以毫不思索的请求加入共产党，而且毫无保留的听从一切决议，我亲眼看到这个党自成立一直到现在，始终不变的艰苦奋斗为老百姓和民族求解放。

育才学校创学旨趣及募捐启

育才学校创学旨趣

（写于1941年5月1日，内容与《育才学校创办旨趣》同。略）

育才学校三周年纪念募捐缘起

育才学校依据其创学旨趣而建立。现有学生一百五十五人，系从十五省流亡之难童中选拔而来。教育方针除依部章指导其一般功课外，从小便注意发现其特殊才能与兴趣而加以适当之培养。在这三年当中，普修课已从小学办到初中程度，现在要接着筹设相当于高中程度的班次。特修课已建立自然、社会、文学、音乐、绘画、戏剧六组，我们想接着筹备工艺组、农艺组，以期因材施教，务使各得其所。我们要准备充分精神食粮，配合着小孩们的进度，逐渐将学校一级一级的办上去，一组一组的充实起来。我们必须预先扩充图书仪器设备，才能免去临时供不应求之恐慌。而且当此物价飞涨，倘不设法增筹经费，诚恐减少营养，有碍儿童发育。因此我们想趁举行创校三周年纪念的机会，请求同情本校的朋友慨予乐捐，共同创造。倘蒙赐助，则难童幸甚，本校幸甚。

李组坤　何爱莲　张宗麟
张一麟　杨德昭　吴涵真　同启
许世英　崔载阳　陶行知

育才学校三周年纪念募捐计划

金额　本校募捐总数为四十万元。

用途

甲、难童学额壹百名，每名每月一百二十元，全年一千四百四十元，共计十四万四千元。

乙、医药设备费　　　　一万元

丙、增加图书费　　　　一万二千元

丁、仪器工具费　　　　三万四千元

戊、生产基金　　　　　二十万元

日期　本年七月二十日为本校三周年纪念日，故经募结果，陪都附近望于六月卅日前示知，外埠望于十月十日前航邮示知，国外望于接信后一个月内航邮示知。倘有特殊情形届时不能结束者，得酌量延长期限，函商决定。

收款　一切捐款均托重庆新街口新华银行代收。捐款朋友请将捐款交与或汇与该行收入育才学校账户，即由该行代发敝校收据。

纪念　本校对捐款友人用下列方式表示谢意：

甲、捐款人一律敬赠“育才之友”纪念状，并刻碑纪念；

乙、学额以捐款人之台衔或其指定之人名称之；

丙、捐款在五千元以上者悬像纪念。

（捐款表格略）

中国文化界致苏联科学院会员书*

潘友新大使请电转

苏联科学院全体会员：

我们——中国的文化工作者们读了你们呼吁全世界文化界一致起来反对文化与科学最恶毒的敌人——法西斯强盗的通电之后，更其百倍的鼓舞了我们反法西斯的热情，坚定了我们反法西斯的斗志。四年来，我们受尽了东方强盗——日本法西斯的横暴的惨绝人寰的摧残！他们烧炸了我们的学校、图书馆及其他教育文化机关，屠杀了我们的青年学生及文化工作者，企图把四万万五千万人民，驱入到中世纪的黑暗地狱中去。四年来，我们在极凶残的血火里，据守着文化的岗位，给东方野蛮强盗——日本法西斯以致命的剥露与打击。人间最野蛮、最残忍、最凶狠、最恶毒的法西斯匪徒的狰狞的嘴脸，在四年的血火里，我们是认识得最清楚了。法西斯——这是进步与光明的死敌，是自由与幸福的死敌，是人类文化的毁灭者，是全人类的刽子手。法西斯匪徒一日不扑灭，则人类即无光明之幸福可言。

现在，当我们的英勇自卫战跨入第五个年头的时候，西方强盗——德国法西斯的血爪，又向人类的和平堡垒——社会主义的苏联伸去了！他企图摧毁这人类的和平堡垒，毁灭这人类文化的

* 原载1941年7月11日重庆《新华日报》。

保管库，熄灭这指引人类前进的灯塔，使人类永远沦于万劫不复的黑暗地狱，过着牛马生活，使人类复返于野蛮时代！苏联的全体人民，已经万众一心的奋起，为捍卫人类正义而战了。全世界的工人农民及革命的知识分子，也都一致奋起，援助苏联反法西斯而战了。我们——中国的文化工作者们，在这全世界反法西斯大战中，更其奋发、更其坚决的加强我们的斗争，更其紧密的同苏联全体人民携起手来，扑灭我们共同的敌人！

苏联科学院的朋友们！我们真挚而热烈的响应你们的号召，我们要英勇的并肩作战，扑灭人类的公敌——法西斯强盗，维持人类的正义，争取世界的和平。最后胜利一定是归于我们的！

郭沫若　沈钧儒　茅　盾　郁达夫
曹靖华　陶行知等二百六十四人同叩

为征购粮食弊端百出请速急申明禁令以纾民困而维系战区人心案*

政府此次田赋改征实物，并照额征购粮食，本为持久抗战足食足兵之大计。惟征购手续繁难，各省机构多不健全，奉行不能如法，不肖官吏上下其手，杂以军队武断从事，往往任意科派，强迫征输，以致弊端百出，如皖省本年号称小有，实则始患虫灾，入秋霪雨兼旬，谷多芽烂，平均仅及半收，而产粮县区，又已半数沦陷。中央配赋各省数额，全赖奉行者体察实际情况，量予伸缩，乃竟按图索骥，必期取盘，甚或尚沿已往军队征发恶例，于定额之外，另复多立名目，一并婪索。人民收成只有此数，安能堪此追求！尤可痛心者，政府向人民购粮，应自筹运输办法，乃竟一律迫人民自送，不问道途远近，随意指定地点，有送至五六百里，往返须时至七八日者。押运者皆系军队，运伕小不如意，辄呼啸鞭挞，如遇囚犯。公家所定购粮现款及运费，皆为数至俭。在此生活昂贵之时，率不能供运伕一饱，且大多扣不发给。以致征购一石，人民加赔一二石之费，尚难运到；及至运到，则又横加挑剔留难，有搁置三五日不能上递者。送粮者络绎颠连，道中困苦万状；而验收时，又复大斗满量，抑压需索。种种弊端，不可枚举。战区累民之政，实以此为最惨酷而最普遍。不意政府为抗战储粮之良法美意，乃因奉行不善，其结果一至于

* 原载《国民参政会第二届第二次大会纪录·提案目录》。

此。此不独安徽一省为然，询之豫、鄂、湘、赣诸省苦况，亦大抵相同。各省秋成以后，粮价概已下跌，现因此大量征购之故，皆已突趋上涨，有由一石十余元涨至四五十元，乃至七八十元者。民食问题，日形严重，预计一至明年春荒，将有不堪设想者。战区接近敌伪，诱惑多端，深虑一旦人民救死不赡，铤而走险，影响抗战前途，殊非浅鲜。同人等身处后方，日接家乡报告，不敢缄默不言。窃谓政府为轸念民生及维系战区人心计，应以拯溺救焚之手段，速急申明禁令，以图挽救。其办法拟具如下：

一、年来后方各省粮价，日增月涨，农民实获有过分之利得。故政府购粮，不妨贬价征取，并多搭库券，以剂平衡。战区一般无此现象，则定价应酌量从优，并责令照发，不加抑扣，以免农民蒙受无可抵偿之损失。

二、速责令各省各就其沦陷产粮县区之多寡，及被有偏灾区域，酌将配额减轻，以期负担公平。

三、速责令各省除政府法定购粮一项外，将所有不当名目之征发，一律撤消，以维持法令之统一。

四、速责令各省自筹运粮办法，不得迫令人民自送，及扣发运费，虐待运夫，并一切非法处置。

五、速责令各省于人民交粮须多指定近便地点，随到随收，平斗平量，不得任意挑剔留难，及一切抑压需索情事。

提案人 梅光迪　光　升　陈　铁　江一平　奚　伦
马景常　刘王立明　杭立武　陶行知　居厉今

连署人 吴道安等11人

生活教育社出版部招股缘起

生活教育自民国十六年三月十五日创始以来，于今已十七年了。在过去所建立之生活教育理论，因有《乡教丛讯》《乡村教师》《生活教育》《战时教育》《师范生》《儿童生活》《少年知识》等定期刊物之传播，以及晓庄丛书、乡村教育丛书、生活教育丛书、普及教育丛书、儿童科学丛书、大众科学丛书、少年知识丛书，并其他生活教育单行专著之出刊，所以能引起世人之注意和推行。而对于专力于生活教育之同志，在教育实际设施进行参考上尤多裨益。抗战军兴以来，出版条件日益艰难，通常书籍已感不易购买，而于教育书籍更难觅取，生活教育书籍尤其不易得到！因此，重庆十七周年纪念会上，众议佥同，即席发起，集股创立出版部，一方选辑生活教育特刊，一方出版新著，并代社员采买和代售有关教育、儿童修养、青年修养等书籍，以增进教育效能，而提高民族文化。资金暂定为国币二十万元，分股募集，每股一百元，其股东，暂定于生活教育社社员。诸位社员，热心社务，热心教育，必蒙争先认股，踊跃投资，共勷此举。附奉认股志愿书，即希填就寄来，并将股款同时用迅速的方法寄社，不胜欣幸之至。

发起人 陶行知 朱亚强 方与严 季 信 周延信
臧其吉 黎国荃 彭 风 李绿永 刘成立

谢家嵩　陆云樵　谭得先　陈元直　王醉霞
马侣贤　邵　仲　张国权　吴克强　林方白
杜君慧　蒋清华　徐树人　张亚生　李任子
胡文金　沈　波　陶晓光　王署恒

关于邹韬奋的讣告*

邹韬奋先生一代文豪，读者遍海内外，毕生努力文化工作，于抗战团结尤多贡献。兹因患耳癌症不治，痛于本年7月24日逝世。在渝戚友闻讯，同深哀悼，除定期开会追悼另行登报外，特此讣告。

如有纪念哀挽文件，请送重庆民生路73号生活书店代收。

张申府　沙千里　王志莘　章乃器
黄炎培　陶行知　沈钧儒　史　良
杨卫玉　徐伯昕

* 原载1944年9月12日《新华日报》。

生活教育社征求新社员办法*

（一）本社宗旨

本社以探讨最合理有效之新教育原理与方法，以促进“自觉性之启发，创造力之培养，教育之普及，生活之提高”为宗旨。

（二）当前任务

二十世纪是人民的世纪，民主的世纪，民主的世界。民主的世界中，必须有民主的中国。所以要创造民主的中国，必须有民主教育为之前导。所以本社当前的任务是普及民主教育，教导人民在真正实行民主上学习民主。目前需要普及的民主教育，约为二十端：

1. 农民教育之普及
2. 工人教育之普及
3. 店员教育之普及
4. 伤兵教育之普及
5. 妇女教育之普及
6. 蒙古教育之普及
7. 西藏教育之普及
8. 苗瑶侗壮彝教育之普及

* 本篇系陶行知亲笔手稿。

9. 残疾教育之普及
10. 犯人教育之普及
11. 卫生教育之普及
12. 科学教育之普及
13. 劳动教育之普及
14. 戏剧教育之普及
15. 音乐教育之普及
16. 绘画教育之普及
17. 文字教育之普及
18. 小先生制之普遍推行
19. 识字者之普遍动员
20. 领袖人员之再教育

（三）普及民主教育原则

1. 民主第一，民主至上，民主高于一切。
2. 教育为公，不分性别、老少、种族一律受平等的教育。
3. 整个的生活教育。
4. 整个的寿命教育。
5. 从小建立起民主的生活习惯和行动。
6. 运用穷办法办出丰富教育。
7. 社会即学校，到处是学校，到处受教育。
8. 即知即传，人人是先生，人人是学生。
9. 尽量运用小先生，提高小先生文化水平，以增进教育效能。
10. 运用传递先生、各教所知、各教所能。
11. 注意乡村，但也不忽略城市。
12. 鼓励穷而有志的青年，抓住饭碗受教育。
13. 尽量尽速推行拉丁化新文字。
14. 充分运用电化教育。
15. 鼓励老百姓自己办教育。

16. 在大众中选拔他们自己的干部。

17. 分区培养高级干部。

18. 建议政府全国推行。

（四）征求新社员

目标：征求新社员10万人。

时期：自民国三十四年十二月一日起，至三十五年十一月三十日止。

社费：社员社费每人100元，共1000万元。

事业费：每社员平均乐助事业费1000元。共10000万元。如蒙多多乐助，更所欢迎。

总队长：由社长陶行知先生担任。

秘书：

分队：分1000队。每队聘请队长1人。征求社员100人，社费10000元，事业费100000元。

征求对象：大、中、小学教师。中学大学学生。热心赞助普及民主教育人士。

（五）整理旧社员

登报公告和通讯调整，并举行总登记。

（六）优待队长及社员办法

1. 队长征求及额者，凡购本版书籍及刊物一律八折优待，长期赠阅生活教育通讯，赠阅民主教育月刊一年。超过限额者，加赠纪念章一枚。

2. 社员缴纳社费及事业费者，凡购本社书籍及刊物，一律八折优待。长期赠阅生活教育通讯。社员乐捐事业费10000元以上者，赠阅民主教育月刊一年。

陪都各界反内战联合会致函毛泽东同志*

润之先生钧鉴：

八年以来，先生领导贵党努力抗战，在敌后守土卫民，勋劳卓越，中外同钦。八月间应蒋主席电邀，翩然莅渝，共商国事，拳拳之诚，实为天下所共见。而商谈期间，复一再表示愿在蒋主席领导下，为和平建国而努力，尤予全民以莫大之慰安，不意商谈纪要甫告发表，而内战已突然爆发，人民于水深火热之余，后遭妻离子散之祸，惨痛之情，何难想见！同人等认为以政治解决政治，其势甚顺，而其道亦不甚难，凡会谈纪要中所已决定之事项，协力促其实行，其未决定之事项，由政治协商会商讨决定，则一切纠纷即可迎刃而解，时至今日，万不宜诉诸武力，使治丝而益纷。同人等懔国亡无日之戒，爰成立本会，除已另电国民政府蒋主席有所呼吁外，特向先生请求，务希即行停止武装冲突，促进政治协商，以贯彻和平建国之大义，国人幸甚，同人幸甚。

彭一湖　梁漱溟　张东荪　罗隆基
张申府　宋云彬　沈钧儒　章伯钧
章乃器　刘清扬　胡厥文　柳亚子
史　良　李公朴　蒋匀田　周鲸文

* 原载1945年12月26日《新华日报》。

杜国庠　廖国镇　郭沫若　冯乃超

陶行知　刘王立明　曹孟君　郭思明

甘祠森　黄墨涵　何公敢　侯外庐

1945年12月24日

陪都各界反内战联合会致函国民政府蒋介石主席*

介公主席勋鉴：

我公领导抗战，历尽艰辛，终获胜利，不特全民敬佩，举世盟友亦同深钦仰，其后一再电邀中共领袖毛泽东先生来渝共商国事，谦冲礼让，感人尤深，孰意商谈纪要甫经发表，而战争烽火已遍布全国。噩耗传来，四方震惊，人心惶惶，不可终日。同人等认为此次战争，其意义较之往昔迥不相同，而祸患更有难堪设想者。我公明智，必在洞烛之中，无庸缕陈。我公过去对于党争，已曾一再声言，须用政治解决。同人等认为此理至当，而其事亦不甚难。设我政府能更开诚布公，集思广益，由政治民主化以促进军队国家化，则一切争端即可迎刃而解，除已另电中共在军事方面停止发展外，甚望我政府对于年来在野各党派所提之各项要求，再予以平静之考虑，举例言之，如释放政治犯，取消特务机构，承认政党之合法地位，以至人民身体言论出版结社集会之自由等项，即战败之日本国民，今亦已全部获得，我国民拥护政府，抗战八年，今获胜利，何能并战败国民而不如。此实为全国国民之热望，我政府似宜慨然接受，彻底实行者一也。联合政府之说，如以英国战时联合政府为例，则工党初为表示与保守党合作而参加，继为表示不合作而退出，是在野各党派之要求，实

* 原载1945年12月29日《新华日报》。

为意愿合作之表示。再以国内战时政治实况而论，一面惩治贪污，法令綦严，而另一方面派往收复区之官吏，竟又贪污百出，积重难返，其事甚著。全国国民故已深感政治上非注入大量之新血液，绝难望其改善。故联合政府实符合人民之期望，我政府似宜以过渡形式予以接纳者二也。收复区政权问题，如官吏真实选自人民，则不特为建国大纲之所倡，且亦合时代潮流，似宜予以承认。如认选举为不实，则尽可在双方及人民监视之下，重行改选，此宜弹性予以解决者三也。同人等日夜焦思，深恐迁延愈久，纠纷愈大，故本拯溺救火之忱，而有披发缨冠之举。我公为政府主席国家领袖，窃愿早颁明令，停止武装冲突，使和平建国大业，早日顺畅推行，全国幸甚，同人幸甚。

陪都各界反对内战联合会

彭一湖　张东荪　史良　蒋匀田
廖国镇　冯乃超　刘王立明　郭思明
何公敢　梁漱溟　章伯钧　张申府
周鲸文　陶行知　胡厥文　曹孟君
甘祠森　李公朴　沈钧儒　章乃器
罗隆基　杜国庠　郭沫若　柳亚子
刘清扬　黄墨涵　侯外庐　宋云彬

中共代表团宴请救国会陶行知等和第三党人士*

本报特讯　中共代表团于前（廿八）日午，曾设宴招待民主同盟出席政治协商会议代表及同盟在渝常委多人。昨（二十九）日午又宴救国会方面沈钧儒、陶行知、邓初民、李公朴、史良诸先生，交换对政治协商会议意见，同日晚宴第三党方面章伯钧先生等八人，亦为交换对政治协商会议意见，下午五时中共七代表除吴玉章同志因病外，全体应邀出席外部欢迎马歇尔元帅鸡尾酒会。又中共代表董必武、叶剑英两同志前（二十八）日曾分访傅斯年先生、贺国光主任、刘斐和林蔚两次长。

国共会谈，昨日仍未继续进行，中共代表曾向政府代表催问，据政府代表张群先生向周恩来同志表示因二十七日的会谈内容，报告蒋主席后尚未得蒋主席指示，故暂不能续开。

* 原载1945年12月30日《新华日报》。

冼星海先生纪念演奏会启事*

革命音乐家冼星海先生以艺术致力中国民族解放事业，时逾十年，功在人间，往岁赴苏留学，以求深造，方期重返祖国，参加民主文化之建设，不幸积疾不治，于1945年10月30日病故莫斯科。奇花凋谢，艺苑萧条，中外人士，同声哀悼。兹定于1946年元月5、6两日下午6时半假七星岗江苏同乡会举行纪念演奏会，演奏其著名作品《黄河》、《生产》等大合唱，用寄人琴哀思，而插解放歌声。除冼先生生前友好戚属，已柬邀参加外，凡景仰冼先生事业与艺术之各界朋友愿意参加者，请向相识之发起人索取请柬。如有花圈、挽联、挽诗等，请于4日送交和平路管家巷28号代收为盼!

发起人：冯玉祥、沈钧儒、郭沫若、柳亚子、周恩来、董必武、陈铭枢、邓初民、陶行知、茅盾、叶圣陶、胡风、黄芝冈、张西曼、任宗德、杜国庠、田汉、史东山、阳翰笙、孙师毅、李德全、史良、曹孟君、周宗琼、马思聪、刘雪厂、林声翁、马国霖、王亚平、力扬、何其芳、徐迟、蔡楚生、郑君里、辛汉文、戴爱莲、冯乃超、胡子婴、柳倩、罗髫渔、叶浅予、王琦、卢鸿悲、李凌、沙梅、盛家伦、夏白、钱警华。

* 原载1946年1月3、4日《新华日报》。

和平实现庆上加庆陶行知参加《新华日报》八周年纪念*

本报特讯　昨日是本报八周年纪念，在读者们的爱护和帮助下面，本报终究有了这八年的历史。昨天恰巧又是停止内战命令颁布和政治协商会议开幕的第二天，本报欣逢这样的日子，真是喜上加喜，庆上加庆。各方来宾友好来馆祝贺的计有：沈钧儒、罗隆基、张东荪、张申府、陶行知、马寅初、鲜特生、邓初民、茅盾、李公朴、王昆仑、曹孟君、张西曼、郭春涛、孙起孟、施复亮、阎宝航、周鲸文、黄少谷、胡健中、陈铭德、罗承烈、赵超构、王白与、杨丙初、任宗德、曾俊修、阳翰笙、宋之的、郑君里、张瑞芳、戴爱莲、胡风、曹靖华、翦伯赞、曹伯韩、邵荃麟、赵铭彝、力扬、臧克家、王亚平、徐迟、汪刃锋、黄洛峰、鹿地亘、池田幸子及美、法、苏各国新闻记者，除延安来的同志表演“挖甘草”等几个秧歌剧外，张瑞芳小姐还给我们朗诵了李公朴先生的《贺〈新华日报〉》，育才学校的朋友们更给我们添加了“西藏舞”、“王大娘补缸”等好几个精彩节目，使娱乐节目大为增色。至四时半主客尽欢而散。晚上七时本报同人举行庆祝晚会。

* 原载1946年1月12日《新华日报》。

政治协商会议陪都各界协进会紧要启事*

本会以人民立场为协助政治协商会议，期其有所成功，不能失败，而由各界联合组成本会，逐日邀请出席政协会各方代表轮流报告协商情形，并藉此使代表听取人民意见，进行已四日，乃于一月十六日晚七时在沧白堂，正当张代表东荪到会演讲之际，即有捣乱分子叫嚣呼闹，企图破坏会场秩序，轮番扰乱，显系有组织之破坏行为，演讲者又为出席政协会之代表，政府保障人民集会自由诺言在耳，而竟有此种现象发生，岂惟人民失望，亦为盟邦齿冷，本会除已推代表向政协会提出询问，转请当局立予制止外，本会仍继续逐日举行，以表示集会自由之必须获得，务希各界踊跃参加支持到底，特此启告。

* 原载1946年1月18日《新华日报》。

政治协商会议陪都文化界协进会成立 *

1946年1月24日下午2时政治协商会议陪都文化界协进会开成立大会，到有学术界、教育界、文艺界、戏剧界、电影界、漫画界、木刻界、美术界、音乐界、出版界、杂志界代表人士：茅盾、陶行知、邓初民、曹孟君、侯外庐、洪深、张西曼、冯雪峰、阳翰笙、陈白尘、胡风、郑君里、辛汉文、黄洛峰、李公朴、章锡珊、秦柳方、汪刃锋、丁正献等七十余人，由陶行知主席，通过简章并选出侯外庐、邓初民、翦伯赞、陶行知、茅盾、李公朴、冯乃超、陈白尘、阳翰笙、郑君里、司徒慧敏、叶浅予、黄洛峰、曹孟君、倪贻德、王琦、夏白等十七位为理事，胡风、巴金、王寅生、张西曼、章锡珊为候补理事。

* 原载1946年1月25日《新华日报》。

人民权利保障委员会筹备成立*

由沈钧儒等发起的人民权利保障委员会于1946年2月9日下午在重庆青年大厦举行第一次筹备会议，讨论章程和推举筹备委员。到会有沈钧儒、邵力子、冯玉祥、董必武、陶行知等六十余人。人民团体有律师公会、劳动协会等廿三个单位。大家在讨论中认为：

一、本会应该广泛的发动人民参加，由省市县普遍到乡村，都能使本会成立起来。董必武同志特别提出：如过去失踪或遭捕的一些人，连政府都不知道姓名，无法清理失踪遭捕的人，这就只有靠老百姓了。

二、本会不但是消极的保障人民权利就算了，而且要积极的取消特权。

三、本会是帮助政府，帮助执政的人。冯玉祥先生特别强调是帮助公务员，因公务员无人权保障，所以冯先生特别代表公务员谢谢这会的成立。

四、请政府明令公布提审法，并予实行。

五、由本会登启事希望过去受非法被捕人的家属，向人权保障会提出被捕遭难的情形。

六、章伯钧先生在会终时提出本会欢迎国民党参加，大家

* 原载1946年2月10日《新华日报》。

鼓掌欢迎。

会上通过沈钧儒、邵力子、冯玉祥、董必武、陈启天、李烛尘、梁漱溟、黄炎培、张冕、李丽川、张玲宣、黄次咸、董时进、史良、储汇宗、陶行知、阎宝航、章乃器、易礼容、黄洛峰、张珍宝、仇秀敷、刘清扬、张雪岩、马文车等二十五人为人权保障会筹备委员。

人民权利保障委员会第二次会议*

1946年2月11日上午，人民权利保障会，在重庆青年大厦举行第二次会议，讨论组织章程。到陶行知、阎宝航、梁漱溟、陆定一、史良、储汇宗、张玲宣等十九人。经过长时间的细密讨论，会场发言极为热烈。讨论完后，章乃器、史良等报告较场口庆祝大会，被有组织的暴徒逞凶捣乱及陪同李公朴等验伤的经过情形，并提出人权保障应对这侵害人权的大事，向社会人士控告。张玲宣律师说他是市律师公会的常务理事，市商会工会律师公会等八个团体11日警告劳动协会和育才学校的启事，他完全不知道。易礼容说明庆祝大会开会前，曾听说某方已有准备捣乱，但他曾一再的告诉劳动协会参加的人们，绝对遵守会场秩序，就是别人打到我们的头上来，也不还手。结果虽然劳协的人受伤，但始终没有一个人还手。经讨论议决：一、慰问这次受伤诸先生；二、推阎宝航、史良、李德全、张雪岩四位往见蒋主席，报告这次事件的经过；三、推马文车等五人彻底调查这次血案的经过，并订在下星期一（18）上午九时，开第三次筹备会的结束会议，将调查等情形提在会上报告。人权保障会约两周内就可正式成立。

* 原载1946年2月12日《新华日报》。

中国人民救国会政治纲领*

一　总　说

我们认定，一个政治党派（或政治集团）是以它的一定的政治方针为其主张之出发点的；而一定的政治方针，又是以它的一定的历史背景所决定的革命任务，为其出发点的。革命的任务决定革命的性质（或为民主主义革命，或为社会主义革命）。中国现阶段的历史所课于中国人民的革命任务，是反对外来的殖民帝国的民族压迫，反对国内封建主义与法西斯主义残余势力的压迫，因之，其革命性质，还是资产阶级性的民主主义革命，而不是社会主义革命。但它不是停留在民主主义革命的阶段，而是经由民主主义革命走向社会主义。民主主义革命的目标，是建立一个以全国绝对大多数为基础的联合战线的民主联盟的民主国家制度，即是建立一个独立自由平等的人民共和国；而其政府则是民主的联合政府——包括各党各派及无党无派的各种政治力量在内的联合政府，从中央到地方的联合政府。在这种历史背景所规定的政治方针之下，关于政治、经济、文化各方面的根本原则，应为下列各项：

（一）政治。这种民主联盟的国家制度及民主的联合政府所依据的政治方针，是民主主义的方针，它是创造的，人民大众

* 原载1946年2月20日《民主生活》周刊第6期。

的。其政权构成，亦即其政治组织，采取民主集中制；它是民主的，又是集中的。一面使从中央到地方的各级人民代表大会有最高的民主权力，另一面又能使从中央到地方的各级政府能集中处理各级人民代表大会所决议的事项。

在这种民主联盟的国家制度与政权构成上，包含着联邦问题，即中国境内各民族应根据自决与民主的原则，组织中华各民族民主共和国联邦，成立联邦的中央政府。

（二）经济。这种民主联盟的国家制度与政权构成所依据的经济构成，还是资本主义经济，因而在经济政策上还是发展资本主义；在土地问题上是耕者有其田；在工商业问题上是防止独占，使私有资本制度不能操纵国民生计。因而其经营，在现阶段的中国，必须由国家经营、私人经营、合作社经营三者组合而成。其目标，在现阶段的中国，是想从半殖民地半封建的国家性质与社会性质，推进到创造的民主主义的国家性质与社会性质。

（三）文化。由这种经济制度与政治制度所反映出来的文化，必须是民族的、科学的、大众的、创造的、民主主义的文化。

四、妇女。依据男女平等原则，从政治上、经济上、文化上，提高妇女在社会上的地位，发挥妇女在政治、经济、文化各方面之积极性。

二　政治方面

（一）彻底消弭内战，加强团结。在和平、统一、团结、民主的基础上，执行一切民主改革，建立独立、自由、平等、幸福的新中国。

（二）经过政治协商会议，立刻结束一党专政；成立临时性的民主联合政府，再经过临时联合政府所筹备普选的国民大会，制定宪法，成立正式的联合政府。

（三）保障一切人民有言论、思想、出版、集会、结社、信仰、营业、迁徙、通信之自由，及免于恐惧与免于贫乏之自由，并切实保障人身绝对不许侵犯之自由，废除现行一切有碍上列自由权利之法令，并撤消一切特务机关，停止一切特务活动，撤消一切有形无形的集中营，明令承认各民主党派的合法地位，释放一切政治犯。

（四）无男女、信仰、种族、财产、教育程度之差别，人民应立即享有创制、复决、选举、罢免四权。

（五）从中央到地方的各级联合政府皆由民选，实行中央与地方的均权制，各级政府的最高权在各级人民代表大会，省市县均为自治体，废除现行保甲制度，推行自下而上的名符其实的地方自治。

（六）已经实行地方自治的若干地区的民主政权及其抗日有功的人民武装，应立即给予合法地位，并保障其存在与发展。

（七）简化政府机构，裁汰骈枝机关，厉行廉洁政治，严惩贪污土劣，同时依据"俸以养廉"原则，切实保障一切公教人员及其家属必需之物质生活与文化娱乐生活。

（八）执行民族纪律，立即惩办汉奸，解散伪军，凡已就逮及未归案之大小汉奸与伪军各级将官，一律由人民公开审判。

（九）联合政府应改组现存的军事委员会，延揽抗日有功军队及人民军队代表参加组织联合统帅部，实行整编全国军队，达到军队国家化之目的；同时做到武力与人民结合，武力成为人民之武力。

三　经济方面

（一）限制土地兼并，取缔农村高利贷，实行减租减息，扩大并改善农贷，协助中小农及贫农购买耕地，解决各种田难，提高农民生产的积极性，实现耕者有其田。

（二）推广各项农业技术改进，奖励农业合作经营，提高农业生产力，促成农业近代化。

（三）彻底没收敌寇、汉奸、贪官污吏等之土地，合理的收购大地主土地，贷予贫农使用，同时提倡合作农场，试办国营农场，以期逐步实现土地国有。

（四）确定国营民营范围及分区发展计划，除国防及少数独占性之重工业应归国营外，切实扶助民营企业及合作事业之发展，取缔任何形式之官僚资本，并节制私人资本之独占。

（五）废除一切阻碍工业发展之统制垄断制度，所有财政、金融、交通、运输及税制，应以促成民族工业之健全发展为前提。

（六）确定合理有效的利用外资政策及办法，以迅速促成工业化，并确保经济建设之独立自主。

（七）妥定外汇及关税政策，保障国内工商业之健全发展。

（八）改善职工生活，合理的调节劳资关系。

（九）平衡国库收支，中央及地方财政力求公开。预决算、通货发行及举借内外债，应由民意机关审核通过。经济建设及文化教育经费应在财政支出中占最大比例。

（十）迅速改正以通货膨胀为主要手段之现行财政政策，减少发行，稳定币值。

（十一）改进税制，废除苛杂，依据能力负担之原则，厉行累进直接税。

（十二）因抗战所受之一切损失，应向日本索取赔偿；没收之敌产，应尽量分配于抗战中遭受损失之民营事业。

（十三）彻底实行没收汉奸财产，调查并征课贪官污吏之战时非法利得及国外资产，藉充善后救济费用及经建费用。

四　文化教育方面

（一）坚决而彻底的扫除现有一切党化的、封建的、法西斯的文化教育，同时积极的建立民主的、民族的、科学的、大众的、创造的新文化与新教育。

（二）批判的接受有利于民主建国的外来文化及中国旧有文

化。

（三）限期扫除全国文盲，采用各尽所能、各学所需、各教所知之原则，以厉行普及教育。

（四）建立各级各种补习学校及社会大学，运用夜校、函授、报纸、电影、歌舞、话剧、广播，使男女失学青年及劳苦大众得以养成好学习惯，学习系统知能，以期终身进步。

（五）鼓励私人兴学（包括师范学校），废除立案基金等不合理限制。

（六）提高各级教师待遇，厘订进修、退休、养老等优给办法。

（七）培养幼稚师范人才，以推广设立工厂、农村及职业妇女群所在地之幼稚园。

（八）初等教育应于每满五百人之地区即须设校一所，一律免费入学，不得征收任何费用，并逐步实现中等及高等教育之免费入学。

（九）中等教育应根据地域之需要，人口之比例设校，以期人民教育机会均等。不宜偏重升学训练，应注重职业智能及民主生活之培养。改进考试制度，废除会考办法。

（十）高等教育应尊重学术研究自由，求理论与实践合一。提高理论科学研究，培养发明人才，配合建设计划，广设应用科学院系，造就手脑并用之专门人才。教授会为高等学府教育指导之最高机构；校长、院系主任应由教授会推选，废除部聘教授办法。大学各级应允许同等学力之学生参加考试。

（十一）培养学术自由空气，提倡学术为人民服务精神，尊重并优遇为人民服务的教师、科学家、工程师、技师、医药师、新闻工作者、著作家、文学家、艺术家与一般文化工作者。

（十二）鼓励私人出版事业、私人图书馆、科学实验站及电影、戏剧、美术、音乐等文化事业之创办，并协助其发展。

五　社会方面

（一）制定劳动法，保障劳动权及劳动组合，改善劳动状况，提高劳工生活水准及其政治权利。

（二）在劳动立法方面，明令规定八小时工作制，保障女工、童工，并禁止其从事有害健康之工作。

（三）举办劳动保险及各种社会保险，对于老弱残废及失业工人实行切实有效之救济。

（四）推广社会福利事业，举办医院、疗养院及养老院、育幼院、托儿所、娱乐场、运动场、公共食堂等，除由政府举办外，应尽量鼓励私人兴办。

（五）荣誉军人及抗战军人遗族，均应享有抚养、就业、就学及授田之优先权利。

（六）认真扶助灾民、难民得到还乡就业、复员种种便利，并扶助失业人民，使其得到工作与生活。

六　外交方面

（一）外交的基本原则，是在国际平等民族独立的基础之上与各国建立友善的邦交。

（二）为保证战后世界和平，拥护大西洋宪章及莫斯科、开罗、德黑兰、克里米亚、波茨坦各次国际会议的决议案及国际和平与安全机构之建立。

（三）巩固中、美、苏、英、法五大强国之团结与合作，以确保战后的安全而持久之和平；同时要求各国政府不得违反中国人民的意志，援助中国反动分子进行违反中国人民利益的阴谋。

（四）在尊重中国主权与中国人民利益原则之下，欢迎友邦人士来华投资，发展实业以及其他文化与宗教等活动。

七　侨务方面

（一）争取并保障侨胞在各所在国享有平等自由之待遇。

（二）侨商及侨汇应予以公平合理之优待。

（三）侨胞之出国及归国应给予充分之自由与协助。

（四）归国侨胞应予以安居乐业之协助与保障。

（五）侨胞之教育应予以指导及奖励。侨胞回国升学，应予以鼓励指导及资助。

中国人民救国会组织规程*

第一章 总则

第一条 本会定名为中国人民救国会。

第二条 本会宗旨在团结国人，建设独立自由幸福的民主新中国。

第三条 本会总会暂设于重庆。

第二章 会员

第四条 凡赞成本会宗旨及纲领，服从本会决议，遵守纪律，而愿在本会领导下工作者，由会员二人之负责介绍，经中常会之通过，即得为本会会员。

第三章 总会

第五条 本会最高权力机关为会员代表大会。

第六条 本会设中央执行委员会在会员代表大会闭幕期间执行一切会务，名额暂定为二十一人至七十五人，由

* 1945年冬通过。

会员代表大会选举之，任期为一年，连选得连任。

第七条 本会设中央常务委员会综理本会会务，委员名额暂定为七人至十五人，由中央执行委员会互选之，任期一年，连选得连任。

第八条 本会中常会设主席一人，由中央常务委员会互选之，任期一年，连选得连任。

第九条 本会在中常会之下设下列各处会。

（一）秘书处。

（二）组织委员会。

（三）宣传委员会。

（四）文化委员会。

（五）经济委员会。

（六）妇女委员会。

（七）青年委员会。

（八）工农委员会。

（九）华侨委员会。

各处会设正副主任各一人，由中执会推选委员及干事若干人，由各该主任委员提请中常会聘任之，任期均为一年。

第十条 本会因工作需要经中委会决定得增设其他工作机构。

第四章　分支会

第十一条 本会得于各省特别市及海外设立分会，其组织规程另定之。

第十二条 本会于县（普通市）以下得设支部，其组织规程另定之。

第五章　会议

第十三条　本会会员代表大会每年举行一次，由中执会召集之。

第十四条　本会中央执行委员会每三个月举行一次，由中常会召集之。

第十五条　本会中常会每两星期举行一次，由主席召集之。

第十六条　本会上列各项会议于必要时均得召集临时会。

第六章　经费

第十七条　本会经费由下列各项充之。

（一）基金　1. 会员入会时量力捐助，但不能低于国币壹佰元。2. 由中常会决定临时募集。

（二）会员年费暂定国币伍佰元。

（三）会员特别捐由各会员量力捐助。

（四）同情者之自愿捐助。

第七章　退会及罢免

第十八条　本会会员有违反本会宗旨、纲领、决议及纪律，或以言论及行为破坏本会者，经中常会之决议，得斟酌情形予以警告或退会之处分。

中央执行委员有如上项情形之一者，得经会员十八人以上之联署提出，经中央执行委员出席过半数之通过罢免之。

第十九条　本会会员得向中常会申述理由请求退会。

第二十条　本会会员于退会后，凡本会未经公布之事项，仍有保守秘密之义务。

第八章　附则

第廿一条　本规程自会员代表大会通过之日起发生效力。

第廿二条　本规程经会员代表大会过半数之通过得修改之。

请求先予山海工学团登记复校、证件后补的呈文

窃行知等鉴于乡村教育之重要，于民国廿二年十一月一日创私立山海实验乡村学校（一名山海工学团）于本市大场区孟家木桥。淞沪战起，被迫停课。兹于四月二十三日举行复校会议，决即日兴工建筑校舍于大场区沈家楼，定五月□日复校，聘定马崇儒为校长。本应将前情立案证件、呈钧长，申请复校登记。惟属校校具图及案件均因战时交通工具缺乏，未能迁出，与校舍同付一炬。至今所能获得证明者惟属校出版之山海工学团一书内，载有属校之立案证件。本市各图书馆原均列是书，今尽在战争中散失，只重庆尚有。乡村教育之荒废，八年于兹，文盲遍地，急宜恢复，似不能刻待。为此，一面恳请钧长谅情，先予复校登记，一面航催将是书寄沪，俟书一到，立即备文补呈。是否有当？理合呈请钧长核示。兹将校长履历表一份随文呈送，敬请先准予复校登记。

谨呈

上海特别市教育局长顾

上海文化界一百六十四人致书各方呼吁和平*

上海九日航讯　最近以来，全国人民反内战争和平的运动，风起云涌。八日本市文化界马叙伦、唐弢、陶行知等一百六十四人致书蒋主席、马歇尔、中共代表团及各党派与社会贤达。兹将原件分别录后：

一、致蒋介石主席书

介石主席钧鉴：

抗战以来，全国人民肝脑涂地者若干，筋骨委于沟壑者若干，残肢毁体伤痍未愈者若干，流离疾病因而死亡者若干，倾家荡产无以生存者若干，民间无从统计，政府自有稽核。要之牺牲于战役者其数当已不少，主席胞与为怀，对此父兄子弟之伤亡叫号，度已如疾在抱，不胜矜怜，天诱其衷。敌人投降，举国腾欢，希图安乐，而战后百业疲弊，并力谋救，犹惧不给，休息生养，少必廿年，方期还旧。乃胜利乍临，复员之计，定于仓卒，奉行者不达中枢之旨，接收所到，闾里相惊，政府威德，荡焉为丧。即以上海一隅情形而论，读主席酉宥机电，知已洞如观火，悲愤痛恨，溢于词表。则励精图治，实为建国所先，万方翘首，莫不谓然。顾九月以来，一切仍未纳于轨物，建国之要，无若安

* 原载1946年6月12日重庆《新华日报》。

定民生。而饥饿之象，几遍国中，生产事业，犹多废而少举，币制无根本之改革，物价随日月而上涨，失业者有增，自杀者日见，米石价逾五万，煤斤亦超百元。上海富庶之区，已若朝不保暮，各地人民受战时之苦痛，已深入于骨髓。遭战后之刺激，欲冲风而狂走，是以杀乡保长者有闻，抗官吏者见告。要皆生活之压迫，怨毒之暴露，不加救恤，来日堪虞。至若民族生产，日就痿痹，而外货输入，有如潮涌。人民本已农者弃田，工人失职，经济大本，已见残伤，未有补救之谋。复来朘削之增，虽百需有供，暂纾眉急，而食鸩止渴，实为自杀。审量现象，窃虑丝茶棉米等大宗国产，明岁将付阙如，及此不图，将悔噬脐。综核目前国内大势，经济有崩溃之险，社会有动摇之虑。探其因素，端在战后亟需安定，而日寇既降，兵火犹炽，和平之望，等于泡影。劳于运输者不息，死于枪炮者相踵，搜粟如竭泽而渔，用财若东流之水。未生肉于白骨，转失命于战场，父母惨号，妻儿痛哭，一夫从军，举室偕毁。国本岂宜再摧，人心未可多弃。叙伦等窃观国际属意，既在中国和平，国内人情，莫不深厌战祸。盖中国既为世界政局未来之枢轴，而战焰复燃，足以外召凌侮，内致崩离。公论皆谓抗战已终，一切皆属内政问题，自宜偃息干戈，相从俎豆，即有君子之争，可谓询国之举。主席总持大政，允宜光烛四表，宽容有怀，以百姓为心，事当适可而止。东北之事，苏军已撤，主权无恙，长春复归统驭，威信亦已著闻。愿宏人之抱，降息战之书，使人民保生命于锋镝之余，谋安宁于憔悴之际，饥者得食，寒者得衣，家无哭声，人无怨言，则拥护之忱争致，歌颂之谣立兴。叙伦等心所谓危，安忍不告，谨贡愚诚，并祈照纳。

二、致马歇尔特使书

马歇尔先生：

自从先生来华以后，我们久拟对先生表示一点我们的——可说足以代表全国大多数人民的公意。我们对于先生两度远涉重洋莅临中国，对中国和平团结运动的努力，表示由衷的感谢。不幸的是，由于若干人士的未能将国家同人民利益放在党派利益之上，以致先生的努力未能奏效，来关内外的战争有愈演愈烈之势。我们今天读到先生在美国阵亡将士追悼会上所说的话："我人于此时此地方思作真诚无私的援助，不要求任何代价与要求，我们现在中国，正鼓最大之努力，阻止历史上一副悲惨局面，使其不致扩大，并在停止中国之剧烈内战。"足见先生对于这种现象也表示万分痛惜，并愿作继续的努力。但是我们不能不指出中国内战之所以能够继续，一般中国人民的意见由于抗战时期，政府所得贵国接济而未经消耗的物资，与现在仍由贵国协助军运，应为因素之一，中国全国人民没有一个人愿意内战继续下去，而且中国的经济情形，如内地饥馑遍地，农村破产，工商业崩溃，全国购买力，正在极度衰退中，这一切也实在不容许再担负大规模的内战。如果和平短期不能实现，则中国经济必会发生历史上从来未有的悲惨局面，对于贵国以及全世界都将发生重大的影响。我们相信先生的力量一定可使中国臻于和平之境，我们虔诚地祈求先生作更大的有效的努力，来制止这目前正在继续与扩大的内战，则先生的令名定将与世界及中国的历史永垂不朽。

三、致民主同盟及社会贤达书

表方、衡山、任之、君劢、漱溟、东荪、伯钧、努生、沫若、从恩、柳忱、新之、孟真、云五、政之诸先生台鉴：

诸先生为国努力，深佩贤劳。兹者战祸不已，国事日亟，同人未忍再行坐视，用于即日上　蒋主席一书，吁请停止战事，以救危亡，附奉台览，仍祈迅合各方，进商和平，不胜企荷，顺颂公安。

四、致青年党书

慕韩、舜生、幼椿、启天诸先生台鉴：

诸先生为国努力，深佩贤劳。兹者战祸不已，国事日亟，同人未忍再行坐视，用于即日上　蒋主席一书，吁请停止战事，以救危亡，附奉台览，仍祈迅合各方，进商和平，不胜企荷，顺颂公安。

五、致中共代表团书

恩来、必武、定一、颖超诸先生台鉴：

日寇已降，人心厌战，创痍满目，饥馑载途，国际之视，注于中国，兴覆之机，决定今日，同人等未忍坐视国危，用于即日上　蒋主席一书，吁请停止战事，安民救国，附奉　台览，即祈据情转达贵党毛主席润之先生，同宏痌瘝之怀，迅息阋墙之战，俾和平立见，衽席可安，无任企荷，顺颂公安。

马叙伦　唐弢　陶行知等164人。

中共代表团函复马叙伦、陶行知等愿本和平主张进行谈判*

惟前途困难正多，盼再接再厉，制止内战，挽救国运于阽危。

上海航讯　沪文化界名流马叙伦、陶行知等一百六十四人曾为呼吁停止内战，上书蒋主席，并将该书全文附寄中共代表团一份，请转中共毛主席。兹悉中共代表团已于昨日函复，原文如下：

夷初、行知诸先生大鉴：

顷奉　惠函。并承示上蒋主席书，雒诵回环，弥觉辞危而情苦，感人深至，曷胜钦仰。窃以中国政事之败，民生之苦，于今已达极点，而国民党统治集团中之好战分子，犹然持美国武器之资助，积极进行全面反共之内战，设使此辈得逞，则域内势成糜烂。是以敝党于国内一切冲突夙主无条件停止，盖惟有停止国内武装冲突，民主团结有途径可循。谈判以来即坚持此旨。以此之故，卒在广大人民之呼吁与马歇尔将军努力之下，获得东北停战十五日之结果。姑不问国民党当局于此诚意若何，敝党决愿本一向和平民主团结统一之职志，进行谈判，并盼能从此长期停战，永息戎争，俾使政协决议整军方案得以顺利实行，斯为国家之

* 原载1946年6月18日《新华日报》。

福，人民之幸。惟前途困难正多，尚祈诸先生再接再厉，制止内战，挽救国运于阽危，张民主之大纛。时迫事急，临颖不尽，除遵嘱将尊嘱将函转陈毛泽东同志外，专此肃复，顺颂时绥。

周恩来 陆定一 敬启
董必武 邓颖超
六月十一日

沪上民盟、救国会致潘大逵的一封信*

大逵先生：

公朴为民主和平努力竟遭暗算，闻讯惨痛曷极，务请代表同人向省政府坚决交涉，迅缉凶手归案，严究主使，并盼详函上海愚园路愚园新村十一号。专此叩问

近祺

钧儒　行知　千里　子婴　造时
孟君　刚侯　仲华　志远　同启

卅五年七月十三日

* 载1987年1月6日《人民政协报》。

陶行知先生教育事业基金募捐启

陶行知先生死了！

陶先生之死是中国教育界最大的损失，也是中国人民最大的损失，我们一定要把这损失补偿起来。陶先生毕生尽力于教育理论的阐发与教育事业的拓展，为中国教育披荆斩棘开辟了一条新的道路。这道路我们决不能让它因陶先生之死而荒废。

陶先生在中国第一次打破了陈腐的传统教育，创造出未曾有过的崭新的教育理论。他的理论并不是虚空的幻想，而是在教育实践中发展出来的。首先，他主持中华教育改进社，致力于学制与课程的改革。其后，他觉察到仅仅从教育制度与课程内容上去作零碎的改革是不够的，必须要从教育的目的上与原理上去作彻底的革新，于是倡导了平民教育运动、乡村教育运动、普及教育运动、国难教育运动。陶先生要把教育从特殊阶层普遍到平民，从城市普及到乡村。在这个过程中，陶先生健全了生活教育的理论，并建立了生活教育社积极研究与推行“生活即教育”“社会即学校”“教学做合一”等进步的教育主张与方法。抗战开始，陶先生鉴于天才教育的重要，于是在重庆创设了育才学校，使天才的儿童从小就受到适合于发展他们天才的教育，并建立了晓庄研究所研究各种有关抗战建国的问题，同时倡导战时教育和民主教育运动，最后建立了社会大学，使无数有志的青年能够切实得到教育和再教育的机会。

陶先生的教育理论以及根据他的理论而创办的现实教育事业都是为着人民大众的。为纪念陶先生，为发扬他的伟大精神，以增进人民大众的福利，我们一定要继承并扩大陶先生所遗留下来的教育事业——生活教育社、育才学校、社会大学、晓庄研究所、山海工学团、佘儿岗自动学校、新安旅行团等！我们要以最大的努力，来支持陶先生遗留下的教育事业，但我们的力量还是有限的，因此我们希望从各方面为陶先生的教育事业募集基金，以使它们仍和他生前一样不断地发展与滋荣。

素仰

先生热心社会事业，敢请　鼎力赞助并感召亲友，慷慨捐助，共襄盛举，不仅本会同人感谢无已，中国未来的教育之发展，实利赖之。

陶行知先生教育事业基金会

名誉理事长　宋庆龄

理 事 长　冯玉祥

理　　事　沈钧儒　陈鹤琴　史　良　沈体兰

倪斐君　吴涵真　任宗德　周宗琼

沈天灵　姚文采　张宗麟　方与严

马侣贤　吴树琴　　　　仝　启

监　　事　邵力子　司德美堂　周恩来　许世英

黄炎培　李德全　卢子英　黄次咸

杨静桐

卅五年九月一日

记最后一夜*

——回忆陶行知先生

柳　湜

六月十四日，我们在胜利饭店度过最愉快的晚上。前几日，曾约过，如果我决定随衡老赴南京，至少再见一次面。十四日下午四点，通过一次电话，我告诉他，我已决定赴南京，并且可能回"老家"去。

"哪一个老家，仍回去做官去?"陶行知先生在电话中开玩笑。

"还不能确定去哪一个老家，"我接着说道，"你现在有时间没有？我想马上来看你。"

"要六点以后，我现在正在写诗，你六点钟来，我就不出门了。"

六点一刻我到了"胜利"，这家原来卖饭票的小饭馆，现在生意是显得冷落，这正是晚餐的时候，下面客座，大半还是空着，上得二楼更使我吃惊，一个客人也没有。原来陶先生就坐那张餐厅的大桌上写诗，似乎还未终稿，我悄悄的没有惊动他，远远的坐在一张旧沙发上，打开晚报来看，茶房以为我是来吃饭的，殷勤送上茶来，并问我吃什么，这一下，把陶先生惊动了，回过头来，见了我，马上站起来：

"嘻嘻！好了好了!"随手把诗稿并一篇短文交给我看，是一

* 载1946年《解放日报》。

篇救灾反内战诗，并跋文，明天一家报上就要登出的。

“想不到你又要远离这里，是真的么?”他一边引我到他卧室，一边说。

陶先生到上海已经一月多，还未找到自己的住宅，胜利饭店是一个安徽人开的，老板是有些文化气味的人，和陶先生是熟人，就留陶先生在这里住。好在店里生意清淡，陶先生又素不讲客气的，因此宾主甚洽，陶先生工作的地方是一日数迁，有了客人，他又另搬一个房间，只在三楼上有一间小小卧室是固定的。陶先生说起这主人的故事来，常常笑得格格的，又是同情，又带歉意，因为主人好客，所以这饭店就招来了许多不速之客，有的白天来写文章，主人还要供给茶水、电扇，有的客人还叫饭叫菜，但只记一个账就走了。陶先生是深知主人的艰难的，他说，“我那一天不出门，就希望多搬几次，越搬得多，就越高兴。”这一天，大概是生意最清淡的，陶先生在走上卧室的走道上，连连叹气。三楼的天气，非常闷热，打开房门，只见房内乱糟糟的，地板上、床上、桌上一堆堆的是书报杂志、衣服，室内无回旋余地，树琴女士移开一张靠椅上的书，要我坐下，陶先生取了两把蒲扇来，递一把给我，同时打开电灯，挥汗坐下。

“这里很热，没有电扇，但说话清静些。”树琴女士冲了一杯牛奶端上来。

“你忙！我只想谈二十分钟就走。”

“还有约会?”

“没有!”

“没有就多坐一会，你真的要离开上海，那就有很多事须谈一谈。”

两个青年走进房来，是取文章和诗的。不久，小桃回来了，又是几位小学教师来了，我们谈话被间断，但一般要谈的事，大概也谈完了。树琴女士叫吃饭，我是吃过晚饭的，我就告辞，陶先生和小桃坚不肯放，说：吃过饭正好长谈，小桃更想我谈些边区情形给他听，我只得留下，在他们到二楼去吃饭中，我就翻读陶先生最近写的许多诗稿，一面读，一个人在发笑，有时竟笑出声来。

“你笑什么?”陶先生走回房中，使我吃了一惊，他笑嘻嘻的问我。

“你的诗使我发笑。”

“嘻嘻! 笑是代表健康! 很多朋友整天是板着面孔，笑的机会太少了。我这里生活虽苦，可是时时有笑声。”我们随便就扯到诗上，他问我对这些诗有什么意见，却未等我的回答就先告诉我，有一个人告诉他，最近他的诗是“骂得别人笑”，他很高兴这一个评论。

这一愉快的夜谈从小桃引开了，小桃向我提出了很多的问题，大半是关于边区教育及生活教育社同仁的，我不能不满足他，把边区的情况简单的谈了一些，其中特别谈到知识分子和农民结合，到农村去的许多故事，以及按民众自愿和需要办事等等原则，小桃和树琴女士都听得入神，陶先生只是在微笑，挥着蒲扇。其中，我偶然也停下来，征求陶先生的意见，起先，他总是催我说下去，不断的在点头，忽然他把我的话截断了。

“我告诉你，到农村去的方法，我是学得谁的。你说的到农村去有三关，我都经验过，其中第二关，就是和农民生活习惯打成一片，我是学得张謇的。”大家都是第一次听到陶先生这番话，不免惊奇，我道：

“你是指张南通!”

“哼! 就是他，他曾告诉我，要替农民做事，第一就得和农民打成一片，不然，农民就怕你，什么真心话也不同你说，他建设南通的初期，自己就常在农民家中来来去去，吃农民一样的东西，说一样的话，农民并不怕他，他也的确懂得农民的生活不少，自然，他是一个大地主、大资本家、大官，他不过有些模仿彼得大帝，不能像你们那样彻底，但他对我的生活，影响不浅，我搞生活教育，他就是我第一个先生。”接着他又说：

“我的生活教育的思想，大半都是从资产阶级、大地主以及老百姓中的启发而来的，自然，我的思想，不是抄他们的，他们有的只启发我想到某一面，有的我把它反过来，就变成了真理，有的是不能想出的，是要群众动手才能看到，动手最重要!”他大挥蒲扇站起来了，举着双手笑道：“这个东西创造出一切。”

“要向一切人学习，向敌人学习。”他继续说。这又使我记起他在不几日前，在一个青年集会中，他在我说话后讲的一段话来：

“到上海后，我住的地方，常有特务来吃饭，他们并不认识我，有时他们还把我当作茶房，讲话毫无顾忌，我听了他们谈话，很有兴趣，有些话，也可引起我的思想，也可以学到许多东西，这些东西都是活的知识。”这一番话也给我深刻的印象。

对于“群众自愿和需要出发办事”这一原则，他有最生动的意见，他曾经对我说过：“你们这句话归纳得很好，你们会提口号，也会总结经验。”这晚，他生动的告诉我，他这一个多月来怎样“按自愿、需要、可能办事”的，他特别加重自愿、需要、可能”六字的语气，引得我们都大笑。

以下陶先生滔滔说着：

“你记得，四月底在重庆，我来上海的计划是办育才大学、社会大学，恢复晓庄和工学团等等，并且都有计划，我不是还在常委会报告过么？到了上海，一看，计划中有的‘可能’很少，也有许多新的‘可能’，‘需要’比想象中‘大’（语气加重），怎么办呢？

“先说，育才搬家，在上海找不到那样大的房子，并且上海物价比四川差不多高一倍，在四川每月四五百万，这里要七八百万，办不通，并找到一位朋友，愿意捐一块地皮给我，在太湖边，我想，这可以试试看，太湖边，搭几十间茅屋，建一个礼堂，化钱不会多。那里粮食比上海便宜些，吃鱼可以不化钱，自己动手就是，可以自己种蔬菜。那里，风景好、清静，我想另外筑几间平民洋房，经常招待文化人，欢迎他们半年来休养一月，不化钱，可以在那里写文章，但他们附带向学生讲几堂课，就算交换条件。这一来，各教授的问题也可以解决了。

(一片笑声)

“但这种‘可能’今日还没有。

“我看到一种计划中没有的‘可能’：这里也有个私立育才中学，还有几个也像育才学校的学校，他们的理想都很好，有的，其中还有生活教育社社员，我们为什么要另起炉灶呢？帮助他们不就更好么？也不要我筹经费，聘教员。于是我就决定育才不必搬到上海来，不办一个育才，要办许多育才。

“其次，谈到社会大学，我的计划是要在全国办成四百万学生的一个真的大学，各地设分校，现在上海却连办一个重庆那样的分校都不‘可能’，这是政治的原因。人家怕你办，不借房子给我们，还有其他的麻烦。我到上海不到一个星期，我看到另一种‘可能’来，首先是看到社会的需要，青年求知的迫切。上海职工店员学生都比重庆活跃，集中办，没有房子，如果分开来办就有‘可能’，打出社会大学招牌来，会有麻烦，不可能，不打招牌，采演讲、座谈、读书会等等形式就有‘可能’，并且文化人一天天向上海飞来，这些文化人来了，又一定找不到好的住所，多半挤在朋友家里，挥着蒲扇叫苦，一时还不能动笔写文章，这也要替他们想一个办法才好。有了，介绍他到各角落去演讲，不是比闷在朋友家中强多了么：教师有了，学生遍地皆是，小型讲演地方是容易找到的，只缺一个东西，就是要有人和各民众团体、个人联系，和这些文化人联系，把这些关系联起来，真正的社会大学就大开门了。我于是做了这荐头行，生活教育社同仁负起了这复杂的组织工作。近来是一天天搞开了，上月一月零三天，我演讲八十次。这一个月，因为文化人来多了，我就逐渐的不必出马了。

"以外，上海工学团，原来的房子不存在了。但那里农民社友还健在，现在就由他们恢复起来。

"晓庄研究所由此地社员恢复了。

"生活教育社社员，已新增○千，到今年底可增到○千。

"生活教育的方法已在很多学校实行，或正在送进各学校中去。现在不是要新办学校，是送先生去，送办法去。

"《民主教育》这刊物，已决定不迁沪。这里有《教师生活》，是社员们办的，还有其他教育刊物，也是帮助它、加强它，不必另办，以免分散了力量。

"嘻嘻！这样并不需要我化多少钱。我这一个多月并未闲着，现在请你来下结论，这也可算'按群众自愿需要可能办事'吗？

"嘻嘻！这是穷办法。但穷不是没有办法，最怕穷而想不出办法。中国普及教育就只能这样办法，不然，除开你们那里，都会落空。"

我笑道："你这番话倒是执行我们那个原则最典型的范例。"

"在你们那里怕会受奖罢！"

大家都笑了。

陶先生却变得更严肃起来，话题又扯到《民主教育》内容，这是我在重庆和他及公朴、铭勋诸先生谈过多次的，因为我们都是多年的老友，所以在我到重庆不久，当他们征求我对《民主教育》的意见时，我就不客气提到：这刊物最大的缺点是触及当前全国教育的中心问题太少，对反动教育少批评，对大、中、小学教育当前存在的黑暗少暴露，因此，没有吸引更广大的教育工作者参加讨论，只限于我们社友这小圈子内。同时，我也曾提到，我个人对学术（指教育）的态度：目前不忙于下结论，马上弄什么理论体系之类，"因为我们对于中国近代教育史还缺乏研究，还是搜集材料研究的阶段，应该有人来做这工作，但不要性急，马上就想搞出一个理论系统来，譬如，在我们那边，虽有不少新的东西，但我们仅把它作为一种实验，并不敢说，我们就真的有一套新东西了。”

“我完全同意，”陶先生说：“刊物内容我极端重视你的意见，我还要写信到重庆去。至于在这里出版的东西，我可照你说的办，对生活教育，我不反对有人作理论研究，发挥它，但决不应看作完成的东西，我一生只想多做些事，现在要做的事又太多了，我不仅没有时间写一本书，就是连短文章也没有时间多写，所以除演讲外，就做诗。说话不要准备，做诗则更经济，至于对学术采取一种严肃的态度，那是更应该的，我常说，还是多做些事，如果不幸你死得早，只要你真的有些思想，会有后人替你理出来，那些事，让‘痴子’去搞罢了。”（陶先生这句话，是强调实践，完全没有看不起理论工作的意思）

因为时间已不早了，陶先生把话转到我身上来。

“回去也好，还是搞教育罢！把它搞通，你那里有条件可以造就一些真正的人才。”他不知不觉的现出了一点惜别之情，问我如果回去，打算如何走法？我告诉他：“那完全不能定，我个人是想到苏北经过山东等地再回去，跑他半年，沿途可以多看一些东西。”

“现在怕不能让你这样悠闲，不过，好罢！如果能这样跑倒很好，那末，你到各地都可以碰到生活教育社的人，就把这两三个月来，你所知道我的一切告诉他们罢！连今晚上所谈的，都很重要，我不写信了。今天解放区内，我们有的是工作条件，并且现在的工作已超过我们过去的经验了。我看，最重要的就是你说的，不搞教条，我一生就是反对教条，因此，什么地方都能工作，随时都找工作的机会，要有根据地（指教育园地），重视创造根据地，扩大根据地。”

出到店门，他怕我一个人走环龙路太冷静，一定要我向东走霞飞路转回寓所，这一切犹如昨日事，人事变化如此莫测，而这一夜竟成了我和先生最后的一别，这是怎能想到的事。我在六月二十日由京飞平，二十一日即到了家，没有机会转苏北、山东，我把当夜的谈话及先生的嘱托记出来，以告我生活教育社诸友罢!

一九四六年八月三日于延安

中国的民众教育家*

日本　小野三郎

在一个细雨初晴的早晨，我有机会访问了寓居上海旧法租界里的著名教育运动家陶行知先生。先生多年来从事生活教育，为民主教育的普及和发展而战斗着。近年来又推进了社会大学运动，我聆听了先生的高尚信念和多难的运动经验。

我自己潜心于中国的民主教育，从实践第一天开始，已经经过了三十个春秋。这完全是充满压迫与苦难的历史。那时，中国经过八年之久的团结战斗，终于粉碎了日本法西斯侵略者的野心，但从某种意义上说，中国真正的民主教育，直到最近才开始走上了正轨。

在日本由于普及教育的结果，大部分日本人是识字的，可是以前的日本缺少一个重要的成分，那就是民主，这是带来不幸的根源。中日两国的真正民主教育，可以说是从现在才开始的。但是，在新的民主教育起步时，日本却有不少有利条件，这就是由于普及教育的关系，不仅识字的人多，而且因为战败，摧毁了法西斯的统治地位。然而在中国，民主教育和识字运动有必要同时进行。所以，在中国推行民主教育是困难重重的。

先生在谈话过程中，不时仰视空中的一角，眉宇间使人感到

* 原载日文《改造评论》第2号。系《改造日报》记者小野三郎的访问记。小野三郎原名赤津益造。陈竞译。

潜藏着一种强烈的信念，那就是洋溢着作为新运动创始人的高尚情操。我当时说，日本在战败以后，仍然残留着根深蒂固的封建势力，还保存着法西斯势力的温床。表面上是在讴歌民主，而真正的日本民主还没有到来。为了清除这种反动势力的影响，日本今后的教育应该是努力于科学教育，特别是普及社会科学的教育。

对于这一点先生说：因为日本有了一定的基础，只要确定新方向就可以了，这是坚定不移的。

晓庄学校时代

我所倡导的“普及教育和民主教育”，那是民国七八年前后开始的，到了民国十六年，才逐步形成了一个组织。

当初我们的目标是以“乡村教育”运动开展起来的，民国十六年在南京和平门外创办了晓庄学校。第一个目的是培养一百万个乡村教师，让他们从事于在全中国普及乡村教育运动。

是在民国八年，我发表了关于“生活教育”的演讲，我给生活教育下的定义是：（一）生活的教育；（二）为生活的教育；（三）为生活的提高和进步的教育。但到了民国十六年，我对“生活教育”的定义有了进一步的认识，那就是：（一）人民的教育；（二）人民教育人民；（三）人民为提高自己的生活和进步而追求的教育。中国的人口有四分之三居住在农村，从事农业劳动，所以普及“人民的教育”运动，那就是在乡村推进教育运动是没有什么不同的。但是，根据民国十六年以后的教育活动经验，我们发现了若干道理：

第一，所谓教师这个职业，虽然过去只是参与教育活动，但教师有体力，有手也有脚，是具备足够的劳动能力的，所以我们意识到，作为我们运动对象的农民，也不应该仅仅是从事劳动，在这同时也有思考问题的必要，也就是说，思考和生活是有具体联系的。

一旦手脑并用时，农民和工人有可能成为革命的农民和工人。另一方面教育者实现手脑并用时，也就开始形成有创造性的学者了。

第二，“教”的本质是“学”，而“学”的本身是实践，学了以后就能教，这就是“教”、“学”、“做”三位一体。

“做”是指广义上的生活实践，学了又教，这不是甚么手段，而是一个整体。如果想到教育，那首先应该是手脑并用，所以思想和生活是合二而一的。换句话说，这是“劳力”的同时也是“劳心”的。

从这个意义上看教育活动实践，自然会感觉到仅仅是学校教育，存在着明显的狭隘性。从这一点出发，我们发现了第三个道理。就是说为了真正的教育，应该考虑到“社会即学校”，整个乡村是我们的学校，扩展开来，整个中国是我们的学校。再扩大一些，整个世界乃至整个宇宙都是我们的学校。

这样看来，仅仅依赖学校进行教育几乎是不可能的。学校在全部教育过程中，只不过像房间里的客厅而已。这样的教育——即教的场所，从观念上加以扩大的话，学校实际上是很宏大的，教师多，学科繁，生员充足、广泛，从效果上看也得到了现实的收获。

简而言之，我们创办晓庄学校的目的，当初想的是知识分子和农民增加接触与结合，但不久两者之间发生了很大的变化。依我们的道理说：（一）生活从教育开始；（二）教学做三位一体；（三）进而发展到社会即学校。

这些方面与民主运动有什么关系呢？农民和工人在这个过程中认识到教育家是最可亲近的朋友，这是具有重要意义的。

但是晓庄学校，按我们的教育方针活动，竟遇到了种种事情产生了很多障碍，学校陷入了不得不关闭的状态，而我们却更增强了“社会即学校”的信念，为了向“全社会挺进”而加倍努力继续下去。

陶先生的谈话渐渐进入了高潮，这段时间，在先生的狭小居室里，有同志们进进出出，来访的客人来了又走，走了又来，对先生的精辟指示和对策，纷纷加以整理，对我们仍是不知疲倦地继续着。

工学团的创始和小先生运动

“一·二八事件”爆发时，我积极参加了反对日本帝国主义者的侵略斗争，大喊彻底抵抗就不用提了，面对入侵者们，我痛感到自己的使命是以普及教育为天职，有必要奋勇向前。随着这个时代的需要，固有的原理和实践相对照，更使我发现了新的原理，这是应该加以说明的。

中国原来是个穷国，教育也应该采用“穷办法”。因此我们开展了小先生运动。但是这个小先生运动决不是这个时候偶然想起来的，实际上在民国十一年前后提倡“平民教育”的时候已经考虑到开展“小先生”运动了。当时我有一位五十七岁的母亲，不知为甚么，她有一个要学“平民千字文”的愿望，但我和我的妹妹每天忙于推广平民教育运动，连教母亲学千字文的时间也挤不出来。可是我的孩子小桃才六岁，已经读完了千字文第一册，我曾经要小桃教祖母千字文，没想到这种大胆的尝试居然获得了成功！祖母和孙子，或是相互游戏，或是读书，兴趣越来越浓，一个月后就读完了第一册。当我母亲开始读书的第十六天，我到张家口去旅行时，用千字文课文中的字给母亲写了一封信，收到那封信的母亲，竟能完全读懂。现在回想起来当时的情景，不能不使人感到包含着重大的意义。

“一·二八”事件以后，小先生运动形成全国性的运动而发展起来了。

当时我在上海郊区的大场镇，以“工以养生、学以明生、团以保生”的口号，经营着山海工学团。在这一段时间里，我们决没有偏重于劳作技术的传播。也就是说受教育者深入到民众中去，以社会全体为学校，以提高整个社会的教养水准为目标，这个传播者就是小先生。在大场镇共有二十五个村庄，直到沦陷为止，小先生们为普及教育而奋斗着。当时，在上海特别市区、俞塘、高桥旧公共租界、旧法租界以及山海工学团里，已经有上万名小先生在活跃着。

工学团的具体教育方法是由一位教师指导四十名学生，这是教他们怎样教那些穷人和穷孩子们识字。学校就是发电机，学生是电线，这是把电灯（群众教育）点亮的运动，也就是“社会即学校”，是把学校和社会有机地结合起来形成一个整体。

小先生们以“即知即传”为口号传播知识，进一步发展成为由农民、工人、妇女当了“传递先生”。

工学团进城——到社会大学

“九一八”以后日本法西斯魔爪，肆无忌惮地伸向华北时，一直以农村内部为主的活动，我们开进像上海那样的大城市，工学团的足迹遍布于上海的北新泾、杨树浦、静安寺、曹家渡以及浦东等各个中心地带。

各地的工学团是各式各样的，既有各种工学团，也有报童工学团，还有妇女工学团。他们都边劳动边学习，学了以后又教别人。

我们最后的目的是：

培养求学的嗜好，造成好学的民族。

培养教人的嗜好，造成诲人不倦的民族。

我们的学校（社会即学校），并无一定年限的限制，这就是永远学而不倦，活到老学到老，一直学到最高层的学府，这就是社会大学、人民的大学。